国家社科基金
后期资助项目
GUOJIA SHEKE JIJIN HOUQI ZIZHU XIANGMU

关系视角的
社会工作本土实践与理论建构

Local Practice and Theoretical Construction of Social Work from Relationalism Perspective

杨超　著

WUHAN UNIVERSITY PRESS
武汉大学出版社

图书在版编目(CIP)数据

关系视角的社会工作本土实践与理论建构/杨超著. —武汉：
武汉大学出版社,2023.12
国家社科基金后期资助项目
ISBN 978-7-307-24211-1

Ⅰ.关…　Ⅱ.杨…　Ⅲ.社会工作—研究　Ⅳ.C916

中国国家版本馆 CIP 数据核字(2023)第 244104 号

责任编辑:唐　伟　　责任校对:汪欣怡　　版式设计:韩闻锦

出版发行:**武汉大学出版社**　(430072　武昌　珞珈山)
(电子邮箱:cbs22@ whu.edu.cn　网址:www.wdp.com.cn)
印刷:武汉邮科印务有限公司
开本:720×1000　1/16　印张:20.75　字数:361 千字　插页:1
版次:2023 年 12 月第 1 版　　2023 年 12 月第 1 次印刷
ISBN 978-7-307-24211-1　　定价:98.00 元

国家社科基金后期资助项目(20FSHB011)

国家社科基金后期资助项目
出版说明

后期资助项目是国家社科基金设立的一类重要项目，旨在鼓励广大社科研究者潜心治学，支持基础研究多出优秀成果。它是经过严格评审，从接近完成的科研成果中遴选立项的。为扩大后期资助项目的影响，更好地推动学术发展，促进成果转化，全国哲学社会科学工作办公室按照"统一设计、统一标识、统一版式、形成系列"的总体要求，组织出版国家社科基金后期资助项目成果。

全国哲学社会科学工作办公室

序

　　社会工作作为解决社会问题、提供社会服务、支撑社会治理的制度化力量，在中国式现代化进程中发挥着独特的专业优势。社会工作这一专业优势的发挥迫切需要理论的支持，没有强劲的社会工作理论，就没有强劲的社会工作实践。应该说，社会工作理论建设的不足已经影响到社会工作学科发展、专业化建构和社会工作实践成效。在中国语境下，社会工作的理论建构还交织着本土化的议题。因此，探索建构中国特色的社会工作理论框架是当前社会工作发展的重要任务之一。

　　近年来，中国社会工作界的理论追求愈加明显，理论建构的自觉更加凸显。这与中央倡导加快建设中国特色哲学社会科学学科体系、学术体系和话语体系相一致。关系是社会工作实践的核心，且有着丰富的社会科学研究成果与理论资源，但尚未被充分融入社会工作理论中，并建构出系统专门的社会工作关系理论。杨超主持的2020年度国家社科基金后期资助项目"关系视角的社会工作本土实践与理论建构"推动了这一方向的理论建设：以关系为视角，立足于本土实践的经验调查，通过理论与实践整合研究，探索构建社会工作的关系视角，尝试推进社会工作关系理论的系统化、体系化和操作化进程。本书就是这一课题的结题成果。

　　本书围绕"关系"探索性地提出了一些新的理论观点。以"关系视角"作为本土社会工作理论创新的出发点，构建了较为系统的专门性的关系视角的社会工作理论框架，尤其是以关系主义重构了社会工作专业关系、支持性关系，建构了技术体系。在概念体系方面，借鉴潘光旦社会学的点线面体思想，提出关系主体、关系链、关系网络、关系世界，以及关系能力、人际互动、社会支持、结构变革两组概念，形成了体系化的关系干预层次概念群。借鉴社会空间理论，形成了主体关系、专业关系、对象关系构成的关系维度概念群；筛选和提炼了关系的伦理概念群。

　　本书对于推进社会理论的关系理论与社会工作实践的合流，从关系主义到社会工作实践各个环节进行系统的建构和整合，由此内生出社会工作性质的理论框架，对社会工作理论建设、学科发展以及专业化发展有积极意义。本研究强调用"以中国为中心"的文化自觉来推进本土化理论建设，从研究视角上选择契合中国文化的关系主义，在方法上以实证方法进行探索性研究，推进研究的本土化。所构建的社会工作实践模式是整合性的，能够适应整合性服务的需求，可以作为社会工作行业协会、社会工作机构、社会工作者的实践参考。

当然，本书还存在一些不足。例如，在关系的概念框架探索方面还需要进一步深化细化，尤其是对于关系干预的伦理方面，需要结合当代语境对中华传统文化中的概念进行进一步创造性转化并操作化，这需要基于本土实践进一步展开研究。再者，理论建构本身即是一个难度比较大的议题，尤其是其中概念的稳定需要几代人的持续努力。本书是青年社会工作学人的理论探索，这样的探索是值得赞许的。

何雪松

2023 年 9 月 25 日于上海

目　　录

上编　问题提出

中编　关系视角的社会工作本土实践

下编　关系视角的社会工作理论建构

上编　问题提出

第一章　导　论

考察社会工作本土实践可以发现关系元素的重要作用。建构社会工作关系理论与社会工作的理论建设、专业化、本土化发展核心议题密切关联。

第一节　研究背景

一、关系与社会工作本土实践

为了解社会工作本土实践的经验，我们对代表性社会工作者展开访谈，发现了一些有趣的内容。一位受访社工共晴，她是社会工作专业科班毕业生，从事社会工作职业十一年，她讲述了最初做社会工作项目的经历。

当时我们有一个涉及近十个街镇的服务项目。刚开始做得很吃力，不少街道、居委不知道我们做的公益招投标是干什么的，很怀疑我们的目的，不愿意让我们去做。记得当时我先下去，跑了人民街道，但是街道领导说不认识我们，不愿意谈下去，所以只能无功而返。我不甘心，想着是我的诚意不够。我就经常去拜访居委，希望他们能让我们尝试一下。这么干了一个月，我跑了30多个居委，只会有1~2个居委愿意接受服务。碰壁下来后，我们机构领导就反思，说方法不对，让我去找了街道民政科，请他们牵线搭桥。街道领导就在民政会议上介绍、推荐我们的服务给居委会，并让居委选择所需要的服务，协商服务的时间。开完这个会议，10个居委当时就确定下来，街道领导几句话比我跑一个月还有效。（访谈对

象共晴)①

另外一位受访社工是上海司法社会工作领域资深社工莉玢，她擅长接其他社工"熬不动"的个案，已有十二年社会工作执业经历。

> 阿林是我们这边的暴力犯罪矫正对象，他跟我说，到你们这里来（社工站）很热情，到其他地方就很冷。这也是我们工作的特点。我们有司法奖励，阿林跟我提到他献血的事，我觉得是个很好的点，就鼓励他到社区去献血，然后我去给他争取了一个表扬奖励，他的表现又转变了。然后我把这个事情再去跟社区一说，本来社区老说阿林的坏话，这样一来，他去社区的感觉就慢慢转变了。刚开始我去社区（居委会）请他们一起帮助阿林，他们对我不冷不热的，碰钉子我也不罢休的，你第一次对我很冷的，我第二次还会去。后来，去了多次，跟社区熟了，社区也知道一起帮阿林对社区也有好处。有时候感觉做社工得做"活"了，献血只是一个点，但当我们用足了这些资源，就可以比较好地去理解能给我们社工提供支撑的一些东西。用这个点把阿林原来网络中不通、僵硬的地方给启动起来，然后这个点会影响到社区关系、家庭关系，最后会回到服务对象自身，激发他自身正能量，这样整个网络就有活力了。我自己感觉越做越活似的，这也给我一种信心。（访谈对象莉玢）

第一个案例中，为什么共晴苦干一个月获得的支持性关系比不上一次联席会的效果呢？第二个案例中，莉玢越做越活，她的奥秘在哪里？其实，这两个个案都提到了关系的问题，包括借助关系开拓社会工作空间和干预服务对象的关系问题。实践中的观察也印证了，关系在社会工作本土实践中司空见惯，能够帮助社会工作者整合资源，解决好现阶段遇到的难题；社会工作者也在关系里摸爬滚打，碰壁，总结经验，最终艺术性地驾驭关系，运用关系达到社会工作服务的目标。我们可以把上述两个案例中折射出的内容归纳为"社会工作的关系实践现象"。这种社会事实值得我们深入研究。

人与人之间的关系或者主体间关系，在各国的社会工作实践中都占有重要地位。社会工作者可以说无时无刻不在处理关系。社会工作作为利人

---

① 为保护受访者隐私，本书出现的访谈对象的名字全部为假名。

的专业和职业，在助人的过程中总是要与人交往，发生各种关系，而关系处置的效果也明显影响着社会工作服务成效。在西方社会工作知识体系中，社会工作者首先要与服务对象产生专业关系，而这种专业关系具有治疗作用或者影响后续服务的开展，专业关系因此被称为社会工作的"灵魂"。其次，服务对象的需求与问题也与关系密不可分。家庭关系是家庭社会工作的重心，社区工作中建成社区共同体的关键也在于社区关系。企业社会工作中的劳资关系、医务社会工作中的医患关系、学校社会工作中的师生关系等无不以本场域的关系为中心议题。关系问题的根本争论在于自我与他者的关系处理上。现代社会是在对集体主义的批判中回归人的自由，追求平等，个体主义成为主导。然而，个体主义在自我与他者的天平中，将自我置于中心，忽视他者利益，也由此导致了现代社会诸多问题。因此，重新找到自我与他人的平衡度成为关系处理的中心任务。专业社会工作是适应社会现代化发展而建构的重要制度安排之一，从某种意义上讲，也是因"关系"而产生的。

关系是处境化的。在中国语境下，中国独特的政治、经济、社会、文化等赋予了关系独特的内涵。相对于西方，中国社会中关系的意识和文化更为强烈，尽管对于中国社会的"关系"的概念内涵有着争议，但是在实践中重视关系并运用关系是共识。"关系"因此影响着对中国语境社会工作服务对象的独特理解，形塑着中国社会工作的服务方式。一方面，这与中国历史上的关系文化密切相关，中国人重视情感，人情关系渗透到社会各个方面，社会工作行动也深受影响。另一方面，在当代中国，社会工作作为舶来品，与中国本土产生的行政性社会工作并存，两者如何相处也是一个重大的关系问题。这体现在社会工作实践的方方面面，例如怎样称呼社会工作者，社会工作的专业关系问题，社会工作与政府、村居委员会等的关系如何处理的问题等，不一而足。再者，中国语境下，社会处于一个不断生成的过程，尚未定型，社会工作的配套制度也没有完善，社会工作实践需要的资源也并不充足。为此，实践中很多社会工作机构与社会工作者运用自身的关系弥补制度性资源的不足。这些现象都显现了关系在中国社会工作中的独特位置和重大作用。实际上，社会工作者也积累了大量宝贵的实践经验，有待于我们挖掘并开展科学研究，形成理论化成果，进而转为实践指南，促进理论与实践的良性循环。

二、社会工作理论供给不足

面向普遍的社会工作关系实践现象展开相应的社会工作研究，这是社会工作理论建设的内在要求。

现有的社会工作理论库存多为外借理论，内生理论严重匮乏。外借理论的两大支柱是心理学理论和社会学理论。自弗洛伊德精神分析理论以来，社会工作的心理取向色彩浓厚，而对社会的关怀不足。随着西方社会工作对"社会"的再聚焦，联结社会理论与社会工作成为重要议题。社会工作与葛兰西、布迪厄、哈贝马斯、霍耐特、弗雷泽等社会学家的理论对话有助于增进社会工作的理论基础，推进社会工作的创新。① 推进社会理论与社会工作的融合，整合现有的多元理论，有可能内生出具有社会工作属性的理论。只有社会工作化了的理论才能称为真正的社会工作理论。

早期的中国社会工作存在着重实践、轻理论的倾向；② 21 世纪以来的社会工作理论研究滞后、缺乏学术性而流于经验总结；③ 近十年来中国社会工作则日益兴起"理论自觉"，"理论建构"的追求愈加明显。④ 总体来说，当前的社会工作理论供给严重不足，这影响到中国社会工作的话语权、教育、实践发展等。⑤ 当前国内外社会工作理论建构一个重要趋势就是社会工作关系理论的建构。关系理论是一个心理学理论和社会理论都关注的主题，将其转化为一个系统的社会工作性质的关系理论需要学术界持续的努力。

三、社会工作的专业化

在西方社会工作发展的历史脉络中，专业化是主要的目标。1915 年 Abraham Flexner 发表的文章认为社会工作并非建基于科学知识，从而质疑社会工作的专业性。⑥ 此后，社会工作界内追求专业化的步伐从未停止。1917 年 Mary Richmond 出版的《社会诊断》，是社会工作界第一本专业性成果。1957 年 Greenwood 在《专业的属性》一文中用五个指标（理论体

---

① Paul Michael Garrett：《社会工作与社会理论》，黄锐译，华东理工大学出版社 2015 年版，第 113 页。

② 王思斌：《中国社会工作的经验与发展》，《中国社会科学》1995 年第 2 期，第 103 页。

③ 范明林、徐迎春：《中国社会政策和社会工作研究本土化和专业化》，《社会》2007 年第 2 期。

④ 何雪松：《社会工作的理论追求及发展趋势》，《西北师大学报（社会科学版）》2017 年第 4 期，第 11 页。

⑤ 李迎生：《构建本土化的社会工作理论及其路径》，《社会科学》2008 年第 5 期，第 77-80 页。

⑥ Flexner A. *Is Social Work a Profession*. Research on Social Work Practice, 2001, 11（2）：152-165.

系、专业权威、专业文化、社区认可、伦理守则)论证社会工作已是一门专业。这些都是对社会工作专业化议题的回应。然而,专业化的争论也从未停息,一些学者如 Alexander MCarr-Saunders、陶仁等认为社会工作仍处于"半专业"状态。[①] 21 世纪以来,以 *Research on Social Work Practice* 权威杂志为平台,国际社会工作界诸多学者围绕此议题继续反思,尝试建设"社会工作学"。学术界普遍接受的看法是学科是一个专门的知识领域,其有确定的研究对象、知识领域和特定的研究方法。[②] 总体来说,国内外兴起了社会工作的专业化运动,主要有要素特征视角、过程视角、权力论和综合视角。[③] 就规范意义而言,一个学科成熟的重要标志是理论建设,其专业合法性存在的主要依据也在于理论建设。[④] 社会工作理论的不足是专业化运动的重要阻碍。

中国社会工作专业化的议题更为突出。从民国时期至今,我国社会工作专业自主性也经历了百年的抗争和成长。[⑤] 改革开放以来,随着工业化和市场化进程的推进,中国社会产生大量社会问题,原有的计划经济时期形成的行政性、单位制的福利体制不足以有效应对这些挑战,影响了中国现代化发展。随着社会体制的改革,引入西方专业社会工作以回应现实的需求成为重要选项。经过四十余年的发展,21 世纪以来社会工作进入发展的新时期,在政府主导下,社会工作全面推进专业化发展。[⑥] 党的十九大报告提出"提高社会治理社会化、法治化、智能化、专业化水平"的要求,社会工作作为专业化的社会力量,参与社会治理也需要提高专业化的水平。换言之,中国引入西方社会工作的前提即在于社会工作的专业优势。社会工作从民间进入官方话语,根本也在于其专业的治理效应。专业性是政府文件以及学界论述社会工作合法性的主要依据。专业化是在对西

---

① 黄耀明:《社会工作理论发展模式及其基本特征》,《北京科技大学学报(社会科学版)》2008 年第 1 期。

② 赵炬明、高筱卉:《论大学教学研究的科学化、学科化与专业化》,《中国高教研究》2018 年第 11 期。

③ 文军、吕洁琼:《社会工作专业化:何以可能,何以可为?》,《河北学刊》2018 年第 4 期,第 156 页。

④ 文军:《论社会工作理论研究范式及其发展趋势》,《江海学刊》2012 年第 4 期,第 126 页。

⑤ 彭华民:《中国社会工作学科:百年论争、百年成长与自主性研究》,《社会科学》2017 年第 7 期,第 66 页。

⑥ 钱宁:《社会福利制度改革背景下中国社会工作发展的历史与特色》,《社会工作》2011 年第 1 期,第 4 页。

方社会工作知识的结构内化和本土情境的反思建构中实现的。① 现实中基于多种原因，本土社会工作存在着诸多专业化困境，其核心的问题就是社会工作的理论反思及其建设不足。

四、社会工作的本土化

中国社会工作的发展是专业化和本土化共同推进的。其中，社会工作本土化是西方社会工作进入中国本土与中国政治、经济、文化和社会相适应的过程。由于社会工作是一个面向人服务的专业，人所属的风俗、文化、制度、社会结构等差异决定了社会工作走向本土化的必然性。根据Walton 等的分析，社会工作在一个国家的发展经历了引进阶段、本土化阶段和扎根阶段，而中国当前的社会工作正处于从第一阶段向第二阶段过渡的时段。② 本土化议题是当前中国社会工作的关键议题和热点问题。

中国社会工作嵌入原有的福利体系中，呈现"嵌入式发展"状态，③ 与当代社会建设、社会治理背景相契合。相对于西方社会工作，专业社会工作进入中国内地必须面临先在的本土性社会工作或行政性社会工作，④ 如何处理二者的关系成为无法回避的问题。对于本土非专业的传统社会工作进行提炼和吸收也是本土化理论构建的另一条路径，⑤ 但具体的展开有待深入研究。中国社会工作的发展很大程度上是依靠政府购买服务发展起来的，政府与社会工作的关系也由此形塑着特殊的中国社会工作性格。进而，中国传统的文化依然深刻影响社会工作的服务对象，他们对社会工作、社会福利的社会想象与西方主流社会工作的描述相异。诸如此类，造就了诸多中国社会工作发展的特殊现象。在这种现实背景下，如何对中国传统文化进行批判性吸收？

建构中国特色的社会工作是多层面的。本土化需要重构社会工作的文化基础，融合中西社会工作理论，促进社会工作制度层面的变革与创新；⑥

---

① 唐立、费梅苹：《结构内化和反思建构：社会工作专业化逻辑的本土审视》，《理论月刊》2021 年第 1 期，第 113 页。

② Walton, R., Abo El Nasr, M. *Indigenization and Authentizaztion in Terms of Social Work in Egypt*. International Social Work, 1988(31)：135-144.

③ 王思斌：《中国社会工作的嵌入性发展》，《社会科学战线》2011 年第 2 期。

④ 王思斌：《中国本土社会工作实践片论》，《江苏社会科学》2011 年第 1 期，第 12 页。

⑤ 李迎生：《构建本土化的社会工作理论及其路径》，《社会科学》2008 年第 5 期，第 80 页。

⑥ 倪勇：《社会工作本土化之路向分析》，《山东社会科学》2007 年第 11 期，第 131 页。

实现专业社会工作、行政性社会工作和民间社会服务的会通与融合。[1] 总体而言，中国社会工作本土化需要主体层面的政府单一主体向多元主体过渡，机制层面由政府包办向"政府购买"转型，文化层面实现专业理念与本土文化深度对接，形成中国特色的制度体系、程序、经验和方法。[2]

目前本土化的探讨集中在宏观的制度与发展路径，而系统探究本土社会工作微观的实践不足，联结微观与宏观的讨论也不足。刘梦等对妇女社会工作的研究指出，从家庭背景理解妇女，强调从西方个人主义出发开展妇女工作要格外谨慎。[3] 唐咏的研究则认为，关系和嵌入是社会工作本土化的具体路径。[4] 他们都提出了关系视角的意义。尽管如此，这一议题还未完成。本土化的基本途径包括从实践总结而来以及从理论走向实践检验两个路向。[5] 前者从实践总结而来，贴合实际但需要长时间的积累；后者能够缩短本土化过程，但最终仍要在实践中完成。学者的诸多论述只是提供了参考的路向，但实践中，社会工作者又是怎样践行关系的？从实践总结出社会工作本土化的关系视角模式更值得关注。总体来说，一个从实践出发的社会工作关系视角的本土化成果仍在探讨中，尚未完成。

第二节　研究问题与研究意义

一、研究问题

前述研究背景阐明了当前实践中社会工作关系实践现象，提出了围绕社会工作关系实践现象进行科学研究的必要性。理论建构也是社会工作专业化和本土化的内在要求。概言之，研究背景部分说明了围绕社会工作中关系进行系统的理论建构可以促进社会工作的理论建设、专业化和本土化发展。

---

[1]　刘威：《"和而不同"：中国社会工作的实践分殊与经验会通》，《中州学刊》2010 年第 6 期，第 109 页。

[2]　柳拯、黄胜伟、刘东升：《中国社会工作本土化发展现状与前景》，《广东工业大学学报（社会科学版）》2012 年第 4 期，第 5 页。

[3]　刘梦、张叶芳：《中国社会工作本土化过程分析》，《中华女子学院学报》2001 年第 6 期，第 32 页。

[4]　唐咏：《关系和嵌入性之外：中国社会工作理论本土化研究的路径选择》，《深圳大学学报（人文社会科学版）》2009 年第 2 期，第 88 页。

[5]　王思斌：《社会工作导论》，高等教育出版社 2004 年版，第 243 页。

围绕于此，具体的研究问题包括如下两个方面：

第一，是否可以建构一个围绕关系的系统的社会工作理论？如果可以，这个理论应当称为什么理论？尤其是这个理论应当是适应中国语境的本土化理论，这需要从东西方社会工作的理论脉络、实践基础上进行论证。

第二，如果可以建立一个社会工作的关系视角理论，那么这个理论的构成是什么？其中的理论假设是怎样的？核心的概念群是什么？如何反映社会工作理论的实践特质？

概括来说，本书的研究目标是围绕社会工作的关系实践现象进行一个系统的、专门的理论建构。首先要研究这一社会工作的关系视角理论是否可能、可行，并进一步从体系化和操作化层面研究这一关系理论的构成与内在逻辑。基于体系化、操作化以及本土化，最终探索建构一个中国社会工作关系视角理论。

二、研究意义

本书的研究意义体现在理论意义和应用意义两个层面。

(1) 理论意义

本书通过构建一个社会工作的关系视角理论，由此内生出社会工作性质的理论框架，促进社会工作理论建设，对社会工作学科以及专业化发展有积极意义。具体来说：①关系是最能展现社会学特色的议题之一，也是社会工作实践的主要面向，是社会学、社会工作两门学科的基础层次的概念。当前社会工作的理论建设滞后，学界从不同的路向推进这一进程。本书选取关系，以此作为建构社会工作理论的切入口是恰当而适宜的。②本书的理论建构过程也是一个整合社会工作与社会学关系理论的过程，尤其侧重对社会理论的借鉴。联结社会理论与社会工作实践回应了社会工作与社会学关系的问题，也是增强社会工作理论性的有效路径。③本书建构的社会工作关系视角理论是体系的、系统的，涵盖哲学基础、理论假设、概念框架、实践框架等，而不流于经验的总结或者片段性的理论概述，由此丰富社会工作理论库存，促进社会工作理论的进一步系统化建构。

本书强调"以中国为中心"来推进本土化理论建设，从研究视角上选择契合中国语境的关系主义，在方法上以质性研究方法展开，致力于创建本土化的社会工作理论框架。具体来说：①中国是关系文化突出的社会，通过关系的路径建构社会工作理论契合中国语境，是发展中国本土社会工作理论的窗口。②在全球视野内，中国社会工作的关系视角理论建构有助于促进中国社会工作话语权的提升，同时也具有国际化意涵，展现中国社会工作的可能贡献。本土化既是一种学术努力，也是一种政治过程、权力角逐的过程。① 本书引入关系主义，关联关系主义与社会工作。西方社会工作的前沿是关系主义转向但并不彻底；中国传统文化的关系主义有着相对于西方的优势，但尚未得到充分挖掘。建构社会工作关系视角理论将对此进行较为系统的研究。③在研究方法上，本书强调立足于实践，通过质性研究，对社会工作者进行深度访谈，总结多领域社会工作者实践经验进而提炼抽象形成理论框架。这回应了社会工作理论建构容易忽略实践的问题。

(2) 应用意义

社会工作实践急需综合性的有效的理论发挥指导作用，为实践而研究成为社会工作界的呼吁。② 本书所构建的社会工作理论框架包含概念框架和实践框架部分，是整合性的、系统性的，尝试适应现实整合性服务的需求，可作为社会工作行业协会、社会工作机构、社会工作者实践指南，助力提升社会工作服务的系统性、全面性。

本书所构建的社会工作理论框架契合本土现实，涵盖理论基础、概念框架和实践体系，能够帮助社会工作行业从业者提升服务的有效性。社会工作关系视角理论是一个通用型理论框架，具有较强的适用性。它从中国社会工作者实践调查中总结而来，并整合了西方社会工作理论的资源，回应了当下社会工作实践碎片化、科学性不足等问题。

本书所探索的理论框架可以成为高校社会工作教育的参考内容；这一本土实践研究成果也可为社会工作制度建设、政府决策提供参考。我国社会工作教育尤为需要基于实践的教学资料，本书可以提供可能的参考。社会工作关系视角理论是一个涵盖从自我关系到社会结构关系的整合性框架，分析了社会工作制度效应、不足以及完善性建议，可为相应制度建构和决策提供参考。

---

① 殷妙仲：《专业、科学、本土化：中国社会工作十年的三个迷思》，《社会科学》2011 年第 1 期，第 69-70 页。

② 古学斌：《为何做社会工作实践研究?》，《浙江工商大学学报》2015 年第 4 期，第 92-93 页。

第三节 研究方法

一、质性研究方法

陈向明对质性研究下了一个定义，她指出："质的研究是在自然的情境下，以研究者本人为工具，对社会现象进行整体性研究，数据收集的方法是多样的，分析数据和形成理论的方法主要是使用归纳法，通过与研究对象互动，最终要对其行为和意义建构获得解释性理解的一种活动。"[①]这一定义指出了质性研究的基本特征，也区别于量化研究的方法。质性研究是自然环境而非控制性环境开展的，研究工具是研究者本人，数据收集方法多样但不使用量表等，理论形成主要是采用归纳法。

本书的研究以质性研究方法为主，有以下基本的依据。研究方法的选择不是为了方法而选择方法，而是根据研究问题进行选择，是根据研究目的的需要而确定研究方法。本书的研究目标在于探索和建构理论，对象在于关系。研究所关注的是助人实践中关系发挥作用的具体过程，尤其是社会工作者对于关系的意义和叙述等。社会工作本土化理论建构的一个基本路径就是从实践出发回到理论的归纳上，采用质性研究方法符合这一理论建构路径。对本土社会工作关系实践的经验研究总体上也是探索性的，已有的理论研究尤其在操作化、实践性方面还未完成。现有的理论更多的是西方的关系理论，缺乏对中国文化维度的关怀，而中国文化下关系的研究则缺乏社会工作的视角。因此，回应实践需要，从社会工作者的实践经验出发，通过研究者与被访谈对象之间的互动，理解社会工作者关系行动和意义，总结他们的经验，从而归纳出可能的关系模式，这需要采用质性的研究方法。

二、研究场景与对象

(一)调查地点选择

调查场景首要的问题是研究地点的选择。本书选择上海、广东、北京、山东、湖南作为质性研究的调查地点，有以下依据。

---

① 陈向明：《质的研究方法与社会科学研究》，教育科学出版社 2000 年版，第 12 页。

典型性是选择研究地点的首要因素。中国的社会工作在 21 世纪进入发展黄金阶段。① 部分地区在社会工作发展的观念、制度设计、实践样态、文化创新等方面率先发展，发挥引领示范的作用，代表性城市如上海、深圳。在中国国家主导发展社会工作的战略下，这些发达城市的社会工作经验往往推向其他地方。其次，就可行性来说，笔者积累了相关的关系网络。就上海来说，本书作者在上海求学多年，通过观察实习、参与实习、学术研讨等形式参与了上海的社会工作直接服务、间接服务，个人对上海的社会工作实践积累了较多的经验。另外，本书作者就读高校社会工作系的教师通过创办或参与社会工作机构，建立了广泛的社会工作行业网络。笔者的同学也分布在上海社会工作多个领域，不少已经成为机构或部门的骨干。山东省是本书作者工作的省份，多年的工作积累也搭建了社会工作实践网络。对于北京市、广东省、湖南省，作者也能够通过关系网络寻找合适的访谈对象，并不断扩展。

(二) 调查的社会工作场景概述

1. 上海社会工作场景概述

上海作为中国的经济中心，在社会转型的大背景下，率先经历工业化、城市化、信息化、全球化、现代化所带来的一系列问题，而传统的方式难以奏效。在推进政府管理创新、促进社会建设的要求下，探求运用社会工作方式，以柔性服务来进行管理，推进社会建设。

目前上海基本建成了社会工作的制度体系。总的看来，初步形成了政府引导、跨界合作、社会广泛参与的工作格局，购买社会工作服务契约化管理、项目化运作的工作机制，以及多领域协同发展的推进方式。② 这可称之为社会工作的"上海模式"，其特征表现为"政府社会协同合作、社会组织自主运作、社会力量广泛参与"③，也有人将之概括为授权性特征。④

从历史发展的角度看，上海社会工作经历了三个发展阶段。⑤ 21 世纪之前处于起步阶段，标志就是恢复社会工作教育和开展社会工作实践。经过近十年的探索后，大约 2004 年社会工作进入推开阶段，专业化、职业

① 文军：《当代中国社会工作发展面临的十大挑战》，《社会科学》2009 年第 7 期。
② 上海市民政局：《这 20 年上海社会工作发展之路》，《中国社会工作》2012 年第 11 期下。
③ 上海市民政局：《这 20 年上海社会工作发展之路》，《中国社会工作》2012 年第 11 期下。
④ 陈为雷：《以授权为特征的职业化——上海社会工作模式的经验与启示》，《鲁东大学学报(哲学社会科学版)》2006 年第 2 期。
⑤ 上海市民政局：《这 20 年上海社会工作发展之路》，《中国社会工作》2012 年第 11 期下。

化制度也是在 2004 年前后建立。2005 年之后，上海社会工作进入深化阶段，也是国家层面全面推进社会工作阶段。上海社会工作的制度体系较为完备。① 第一，管理制度上建立了职业资格、注册管理、职业守则、岗位设置、继续教育等制度。第二，在组织架构上，市级层面有职业社工处，市政法系统设立了社区矫正办公室、禁毒办公室和社区青少年事务办公室；行业管理上设立了从市到区县的行业协会；成立了专业培训中心。第三，在服务上，一方面采用政府购买岗位形式，主要体现为上海三大社团；另一方面是以项目化形式，根据实务需求开发项目，通过政社合作平台(如上海社区公益招投标平台)，借助政府直接购买、招投标、创投、委托项目等形式实施政府服务项目。② 按照上海"十四五"规划的要求，到 2025 年，上海市持证社工达到 4.5 万人以上。

上海社会工作机构的发展呈现渐进社会化过程，经历了政府直接运作社会组织，到社会组织孵化，再到政社合作的阶段。③ 政府直接运作的社会工作机构代表是上海三大社团：上海市自强社会服务总社、上海市阳光社区青少年事务中心、上海市新航社区服务总站。三家机构是在专家学者的建议下，由上海市政法委牵头，为预防和减少特定领域犯罪，创新社会管理而创建的。接着，部分事业单位如上海福利院、东方医院、育英学校开始设立社会工作岗位；民间孵化方面，例如浦东社工协会通过一个项目化运作后孵化一个社会工作机构的方式开展。政社合作，如三林镇政府与华东理工大学合作的上海公益社工师事务所，杨浦区与复旦大学合作的复馨社工师事务所。整体上看，上海的社会工作机构仍然处于初级发展阶段，依然面临一些重要问题，如自主性、专业性问题。从政府主导到政社合作，社会工作机构对政府的依赖性较强。为应对社会工作机构自主运作能力不足，一个可能的路径是推进渐进性的企社合作。④ 专业性问题表现为社会工作的技术性不足，年轻的社会工作者有理论储存，但缺乏适合本土的实践经验；本土的老一代经验型社工转岗而来，有着丰富的本土经验但缺乏理论自觉与复制性。现行的项目化运作方式由于覆盖面大，以街道覆盖为单位，依靠大量资源堆积而成，缺乏对服务成效的充分重视，属于

① 王莹、田发：《中国社会科学院调查报告：上海社会工作人才发展：历史与现实的考察》，http//rsg.cass.cn。
② 国云丹：《浦东社工协会：专业发展的领头羊和孵化器》，《中国社会工作》2012 年第 11 期下。
③ 彭善民：《上海社会工作机构的生成轨迹与发展困境》，《社会科学》2010 年第 2 期。
④ 彭善民：《上海社会工作机构的生成轨迹与发展困境》，《社会科学》2010 年第 2 期。

粗放式经营。即使现在的外聘督导做法也存在着包装的嫌疑，而自我内在专业技术缺乏有效提升。

上海社会工作所服务领域较为广阔。① 首先，重点服务的是民政领域。在社区建设、社会福利方面，社会工作在安老、助残等方面广泛参与服务。对流浪人员的管理上，市级层面有社工服务站，区级层面成立了社会化运作的专业社会工作组织。其次，社会工作服务还向民政外的多个领域推进。在政法系统，上海三大社团服务于禁毒、罪犯矫正与安置帮教、社区青少年等领域。在卫生领域，上海通过政策考核推进了医务社工部门或医务社工岗位设立，且已经覆盖上海二三级公立医院。在其他领域，比如学校、家庭、宗教、妇女等都有社会工作的进入。

上海社工积极开展了广泛的实践，尤其注重参与重大事件。如上海社工参与的四川5·12地震救援与重建服务，获"中华慈善奖"最具影响力慈善项目奖。2011年上海社工参与静安区大火灾后服务项目；2014年上海派出社工参与鲁甸地震服务项目；2020年上海社工参与新冠疫情防控。此外，上海还有一些全国优秀的知名服务项目。如上海公益社工师事务所的"维稳妈妈"项目；上海市闸北区春晖社工师事务所实施的社区老人善终安宁服务项目；上海市自强社会服务总社实施的"涅槃重生"同伴教育辅导服务项目；上海乐群社工服务社实施的浦东新区"社区共融"民族社会工作服务项目。② 本研究的调查对象也多来自这些机构或参与这些项目。

2. 广东社会工作场景概述

广东是我国内地社会工作发展较早的地区之一，而深圳作为广东社会工作的先试先行者在社会工作发展方面敢为人先。2007年深圳下发《关于加强专业社工队伍建设推进社会工作发展的意见》以及七个配套试行文件，较为全面地建构了社会工作的基本制度。广东其他各地则学习深圳做法，进行推广。广东省将社会工作置于社会建设的重要位置和抓手，省委、市委主要领导作为领导小组协调各个部门开展工作。2011年在省级层面确定了社会工作的地位，并在省市县三级设立社会工作处，第二年全省均建制。同时，对领导干部和基层工作人员通过知识培训、赴我国香港地区学习等方式开展社会工作知识普及与教育；成立了省级社会工作师联

---

① 马伊里：《上海社会工作的实践探索》，《行政管理改革》2010年第3期。

② 民政部：《首届全国优秀专业社会工作服务项目获奖名单》，http://sgxh.mca.gov.cn/article/zcfg/201301/20130100408672.shtml。

合会推进行业自律。在社会工作机构发展上，通过财政补贴、降低登记门槛鼓励发展。其中2015年广州即在国内探索允许社会工作机构直接登记。广东的社会工作机构大量涌现，尤其是高校教师领办社会工作机构发挥了示范作用。政府同时建立了政府购买服务制度，通过购买服务中心、项目购买、岗位购买三种方式提供持续的资金来源。社会工作者的专业能力建设上，社会工作专业毕业生、香港督导加盟支撑了专业活动的开展。①

2017年起，广东实施"双百计划"，要求社会工作者深入农村，并驻村(居)开展专业服务。这一做法在广东省建立了407个乡镇(街道)"双百"社工站，共聘请1737名社工驻扎村居，服务对象732万人次。其效果上解决了基层民政力量薄弱、社会工作服务流于表面等问题，推进了社会工作服务的深入、对多元需求的满足。在三年经验基础上，2020年广东省全面实施"广东兜底民生服务社会工作双百工程"，要求全覆盖全省乡镇(街道)社会工作服务站、村(居)社会工作服务点。由省级财政和地方财政按照6：4比例分担，每名社工按5万元标准投入资金。其服务的人群也由民政领域扩展到所有的弱势、困难群体。

3. 北京社会工作场景概述

北京市将社会工作置于社会治理全局中考虑。2007年开始陆续发布《中共北京市委北京市人民政府关于加强社会工作人才队伍建设的意见》《首都中长期社会工作专业人才发展规划纲要(2011—2020年)》。北京多次修订完善社会工作人才管理办法，开发岗位，逐步建立健全社会工作发展的政策体系。其重要特点是开展标准化探索，发挥政策导向作用。② 截至2020年年底，北京市持证社工3.6万名、社会工作机构887家。③

4. 山东社会工作场景概述

山东社会工作起步相对较晚。2015年山东省委组织部、省民政厅等17部门出台了《进一步加强社会工作专业人才队伍建设的实施意见》《山东省社会工作专业人才队伍建设发展规划(2015—2020)》《山东省政府购买社会工作服务实施办法》《关于加快推进民办社会工作服务机构发展的实施意见》，搭建了基本的制度框架。在青少年、社会救助等领域出台专

---

① 张孟见、陈飞：《广东社会工作实践：成果探讨与问题反思》，《长沙民政职业技术学院学报》2014年第2期。

② 《北京市社会工作十年发展报告》，http://mzzt.mca.cn/article/sggzzsn/jlcl/201611/20161100887255.shtml。

③ 《北京社工宣传周/第七届"首都最美社工""优秀社工机构"公布，来认识咱海淀的榜样吧》，http://www.sohu.com/a/456257742_120209831。

门政策。2013 年出台了《齐鲁和谐使者选拔管理办法》，作为社会工作领域领军人才选拔的政策。截至 2021 年底，山东省社会工作人才数量超过4.4 万人，社会工作机构数量超过七百家。有二十余所高校开设社会工作专业，每年培养社会工作专业毕业生千人以上。山东省社会工作发展并不平衡，其中济南以及青岛、威海等沿海城市发展较快。

5. 湖南社会工作场景概述

2013 年湖南省委组织部、省财政厅等 18 个部门制定了《湖南省社会工作专业人才队伍建设中长期发展规划(2012—2020)年》；2015 年湖南省委组织部、省财政厅等 17 个部门印发了《关于加强社会工作专业人才队伍建设的实施意见》。在乡镇街道社会工作站的探索上，湖南省走在前列，从 2018 年开始实施"禾计划"探索，主要做法是在乡镇街道基层设置社会工作站，通过政府购买服务方式完善基层民政力量与服务。采用"省统筹、市指导、县为主、乡配合"的工作机制，经历了从 1.0 到 3.0 的版本，逐渐从强调行政性走向专业化。[1]

(三)调查对象选择

调查对象的选择是基于研究问题和研究目的而确定的。就本书来说，本书的研究问题是基于中国本土处境下社会工作者的关系助人经验，建构关系视角的社会工作理论框架。采用质性研究进行探索，质性研究的调查对象是社会工作者，并且以实务经验丰富的社会工作者为佳。他们既受到社会工作的专业训练，又在本土社会工作实务中工作多年，对于如何整合西方的专业社会工作知识和传统工作方法，对社会工作实践中资源的状态以及整合策略，对中国社会工作制度设计及其实际运行等情况有着最为切身的体会，他们在此情境下发展出来的关系处理策略经验是宝贵的。实践中的知识样态包括叙事知识、隐喻知识、身体知识和概念知识。[2] 除了叙事知识、概念知识外，我们也注重对于隐喻知识、身体知识的发掘。

在研究对象确定后，需要解决如何抽样的问题。量化研究方法有着多种抽样方式，随机抽样是重要方式。然而，质性研究性质决定了其不可能也不需要随机抽样。在抽样上，目的性抽样是质性研究方法的主要抽样方

---

[1] 《湖南"禾计划"：如何从 1.0 版本进阶到 3.0 版本》，http://mzzt.mca.gov.cn/article/zt_2020sgjs/dfjy/202102/20210200032163.shtml。

[2] 安秋玲：《我国实践场域中社会工作知识样态研究》，《华东师范大学学报(哲学社会科学版)》2021 年第 6 期。

法。Patton 对目的性抽样的策略进行了分类，涵盖了目的性抽样的主要方式。① 本研究采用典型个案抽样，选取那些能够代表一线社会工作实践经验的对象。选择典型个案，虽然以代表性为标准，但并不是追求量化研究中的普遍性结论。即便如此，本书依然要说明的是社会工作者所创生的这些实践性知识并非完全个体化，而实际上他们的实践知识在社会场域的历史规定性、主体的历史建构、生产过程的社会性建构等都意味着这些知识也具有公共性，② 从而为本土化社会工作知识框架的建构奠定了基础。

访谈的全部完成分为两个阶段。第一阶段在 2016—2017 年，笔者在上海攻读博士学位期间展开调查，调查对象为上海 21 名社会工作者，并形成了本书的主要调研内容和框架。在具体抽样的方式上，本研究采用综合式抽样方法，选择研究对象强调根据研究实际情况采用不同的抽样策略。③ 具体说来，首先是机遇式抽样。笔者在上海多家机构实习中观察到社会工作者需要与不同主体建立良好的关系才能实现助人的目标，关系运作十分普遍，而在与不同主体关系处理中情理法的处理也不尽相同。于是笔者对社会工作者的关系实践产生了兴趣，并首先对实习中遇到的适合的对象进行访谈，获得一手的数据。之后，笔者再通过滚雪球的方式请他们引荐典型的个案。第二阶段的调查是 2021—2022 年，笔者对上海部分原受访对象进行了回访，了解前后的变化，更新了访谈资料。由于新冠疫情的原因，部分受访者无法回访。同时，笔者增加了广东、山东、北京、湖南的调查，先后另有 24 名社会工作者接受了深度访谈。经过多次确认直到收集的信息得以饱和为止。由此共有 45 名受访者被访谈，整体上代表了我国内地社会工作的关系视角实践状况（质性研究调查对象基本情况见附录 2）。

三、具体研究方法

质性研究的具体方法是多样的，并且还在发展之中。目前，质性研究已经形成了扎根理论、个案研究、口述史、民族志等方法。Tesch 以研究者的兴趣对质性研究类型做了分类。④ 根据语言特点可以分为内容分析

---

① Patton, M. Q. *Qualitative Evaluation and Research Methods*. Newbury Park：Sage, 1990：169-180.

② 安秋玲：《社会工作者实践性知识的社会向度探析》，《社会科学》2021 年第 7 期，第 96 页。

③ 陈向明：《质的研究方法与社会科学研究》，教育科学出版社 2000 年版，第 111 页。

④ Tesch, R. Qualitative *Research*：*Analysis Types & Software Tools*. New York：The Falmer Press，1990：72.

法、语言分析法、人种科学、结构人种学、常人方法学；根据发现规律又可以分为扎根理论、民族志研究等；根据理解文本和行动的意义又可以分个案研究、生活史、阐释学等。国内外很多著名的作品如怀特的《街角社会》、费孝通的《江村经济》都是质性研究。虽然一定程度上可以对质性研究进行分类，但是系统的分类会使得质性研究变得僵化而不能随着情境和研究的需要进行创新。质性研究的内容庞大，本身就是一个弹性的框架，其内容丰富多元。正如有研究者所强调的，研究者为了将丰富的世界呈现出来，可以根据研究目的选择任何适合的方法，对研究结果进行讨论解释。① 本书使用质性研究方法，但不局限于传统的质性研究具体方法的分类，而是在质性研究的框架内根据研究的需要进行选择。

(一)深度访谈法

本研究以深度访谈为主要数据收集方式。深度访谈法是意义探究的重要方式。本书的主要资料收集方法是对社会工作者的深度访谈。Yin 认为，访谈法的优点是有针对性、见解深刻，但也存在诸多不足，如设计不当的提问会导致误差，回答也存在误差；另外，记录不当影响精确度，被访者可能会有意识按照访问者目的回答，违背真实的意愿。② 深度访谈法的两个基本特征是半结构式访谈和深入事实内部。③ 笔者力争避免偏见，避免在提问中引导受访者。对于"为什么"类问题，以"怎么样"的方式提出以减少受访者防卫心理。④ 深度访谈法最重要的目的在于第二个，即深入事实内部。所谓的深入，必须要获得更多的关于事实的细节，同时能够透过表面看到背后的原因机制，祛除表面的迷惑。如此，才能探究背后的意义，达到深度访谈的实质。个人的日常生活和生活史被认为是发现个体意义的重要思路；深度访谈的过程也应以被访谈者本人的日常生活和生活史的条线为结构进行，不断发现问题、探究问题，最后得出结论。⑤

① Denzin, N. K., Lincoln, Y. S. *Handbook of Qualitative Research*. Thousand Oaks: Sage, 1994.
② Yin, R. K.:《案例研究：设计与方法》，周海涛等译，重庆大学出版社 2004 年版，第95 页。
③ 杨善华、孙飞宇：《作为意义的探究的深度访谈》，《社会学研究》2005 年第 5 期，第 53页。
④ Becker, H. S. *Tricks of the Trade: How to Think About Your Research While You Are Doing It*. Chicago: University of Chicago Pressm, 1998: 58-60.
⑤ 杨善华、孙飞宇：《作为意义的探究的深度访谈》，《社会学研究》2005 年第 5 期，第 53页。

　　杨善华等还总结了深度访谈的几个原则，作为本研究中深度访谈的指导思路。[①] 首先是悬置的态度。笔者在与约定的社会工作者访谈前，尽量排空头脑中设定的诸多理论假设，将自己的知识体系悬置起来，反思我所认为的理所当然的一些假设。比如，我可能理所当然认为社会工作者对于关系有着深刻的体会，也许他们有所体会但并不一定能够表达出来。因此，我需要持开放的心态来面对被访谈者的回答。原则之二是了解被访者的日常生活，这一点上有的被访谈者是我的朋友，因此彼此熟悉。有的受访者则是我朋友介绍的，在访谈前我会通过介绍人来了解受访者的大概信息、日常生活、工作情况，由此增进双方的"我群关系"。原则之三是以个人生活史为最佳切入口，这一点已经说明。原则之四是全方位的观察，笔者在访谈中注意观察被访者的穿着、外貌，身体动作，注意受访者的语音语调的变化，以此来发现受访者的意义世界。

（二）焦点小组与观察法

　　除了一对一的深度访谈外，笔者还开展了多个焦点小组收集资料。为了防止过度依赖受访者，减少笔者与受访者的人际关系的影响，在收集资料中还会通过获取相应的文献数据、直接观察以及访谈其他受访者，以形成证据三角，对信息进行验证。同时，笔者还建立了案例研究数据库，对案例记录进行访谈时记录关键词，访谈后及时全面整理，必要时再次进行访谈。

　　另外，观察也是本研究的重要数据源。笔者在上海的五年时间、山东的七年时间里积极参与社会工作实践。实践的机构既包括一线的社会工作机构，也包括评估、培训的间接性社会工作服务组织。一线的社会工作机构或部门涵盖司法社会工作、医务社会工作、家庭社会工作等多领域。因此，对多地社会工作的实践有着整体的观察，并形成了大量的实践日记。观察法包括参与观察法和非参与观察法。参与观察法是深入研究对象的生活场景，参与他们的日常生活的观察，研究者是局内人。笔者与本研究访谈对象中的多位有过合作，共同参与社会工作服务的开展，或者作为社工或者作为志愿者或者作为督导，一同开展社会工作实践。因此，对于社会工作者如何开展专业服务有着近距离的体会。这种参与观察主要集中在司法社会工作、青少年社会工作、家庭社会工作等领域。

---

① 杨善华、孙飞宇：《作为意义的探究的深度访谈》，《社会学研究》2005 年第 5 期，第 61-65 页。

(三) 文献研究法

相关的文献资料也为本研究提供了重要资料支持。文献富有生命力，它的优势首先在于能够超越时空的限制，只要有所记录，研究者可以跨越历史和地域限制。其次，由于研究者并不与研究的人与事直接接触，具有间接性，因此可以摆脱研究者对研究对象的影响。再次，文献研究是在前人研究的基础上的文献分析，节省时间和费用，效率高。当然，文献研究法依赖于文献，如果文献无法获得将影响研究的成果。最后，文献中所隐含的作者的主观偏见、意图等也会影响研究者的分析和判断，由此影响研究的质量。

在有关的理论分析方面，本书运用文献法梳理和分析社会科学领域关系研究的历史脉络，指出当代"关系主义"的思潮以及中国传统文化中的关系主义思想，研究关系的理论资源，进行理论层面的整合研究。此外，本书的研究搜集了调查场景内社会工作者开展社会工作服务后所总结的文本材料，这些材料包括他们的工作日记、简报以及公开发表的学术文章；访谈对象所在机构提供的一些项目招投标书、项目总结报告、案例资料、机构或者项目组的讨论会纪要等。

(四) 数据分析

收集数据后即进入数据的分析阶段，这里重点阐明质性研究的资料分析。杨善华等指出在深度访谈中要把握三个层次的文本分析。第一层次是对文本的解读，这是最表面的解读；第二层次是将被访者作为"类"意义上的解读，是第一层次的升华；第三层次是在理论概括的基础上对以前相关的理论点进行对话，达到理论对话的高度。[①] 在对访谈资料进行文本整理后通过多次编码，构建反映访谈对象意义的概念组。"类"的意义上的分析则是进入更高层次的意义分析，本书也是在文本解读的基础上进一步深化，从而提出了一般意义的一些总结。Yin 同时建议了三种总的分析策略，包括依据理论假设，寻找竞争性解释，设计描述性框架，[②] 这为本书的访谈分析提供了指导。在社会工作者的深度访谈后，笔者也基本勾勒出社会工作关系视角实践的大概框架，其来源就在于对访谈资料中的"类"

---

① 杨善华、孙飞宇：《作为意义的探究的深度访谈》，《社会学研究》2005 年第 5 期，第 66 页。

② Yin, R. K.：《案例研究：设计与方法》，周海涛等译，重庆大学出版社 2004 年版。

层次意义的总结。最后,在总结社会工作者的实践经验后,本研究提出了一个可能的理论架构,而在相关的理论点上与诸多的理论展开对话和讨论,这就是在第三个层次上进行文本的分析。

对文献资料的分析是研究者运用科学的思维方法,对整理后的研究资料得出结论的过程,其具体方法有多种,包括比较法、分类法、因果分析法、分析法与综合法等。① 本书综合运用多种方法,主要采用比较法、分析法与综合法。比较法注重理论与事实的比较。访谈数据、文献数据也是纳入这个整体框架内分别进行分析,更加聚焦相关数据,减少不必要的分析。对框架内案例的每一部分也强调在与竞争性解释的对话中展开论述。

还要进行说明的是本书如何力争提升研究的质量。研究设计的质量评价可以参考建构效度、内在效度、外在效度和信度四个检验法则。② 建构效度的目标在于检验指针对于概念的阐释程度,要求对研究概念的测量正确、可操作。本书对研究框架的各个部分核心概念建构效度的保障体现在:在数据搜集阶段采用多元的证据来源对获取的数据进行核实,在撰写完研究草案后提交给访谈对象进行核实。内在效度旨在检验因果关系推导的准确度,要求从纷乱的现象中找到因果关系。内在效度也因此适合于解释性研究或因果性研究。本书的研究既要进行描述,也尝试解释背后的因果关系。在分析数据时,笔者尝试提供某种解释,同时也思考竞争性解释,以此保障内在效度。外在效度实际是关于研究成果是否可以归纳为理论以及从特殊进入一般的可能性问题。毋庸置疑,中国社会工作虽然取得长足进步,但仍然面临着很多挑战,其中之一就是区域发展的不平衡。社会工作是与人相关的工作,与当地的文化、经济和社会制度等密切相关。本书所选的调查场景尽管力求考虑各个区域差别,但是所得出的研究结论是否可以上升为一般理论依然有挑战性。胡塞尔说,要发现恒定性,你必须投身到特殊性中才能实现。实际上,很多经典的研究也都是在特殊案例研究的基础上得出的,如涂尔干揭示原始宗教的基本形式就是通过对澳洲图腾的研究。③ 因此,本书不排除所选取的调查对象及其区域有其特殊性,但是"一个特殊的案例,只要建构得完善,就不再是特殊的了。"④ 布迪厄指出,普遍性和独特性的对立是一种虚假的对立,通过学习布迪厄的

① 风笑天:《现代社会调查方法》,华中科技大学出版社2005年版。
② Yin, R. K.:《案例研究:设计与方法》,周海涛等译,重庆大学出版社2004年版。
③ 埃米尔·涂尔干:《宗教生活的基本形式》,渠东、汲喆译,上海人民出版社1999年版。
④ 布迪厄、华康德:《实践与反思:反思社会学导引》,李猛、李康译,中央编译出版社2004年版,第113页。

关系思维方式，借助场域概念可以实现超越，并提供模拟性的推理。① 对被调查场域的分析可以发现其中的普遍法则，进而模拟性推导到其他场域，这也是建构其社会工作关系视角理论的前提。信度指的是研究步骤的重复性，是否可以得到相同的研究结果。对此，本书尽可能详细记录研究的步骤，并建立了本研究的数据档案。

（五）研究伦理

质性研究对伦理的关注在 20 世纪 70 年代后被重视，由于质性研究是研究者与被研究者互动的过程，研究对象作为人的主体性应当受到尊重，符合伦理原则地与研究对象交往是研究过程的"硬指标"，应当遵循一定的伦理规范。由于质性研究的研究工具和对象都是人，研究的过程是也研究者与被研究对象之间沟通、倾听、理解、解释的交往过程，因此不可轻视这个过程中的规范。② 这一规范主要是研究伦理。人的主体性彰显，对人的尊重和保护是现代社会的特征。研究者不能视研究对象为被动接受提问、访谈的对象，随意侵犯研究对象的隐私、强制研究对象，或者损害研究对象的利益。科学研究的目的本是通过研究推动制度、政策变革或者以其他方式为研究对象及社会大众带来益处，忽视研究对象的主体性的研究过程最终违背了科学研究的初衷。

研究者与被研究对象之间的伦理实际上是二者的关系，这一关系影响着研究结果的准确性。为了真正走入研究对象的生活世界，理解研究对象对于研究问题的意义建构、真实想法和内心感受，研究者需要在受访者完全放松自然的状态下，获得他们的理解和支持，从而获得真实全面的资料。③ 处理好伦理关系，需要一定的技巧。这与研究者本人的处理关系的经验密切相关，往往需要即时的应变技巧。笔者在本科、硕士和博士求学期间，曾经开展过多次的质性研究调查，因此掌握了一定技巧。

研究伦理中有四项一般的原则，即自愿参与、保护参与者、保密与匿名、为研究对象带来一定的益处。④ 自愿参与原则要求研究者事先征得被研究者的同意，并且研究应当向被研究者公开而不隐蔽。在本研究中，笔者通过电话或者微信方式说明自己访谈的目的是为了科学研究需要，征求

---

① 布迪厄、华康德：《实践与反思：反思社会学导引》，李猛、李康译，中央编译出版社 2004 年版，第 110 页。
② 莫特纳、伯奇：《质性研究的伦理》，丁三东等译，重庆大学出版社 2008 年版。
③ 李玲：《论质性研究伦理审查的文化适应性》，《比较教育研究》2009 年第 6 期，第 7 页。
④ 陈向明：《质的研究方法与社会科学研究》，教育科学出版社 2000 年版，第 427 页。

访谈对象是否愿意接受访谈。同时，笔者将访谈的详细提纲，包括访谈的目的、问题、访谈的时间、地点等细节告知访谈对象。在此基础上征得访谈对象同意后方展开访谈。保护研究参与者原则要求研究者对被研究者在参与研究过程中出现的各种情况进行保护。被研究者同意参与研究，但是深度的访谈可能勾起其痛苦的回忆，因此可能带来心理伤害。笔者在访谈前也告诉访谈对象访谈过程可能涉及诸多意料之外的事情，如果出现访谈的内容令访谈对象不舒服，话题令访谈对象难以作答或者很反感，则访谈对象可以跳过这个内容，也可以选择退出研究。保密和匿名原则是对被研究者隐私的保护。笔者在访谈前声明对访谈对象的访谈数据进行保密，这包括访谈信息不在其他访谈对象中公开；在研究中会隐去可能让其他人知晓的姓名、年龄、工作单位等个人隐私。对于访谈对象的姓名以假名的形式表示，年龄上也只标记工作年限而不说明实际年龄，工作单位只说明社会工作服务领域而省略具体单位。对被研究者带来益处原则可以通过意识增强、认识提高、增进反思等方式展现。本研究的访谈帮助受访者从关系的角度系统地反思社会工作服务，帮助社会工作者提升关系的意识。

中编　关系视角的社会工作本土实践

第二章　社会工作的专业环境：
支持性关系建构

　　笔者实践中多次遇到社会工作机构或项目组提到"关系"这个话题。好友阿威是上海某专业社会工作机构的青少年社工，在开展"跃升学堂"社会工作服务项目。他还跟我讲，督导会上，督导专门给项目组推荐了"关系建构"的书籍，要求项目成员学习借鉴。

　　　　本项目针对救助家庭中因为学业不佳或失败而未能找到工作的青年，希望提升救助家庭第二代的工作与学习动机。这一学堂主要依靠社会工作机构、企业集团、事业单位以及政府相关部门的通力合作。其中，社会工作机构主要负责整体的策划、统筹以及社会工作专业服务的提供。企业集团和事业单位，主要负责提供工作实习岗位以及师傅的配备；政府相关部门以及事业单位负责提供规定的若干种岗位职业技能的培训。

　　"跃升学堂"项目不是社会工作机构可以独立完成的，而需通过社会工作机构与多方主体合作实现。社会工作者面临链接、协调和处理不同主体关系的关键问题，这表征着社会工作与其他职业的不同处或者优势所在。笔者的另外一位受访对象昕莲是上海一家公益评估机构的前总干事，机构受到政府委托对包括社会工作项目在内的项目进行评估，她提到：

　　　　评估的导向作用是很强的，在上海的地方评估标准《社区公益服务项目绩效评估导则》出来后，自然也适用于政府购买的社会工作项目评估。而评估指标中有很多涉及社工与其他人、组织的关系，典型的像"动员能力"指标，看组织对于服务对象、社区、NGO、政府部门、企业、事业单位以及社会公众的动员能力水平；"综合效能"看项目对同类服务、行业、社会的影响。社工单打独斗做项目，评估不

会得高分的。要巧干，这对社工和机构的资源整合能力要求蛮高的。（访谈对象昕莲）

访谈发现，社会工作者跟各种利益相关者的互动是普遍存在的现象。这些利益相关者与社工的关系形成了社会工作的专业环境。他们参与到社会工作中，同时也将各自的利益卷入社会工作的行动中，影响着社会工作实践。在展开对服务对象的服务前，社会工作者首先要处理好与他们的关系。尤其是当前中国本土的社会工作还处于弱势状态，更需要多元主体关系的支持。"关系"是摆在社会工作者面前的重大课题。这些利益相关者至少包括政府人员、高校人员、基层组织人员、本机构/部门人员等。那么，社会工作者该如何"巧干"来展开与这些利益相关者的关系呢？其过程是怎样的？

第一节 弱势的社会工作

中国社会工作的健康发展既需要社会工作自身完善的制度，也需要体系化的支持系统。只有两方面形成整合性的安排，社会工作的发展才能走上良性轨道。基于访谈对象的访谈发现，当前阶段的社会工作的社会吸引力较弱，社会支持系统不强，面临成长的困境。

一、人才难留

薪酬待遇问题几乎是每一位访谈对象都很关注的问题，影响着社工的去留。莉玢则是转岗来做的社工，五十多岁，比较喜欢社工，对于薪酬待遇也要求不高。

他们（年轻社工）待遇也不高，社工感觉厌倦，看不到希望，做一阵子就不干了，也不愿意把关系搭起来。现在好一点的就是整个机构有二十个编制的名额，但是必须等人退休才能争取到。申请这个程序上的，像什么中级职称、指标的，没法让人纯粹地做社工，去给案主服务。这样，收入少，工作又难做，关系网很难建立，处理关系也没耐心。纯粹做社工，沉下心来去做，需要热心公益，有经验，经济压力比较小。尤其是经济压力方面，不然很难坚持下来。你看我们十佳社工，他们都有这方面的特点。工作经验细说的话，其实跟人打交道的能力和积累也很关键。我们有一个很专业的心理咨询人员过来做社工，但是也做了不到一年，炒股，要挣钱，就只是在社工这边过渡下就走了。（访谈对象莉玢）

在访谈中，莉玢也直接指出，更适合做社工的可能是经济压力小、热心公益的人。2013 年，北京地区的社工待遇每月不足三千元，上海地区平均年薪六万元，深圳社工在 3500~5500 元。[1] 2022 年的网络调查统计，北京平均在 4500~6000 元，上海平均在 6000~8000 元，深圳平均在 5900 元，全国平均在 3000~4500 元。[2] 大城市的生活成本高，现有收入对社会工作者的吸引力不足；其他地方社会工作发展待遇整体更低，吸引力也更弱。从社会工作人才的使用和激励措施方面看，这些方面的制度建设则是滞后的。[3][4]

就是说发展了这么多年，老的（医务）社工他们要涉及一个什么问题呢？他要职业晋升，但是现在这个问题迟迟没有解决。有些社工的话就是直接离任，有些社工的话调离社工部的岗位，换到了其他部门去了，比如说团委精神文明办。当然也有混得不错的，到了这个社工部的副主任，但这都是非常少的，大部分是像我这样的，还是在一线工作。工作 9 年还在一线，很多时候受制于这个，工作积极性上也会受影响的。（访谈对象邬载）

自 2012 年上海市大力推进医务社会工作发展，医务社会工作者超过五百人，已经覆盖上海所有医院。其中硕士以上学历超过 20%，大部分是年轻人。然而，至今医务社会工作者的职业晋升体系依然未健全，这不利于医务社会工作的长远发展。社工邬载的想法代表了很多资深社工的看法，留住他们对于职业的发展十分必要。社会工作者所面临的服务对象多是处于多重困境的弱势群体，其问题的解决需要社会工作者沉下心来，扎根基层社区，并耗费大量的精力、物力。目前社会工作者的薪酬待遇过

---

① 熊贵彬：《内地社会工作发展状况简评》，《前沿》2013 年第 2 期，第 89 页。

② 《社工工资收入（待遇，月薪），就业前景怎么样》，https://m.jobui.com/salary/quanguo-shegong。

③ 王思斌：《我国社会工作制度建设分析》，《广东工业大学学报（社会科学版）》2013 年第 5 期，第 17 页。

④ 柳拯：《我国社会工作发展现状、问题与对策》，《长沙民政职业技术学院学报》2009 年第 1 期，第 18 页。

低，职业发展空间不大，会让社会工作者自顾不暇，专业的热情也无法维持，其担负的社会服务、社会治理的使命自然挑战重重。

社会工作自身的制度建设主要是社会工作人才队伍建设，聚焦于社会工作者的培养、评价、使用、激励等方面的政策内容。这也是目前多数学者研究的社会工作制度主要内容。人才培养制度主要是高校社会工作专业人才培养、继续教育制度安排；人才评价制度包括社会工作者资格证制度、注册制度等。总体上看，我国社会工作者的人才培养、评价是较为完整的。但社会工作制度在"本土性""实证性""协调性"等原则上不足，①不能反映和适合我国社会工作从业者的现状，吸引力不足。

二、资源不足

社工佳唯所在的机构是一家街道层面成立的社会工作机构，机构人数并不多，算是小机构，资金也少。佳唯接触了大量社会工作机构，她说道：

> 中国现阶段社会工作机构生存是比较难。政府给予项目支持，但是经费很少，处于不饥不饱的半死不活状态，额外经费拿不出，办不成事。比如社会工作机构在面临评估、审计的问题时常常要贴自己的钱。有一次JA区社联要机构自己出4千元评估费，机构就很难拿出，但是又不得不为之。体制内资源给得太少，机构没有自己的收入，便要处处受制于人。因此，机构为了生存，必须懂得必要的虚手法——也就是说，生存下来的机构多半不会正儿八经地完全按照规则办事，这样只会导致死路一条！机构生存之道，说白了或许就是如何多赚钱，少花钱。这似乎是企业的逻辑，但是公益机构也要生存，也躲不开这条紧箍咒。因此，志愿者资源要多发掘，志愿者的津贴不可能给得多。现在上海很多街道太有钱了，但是花在我们社工上的钱却少得可怜，善于跟政府打交道也是我们机构生存的现实问题所逼。（访谈对象佳唯）

在广东，丧央从事社区工作和医务社会工作八年，她认为广东的社会工作资源有所改进，但是也不理想。

---

① 肖小霞：《中国专业社会工作发展的制度选择研究——以社会需求和从业现状为基础》，《社会工作》2007年第9期，第30-31页。

资金这一块还是以政府购买为主，依赖政府这一块了，企业等捐助很少。最多平时可以通过一些公益创投拿一些项目的资金，像这种创投的话也是这几年才有的，像我们刚开始做社工的时候，根本就没有这一块资金。如果项目做得不好的话，其实也很难拿这些创投的资金。我们现在也在推一些实体空间的改造，就会有难度，因为医院寸土寸金，单独专属于(安宁疗护)患者空间很难。(访谈对象芨央)

社工佳唯和芨央所反映的是社会工作资金不足的普遍现象。在引入专业社会工作前，传统的妇联、残联、共青联等群众团体，可以获得常规性的财政拨款，充当着实际社会工作者的角色，发挥着社会服务的功能。2009 年之前，大部分社会工作机构主要还是自行筹钱，社会工作机构数量少，大部分成立的社会工作机构无法生存下去。相对于群众团体，社会工作机构属于民办机构，无法获得常规性的财政拨款支持，而公共财政拨款体制不完善，严重制约着社会工作机构的生存。为了突破现有的体制，2009 年上海市开始从市、区(县)两级福利彩票公益金中安排专项资金 1 亿元用于公益项目的招投标工作，开创了国内政府购买社区公益服务项目的先河。经过多年的发展，2013 年国家正式出台政策，发力推进政府购买包括社会工作服务在内的公共服务。然而，正如社工佳唯所说的，政府出台这些政策的结果是社会工作机构可以生存下去，但是吃不饱。这种情况下，如社工佳唯描述的，个别社工玩起虚的手法，这是我们所要反对的做法。同时，还有的社会工作者基于关系找资源，为社会工作的生存寻找出路。

除了资金外，社会工作机构所需的其他资源也不足。改革开放以前中国实行企业办社会的单位制，国家与社会融为一体，人们也由此形成了社会问题依赖政府、生活问题找居委、村委解决的惯习。这时的社区是高度单一的行政化，社会组织萎缩发育不良，社区功能异化。改革开放后，特别是实质推动市场经济制度建立后，企业为减轻负担，将社会事务剥离交于社区和社会来承担，社会建设被重视起来。尽管政企分离得到大力推进，但是政社不分、以政代社现象依然严重，社会体制改革严重滞后于经济改革。政府不愿意放弃计划体制下的某些社会职能，不自觉地包办。当前，准政府团体干预依然存在。妇联、工会等团体的社会工作活动被当作思想政治工作，方法不专业，政治影响力(并非不需要)过大，争夺专业社会工作的社会服务资源。① 社会工作服务展开需要组织合法性、资金、人力资源、场地设施资源、信息资源以及公众的信任。政府通过税收等方式汲取了大量的社会资源，而用于公共财政支出的比例并不太高，大量的社会资源还集中在体制内或体制内的群众团体。在社区层面，社会服务资源集中在街道、居委会或村委会。社区场地资源、公共场所使用也由社区居委会或村委会统一管理，社会工作对公共场所的使用有赖于与街道的合作。公共资源的寻找、使用与共享是社会工作服务的难题。此外，政府还占有大量的信息资源，如公安部门的数据信息、基层居委会对本社区低保户统计数据等信息，这些信息往往不对外开放。而政府的群众团体建立了覆盖全国与地方的网络，可以调动大量的人力资源。比如妇女联合会条线联系着社区的妇女，共青联则联系着学校的学生社团资源，残联条线则联系着基层的残障人士等。而且这些特定对象也与之建立了长期信任的关系。对这些服务对象开展服务或者调动这些人力资源参与社会服务有赖于政府群众团体的配合。这就需要社会工作者不得不恰当处理与之的关系。

三、行政化的进退

社会工作制度是体系化的，而当前的社会工作制度并不完善，制度之外的空间延续着传统的行政逻辑。例如，社会工作项目设置应当以需求为本，但是目前的制度设计没有贯彻这一理念，由此导致政府购买服务项目多为急功近利的政绩项目。对于社会工作岗位，按照政府的行政逻辑开展行政性工作，以服务对象需求为本的专业性服务反而被挤压。受访社工民安所在的司法社会工作机构也一直在力推专业化，但是难度不小。民安坦言：

> H 区站也在不断重视专业化问题，希望能够从司法所工作中抽离出来，做自己的专业的东西。从工作内容的专业性看，现实中矫正社工 70% 的时间承担司法行政工作，在替司法所工作；30% 的时间会用来做专业社工服务。社工七项任务中有三项主要是司法行政工作。每个月的 27、28 号会做很多报表工作。（访谈对象民安）

因此，司法社工忙于非专业工作，要发展专业司法社工可见难度之大。这其中的原因与管理体制混乱有密切关系。

---

① 徐永祥：《社区发展论》，华东理工大学出版社 2001 年版。

从管理体制上说，各个区县的服务站是受到多头领导的：办公条件、设施也是由区县的政法委负责，因此区县政法委是服务站的第一领导者；区县的司法局负责对 X 服务总站各个分站进行业务指导，它们是服务站的第二领导者；新航总站负责社工的人事关系，其负责招聘和签订劳动合同，是服务站的第三领导者。三个领导都会下达任务，社工都要好好伺候的，不敢得罪。在专业上，机构现在归司法局管理，司法局为正处级，相对于公检法的副局级，其权力不大，面对一些刁难的服务对象，无收监的权利，只能采取记过方式来管理罪犯，或者向公安机关申请收监。（访谈对象民安）

正如民安所提到的，司法社会工作者在基层，既要受到条线的纵向管理，也要受到地方的块的管理，存在司法局、政法委、机构的三重领导，这些无疑会让社会工作机构和社会工作者徒增任务，有时候疲于应付而无所适从。

政府对于社会工作定位的不恰当理解，有时候也充满"任性"，随意对社会工作主体下达命令。社会工作首先得到了中央领导的认可，进而从上级一层层向下推进，然而，就思想的认识而言，基层政府的改变往往是滞后的、最难的。从中央到最基层的彻底转变还需要时间的消化。目前中央政府所主张建立的"党委领导、政府负责、社会协同、公众参与"的社会管理体制，为社会工作发挥专业优势提供了良好的制度基础，但还有很多实践的问题。社会工作嵌入现有的体制还属于"依附性嵌入"。[①] 在基层政社关系中，政府购买服务制度的设计实际是对政府与社会的关系的一种安排。上海市政府购买服务考虑市区两级的责任，而基层政府实际是实施的主体和直接参与者，但在目前的制度设计中却只是基于法律外人情上的支持者，而角色和职责则十分模糊。[②] 制度残缺的空间只能由非正式制度来填充，而基层政府则会按照习惯性的认知把社会工作机构和社会工作者当作是业务协助员。由于制度建设尚未完成，传统的行政逻辑占据主导地位，社会工作机构、社会工作者与基层政府的关系，由平行的关系转向了

[①]　王思斌：《中国社会工作的嵌入性发展》，《社会科学战线》2011 年第 2 期，第 213 页。
[②]　费梅苹：《政府购买社会工作服务中的基层政社关系研究》，《社会科学》2014 年第 6 期，第 78 页。

被管理、资金依附，被行政"同化"。① 理论上的制度设计是作为购买方的政府和项目实施方的社会工作机构是契约性的合同关系，② 然而，现实的运作是基层政府并不遵守规则，往往将社会工作者视为自己的编外人员，要求社会工作者做了不少行政性工作。多位受访对象提到替政府人员整理材料、特殊时期对社区高危人员的特别监护等。社会工作者往往接受这种行政管理，因为社会工作机构和社会工作者对政府购买服务的资金依赖较大，独立性不足，缺乏话语权以及受在地化嵌入的影响。③ 行健和佳唯在访谈中提到此处，都向笔者吐苦水，可见他们的无奈。

> 上海开亚信会是国际大会议，上级部门对我们下达指令，要人盯人，不允许我们手里的服务对象去闹事。行政干预太强了，有一次我们对服务对象进行集中教育，没有活动场所，申请了一个。约定了日子，我们人都到齐了，结果街道办事处那天临时占用了我们的场所，很无理，但是没办法，我们只能散了。很多服务对象都是提前空出时间来，好不容易叫出来，被街道一搞，弄得我们社工很没信用似的。专业活动根本没法开展。这个很烦人。(访谈对象行健)
>
> 市区级招投标还可以，街镇层面的社会工作项目的招投标多流于形式，"陪标"流行，项目标的评审员多是街道官员，专业人士缺乏，形式主义大行其道。政府并不遵守"游戏规则"，对社会工作机构随意下发命令，社会工作机构成为政府的延伸，常常要整理各类资料，为各级政府的政绩准备、总结资料，极大地影响了社工组织的专业业务。(访谈对象佳唯)

行健和佳唯提到的基层政府的任性，看起来令人发笑，但是基层政府有时候确实这么干，社工要么接受，要么离职。很多社工的确受不了，选择辞职。有一些社工坚守下来，从社工发展阶段的角度理解这一现实，而有策略性地处理与政府的关系，减少基层政府的干预。

> 关于机构政府打交道中的问题，我们机构有一些要坚持的，政府

---

① 费梅苹：《政府购买社会工作服务中的基层政社关系研究》，《社会科学》2014 年第 6 期，第 74 页。

② 彭少峰、张昱：《政府购买公共服务：研究传统及新取向》，《学习与实践》2013 年第 6 期，第 94 页。

③ 高芙蓉：《社会工作在地化的脱嵌与重嵌》，《中州学刊》2021 年第 3 期，第 69 页。

常常变动，也有强迫的要求，作为民间组织，我们该坚守原则还是妥协，又如何求得两全的做法，这个是需要智慧的。民间社会工作机构最头疼的问题不是办不成事情，而是政府不遵守游戏规则。（访谈对象昕莲）

昕莲所说的智慧并没有坦言具体是什么。实际上，这也是无法说清楚的。这其中的原因有两方面。一方面，当前，社会工作嵌入现有的政府体制中，但仍然属于"浅嵌入"。另外一方面，政府也通过多种方式嵌入社会工作中。政府利益与行政逻辑自始至终缠绕在中国社会工作发展之中，是转型时期内地社会工作无法回避的因素。相对于西方社会工作安于微观临床实务，中国社会工作在担负社会服务的功能时，还被赋予了社会治理的宏大使命。实际上，这并非社会工作的新取向，而是政府寻求良性治理的战略举措，[1] 是政府强势推动社会工作发展的内在原因。以上海为例，社会工作首先不是在其相关性最大的民政系统部门生成，而是在政法系统产生，被赋予维护社会稳定的天然责任。[2] 因此，政府利益在社会工作转型发展之初即已嵌入，并影响政府处理与社会工作机构、社会工作者的关系。另一方面，社会工作制度的不完善，给了政府干预的空间。而社会工作制度的问题又与下文提到的社工成长困境相关。

除了政府的行政性干预外，设立社会工作岗位或部门的事业单位、企业、机构也存在行政化的进退问题。

我们在广东，是机构派驻我们 14 名社工到这个医院去开展社工服务。这两年开始搞"双百社工"，以前财政出钱，现在民政系统说要搞自己的"双百"，所以就不再继续提供财政支持，然后让各个医院自己出资。有的医院就撤岗了，我们是当地最大的医院，医院很自然地接过来了。你会发现社工做的事情越来越不是计划内的了，但是现在甲方是爸爸了，我们没有理由推辞，现在越来越忙。（访谈对象苤央）

我参与一些行业的调研，就发现其实真的是曲折当中发展。至少是曲折当中有徘徊。按照 2012 年上海发的《关于推进医务社会工作人才队伍建设的实施意见（试行）》，当时要求综合性和专科性的三级医

---

① 刘威：《"和而不同"：中国社会工作的实践分殊与经验会通》，《中州学刊》2010 年第 6 期，第 110 页。

② 张昱：《中国本土社会工作实务的实践逻辑及其反思》，《社会科学》2008 年第 5 期，第 81 页。

院，每100~300或者300~500张床位要配一名专职的医务社会工作者。现在有社工的医院是越来越多，但是原来的很多医院这个社工部的设置是独立的，现在慢慢变成了什么？二级部门——被其他部门并掉了。包括我们去年传言就是还要被并掉。那这个部门独立和被并掉的影响就是能否专心去做你专业的事情。比如说我要被并掉，很多其他部门条件、事情千头万绪，社工你都得参与，那势必精力有限，你分一半给其他的，只剩那点时间做临床的事情。（访谈对象邬载）

医院作为事业单位并非行政管理部门，但是医院内部的管理与行政工作也对应着政府的行政部门。社会工作部门独立建制还是吸纳进其他部门影响着社会工作的话语权、专业空间。尽管上海卫生主管部门在"十二五"期间推进社会工作发展，很多社会工作部门独立建制，但是"十三五"期间则趋向保守。这其中的进与退并存，社会工作的专业发展并非直线上升。社工裘央所指出的，广东医务社会工作从外派走向上海模式，也出现了行政化增强的问题。

四、制度网络未成

昶林是上海最早的一批社工，他从一线社工做到浦东公益园管理者，再转到社工教学岗位，对上海社工的把握全面。在他看来，有几个关系值得注意。

关于上海的社工发展模式，其实总结的还不算模式，只是一些基本做法。总体说来，主要有几个关系，关于政社关系，政府与社会组织合作，现实是由伙伴变成伙计。关于社社合作，公益园区模式得到推广，形成纵向产业链，有了初步合作，但是横向产业链以及机制化的合作还有待发展。关于企社合作，出现了社会企业，如上海欣耕工坊，就是设计培训弱势群体生产手工产品的社会企业。在学社合作上，现在不少高校社工老师办机构。从分类角度看，其实政社合作、社社合作、社企合作、学社合作还可以分为不同种类，也是可以努力的方向。（访谈对象昶林）

如昶林所言，上海民政部门在社会工作所需的社会支持系统的构建方面发挥了积极作用，并取得了不小的成绩。目前上海通过公益园区建设，利用地缘优势为社会组织之间的合作搭建平台，并为各地广泛学习。

政社合作、社社合作、学社合作等多种方式提升了对社会工作发展的支持力度，但机制化有待深化。伍霞在香港执业三年，之后转到上海做社工，她通过对香港和上海的对比观察，提出了自己的看法。

> 我希望政府能够更加重视社会福利，对社会组织的发展更支持，对社工的专业定位、职业保障能够有更多的政策配套。这样的话，其实很多我们依靠关系网络开展的不同领域的服务对象转介就会很容易，也自然容易形成一个福利网络，建立转介的通道。这样人的整个支持系统才能建立起来。(访谈对象伍霞)

伍霞所提到的正式的福利网络，不仅需要民政部门参与，还需要其他政府部门的支持。社会工作制度的建设过程不仅仅包括社会工作制度的设计、构型过程，还包括体系化行动和过程。[1] 从体系化的角度出发，社会工作制度还需要相关的制度给予支持，实现制度的协同供给，包括社会工作相关部门纵向和横向的协同。[2] 这是社会工作发展的保障措施。从具体的制度建设推进部门看，民政部门主要负责了社会工作自身制度的建设，而支持系统的推进需要其他资源控制部门的协同，这包括财政部、人事部、教育部等部门。从 2010 年开始，国家多个部门联合出台了《关于加强社会工作专业人才队伍的意见》《社会工作专业人才队伍建设中长期规划(2010—2020 年)》等多个政策文件，意在协同推进社会工作支持系统的建设。然而，除了民政部门外，这些部门没有出台实质性的措施，只是"仪式性参与"、象征性参与，表现出非主抓部门的"非责任"问题。[3] 在部门的合作上还需要继续推进。比如，在司法社会工作领域，司法所与社区的合作；在医务社会工作领域，医院与社区的协同等。

既然现实的情况下伍霞所提到正式的福利网络还没有建立起来，社会工作所需的社会支持系统不足，自身面临困境，那么社工该如何去做呢？社工璜辉是社工硕士毕业生，从事社工工作四年，一直注意观察和思考。佳唯原来在国企团委工作，后来创办社会工作机构，做起社工，她一直思

---

① 王思斌：《我国社会工作制度建设分析》，《广东工业大学学报(社会科学版)》2013 年第 5 期，第 12 页。
② 张丽芬：《从社会认同度看社会工作职业化的制度建设》，《学海》2021 年第 3 期，第 11 页。
③ 王思斌：《我国社会工作制度建设分析》，《广东工业大学学报(社会科学版)》2013 年第 5 期，第 17 页。

考如何成为一名成功的社工。我们来看下，他们是如何想的？

　　其实，我观察到的一个现象是，不少转行做社工的人不需要学习就能够做好，他们觉得理论与实务脱节太严重，理论无用。他们是在企业中做了多年，积累了丰富经验和关系资源，是否凭借这些就能够比专业训练的司法社工更有优势呢？他们占有了丰富资源，所以成功，能够挑战专业社工，那么是否可以说，社工的优势之一就在于能够链接丰富资源，而非专业人士无法做到呢？尤其在司法社工这一领域，资源上的支持都助十分突出，而社工的知识、价值、技巧则退居其后。(访谈对象璜辉)

　　从社会工作机构内部的执行团队看，现有的社会工作机构多沉淀在基层，缺乏市场意识和产品意识，眼光相对狭隘，因此做了很多的事情却并没有得到足够的认可，资源也整合不足。实际上，社工成功地介入需要一个资源网络的支撑，而目前社会资源网络并未搭建起来，社会工作机构也没有足够的意识去主动作为，担当搭建的筹划者。(访谈对象佳唯)

　　诚如璜辉所言，我们会看到在实践中由于资源的匮乏，专业社会工作者常会表现出不如群众工作人员工作有成效，从而令人质疑社会工作的专业优势。实际上，社会工作无法割裂与外围环境的联系，在正式支持资源建立之前，不少社会工作机构和社会工作者通过提升自身处理关系的能力，尝试通过与现有的资源控制部门建立联系或合作，以关系来推进社会工作的开展。

　　总之，中国社会工作仍然处于发展之中，尚没有成熟，展现出特定发展阶段的"过渡性"。这种过渡性表现在社会工作的吸引力不足，自身制度建设还不足；社会工作的社会支持系统不强，社会福利网络残缺，资源不足。这些特征是当前政府与社会关系制约的结果，社会工作者的行动受此限制，转向关系策略。

第二节　政府的培育与限度

　　访谈对象岚梅是上海的一位社工督导，她向笔者讲述了一个成功的社会工作项目实践。

　　我督导的一个老年人项目，街道借助这个福利彩票资助项目整合社区的老人服务资源。项目的中标单位是社区服务管理中心，管理层实际上有街道事业编制人员，因此管理层管理能力比较强，对于活动也很支持；与大学合作，请我去做督导，学生来做志愿者；LQ 社会工作机构也有派驻街道的社工；居委会在街道的指示下十分配合，因此项目开展得很顺利。我认为成功的关键是社区内生组织与外生组织的良好配合。实际的关键点是内生组织的配合。街道内生组织包括居委会、社区服务管理中心，外生组织包括 LQ 社工社。配合成功在于街道领导个人觉悟高，以行政指令要求内生组织配合，由此我们大学专业力量、LQ 社工社得以发挥作用。具体说来，内生组织主要提供场地、负责第一次联系或者带领入场，之后的活动则由专业组织独立开展。这种政府总体统领，内部各个组织独立运作的关系十分和谐有秩序。而且，在功劳的归属上，LQ 愿意分享。

　　这个项目做得比较成功，是浦东新区政府以招投标形式购买的项目，街道的社区服务管理中心是街道办事处内生的一个组织，属于街道自己培育的机构，并招聘了专业社会工作者。街道办事处还为项目开展提供场地、入场、管理支持、民众动员等支持，然后邀请了高校、外生社会工作机构参与，共同合作完成了项目。这与笔者想象的专业社会工作独立开展专业活动的情境大相径庭。政府在社会工作项目开展中的作用，比想象的西方式情景似乎更加复杂。这个案例并非个案，很多的访谈对象都提到了政府对社会工作服务的重要影响，二者的关系复杂而重要。那么，实践中社工与政府的关系具体是怎样的呢？

一、政府的培育

　　社会工作服务领域众多，涉及民政、医务、司法等诸多领域，每一个领域都有相应的政府部门，社会工作者与政府的关系需要从这些不同的政府部门谈起。民政领域是社会工作最直接的服务领域，社会工作与民政部门的关系也最为密切。

　　S 机构是上海第一家以"社会工作师事务所"命名的社会工作机构。这家机构主要的服务领域是家庭服务、妇女服务、贫困服务等，主要交往的政府部门也是民政部门。机构成立于 2007 年，是政府邀请、高校老师领衔成立的。政府之所以要成立这家社会工作机构，有着现实的要求。机构所在镇的政府是上海世博会的重要展示窗口，其社会建设备受政府重视。政府希望能够借助高校老师开办社会工作机构的示范效应，带动当地社会工作机构的发展。这对政府来说，也是创新社会治理的政绩。政府对这家机构的帮助很多。笔者也对这家机构进行了参访，发现当地政府从硬件上给了很多支持。政府为社会工作机构所在的楼层配备了个案工作室、小组工作室、会议室。同时由于机构在世博家园，因此可以利用的硬件设施更多，包括观景平台、影视厅、健身房，也有许多其他的服务机构进驻本大楼，包括政府基层服务部门、职介所等。除了硬件设施外，在资金上也有倾向。在上海市的项目化运作中，上海市福利彩票基金和各区县配套资金构成了上海市社区公益招投标项目的资金来源。上海市福利彩票公益金公益服务项目购买合同的签订方分别为区县民政局和社会工作机构。因此，民政部门是社会工作项目化实践直接和主要面向的政府部门。民政部门具体承担着资金拨付、项目必要支持、项目监测、项目评估的责任。项目必要支持内容包括民政部门与其他政府部门的协调。以浦东新区为例，浦东新区社区建设指导中心负责本区的社区公益项目招投标工作、社区资源整合与开发等。① 除了市区级层面的资金来源，当地镇、街道的委托项目也多优先考虑这家机构。在项目的执行中，政府的支持也从未间断。

> 总体说来，我们还是草根的机构，但政府对我们的成长提供了很多帮助。项目最主要的合作方依然是民政、妇联等政府机构，项目实现了"传统妇联工作方法和现代社会工作手法"双重优势的迭加。政府购买服务只是第一步，接下来落地还要民政、妇联系统帮忙，特别是依靠基层民政干部所拥有的地缘、信息优势来提高项目的社区信任、支持和覆盖面。(访谈对象箐箐)

箐箐是上海某重点高校资深社会工作教授的学生，也曾在美国某著名社工高校交流，对于西方主流的社会工作有着较深的理解。她从本土基层的一线社工做起，逐渐走向社会工作机构管理者岗位，对东西方社会工作服务与管理有着较深的体会。在上海本土社会工作实践中她依然十分强调政府和群团组织支持、帮助的必要性。目前很多的群团组织在转型，对多

---

① 上海浦东政务网，http://gov.pudong.gov.cn/newgovOpen_mzj_czys_fl/info/detail_775655. htm。

个单一组织发挥支持性管理与服务功能。① 以箐箐所提及妇联为例，上海市颁布的农村基层自治组织规定明确了应当有妇女成员，因此妇联系统建构了落地最基层的完善的网络。基层妇联除了政治性任务外，还承担着关心妇女、儿童群体，维护他们的权益，推进家庭建设的任务。对于妇联的经费来源，街道、社区和乡镇层面的纳入地方财政统筹，机关和事业单位层面的纳入单位财政预算或单位成本。随着经济转型加速，社会领域建设的推进，以及新的社会组织竞争的参与，妇联系统也启动了改革的任务，这包括目前在妇联系统广泛开展的妇女社会工作培训和轮训、妇联参与社会工作项目化运作，以及成立本领域的专业社会工作机构等。② 在上海的实践中，区级妇联以项目委托形式委托给专业社会工作机构，通过行政指令形式要求区级层面以下妇联系统予以支持配合，以此来盘活社会工作机构与街道以下层级妇联的关系。③ 这样，由妇联系统提供场地空间、组织保障与其他相关支持，社会工作者设计专业活动，开展专业服务，实现传统妇女工作与专业社会工作的有机结合。

文兰曾经是箐箐所在社会工作机构的一名资深社工。文兰原来是上海某居委会书记，有着十分丰富的与居民和政府打交道的经验。箐箐的机构在开展项目中，为了跟政府顺畅交往，聘请了文兰作为社工，文兰便将自己原来的关系网络带入社会工作服务中，同时也接受专业社会工作的培训，帮助机构顺利开展了不少项目。

> 绕开政府办事是不可能的，举个小例子说，我们项目打算招募一个热线电话的志愿者，先是采取了网络发布形式，结果时间快到了却无一人报名。后来通过我原先在社区（居委会）关系推荐招募的，这个还更快，也可靠点。（访谈对象文兰）

在社会工作机构项目开拓前期，首先面临项目落地社区问题。社区居委会或者村委会往往是社区服务项目落地与否的关键因素。文兰几十年的社区工作经历使得其与当地社区居委书记熟悉，居民也很信任她，由文兰

① 彭善民：《枢纽型社会组织建设与社会自主管理创新》，《江苏行政学院学报》，2012 年第 1 期，第 64-67 页。
② 徐宏卓：《浅谈妇女社会工作队伍建设——以上海市为例》，《山东女子学院学报》2008 年第 5 期，第 31-35 页。
③ 韩晓燕、罗臻：《社会工作对妇女工作的嵌入与突破——来自"媛动力"家庭增能计划的经验》，《中国社会工作》2013 年第 1 期，第 50 页。

出面解决了箐箐机构开拓社区的一大难题。居民委员会/村民委员会一般有五到九人,包括主任、卫生委员、治保委员、计生委员、调解委员、社保委员、老龄委员、工青妇委员等。我国《城市居民委员会组织法》规定的工作任务可以概括为五个方面:政治方面的动员、协助政府提供公共服务、民间纠纷的调解、维护社会治安和做好民意表达。① 村委会亦类似。居委会/村委会作为政府机构神经末梢在基层社区的长期存在,以及民众从空间距离和心理距离上对其亲近,使其得到了人们的信任;其与本社区民众的关系实质反映着国家与社会的关系,而居委会/村委会既对本社区进行社会服务,也实现了对社区的控制。② 具体说来,社会工作者需要借助居委会/村委会的地缘优势、信任优势来实现社区入场、入户访谈;借助居委会/村委会了解社区情况,做好专业评估;借助居委会/村委会动员社区参与;借助居委会/村委会链接场地资源、设施资源等。可以说,居委会/村委会对社会工作活动开展影响重大。

在司法社会工作领域,上海市自 2003 年创新犯罪预防体系构建了三大社团以针对社区矫正、禁毒康复、三失少年开展专业的社会工作服务。这三大社团分别是上海新航社区服务站、上海自强社会服务社、上海阳光青少年服务中心。之后在浦东成立了中致服务社。由此,四大司法社会工作机构覆盖了上海的司法社会工作服务领域。民安四十多岁,年富力强,在上海某街道司法社工分站从社工做起,后来调任总站任总干事,对于一线服务和宏观管理都有丰富经验。民安所在的社团是政府主导成立的,以政府购买社工岗位的形式展开服务。由于政府"靠山"的存在,社团并没有生存的危机,相对于民办机构,社团与政府的关系很密切。

> 我们机构作为上海三大社团之一,是官办的社会工作机构,有优势。好处就是政府关系在那,体制内资源用起来方便。从管理体制上说,各个区县的服务站是受到多头领导的:办公资金、设施也是由区县的政法委负责,因此区县政法委是服务站的第一领导者;区县的司法局负责对各个分站进行业务指导,它们是服务站的第二领导者;总站负责社工的人事关系,包括招聘和签订劳动合同,是服务站的第三领导者。社团也有弊端,就是政府的任务多,政府干预多。我们面临

---

① 卢汉龙、李骏:《中国城市居民委员会工作的比较研究:上海与沈阳》,《社会科学战线》2007 年第 6 期,第 191 页。

② 姜振华:《社区参与:对社区居民与居委会互动关系的透视》,《中国青年政治学院学报》2007 年第 3 期,第 114 页。

管理体制问题，需要将顺总站与分站、分站与街道、司法所、派出所等关系。(访谈对象民安)

民安所在社团是政府培育的，其他三个社团也是如此。在制度设计上，市级层面的政法委、司法局、禁毒办、市团委是三大社团的服务购买方、监管方，作为主管部门承担资金拨款与管理的责任。可以说，是政府创建了司法社会工作团体。然而，政府也规制着它们的发展。基于购买岗位资金的相对不足，机构多头管理的弊病，社团并没有取得相应的权力和地位，专业发展受到限制。这表现为四重张力，即行政性与专业性之间的目标张力，公权力与民间性之间的合法性张力，独立性张力和需求匹配性张力，张力既无法回避也无法消解，而实践的结果是司法主管部门与司法社会工作机构在互动中逐渐走向建构互适的道路。① 实际上，建立与司法主管部门的关系既是社会工作机构生存的需要，也是以非正式制度修正目前制度的弊端、推进专业的发展的策略。

在医务社会工作领域，卫健委是本领域的主管机关。上海市医务社会工作经过二十多年的探索走在了全国的前列。易青是上海某三甲医院的医务社工，上海某重点大学社工硕士毕业，本科是某医科大学。毕业后适逢上海医院开始推进医务社工发展，招聘医务社工岗位人才而做了医务社工。易青是上海较早涉足医务社工的社会工作者，他亲历上海社工是怎样在政府和医院领导扶持下发展起来的。

上海的医务社工被评为社工界十件大事之一，但是也是在探索。像我们医院，由于我们院长跟上海医务社工领头人 M 私人关系很好，他们常聊医务社工，院长受到 M 影响也极力在我们院推广社工，这个就给我们创造了发展空间。上海现在的医学会专门成立了医务社工分委会，而且为了推动医务社工的发展，卫健委每年在给医院评估打分上会专门有一项就是是否有医务社工岗位，所以医院领导很积极地建社工。但是这还只是在医院层面，进入科室还需要时间。医务社工进入不同科室也不是那么容易。像我了解到的，上海有一个医院内分泌科是国内知名的，也是个三甲医院，按理说，这个科室这么好，是强势科室，病人来自全国各地，而且医疗水平这么高，再加上社工服

---

① 童潇:《司法社会工作组织推进中的四重张力及其消解——政府与民间组织协同司法社会工作的"互适性"问题》,《社会科学研究》2014 年第 4 期，第 99 页。

务，肯定会做得特别优秀。但当社工尝试进入内分泌病房时，他们主任明确反对，说他们不需要医务社工。他们有很好的资源，但是联结不起来，很可惜。（访谈对象易青）

易青所在医院的领导以及卫健委政府部门的支持推进了医务社工的初步发展，其发展经验表明政府与基层医院的试验互动是医务社会工作发展的关键。以上海市儿童医学中心为代表的医院的积极实践，得到了上海市民政局、卫生局的肯定，为本市医务社会工作的战略部署提供了基础。① 总体而言，上海医务社会工作发展很大程度上离不开卫生部门的培育与支持。

当然，社会工作涉足的领域不止于此，还包括青少年、企业社会工作领域等。比如，共青团是中国共产党领导的面向青年群体的团体，其价值观与社会工作的价值取向没有明显冲突。② 实现共青团工作与社会工作的联结成为共青团改革的取向。③ 以青少年事务社会工作为导向，共青团中央等多个部委于 2014 年下发了推进青少年社会工作人才队伍建设的意见，④ 其基本路径亦在于推进社会工作嵌入传统共青团工作。例如，上海共青团委培育了阳光青少年服务中心。社会工作机构与社会工作者面向社区开展的青少年服务在动员对象、使用相应设施以及资金方面需要得到共青团系统的培育和支持。中华全国总工会及其所属工会构成了工会系统，随着上海市群众团体改革的推进，工会系统也逐渐面向社会委托工会社会工作服务项目。以浦东为例，浦东总工会成立了上海浦东工会社会工作服务中心，以搭建工会系统与社会组织、企业合作的平台，回应当前工会系统过度行政化、内循环、专业性不足、专业人才匮乏等挑战。⑤

总之，西方社会工作呈现自下而上的发展路径，而中国专业社会工作的产生与发展则是政府自上而下主动推动的。在政府的支持下，社会工作机构和社工从无到有，从弱小逐渐成长。政府扮演社会工作"培育者"的角色。这些"培育者"包括民政部门、卫健委、司法部门、共青团系统、

---

① 季庆英：《上海医务社会工作的发展回顾》，《中国卫生资源》2015 年第 6 期，第 436 页。
② 马灿：《共青团工作的价值取向与社会工作价值观比较研究》，《中国青年社会科学》2013 年第 2 期，第 17 页。
③ 马灿：《社会工作方法与共青团工作》，中国青年出版社 2013 年版。
④ 《共青团中央、中央综治办、民政部等六部门关于印发〈关于加强青少年事务社会工作专业人才队伍建设的意见〉的通知》。
⑤ 《上海浦东打造工会社工创新工会工作机制和服务方式》，http://sh.wenming.cn/WMBB/201603/t20160329_3245342.html。

妇联系统、工会系统等。这些"培育者"既扶持了社会工作，也在诸多方面限制着社会工作的发展。社会工作者与不同"培育者"之间的关系也充满了策略性。

二、政治的限度

政府既是社会工作的培育者、鼓励者，也是社会工作的调控者。社会工作的发展有着专业的政治限度，这反映了社会工作发展的政社关系。

社工璜辉和功程指出了政府出于政治考虑，对于包括社会工作机构在内的社会组织的忧虑。

> 就以社会服务中心运营为例，上海大多数的中心是政府或者政府背景的组织运转，而深圳交由社会工作机构来运行的确迈出了一大步。上海在此探索难，难在政府不信任不放权，实际上社会组织在国际上的名声也并不是很好，颜色革命的例子政府不能不担心。（访谈对象璜辉）

> 比如说一些维权或者劳工这些社会工作机构（政府）可能会有一些担心。再比如，你也观察到之前这边督导队伍是一个香港督导配备几名内地督导，但是后来香港出现占领中环等事件后，香港督导就撤掉了，只有内地督导。（访谈对象功程）

政府对新生的社会工作机构信任度不高，这种政治忧虑是有着现实的国际教训，出于社会稳定和政权稳定的考虑，政府还是对社会工作存在某些担忧。

然而，从历史角度看，这种政治担忧其实也是变化中的。2011 年之前，社会组织门槛过高，面临寻找双重主管部门的障碍，社会工作机构的注册难度大，受到的管理、监控也严格。2011 年北京率先在全国试点四类社会组织直接登记，各地的实施力度也不尽相同。① 但总体上，2011 年之后这种政治隐忧开始分化，对于政治性色彩不强的公益慈善组织允许直接登记，减少控制性，社会工作机构迎来发展的机遇。但是社会工作机构作为专业的社会服务机构，有其独特性，而有关社会工作机构的专门立法尚未出台，社会工作机构的专业身份还没得到法律认可，其性质定位仍不

---

① 《社会组织直接登记政策的前世今生：八年历史与政策日趋明朗》，The Paperhttps://
www.thepaper.cn/newsDetail_forward_3168525。

清晰。专业社会工作发展所需要的制度体系、配套支持供给不足。同时，高校教师利用其相对较高的政治可信赖性，积极利用高校志愿者等资源，① 创办了不少社会工作机构，成为社会工作机构的重要类型。当然这一现象是过渡性的。

在社会工作机构的运行中，为了保护政治安全、发挥政治引领等作用，党支部、党员身份和党建引领服务等被重视。

> 广东这边有的机构规模很大，比如有一个机构两百多人，按照政府购买服务算，一年就可以两百多万，那五年就可能上千万资金流，有些大机构感觉都有上亿资产一样。这个是有风险的。当时这个机构负责人还不是党支部书记，民间组织管理局的书记就直接找到机构，发展他为党员然后吸纳作为党支部书记。因为你是党支部书记，你要经常去参与各种会议，要永远跟着党、保证党的路线的方针(得到贯彻)。(访谈对象功程)
>
> 在社区举办一场什么活动，社区领导要求必须你要突出党建，你的新闻、活动策划里要突出党建，活动过程中要突出党建。之前倒还不太明显，2018 年在苏州(做社工)的时候搞社区服务，开始突出党建引领了，然后回到甘肃这边，这几年也很突出，领导直接要求你要把党建放在前面。(访谈对象睿之)

随着当前党的领导地位不断得到突出，包括社会工作机构内的社会组织党建也得到了中央的重视。上述受访者指出了常见的党员身份、党管干部、党建宣传等常见方式。社会工作服务在一些地方被置于党建的范畴内。

> 党跟社工的关系我个人觉得，第一个层面在机构、社工站就成立党支部，其实党支部战斗堡垒作用现在还比较弱，成立党支部的话，我们能够去约束和要求我们党员，比如说一些疫情的防控、重要的一些事情，比较好管理、聚力。第二个就是党员身份帮助我们去把这个服务去做好。比如周末搞个活动加班，党员就要发挥出这种先锋模范、带头作用。第三，社工应该跟党建结合起来，社工看怎么为党建

---

① 朱静君：《高校教师创办民非社会工作机构的优势与困惑》，《社会工作》2011 年第 3 期，第 7-8 页。

服务。另外，有些社工成为党代表，发挥联结作用，更要讲好政治。（访谈对象岭翎）

岭翎是社会工作机构督导，他概括的上述三个方面，较为全面。学界也研究指出党建引领的四个实践类型，即党建与专业介入并重的党群共治型、党建为主的党组织建设型、党建价值引领下的公益互助型、专业介入弱的行政服务型。[①] 中国共产党是国家的领导者，本土社会工作的发展不可回避党的重大角色和作用。一方面，党通过政府培育和支持社会工作的发展，另一方面社会工作也在党设定的政治限度内发展，维护党的利益。这种发展空间是具有中国特色的，社会工作者尤其需要理解党与社会工作的关系。

三、法定渠道

伍霞是上海某三甲医院的医务社工，除了院内的服务外，有时候还需要院外服务。怎么将服务延伸到院外，直到社区最底层，是伍霞面临的问题。伍霞所在的医务社工部想到了上海社区公益项目招投标平台。

> 通过公益招投标，我们医院社工部曾经和浦东新区的妇联合作过，通过妇联我们联系到社区康复的俱乐部、社区资源，把我们的服务延伸到院外。这个过程中，我们会运用到政府的力量，根据妇联的力量去联结各个街道的妇联，然后再由妇联去联系各个街道的肿瘤俱乐部，去招募一些康复者、患者。没有招投标平台，我们没这个机会建立起联系。（访谈对象伍霞）

伍霞通过招投标平台，找到了妇联，通过妇联的关系网络系统延伸到社区居民，从而将服务输送到社区。上海社区公益项目招投标平台可以调动多级政府参与政社合作，为社会工作者建立关系网络提供平台。中国社会工作的发展特点之一在于政府的强势推动，具体而言是中央政府和上级政府的强力推进。以上海市为例，上海市民政局和区级层面的民政部门最先转变社会管理的思维，转向购买社会服务理念。而下级政府部门，尤其基层部门理念的转变则相对滞后。上海市社区公益项目招投标平台的搭建

---

① 黄晓星、丁行琴：《党建引领专业：社会工作参与党群服务的实践类型及机制分析》，《江海学刊》2022 年第 2 期，第 108 页。

目标就在于激发基层政府参与、关注和投身公共事业。① 根据 2010 年《上海市民政局关于进一步规范上海社区公益服务项目招投标工作的通知》，参与投标的社会组织中社会工作者数量不低于管理者的 10%，为社会工作者开辟了专业空间。在社区公益服务项目的需求提出、项目招投标评审、项目入场、项目落地与实施、项目评估方面，都需要政府部门与社会工作机构进行合作。上海社区公益项目招投标平台搭建了合作的舞台，对下级政府来说，支持配合社会工作者完成项目是完成上级的任务，也是自身的需求；对社会工作机构来说，建立关系，争取地方政府配合，是履行项目购买合同义务，保障机构生存的需要。

静薇是浦东一家社会工作机构的副总干事，她深知目前情况下社会工作的力量还很弱小，必须抱团取暖才能有所作为。她对机构加入社会工作行业协会很积极。

> 浦东社工协会在中国社工发展史上是有一定地位的。当初 1999 年成立就是在学者和官方的努力下，联系社工界、政界的桥梁。协会理事涵盖上海社工相关的政界、学界、实务界代表人物，都是大腕。这个平台可以反映实务界声音，推动行业发展。我们加入协会就是希望集体发声，增强我们的话语权。2013 年《上海市浦东新区社会服务机构专业人才薪酬指导方案》就反映了我们基层社工的需求，不管这个方案落实怎样，但协会确实发挥了不小的作用。(访谈对象静薇)

静薇所说的上海浦东新区社会工作协会扮演着沟通桥梁的角色，对于社工薪酬待遇等问题都有积极倡导。社会工作机构、社会工作者通过加入行业协会，可以集体发声。其实，社会工作行业协会与中央、地方民政部门有着密切的合作，而民政部门也是推动政府各个部门发展社会工作的关键力量。民政部门通过调研报告、政策建议、立法推动、联合多部委颁布意见等方式反映社会工作界的声音，推动整个社会对社会工作的认可。社会工作者加入行业协会也是在获得政治资本，实现专业价值使然。其一是宏观社会工作以改变社会政策、聚焦"社会"为目标。个体主义与整体主义的价值纷争贯穿社会工作历史，早期社会工作以心理学理论为基础，是

---

① 王劲颖：《上海公益招投标和公益创投工作成效及发展趋势》，《中国社会组织》2012 年第 12 期，第 41 页。

个人取向的；20世纪70年代对社会结构的批判使得社会工作重拾社会聚焦。[1] 在中国，社会倡导的方法是比较温和的，往往通过专家反映意见。一些沟通政界与社会工作实务界的人物，如社会工作协会理事、政府参事充当着这样的角色。他们往往是社会工作机构和社会工作者关系网络的重要成员。其二，社会工作制度的推进，需要政治资本的保障。社会工作市场的生存空间是政府强势推动与社会工作界的互动努力而成。完善社会工作的制度设计，推进社会工作职业化、专业化和本土化发展，无不依赖政府的认可与支持。

此外，社会工作者通过党代表、人大代表、政协代表、群众团体挂职锻炼等方式获得政治身份，以法定方式与政府沟通。深圳市在此方面的做法较为明显。2015年，深圳市共有13名社会工作者当选党代表、人大代表、政协代表；[2] 2019年宁波市有401名优秀社区社会工作者当选为各级党代表、人大代表、政协委员。[3] 有学者对上海社区青少年社会工作的实践研究指出，上海区县通过将优秀社会工作者增选为区县团委、青联等方式帮助社会工作者提升政治地位，帮助他们与政治体制内委员的沟通，获得他们的支持。[4] 这样有了更多的渠道表达行业诉求和民意，推动社会工作的发展。

总之，政府部门对社会工作机构的培育后，在社会工作机构的运行中，社会工作者与政府的关系实践还有多种方式。法定平台的合作是首要的，它的渠道包括枢纽型社会组织、公益项目招投标平台、行业协会、政治身份。

四、各取所需

(一)展现专业性

我们做的是服务，是人和人之间连接的一些工作，真正用心去做了，服务对象是能感受到的。比如说我们做社区之前给免费做过四点半的课堂，双职工的孩子或没有人教做作业的一些孩子，召集到社

---

① 何雪松：《社会工作理论》，上海人民出版社2007年版。

② 民政部网站，http://sw.mca.gov.cn/article/gzdt/201506/20150600831903.shtml，2017年2月27日浏览。

③ 《不忘初心　一步一印　奋力前行——2019年宁波市社会工作人才队伍建设纪实》，http://mzt.zj.gov.cn/art/2020/1/21/art_1632804_41777973.html。

④ 彭善民、张宇莲等：《都市社会工作资源整合模式探索》，《华东理工大学学报(社会科学版)》2007年第1期，第36页。

区，在暑期的时候正好家长也上班比较忙。社工管理这些孩子，给他们做学业的规划，教会他们怎么去相处，过程当中互帮互助，然后带他们做一些小的游戏，减轻了家长的一些负担，确实是做实事。很多孩子不会就在家里一天的看电视玩手机。活动得到了社区很多人认可，社区的领导也比较认可。后面我们再开展服务就是比较热闹了。（访谈对象沅白）

沅白所在社会工作机构先做做试验，自筹资金免费做几期服务证明给外界看。通过先行试验来证明自己机构的专业性是一种行之有效的方式。通过成功的案例，生动而真实地展现了本机构的专业价值，赢得了社区的信任。其实，试验是中国推进改革的重要策略，这种方式也在中国民众心中有广泛共识。经由试验方成功的例子来展现自身的价值，胜于言语的沟通，也是处理与政府关系的重要途径。

除了事实证明外，不少社会工作机构还通过专业符号来显现自己的专业价值。

我们机构是全国比较知名机构在本地的"分机构"，你会看到我们宣传的时候会挂上大学老师名字，我们还特别注重员工专业方面的学习，培训特别多，有时候是大学老师他亲自来做培训。（访谈对象睿之）

宣传上抬头一看是某某高校的背景，某某高校有社工专业，感觉肯定大学老师办的机构应该不会差得太远了。第二个的话高校办的机构在梳理提炼方面要比其他的机构会更加有优势，所以说在一些比赛等，高校的机构相对来说就比较容易脱颖而出。当这个机构拿了这个奖那个奖的时候，外面人还没看服务，先看荣誉就会觉得比较专业。第三专业的力量保障上，高校的老师参与实务督导，学生资源，等等。他们的专业自信度可能会高一点。（访谈对象绵喜）

社工睿之和绵喜概括了高校教师办社会工作机构的优势。社会工作机构在证明专业性方面少不了专业实践，但不少机构由于特殊的高校背景，而专业的符号特征明显，更加容易彰显自身的专业性。由高校资深社会工作专家领衔，依托大学社会工作专业，有着专业的督导队伍，而且还有着受到专业训练的实习生，是政府和居民眼中最为专业的。这样的社会工作机构也比较容易获得大家的信任，承接的政府项目数量更多。当前，高校教师创办的社会工作机构并非特例，广东工业大学、华东理工大学、复旦大学、华东师范大学等高校教师创办了大量的社会工作机构，其优势就在于专业示范。高校专家领衔即是一种文化资本，而文化资本在布迪厄眼中是可以转化成社会资本的，帮助社会工作者获得所需要的资源。

社会工作是一门专业，也是一种职业。我国已经将社会工作者纳入《国家中长期人才发展规划纲要（2010—2020 年）》，也就是说社会工作者是社会服务领域的专业技术人才。虽然我国专门的社会工作师法还没有正式出台，但是民政部门出台的《社会工作者职业水平评价暂行规定》、原劳动与社会保障部颁布《社会工作者国家职业标准》以及民政部等 18 部委《关于加强社会工作专业人才队伍建设的意见》都已经从官方层面正式承认社会工作者的职业地位。国家设定了专业门槛，非通过国家资格考试不得称之为社会工作者。社会工作者被赋予合法性，在排他性的基础上占有了特定的资源，通过活的劳动形式占有社会资源，不断积累而成了特定的资本。① 这种资本就是文化资本。文化资本是社会工作者专业性的体现。

在与政府的关系中，政府所看重的亦是这种文化资本。文化资本是社会工作者最基础的资本。专业社会工作者经过高校系统的专业教育、培训、实践，通过教育行动传递塑造了这种资本。它的存在形式是身体化的形态，体现在社会工作者精神和身体持久的性情倾向中，展现在社会工作者的惯习中。社会工作者的文化资本具有资源吸引力。首先，社会工作者系统学习社会调查的方法，对于发现需求、评估问题有着专业素养。这是开展社会服务的前提，尤其可以弥补当下妇联、居委会等群众团体的不足。其次，社会工作的价值理念，如同理心、助人自助、能力建设等富有人文关怀，贴近人心，能得到人们的广泛认同。其三，社会工作经过百余年的发展，形成了回应各种群体、各类问题的理论、工作方法，指导实践，解释实践。社会工作者与社会工作机构通过多种方式建设自身资本，以专业符号彰显自我价值。

（二）角色定位：政府的协助者

就内地这种状态之下，（社会工作服务）为政府做延伸"最后一公里"嘛。作为社会工作机构的话，它真正的会去落实具体的政府部署的这些工作，具体把它落实更具象化。当然社工不是二政府，那样社工不够专业。如果你真的是做社工的话，你一定要把自己的角色摆

① 布迪厄：《文化资本与社会炼金术》，包亚明译，上海人民出版社 1997 年版。

正，我就是社工，我不是村干部，我也不是扶贫人员，我就是做社工。（访谈对象启颜）

社会工作者在与政府处理关系时候的定位是什么呢？理论上，社会工作者具有独立性，但是不少社工经过多次碰壁后认为社工也是政府工作的协助者。有的社区社工按照西方社会工作理论与方法设计的项目并没有得到街道和居委的认可，反而被忽略和拒绝，原因就是街道和居委有自己的需求和任务。社工吸取经验教训后，调整为根据居委会的需求兼顾服务对象的需求开展活动，逐渐让居委会认识到专业社工的价值，开始重视社工，转向平等的姿态进行合作。这种平等关系不是居委会"施舍"的，而是社工以"协助者"的策略赢得的。不仅协助居委会完成任务，社工在与居委会产生冲突时候，社工通常选择让步。

我们有一个项目实施的社区，他们要求我们把这笔钱买 A，但是我们其实更需要买 B，对方态度还比较强势，我们争取了很多，也坚持，但最后我们还是屈服了。因为我们要跟他们合作来做这个项目的话，取得他们的支持很重要，压力就在于我们需要获取社区的支持。（访谈对象林淙）

林淙是资深的社工，西方专业训练要求社会工作者以专业需求为导向，但是在与村委会有利益纷争时候，社工如果强争，虽然可以取得一时之利，但有可能阻碍了后续进入。实际上，由于目前社会工作制度设计的残缺，基层权力部门对待社会工作没有法定责任，为社会工作的落地带来不小的困难。权力依托的缺乏，社会工作者转向了社会交换，从对方的需求出发，满足对象的需求，从而实现与基层权力部门的合作。在社区领域，这表现为社会工作者以居委会的需求为导向，减轻居委会传统的工作压力；在发生冲突时主动让利。这一情况下，社会工作机构的定位转变成政府的协助者。所以，社会工作者要考虑他们的需求，帮助他们争取荣誉，从而成功地维持了良好的关系。在上海，街道的认可是社会工作项目落地社区的关键。社会工作者与居委、街道的信任关系是帮助他们继续获得政府资助的重要一环。

访谈对象的经验表明，社会工作者是专业的助人者，作为专业人才被国家所认可，社会工作的作用也被置于社会建设、社会治理的宏大背景下。但是社工并不能因此放大自身的作用，想当然地按照西方教科书所设置的方式开展服务。实际上，现实中的本土社工依然很渺小，政府对社工的全方位支持依然不足，社工仍需要重设自己的位置。

（三）各取所需

社工通过展现和提升自身的专业性，提供协助者的关系策略，最后希望获得政府的多方支持。而政府对社工的支持也有所求。

> 我们做普法宣传服务的时候，需要专业的法律志愿者、宣传册，然后我们对接司法局这边普法办公室，由他们提供了一些宣传册；我们还对接了市民政局的养老科，还有儿童福利科，由他们提供一些专业的宣传册给到我们。社工加社区志愿者这样一起去做服务活动，这样节省了我们的开支，也完成了他们的一些工作，他们也很乐意。在做完普法活动后会把我们的服务的一些照片拍的比较好的回馈给到他们，因为他们也需要这些素材。领导就是站在他的位置上，他肯定还是希望有业绩嘛。……我的经验判断就是我们和政府的关系其实还是互利的关系。如果你能把一些东西做好，能够让他觉得他有面子，他觉得他有业绩，那么他肯定还是从内心会认可。（访谈对象禾旭）

禾旭开展活动获得宣传册等支持，并帮助政府完成一些政绩考核要求。这体现出了明显的交换关系。禾旭希望建立一种共建关系，而社会工作者也会协助政府做一些政府内的事情，以降低社会工作的独立性为策略，赢得政府的信赖，将社会工作者与政府推进的"共生"关系状态。

社会工作对服务对象的服务是需求为本的，而在与相关者合作中，服务对象的需求为本也是基本的原则。这里值得注意的一个问题是，满足相关者的需求与服务对象的需求可能冲突。当二者冲突时，社会工作者可能会维护自身利益，但也可能以相关者的利益为优先。权力占有者拥有无权力方不拥有的稀缺资源，使得对方不得不求助于有权之人。在政府控制资源的背景下，政府成为最大的利益相关者。社会工作者为实现社会交换，换得社会工作的生存空间，满足政府的需求也是不得不使用的交换策略。其实，中国社会工作发展时间不长，制度不完善，而一味苛求社会工作的专业价值并不切合实际。当下社会工作者在嵌入式发展模式下面向政府部门的需求，甚至牺牲了服务对象的需求是诸多结构性因素使然。

五、争取支持

平赫是上海浦东一家司法社会工作机构的项目主管，工作九年，经验丰富。他认为，在社工与政府的关系实践中，除了协助做好事情换取社工所需的资源外，社工跟政府的日常沟通也很重要。平赫把社会工作者与政府的沟通，以"汇报"形式表达。这显示了社会工作者与政府关系的不平等地位。然而，汇报并不是单纯地介绍工作，而是以争取支持为目标的沟通。平赫的这种低姿态是一种理性的策略。同时，平赫强调在项目实施前、实施中、实施后都会注重与街道领导的沟通，从平时就联络好感情，而街道领导也在沟通和感情联络中为日后机构在本社区持久发展提供支持。甚至有的社会工作机构还在项目设计时候就邀请政府参与。

> 通过人情完全左右决定，这当然不太可能，但是会有影响，领导见过你，这个领导知道你目前在做什么，肯定会有影响的，所以像我们开一些会的时候，只要有机会，我们会主动邀请这些领导来参加我们社工的学习班，或者是继续教育的这种会议，慢慢向领导渗透我们医院在做什么，然后让他对我们医院的社工有更多的了解，当我们在需要一些特定支持时候就比较容易实现。（访谈对象易青）

易青争取支持的方式是另类"汇报"——邀请参会、参访，这种联系是日常化的。其目的在于让权力者对专业信息了解更全面。在中国文化里，遇到困难时候才想到求助关系网络中特定人，而不注重平时的沟通联系是沟通要避免的问题。中国人的关系往来不同西方一点就是情理兼备。翟学伟所建构的中国人的行为模式是人情、人缘与人伦三位一体，[1] 而许烺光也很早就强调感情维度在差序格局中的重要性[2]。中国式人情关系建立是持久的、长期的。平时的感情投资才能带来日后求助的相助。中国人所忌讳的就是平时不联系，有事才找你的做法。沟通不仅仅对沟通个体有意义，也是柯林斯眼中互动仪式链产生的基础。际遇者在沟通互动中投入

---

① 翟学伟：《中国人际关系模式》，载《人情、面子与权力的再生产》，北京大学出版社2013年版，第97页。

② 许烺光：《美国人与中国人：两种生活方式比较》，彭凯平、刘文静等译，华夏出版社1989年版。

情感，再加上时间的延伸和组合，① 形成各种关系链条。

社工共晴，在去入户访谈时候，也很注重跟居委会报备或者汇报下。之前共晴可并不这么做，但是有了经验教训她就知道这么做是处理好与政府关系获得支持的必要环节。

> 对于上门评估，第一次去老人家，我们都要和居委汇报下、沟通下，每到一位老人家，都要麻烦居委带到老人家或者打个电话通知一下。前期给居委添麻烦，但是如果不带的话，后期就会有很多问题。比如老人不知道你是哪的，就跑去居委问，可能居委不知道，就可能有纠纷。为了避免误会，我们前期就把这个工作做掉。一步一步在摸索。（访谈对象共晴）

所以，共晴明白向政府领导汇报工作，是消除误会、争取支持的必要方式。扩展来说，这可以帮助社会工作者争取合法性、争取机会、增进影响力。社会网络理论认为，网络中相互传递的资源既包括有形的物质资源，也包括无形的影响、机会。② 布迪厄提出了符号资本概念，指称多种资本被认可的形式。对社会工作来说，获得表现的机会，展现和增进自身的影响力，进而建立自身的品牌，也是在积累符号资本。③ 在布迪厄看来，这种符号资本可以和不同类型的资本相互转换，这对于社会工作机构和社会工作实践是十分重要的。

如果领导不太支持社会工作者的工作，实践中该如何应对呢？

> 有些领导如果他说你不要做，然后你又做了，他可能会很反感，但是有些领导他就会觉得做了就做了，可能到后面就明白很需要。像我们在三线四线以下的城市确实不是那么容易，等到上面，可能省厅来了什么政策或者是要收集资料什么的，他发现他没有东西的时候，他有可能会问你要。他会想得起来你好像做了一个什么样的。所以有时候如果我们觉得有利的事情，我们社工人还是要去做，还是该做的

---

① Randall Collins. *The Sociology of Philosophies*: *A Global Theory of Intellectual Change*. Cambridge, Mass.: Harvard University Press, 1998.

② 乔纳森·H. 特纳：《社会学理论的结构(第 7 版)》，邱泽奇、张茂元等译，华夏出版社 2006 年版，第 477 页。

③ 彭善民、张宇莲等：《都市社会工作资源整合模式探索》，《华东理工大学学报(社会科学版)》2007 年第 1 期。

事情要做。很多领导层面的一些人，他可能对下面基层的工作，尤其是社工并不了解，他往往就是要等到你把这些东西全部交到他手上，或者是要等到上面更上一级的领导来问他要什么东西的时候，他才会意识到原来这个是我要去做的。所以有些东西也不太好说，看自己的一个判断了，如果你确定非常符合需求的，而且我能把它做好，能够得到服务对象的认可，我是觉得我是会去做的。（访谈对象渐玫）

渐玫在争取支持的过程中有自己的职业坚持，并不完全以领导的意志为标准。这种坚持体现了一种原则性与灵活性的结合，是"中庸"的思维。

六、"中间人"

之前我们在做脑瘫孩子的医疗救助，可能本身的这种办法不是很多，我们刚好认识了一个筹款平台的人，他刚好也跟另外一个基金会在谈一些合作，他就推荐过来，然后就成全了我们跟这个基金会的长期合作。（访谈对象景黎）

医务社工景黎通过中间人找到另外一家基金会，从而帮助他们拓展了脑瘫孩子的医疗救助工作。中间人是串联人际关系、人际网络的关键环节，往往成为资源（包括信息）的洼地，对于资源的联结和整合发挥枢纽作用。

实践观察我们看到，很多外生社会工作机构进入到当地社区也需要找到中间人。为了拓展服务的空间，G机构的社工歆励希望能够有更多的社区接受机构的服务。但是作为一个外来的社会工作机构，怎样取信于当地社区是令人头疼的问题。对于诸多外生社会工作机构来说，这是个普遍的难题。我们来看看歆励是怎么解决这个问题的？

我们机构是兴业街道的一个外生组织，如何进入兴业社区？其实这一对接源于一次偶然。2011年春季恩派项目设计培训会上有一个相互认识环节，我们机构介绍了自己的情况。时任兴业街道社会组织服务中心的任主任恰好听到，觉得我们机构的专业特色符合街道的需求，通过任主任帮忙我们机构和兴业街道居委有了合作的机会。（访谈对象歆励）

歆励提及的社会组织服务中心发挥了关键的作用。这个所谓的社会组织服务中心是上海街镇层级的一种承上启下的组织，属于学界所说的"枢纽型社会组织"。它的重要作用重视联结社会组织、政府，建立政社、社社等合作桥梁。值得注意的是，在负责人人选问题上很有讲究。社工歆励是通过兴业街道社会组织服务中心的任主任的中介作用，而任主任在兴业街道多个小区有着丰富的人脉关系，通过他的介绍很快就帮助歆励获得居委书记的信任。如果任主任不是一个半政府半社会的角色，他可能无法发挥这种中枢的作用。上海街道层面社会组织服务中心有的负责人则有意安排退休干部或退休社区工作人员，他们作为信任中介人，在基层工作多年，与各个基层一些村居书记有了多年的情感因素，从而建立了个人的信任关系，为项目进入多个社区提供了关键性帮助。社会工作者正是通过与中间人的关系网络而成功嵌入社区，关系对于信任的建立发挥了重要作用。很多特殊身份的人如退休的基层村居委负责人、干部等，尽管已经退休但是与现在的社区依然有着各种联系和影响，而这些人员即是社会工作机构进入权力场域的媒介人、带路人。他们对于社会工作机构有效的实施项目起到积极作用。

卢曼从社会系统理论将社会信任区分为人际信任和制度信任，两者分别以情感和制度规范为信任媒介。[1] 这与弗兰西斯·福山对依赖血缘的信任与依赖非血缘的社团的信任之区分是一致的。[2] 由于我国社会工作制度设计缺乏系统性，基层实践的制度信任尚未建立，信任的空间被人际信任所填充。社工通过政府中间人与政府建立和维持良好关系助推社会工作发展和服务。

> 我的一个朋友，她是市里政协常委，不是社工专业，但是我们经常交流，对社工也很认可，所以开两会提案的时候，她就征求我的意见，后来就提出要发展本地社工站、完善制度设计，推进地方标准等建议，这些提案政府有关部门是要回复的，至少让地方领导重视起来了。（访谈对象江渔）

社工江渔与政协人员的中间关系促进了社会工作建议上升到市级层面。除此之外，社会工作者还可以通过政府智库人大代表、党代表等人员

---

[1] Luhmann, N. *Trust and Power*. Chichester：John Wiley & Sons Ltd, 1979.

[2] 弗兰西斯·福山：《信任：社会美德与创造经济繁荣》，李婉蓉译，远方出版社1998年版。

建立与政府的关系，及时了解政府的态度，宣传自身的价值，从而影响政府。实际上，这些与政界有联系的官场人可能担任社会工作机构的理事或董事会成员，或者有其他良好关系，发挥着政府与社会工作机构沟通的桥梁作用。例如受访者箐箐所在的机构与政府的中间人是一位政府参事。对于机构开展的维稳妈妈项目，实际上社会上、政府内部也存在很大争议，社工并非是为了维护稳定而维稳，只是在解决服务对象的问题中解决了服务对象上访的问题。得益于箐箐机构董事长与这位政府参事良好的关系，这一当时具有冒险性的项目得到较好的推广和认可。

第三节　高校的"引领"

　　G 社会工作机构与高校有密切的关系，它的专业支持力量来自高校，它依托沪上知名的 H 大学社会工作系，建立了一支专业督导队伍，他们有着较强的教学科研实力，社会工作实务经验丰富，在香港或者美国等境外学习研修，引领 G 机构的专业发展。每周，机构都会有 H 大学的教师开展的督导或培训，机构经常接受其他社会工作机构的访问，交流经验。机构设计实施的多个项目获得民政部优秀示范项目，机构管理者获得中国十大社工人物荣誉。（访谈对象箐箐）

　　G 社会工作机构是受访对象箐箐所在的机构，与上海多家高校尤其是H 高校有着密切的联系。高校对这家机构的作用是积极的、多方面的，如箐箐提到的"引领""督导""示范"。

一、"关系熟"的专家

　　昕莲原是上海一家评估机构的总干事，她所在的机构对社工培训、督导、项目评估和研究都涉及很多。昕莲所在机构与上海的多家高校专家有着密切的关系，他们或者聘为机构的董事会成员，或者作为培训师，或者被邀请参与督导。正是通过这些高校专家，昕莲的机构才能发挥间接服务性机构作用，回应社会工作机构的需求。

　　机构有内训，针对内部员工的，我们请了几次都是社工界的老师。上次上海公益项目绩效评估导则出来，我们受浦东新区民政局委托对浦东社会工作机构的项目进行评估，指引他们按照评估导则的方向去开展项目。但说实在，当时我们也不大明白导则里一些内容。我们就请参与制定的 H 高校的 F 老师给我们员工讲了一次，我们操作下来遇到的疑问消了不少，很有帮助。（访谈对象昕莲）

高校 F 老师对社会工作的导向和引领作用通过昕莲机构的评估表现出来。实际上，高校对社会工作的引领是多重的。其一，高校教师作为社会工作领域的权威，在专业督导与科研方面是社会工作机构重要的专业支持力量。中国的社会工作发展不过几十年，对于社会工作开展的理论迷惑仍不少。高校教师尤其是我国香港地区、国外学习社会工作的教师，实际被赋予了指导者、解惑者的角色。其二，中国社会工作发展路向是从学界讨论的话题进入官方话语继而付诸实施，高校的社会工作专家成为中国社会工作发展的重要推动人。他们因此有着独特的话语权，也实际上影响着国家社会工作政策和制度的设计。处理好与高校专家关系也是机构生存的需求。

前面已经提到了易青是个对关系很敏锐的社工，他也常常琢磨关系里面的学问。比如，易青对怎样跟社会工作界专家处理关系的问题上有着自己的观察和体会。

我们现在要办个社工研讨会，这个研讨会请谁不请谁里面东西多了去了。其实说，请谁来做评委，他的水平跟别人的水平没有太大的差别，这个时候平时走的近不近，关系熟不熟就是决定的因素了。基本上研讨会请的都是医院合作院校，或者希望通过这个研讨会深化关系以后合作的院校、专家。（访谈对象易青）

易青指出了所谓的研讨会专家并非专业水平高就会受邀，还有关系一层影响。这层关系就是关系熟不熟，这意味着关系中的人情因素。因此，社会工作机构或者部门与高校的合作并非单纯的法律或者理性的合作，还要有情感的加入才能促成。以璜辉为代表的社工，对于专家的重视有其原因。

这些专家能够帮助我们联结到不少社工资源，他们在行业内往往担任不同层次职位，与政府也联系多，我们需要他们的影响力，他们对我们医院社工工作的肯定和评价不能不重视。再往最低层次说，他们也会为我们日常工作提供督导和支持。（访谈对象璜辉）

璜辉的想法是有着现实依据的。中国的社会工作发展的特色之一就是教育先行于实践，在某种程度上讲，社会工作嵌入性发展的主体是教育团体。[①] 以社会工作教育团体为主体的社会工作群体以三个策略推动着中国社会工作的建构，即与相关部门领导，尤其是民政部门领导保持良好关系，影响中央和地方制度和政策设计，从而自上而下推动社会工作的发展；参与基层社会工作实践，推动生长点，展现专业示范作用，自下而上的影响行业发展；提升能力，促进师生参与建设的水平，为社会输送建设的后背力量。[②] 所谓的教育团体主要是社会工作领域的专家。他们学术界的地位、与政界的联系吸引着社会工作者。社会工作者希望通过专家的话语得到专业的认可与支持，并且影响政策的设计与完善，而这需要跟专家的关系比较"熟"。

边燕杰对中国人的行为准则研究后提出了"熟亲信"的概念。[③] 这是对费孝通先生提出的"差序格局"的深化。"熟"或者"关系近"，在一线社会工作者的话语中经常听到。"熟"是从陌生人关系更进一层，情感上已经增进。"熟"是一种关系长久交往的状态，也表明了关系主体感情不浅。"关系熟"意味着优先占有机会和资源。在上述案例中，邀请专家参会除了专家的能力外，感情是判断的另外一个标准。而关系熟的专家也更有可能帮助关系圈子中社会工作者。

在与高校专家建立关系方式上，社会工作者与毕业母校的关系成为重要的路径。尤其是社会工作硕士，有着自己的研究生导师，师门关系较一般的师生关系更密切。上海社会工作机构对于部分知名高校毕业生的格外青睐，在于看重这些毕业生进入本机构后所带来的优质专家资源。此外，部分高校教师创办社会工作机构，将同事关系、师生关系带入社会工作机构。高校教师创办社会工作机构是中国社工发展的独特现象，发挥着专业示范作用。其中原因就在于高校教师个人的关系网络中汇聚了诸多专家人士、专业实习生。

二、"挖来"的优秀志愿者

除了高校专家外，高校学生也是体现高校作用的重要方面。按照国家专业人才培养方案标准的要求，社会工作专业的学生有完成一定时间实习

---

① 王思斌：《中国社会工作的嵌入性发展》，《社会科学战线》2011 年第 2 期，第 211 页。
② 王思斌：《中国社会工作的嵌入性发展》，《社会科学战线》2011 年第 2 期，第 220 页。
③ 边燕杰：《关系社会学及其学科地位》，《西安交通大学学报社会科学版》2010 年第 3 期，第 2 页。

实践的任务，而社会工作机构也需要他们。歆励的机构就很欢迎实习生。

> 我们是小机构，专业社工少，我就特别希望高校的社工硕士来，他们来有时候不光是见习，我们也是学习。有一个实习生来我们这里实习，提了很好的建议，他在那段时间我们机构把自己的评估体系弄起来了，还设了客服部门。（访谈对象歆励）

在社工歆励看来，高校学生是社会工作机构人力资源的重要来源。基于社会工作专业实习的学业任务安排，社工学生有实习的需求，但随着社会工作机构的不断增多，争取实习生也是社会工作机构的诉求。知名高校的社会工作专业学生更是不少社会工作机构和部门所渴求和信赖的。由于中国社会工作发展处于初级阶段，社会工作学生也发挥着建构的作用。这些优质的实习生将高校受到的专业教育带入社会工作机构或部门，起到示范作用，在某种程度上也在引领社会工作机构的专业发展。

由于社会工作机构的非营利性，社会工作者往往需要志愿者资源。相对于普通的志愿者，专业性强的优质志愿是社工格外青睐的。晓情在基层社区工作近五年，对于优秀志愿者，她认为需要"挖"。

> 实习生基本上都是自己和之前学校联系找到的，特别是自己从事一线社会工作服务时候。比如当时在做"大爱之行"项目，是一个贫困家庭儿童青少年服务，在一年半服务时间里，覆盖三个街道，我至少需要六个工作人员，当全职人员不够时候，一般的志愿者不行，需要社工专业实习生协助。当时，三个全职实习生基本上借助自己与母校的关系，从 HS 的硕士研究生中挖到的。（访谈对象晓情）

上海的学校众多，学生到社会工作机构实习或者参与志愿服务的积极性并不低。然而，持续性的优质的志愿者并不容易求到。社会工作者往往要费一番工夫才能"挖到"。晓情"挖"志愿者，有着自己的关系策略，这往往意味着从"情理法"多层面吸引志愿者。

> 和自己毕业的高校建立关系，建立实习基地。HS 的社会工作专业学生实习是要满足几百个小时要求的，我会去参加他们的实习见面会，介绍我们机构。展现自己的专业能力，最吸引他们的是专业性，我们机构是专业的社会工作机构。还有我们能够给到他们的帮助就

是，我能够提供给实习生实习机会，能够把实习生带教好。其中两个长期的实习生在参与项目同时围绕这个项目写毕业论文，提供给他们数据。当然，机构还有培训资源，给予一定的饭贴、车贴。（访谈对象晓倩）

在感情基础上，以晓倩为代表的社会工作者与学校建立实习基地的关系，不仅能够利用学校的品牌提升本机构或部门的地位，也有助于建立持久的正式关系，从而成为学校学生志愿服务的优先选择之处。社会工作者会通过自身的专业性来展现志愿服务所带来的价值，并从福利、补贴的保障上减少学生的顾虑。另外可以通过校友关系增进感情来吸引高校学生。某些社会工作机构之所以特别欢迎一些高校的社会工作专业毕业的学生进入本机构，看中的不仅是学生自身，还包括这种师生或校友感情能够帮助机构撬动学生所在的关系网络，可以为机构带来实习生、志愿者。林南的社会资源理论认为，资源不仅为个人占有体现为人力资本，也嵌入在关系网络中，通过关系网络摄取，体现为社会资本。[①] 这与波兰尼主张的社会关系网络作为资源分配的第三种方式是一致的。在中国文化下，人情是关系网络中资源流动的重要动力。师生或校友感情的加入有助于关系网络中资源的动员。

此外，社工易青谈到，他跟别的社工不一样的地方就是摒弃与个体的志愿者的关系，而转向社工与社团的关系。这里面有其独特的优势。

寻找大学生志愿者时候，我就想好了，我不会跟大学生进行一对一的联系。如果大学生想到我们这里来实习和志愿服务，我不接收，你需要回到你们学校的社团跟我们联系。这样的话，医院跟社团建立好关系，能够保障志愿服务的持续性、安全性。志愿者服务有好的表现我们可以回馈给社团，有问题也可以向社团追究，也有地方回馈，至少有一个渠道可以沟通。现在我们有五个大学生高校的社团。（访谈对象易青）

作为学生的自组织，高校社团也希望投身社会实践，为社会服务，而社会工作机构提供了这样的平台。社会工作机构或部门与这些社团的对接，可以满足双方的需要。在社会网络结构中，资源的分布和占有并不是

① 林南：《社会网络与地位获得》，《马克思主义与现实》2003 年第 2 期。

均衡分布，而是有差别的。网络交点是社会网络中多种关系的交点之处，也是稀缺资源集中之处。① 这表明了资源流动的形式，而寻找到网络交点则有助于通过关系充分动员资源。高校社团在网络分析中其实就是一个"网络交点"。社会工作者的关系策略是通过与高校社团建立联系，从而可以寻找和动员更多的志愿者资源。同时，社会工作者消除了一对一关系对时间精力消耗的要求，使得社会工作者与志愿者的关系处理更为轻松。

第四节　社区的"圈子"

> 从我大量实践的案例看，其他职业的人士如心理方面的，律师跟我是互补的，对服务对象的转变起到很重要的作用。有一个高级知识分子老人(社区矫正对象)，对法律的判决不满意，觉得法律是不公正的。我通过关系找到上海一个原来检察官出身、做律师合伙人的律师来给他分析法律，服务对象对法律的信任度会更高。这个关系实际上是自己做社区法律工作不断积累的人脉中的，我工作时间也长，慢慢有了这个人脉圈子。我觉得我的个人力量不够，需要他们跟我们形成合力、互补。(访谈对象莉玢)

莉玢在上海做司法社工十多年，是上海为数不多长久坚持在一线工作的社工。她做的不少成功的个案被民政部评选为全国优秀案例。她并不是自己在做社工，而是在基层形成了一个"圈子"，撬动"圈子"里的合力共同实现服务对象的转变。莉玢的做法并不是特例，访谈中不少优秀的社工也都有这么个"圈子"。

一、"会诊"

现代社会是一个分工日益精细的社会，西方成熟的社会工作制度包括系统的跨专业合作机制。就中国目前的情况来说，这一机制还未建立。那么，社工是如何弥补的呢？伍霞在香港地区某大学社会工作硕士毕业后，留在香港开展长者服务三年，有香港注册社工执照，后来回到上海做社工

---

① 巴里·韦尔曼、张文宏：《网络分析的研究传统和基本概念》，《世界经济与政治论坛》1991年第9期。

两年。她对于香港的转介系统、跨专业合作有着较多了解，对于内地和香港社会工作转介系统的差异也体会较深。

> 在香港工作三年，我所体会到的是，香港的社工服务的转介网络、社工服务网络很完善，每一位社工都很清晰怎样为服务对象链接最好的资源，可以申请怎样的资源，都很清晰。在香港为长者服务，如果他身体不好，可能需要为他找安老院舍。香港会有一个统一的长者服务平台，你经过评估这个长者，如果符合要求可以帮助长者申请安老院舍，后续资源还有经济补助、申请医生等。在上海这边话，基本上这样一条线还没有建立起来。医院外的转介服务很薄弱的。（访谈对象伍霞）

伍霞为代表的社会工作者没有完善的服务网络可以依赖，社工不像境外社会工作者那般真正扮演福利输送者的角色，内地的社工还需要先疏通福利的渠道，或者说搭建起资源网络，才能开展西方意义上的服务。实际上，内地医务社会工作者做得较好的也还只是局限在院中，而无法延伸到院前、院外的服务，缺乏系统性。① 大多数司法社会工作者面对司法之外的问题，还不能找到转介的接洽方。目前广州地区建立的本土医务社会工作转介系统是内地社会工作转介机制的有益尝试。② 由于广州借鉴香港地区经验在各个社区建立了家庭综合服务中心，并有社会工作者来参与运营。因此，医务社会工作可以将院内的服务对象转介给社区的家庭综合服务中心的社工。其他地方目前还没有这种正式机制的建立。

除了医务领域、司法领域，在民政领域也有类似的情况。璜辉在上海做社工四年，服务于妇女工作，他的经历告诉我们，社工与社区的联结需要传统的枢纽性组织如居委会或者村委会、妇联等。

> 我是外地人，在上海做社工尤其是到新的社区入户访谈很折腾。当然能够敲开门还是街道妇联帮忙很大。她们对活动很配合，积极联系居委会，而居委会则积极联系本社区居民，由此我们走访调查能够比较顺利完成。我也体会到社工的干预需要依赖传统的社会运转方

---

① 邬惊雷：《健康中国与社工支持系统的建设及完善——医务社工实践的上海经验》，《人口与计划生育》2015 年第 11 期，第 39-40 页。
② 王小液：《广州医务社工转介系统的构建》，《中国社会工作》2015 年第 3 期，第 18-19 页。

式。由街道到居委会到居民个人，社工要想比较便捷有效地打入其中，需依赖此途径。（访谈对象璜辉）

璜辉提到的妇联帮了很大的忙，没有妇联的配合和协调，璜辉是很难联系到社区居民的。从西方的社会工作知识来看，专业社会工作真的具有专业优势吗？在中国，居委会/村委会、妇联、老年协会等社区组织，虽然被人们当成政府的派出机构，但其法律定位属于群众自治组织，而且确实发挥着社区服务的功能。专业社会工作的引入虽然带着"专业"的光环，但并不能否定传统团体所具有的独特优势。由此认为传统团体会将被边缘化、专业社会工作将替代它们在当下并不现实，而清晰认识到它们存在的必要性及其优势并发挥它们在社会工作服务展开中的作用是社会工作应有的基本判断。以社区居委会/村委会为例子，它们既是服务的直接提供者，也是间接服务提供者。后者表现居委会/村委会作为社区的枢纽，通过组织资源，实现社会组织、社会工作机构、社区资源的对接，从而间接提供社区服务。社会工作机构和社会工作者应当发挥居委会/村委会所具有的地缘优势、信息优势、资源优势等，为社会工作服务开展奠定基础。

概括来说，社会工作实践者往往通过关系弥补这一空缺。一方面要寻找不同的专业力量，另一方面要实现对不同专业力量的整合。社会工作者，尤其是工作多年的社工，往往逐渐积累起自己的关系网络，填补制度的空白。伍霞的做法亦是如此。

在内地这边，为长者服务，你就要去找，可能通过正式关系的再联结，通过同辈的关系。这就要花费很多额外的精力。关系对社工另外的作用是对社工服务的延伸的支持。比如说，我会有一些其他类似机构的同工，他们会为我们提供一些延伸的服务，比如说专业服务、义工服务、慈善救助，我们会和他们合作为出院病人提供康复的服务。（访谈对象伍霞）

在社会工作专业实践的场域，行动主体包括社会工作者和跨专业协作者。前者包括项目组成员、项目外同工、督导、管理层；后者如律师、心理咨询师、就业咨询师、法官、检察官、医生、护士等。前者作为机构或者部门的同工，有着合作的基础，而后者跨越不同的职业，并不如前者容易。我国香港地区的社会服务之所以完善，在于搭建起资源流动的网络。

尤其是特定服务平台，在网络分析中其实就是一个"网络交点"。① 这一网络交点可以通过制度建构，也可以通过社会工作者自身的努力建构一个围绕社工的"圈子"。在社会工作者看来，"圈子"里的他们是援助者，共同形成改变服务对象的合力。这不同于西方的制度性安排，需要我们以中国为中心和方法。② 当下中国的现实是缺乏正式的多学科合作的制度安排，而依赖社会工作者的关系圈子，这是过渡时期必要替代方案。

由社会工作者弥补制度的缺失，建立起替代正式转介平台的人际圈子，依赖于社会工作者的人脉关系。这需要社会工作者丰富的阅历和人际交往，对年轻社会工作者来说是一个挑战。晓倩工作了近五年，虽然年轻但也算是较为资深的社工了。她觉得建立这个圈子其实有点难做。

> 我们在走访中发现一个个案是位聋哑人，为了帮助他，当时我们联络了很多人，希望转介到专业聋哑服务机构。中间有一个渠道就是通过同样在做社工的人，社工的圈子。我们当时首先是通过社工的圈子来问。因为同样是在做社工，所以可能会帮忙，或者这个社工的朋友认识的人有聋哑服务方面的经验也可以推荐过来。比如，我们通过认识的医院社工来帮忙问儿童医学中心是否能够减免费用。折腾了很长时间，后来因为服务对象户口不在上海，我们也没有明显的效果，后来我们就想应该预备好这样一个这种关系圈子，为后来类似的服务对象服务。（访谈对象晓倩）

提前预备好这样的一个关系圈子并不容易做到，晓倩的想法是好的，但实施起来难度不小。为此，有的社会工作机构以组织的形式建立专业协作的圈子。

> 工作站需要就业资源、志愿者资源、专业心理咨询资源、律师资源、戒酒资源、精神病院资源，而目前多数依赖社工个人资源，脱离社工个人机制化的资源尚未建立，社工调动工作岗位则资源也就失去或者带走了。因此，机制化资源整合是未来思路。（访谈对象璜辉）

---

① 巴里·韦尔曼、张文宏：《网络分析的研究传统和基本概念》，《世界经济与政治论坛》1991 年第 9 期。
② 曹锦清：《黄河边的中国：一个学者对乡村社会的观察与思考》，上海文艺出版社 2000 年版，第 1 页。

以乐群机构为代表的组织，设立独立的部门，建立以社会工作机构为依托的资源平台。相比较于社会工作者个人的圈子，这减少了资源的不稳定性。但这实际上是通过多个社会工作者圈子的联结而扩大了圈子，这种人际圈子的稳定性并非制度性的，稳定性依然不强。

由于这种跨专业协助是依赖于私人的人际关系网络，因此，跨专业协助的逻辑也是基于关系运作的原理展开的。人情的往来是提供专业协助的动力和逻辑。

> 我有一个服务对象，他从监狱出来已经六十多岁了，过了就业年龄段，他跟司法所要工作，司法所也觉得很难弄。我后来是用了在打浦桥街道的关系 Y 帮他找了工作。我帮过 Y，她有就业资源，我就托她了。这个服务对象对社会很不满意，帮不好让大家很担心。（访谈对象莉玢）

> 我的一个服务对象要出院，希望找一个康复的社区医院，我评估下来他确实需要，有时候会联系下我在社区的朋友，他们会给面子，这个病人就转介过去了。（访谈对象伍霞）

莉玢和伍霞服务的两个个案分别通过人际圈子中就业咨询师、社区医院医生的协助解决了服务对象的问题。莉玢是因为之前帮助过 Y，Y 欠莉玢的人情，这种人情往来是 Y 愿意帮助的原因。伍霞的朋友是出于朋友的"面子"，答应帮助伍霞。换言之，社会工作者通过积累的人脉建立起专业协作的团队，而在需要其他专业人士的帮助时也是通过人情的运作来实现的。访谈中，社会工作者并不认为请其他专业人士帮忙是理所当然的，而是"托人情""给面子"的形式来实现的。

现代社会职业的兴起就在于其分工。社会工作也不过是学术市场、职业市场的一部分。然而，社会问题却从来不是单一的，某一专业或职业也不可能独立化解这些问题。布迪厄深明此道积极倡导实践社会学理论，倡导总体性社会科学理论，以综合的关系视角来回应社会问题。[1] 从实践出发，就是"从下往上看"，[2] 这充分表明了社会工作寻求多学科、多职业协作的必要性。基于社会问题的复杂性，问题的解决需要一套整体的、专业

---

[1]　布迪厄、华康德：《实践与反思：反思社会学导引》，李猛、李康译，中央编译出版社2004年版，第341页。

[2]　曹锦清：《黄河边的中国：一个学者对乡村社会的观察与思考》，上海文艺出版社2000年版，第1页。

的、有问题导向的社会服务供应机制。① 在不同的场域，专业团队的组成并不一致。在医院，医生、护士、护工和社工是团队的主要力量；在社区内，司法工作者、心理咨询师、就业咨询人员等往往是团队合作的成员，等等。实践中，社会工作者能否改变服务对象，关键因素之一就在于能否整合现有的不同专业力量。整合不同的专业共同参与社会问题的解决，社会工作实际担当着协调人的角色。

同时，这种依赖人际关系圈子积累的专业合作机制，其责任主体依然是社会工作者。国外的社会工作转介意味着社会工作者可以结案，不再承担继续服务的责任。中国社会工作者通过圈子来寻找专业人士，他们扮演着专业志愿者的角色。换言之，服务对象的服务并不能因为他们的参与而交由他们来负责。即使他们不能解决服务对象的问题，社会工作者仍有义务来解决服务对象的问题。因此，这与西方的转介是不同的，其含义更类似于医学领域的"会诊"，而治疗的责任还在于邀请会诊发出者。

二、"经营"

建立圈子是社工与基层组织关系实践中的重要目标，那么这个圈子是怎样建立和经营的呢？莉玢是一位五十多岁的转岗社工，有着丰富的阅历，对于人际关系有着自己的经验。

> 我比一般的年轻人更用心，要是见到一位可能的（专业）志愿者，我会注意到，唉，这位志愿者的能力、说话的水平、个人魅力等等怎样，他自己的关系网什么样，比如有就业资源什么的，我是否可以拿来用，然后就会有意识的保持进一步的关系，留下联系方式。日后我会根据他的特点发掘他可能的需要，多去帮助他。我们会吃饭，过节问候下，如果他家里有困难我会主动定期问候，帮忙联系医生什么的。（访谈对象莉玢）

莉玢作为一名成功的社会工作者，她对有可能进入圈子人的价值有着自觉的评估意识，对交际对象的能力、水平、资源、关系网、需求之类都有着准确的评价，然后会根据交际对象的需求提供及时的帮助，维持情感的交流，以持久的人情往来维持关系。随着莉玢与各种交际对象的往来，

① 余冰、夏少琼、王静：《灾后重建中社会工作与多学科协作的探索》，《中国社会工作》2009年第16期，第32-33页。

逐渐的积累最终建立圈子、运用圈子的资源。莉玢的这种能力是一种经营圈子的能力，它渗透着社会工作者对于人情世故、人生阅历等方面的思考和体验，是一种综合性的能力。经营圈子的能力是社会工作者建立关系、编织关系、形成圈子和运用圈子的能力。社会工作者在经营圈子或者关系网络的实践中，关系层面的性情倾向实际上构成了关系惯习。惯习是一种综合性的性情倾向，寄居于身体中，是历史与未来在当下的沉淀。[①] 布迪厄所提出的惯习概念之初衷在于化解西方社会长久存在的二元对立思维，倡导关系性的方法论。因此，作为元概念的惯习概念所要表达的是对于关系维系方式的综合掌握，灵活运用。它既是稳定的，指导社会工作者的关系实践；又是开放性的，不断学习新的技能以提升自己处理关系的能力。它既是结构性的、复制性的，受到当时当地社会规范的"规训"；又是个体性的，建构性的，生成性的，行动者的个人性格等因素丰富和创新着关系网络维系方式。因此，经营圈子的能力或惯习也需要在实践中不断生成。

经营圈子的过程中，又可以通过哪些方式来建立关系呢？第一，我们先来说医务社会工作领域，医务社会工作者的院内社会工作服务需要医生、护士、护工的支持，寻求建立关系的路径也是多重的。上海不少医院的社会工作者首先对职工子女开展了夏令营活动，实际上通过医生子女搭建起社工与医生联系的桥梁。根据笔者的观察，上海医院领导的支持与介绍是医务社会工作者进入特定病区的通行证。基于对上层领导的信任，科室对医务社会工作者的疑虑会减少多半，而后续医务社会工作的专业表现则是赢得长期信赖、建立持久关系的保障。第二，当前独立的医务社工部或者附属在其他科室的医务社工的直接负责人往往是由医院系统内部其他专业人员担任。他们往往在医院内工作多年，与医院各个科室建立深厚关系，对医院再熟悉不过。在此前提下，医院往往再招聘高校毕业的专业社工，表现为传统工作者加专业社工的做法。第三，通过医院社交活动建立关系。如院内开展篮球比赛，一个篮球队的归属感会帮助医务社会工作者搭建关系网络。第四，通过医院内科室的轮转方式与多个科室建立初步关系，帮助双方互相了解。

除了医务社工领域，其他社工服务的领域所需要的专业协作也不充分。实践中社会工作者弥补这一空缺的方式如下。

---

① 布迪厄、华康德：《实践与反思：反思社会学导引》，李猛、李康译，中央编译出版社 2004 年版，第 175 页。

其一，转岗的社会工作者往往利用原来岗位积累的人脉关系来链接专业人士。上海市自 2003 年创新犯罪预防体系，从原有的公安、狱警、基层工作者中选聘了大量经验性工作者进行社会工作培训，他们原有的人际关系网络为后续工作提供了有益的帮助。

> 社区居委有些老的干部有积累的人脉资源。我跟他关系还是蛮好的，有个对象的帮教搞讲座活动就是跟这个老干部配合搞起来的。（访谈对象莉玢）

莉玢原来在基层做法律工作多年，后来转岗做了上海第一批司法社工。原来的工作中与居委老干部建立了私人关系，通过动用这种关系，莉玢找到了活动的场地和群众，开展帮教讲座活动很顺利。实际上，居委会/村委会是条块结合的工作机制，在条线有所分工，如司法社工可以与治保委员是对口的合作，妇联与青少年社工、妇女社工是对口的联系。不同领域的社工都可以找到对应的基层社区干部，建立联结。

其二，通过返聘退休的居委干部，由这些人员充当与社区联结的枢纽也是社工在实践中常常采用的方式。平赫是浦东一家司法社会工作机构的项目主管，他对聘用退休居委干部作为社区探访员很感动，认为他们是宝贵的资源。

> 我们在五个街镇找了五名已退休居委干部作为社区探访员，他们在各街镇工作经验丰富，帮助我们到居委去排摸名单，调研人户实际居住情况。在社区探访中排摸到的问题反馈给社工，社区咨询中的政策咨询由社区探访员来做。这些社区探访员非常敬业，有一位老师做手术，我们都不知道，休息了一个礼拜就来了，照常是需要休息一个月的，他不希望耽误项目工作。老同志的责任心、敬业精神很强，在街镇调动资源这块，可以运用这些老同志的资源，包括他们待人接物的方式。还有这样的活动和机会的话，还是想继续聘任他们做相应的工作。（访谈对象平赫）

平赫在社会工作项目实践中珍惜这些退休的居委干部，开发潜藏的资源。实际上，这些退休的居委干部往往在基层社区工作几十年，与社区居民建立了信任的关系，对社区资源、社区动员、社区群众十分了解，经验丰富，号召力强。社会工作机构通过给予相应的职位、工资、专业培训等来激励他们，对社会工作活动开展事半功倍。

另外，"圈子"的经营也可以从亲属关系入手，寻找专业帮助。亲属中从事其他职业的往往可以帮助社会工作者获得专业建议、专业帮助。同时，通过志愿者或者志愿者的关系网络链接。高校的社会工作专业学生培养有实习的学时要求，而他们参与到社会工作机构为机构带来专业帮助，同时他们的关系网络中的资源也可以链接使用。社区的志愿者以退休的老年人为主，他们一方面热心公益，另一方面通过志愿服务充实老年生活，而实际上他们几十年所积累的人际关系网络对于社会工作者而言是极大的财富。最后，还可以通过多种专业交流活动新建立关系。上海在浦东所建立的公益园、公益一条街，集中入驻了从培训机构、基金会、孵化机构、评估机构到一线面向各类群体服务的社会工作机构，为建立关系提供了良好的地缘优势。而公益园、公益一条街内部的常规性、不定期的交流活动也对所有机构开放，有利于内部联系。此外，上海建设的公益新天地以及每年开展的"公益伙伴日"都为社会组织间合作提供良好的机会。最后，行业内合作，以致建立行业共同体也是内部专业支持、资源共享的需要，更是争取行业外认可，推进行业整体发展的需要。行业内部的会议、行业协会等形式为增进行业联系提供了机会。再者，部分机构间以天然"血缘"关系建立关系网络。上海"乐"字辈的社会工作机构如乐爱、乐群、乐耆等社会工作机构与浦东社工协会有着紧密的关系，均是浦东社工协会支持下孵化的专业机构。上海"复"字辈社会工作机构如复惠、复馨等是复旦大学系统孵化社会工作机构。

第五节　工 作 氛 围

像我们在社区的社工基本上是比较包容的，这个专业的特性嘛，我们团队融入不难，氛围挺好，互相帮助。但是，大家还是有竞争的，职务不多，要上去还是要凭能力。领导，包括督导也常常硬压任务，搞得我们压力挺大，但确实想做好社工，他们私下还是很关心我们。但也要分，我研究生舍友在医院做社工，他们领导是学护理转岗过来，不懂社工，但又领导社工，而且往往有自己的想法，有时候挺虚，这个就要好好磨合，我知道他是磨合了很久，没有好的抗压力，坚持不下来。（访谈对象璜辉）

璜辉在上海工作四年，他喜欢社工团队的氛围，虽然社工工资不高，但这帮朋友让他选择留下来。相比于他的朋友，璜辉的领导比较专业，虽然压力也不小，但璜辉也很努力提高自己的能力，希望得到领导的赏识。璜辉的同工、领导算是璜辉的"后院"，处理好后院的关系，是璜辉无法回避的问题。这不仅是璜辉所面临的，社会工作者都需要恰当处理好社工与本机构或部门的关系，这里面或有支持，或有分歧，充满着考验。让我们来看看社工们的经验。

一、关系意识与能力

这个服务你从第一年做，你可能就是干预他个人，但是做着做着你就发现说都有局限性，都有不足，然后你去慢慢完善这个项目的时候，你才发现，噢，原来它的整个的这个服务的全貌啊，你到后面你才能看得更清楚，然后才要进行这个综合干预。（访谈对象邬载）

在对服务对象的专业干预中，干预的层面实际上有着多种选择。邬载所言具有代表性，从干预个体走向干预关系是资深社会工作者的取向。这种取向随着实践经验的积累愈加得到印证。

我们去改变的时候怎么去做呢？实际上有一套认知行为干预的（方案），从个案到小组的这样的一个一个服务。你先做个案，因为实际上有一个群体的相互的影响的，比如同龄人或者是相似的周围的人，他们都有这样一种（认知）习惯，所以你需要去不仅影响个体，你还要去打破他的周围的这种网络。个体上要指导他们去做一些健康的自我管理的计划，然后邀请家里边的人要一起来做这个督促，家属也有责任参与进来，小组工作的朋友也参与改变。（访谈对象萧武）

萧武在开展认知行为干预的时候并没有局限于服务对象自身的认知，而是要家庭成员、朋辈群体也参与进来。萧武展现的是关系的思维，看到个体认知与周围环境的联结与互动。

医院也有慈善救助的基金会资源，设立社工岗位后，他们希望后面跟社工对接。一方面，医生很忙，而且医生对于这种对接也不是很擅长、专业，比如贫困的审核细节工作、跟医院的财务部门协调等，社工更适合做这个协调工作。原因就是社会工作擅长处理关系。我们专业强调系统观念，医院跟社会联动、医院各个部门之间联动。基金会在跟其他的医院的社工合作过程当中发现了(社工)这个优势。(访谈对象琪桐)

社会工作者的专业优势之一是对于关系的处理能力。琪桐在于基金会交往中，基金会也肯定了社工不同于医生的长处。"人在环境中"的专业理念本身意味着社会工作者具备处理人的行为与各种环境主体的关系。

二、自己的价值

易青是上海某三甲医院的医务社工，他朋友对他的评价就是擅长通过关系整合资源，他也对社会工作实践中的关系运作有着深深的体会。

> 与我们领导的关系上，我需要向他们证明我能够链接资源的能力，能够提供对外交流的机会。在跟医护人员关系上，我需要向他们证明我社工能够带给他们科室的优势，独特的帮助。要建立好关系，我需要向对象展现自己的能力，让他看到我的价值。互动就是如此，我展现我的价值，对方才有可能给我需要的东西。比如说我跟我母校之间，我的价值一方面就是有专业的带领实习生机会，另一方面我在医院，有医疗资源，老师来医院看牙科我可以帮忙推荐专家或其他资源链接。我觉得我有这个医疗资源是可以增进我跟母校老师之间的关系。(访谈对象易青)

易青的意思说明，社工和其他人的关系实践，并不是单纯的人际交往问题，首要的问题是自身价值问题。社工需要向交往的主体有意无意得证明自己的价值，在交换中建立和维持良好的互动关系。晓情则是一家民间社会工作机构的社工，工作有四年多，她实际上先后在两家社会工作机构工作过。一家是沪上较为专业的社工大机构，另外一家是新成立的社会工作机构。

> 我到这家新机构应聘，其实也是为了证明自己更大的能力。原来的机构名气大，不少社工硕士毕业生，人才也不少，我在里面总感觉出不了头。现在的机构，我跳槽过来，倒不是说钱给的能多多少，但是机构总干事跟我谈了，他欣赏我，我感觉挺好，也没多想就来了。原来机构反正也不缺我，新领导看中我，因为我可以帮助他们设计项

目，怎么应对评估，拉志愿者，我觉得自己受到了重视。（访谈对象
晓倩）

易青提到展现自身的价值是多方面的；晓倩之所以跳槽也是自身价值
得不到施展，而新的社会工作机构就给了她更多展示自身能力的空间。自
身的价值影响着社工与本机构或部门的关系，甚至社工自身的去留问题。
社工首先要证明的就是专业的价值。社会工作者基于自己的专业训练和实
践，满足本机构或部门的需求，为对方带来收益或可预期的收益，获得领
导认可、提升行业地位等十分重要。当前，社会工作还没有得到广泛认
可，人们对社会工作的专业价值判断也更多是从西方的经验来认知的。社
会工作在本土社会中与其他的实际社会工作者相比较，其专业优势何在？
这本身是令人质疑的。其实，社会工作本身也面临是否为一个专业、专业
有效性的质疑。① 在社会工作机构/部门内，社会工作者的价值并不局限
于专业价值、服务服务对象的能力，还包括行政事务处理能力，推进本机
构或部门发展的价值。基于上海社会工作机构的质性研究表明，事务性能
力是社会工作者的必备能力之一，扮演着保障服务质量基础的角色。② 这
种事务性能力包括文字处理、电话接听、人际交往等能力。事务性能力是
学校培养所未训练的能力，这需要社会工作者自身尽快适应与提升。另
外，由于社会工作是一种职业，这意味着社会工作者的薪酬待遇以及工作
环境等问题必须依靠社会工作机构/部门解决。机构或部门领导的评价直
接影响社会工作者的职业待遇与发展。当前，政府自上而下推动专业社会
工作发展，社会工作的创新与发展在某种程度上成为机构或部门领导的
"政绩"表现。这种政绩诉求往往是速成的、形式化的，只是为了博得政
府或者领导的认可，但并不一定为服务对象带来实质的改变，因此可能违
背社会工作服务的宗旨。在这种大背景下，社会工作者为了处理好与本机
构或部门的关系，往往不得不迎合现实。

布劳的社会交换理论认为，资源的相互吸引是人们之间的社会交换的
起源，正是通过交换，并遵循互惠与规范法则的交往中资源得以互补。③
布迪厄所构建的"［（惯习）（资本）］+场域＝实践"公式继承和发展了马克

---

① Abraham Flexner. *Is Social Work a Profession*? Research on Social Work Practice, 2001, 11
　（2）：152-165.
② 蔡屹、何雪松：《社会工作人才的三维能力模型——基于社会工作机构的质性研究》，
　《华东理工大学学报（社会科学版）》2012 年第 4 期，第 23 页。
③ 彼德·布劳：《社会生活中的交换和权力》，孙非等译，华夏出版社 1998 年版。

思的资本理论，将资本从经济领域扩展到整个实践领域。[1] 虽然布劳和布迪厄分别使用"资源"和"资本"不同概念，但其共同的含义在于强调行动主体自我价值在社会行动中的重要意义。社会工作者在建构自身关系同时，交往的主体也在评估社会工作者所占有的资源的多少、价值的高低等，评价资源交换对自我带来的收益，从而决定交往的策略。社会网络理论认为，关系网络是资源流动的一种管道，而网络建构与维持的目标是为了实现节点之间资源的流动。[2] 资源是关系网络的核心要素。因此，社会工作者积累自身资本，提升资本的吸引力，这是建立和维系关系的根基。

三、领导的重视与轻视

在上海的实践中，独立建制的社会工作部门往往是由其他岗位人士转岗做部门负责人，而专业社会工作者作为下级员工。这种现象存在于医院、福利院、精神卫生治疗中心、学校等院舍。由于转岗而来的负责人在本机构工作多年，对人事关系较为熟悉，资源整合等较有经验，这可以弥补新进专业社会工作者的不足。在此支持下，社会工作者可以发挥自身的专业优势。这种传统与专业结合的做法是适应当前社会工作发展阶段的选择。但是，这也带来一个弊端就是非专业人士不了解社会工作，轻视社会工作。

> 比如说换一个领导，换个院长副院长，分管你这块工作的话，重视你的话你这工作做得风生水起，不重视你的话，你真的就是多余得不行，就是这样一个现状。我们从 18 年 12 月份开始，到去到今到去年年初换了 4 个分管的副院长。你可以感受到就是领导对你这项工作的重视程度它的影响是得多大。其实现在的话就是没那么重视，声音也比较小，现在都是配合医院做一些志愿者管理、精神文明的这种事情。这领导不行(重视)，真的累死三军。比如说大领导重视你开个会，跟其他的部门吹吹风以后，你工作很好推进的，如果大领导不说这些东西，其他部门都是观望，你需要他们支持，配合之后他们可做可不做的。(访谈对象郐载)

---

[1]　布迪厄、华康德：《实践与反思：反思社会学导引》，李猛、李康译，中央编译出版社 2004 年版。

[2]　李继宏：《强弱之外——关系概念的再思考》，《社会学研究》2003 年第 1 期，第 48 页。

　　社工邬载所言"吹吹风"是很有意思的描述，实际上表达了领导对于社工部门工作的支持，也是对工作关系的协调。社会工作者与本部门负责人有着良好关系有利于社会工作专业工作的开展。易青是上海三甲医院的一名社工，他对关系、面子十分敏锐，对于维护领导的面子有着自己的心思。

　　　　我在处理与我们部门领导关系的时候，会有意识给他面子。我毕业的学校S会请我回去给学生们做分享和主题讲课，这个时候我会给我们领导说，S社工系邀请你去。我会有意识地把这种机会让给他，因为我觉得我就是个小辈。这是我有意的，在心里动过小心思的，因为我觉得我需要让领导多认识社工，我需要让领导多出彩。这样其实有很多益处，其一是让领导看到我的努力，是我努力联系S高校让他去表现。其二是让领导借此更多认识社工。其三，更好地促进我们医院跟S高校的关系，S高校也会很高兴。
　　　　我们医院唇腭裂科是国内知名的，我们社工也做得有声有色。这个病区主任和护士长知道社工，当我加入进来他们很欢迎。在跟他们相处的时候，很尊重他们。像开展活动时，我会去考虑他们的意见。有什么交流机会我们给他们，给他们挣足面子。比如我们开展一个唇腭裂研讨会，我会请他们科室护士长来发言，虽然她对这个社工认识不是特别深，但是这样的展现机会对她是重要的。她只是一个护士长，医院的护士长很多的，她的发言一下子在医院领导面前展示自己，显示了自己的优秀。我是尽量给他们创造这样的机会。当然，我也会多跟他们交流，让他们看到我做得用心，表明我自己其实很想去做这一块。（访谈对象易青）

　　易青作为社会工作者，将参与研讨会、发言、表现的机会给予看重的他人，帮助对方抬高地位。抬高自己的面子、给面子、看面子是中国人在人际关系中所追求的。社会工作者在维系自身的关系时，也充分表现出中国人的面子功夫。这表现为两个方面，其一是为他人创造出彩的机会，挣面子；其二是为他人留面子。"面子"是中国文化的一个独特概念，人人皆知，但谁也无法下一个准确的定义。杨国枢将"面子"看作成中国人关系互惠外回报的一个特殊资源。① "面子"，基本上可以被看作戈夫曼印象

① 杨国枢、余安邦：《中国人的心理与行为》，台北桂冠图书公司1993年版，第102页。

管理理论中前台的表演，它是个人的社会地位和声誉的综合展现，而这又与个人本身属性相关，与个体可支配资源权力大小成正比，与个体所在关系中权势大小等不可分离。①

社会工作者在实践中之所以维护领导的面子，并且创造机会，抬高权势者的面子，帮助他们挣面子，其原因在于这些权势者往往掌控着有关社会工作服务资源，对社会工作的生存发展有着至关重要影响。社会工作在当下依然处于弱小的地位，从某种程度上而言也是弱势群体。挣面子实际上是社会工作者的理性选择。面子是一种人类社会交际事件中人们所共享的、相互协同共同认可的一种公共意象。② 社会工作者为对方挣足面子，对方也会有所回报。"面子"是中国人施报中的一种资源，而获得"面子"一方也会在未来给予回报，这正是社会工作者所希望的。

四、同工的互援

莉玢是上海某三大社团的司法社工，五十多岁，在某基层街道工作站工作。她们有一个工作组，三到五个人，既有分工又互相帮助。

> 社工同仁的帮助也很大，像青少年类的服务对象，跟我不是同龄人，而我的一个年轻同事就容易跟他们搭上。家访的时候，我就会叫这个同事一块去。我们组三个人虽然各自负责服务对象，但是有需要会帮忙。除了我们常规的服务外，机构也有其他的项目，比如我们机构那年申请了心理港湾的项目，我不是这个项目的，但因为我们在一个机构嘛，跟同事也熟悉，所以就常常利用项目的资源来帮助我的对象，参加他们的心理辅导，类似群体交流。其实这个对他们项目完成也有帮助。（访谈对象莉玢）

莉玢所展现的社会工作同工的相互援助表现在两个方面。首先是工作组内的互助。项目化运作的社会工作服务往往是专业的社工团队来实施的，而团队内的关系左右着项目是否顺利实施。由于服务对象在性别、年龄、职业经历等方面差异，类似特点的社会工作者更加有助于实现助人的效果。比如对女性服务对象，女性社会工作者更容易获得服务对象信赖；

---

① 黄光国、胡先缙：《人情与面子——中国人的权力游戏》，《党政干部参考》2005 年第 7 期。

② 于洋：《面子及面子功夫的中西文化对比》，《北方论丛》2000 年第 2 期，第 20 页。

对老年服务对象，资历老的社工比年轻社工更容易进行同理。因此，良好的项目团队关系为团队合作奠定基础，也是为提升项目服务效果而努力。莉芬在对青少年开展服务时候，就会回避自身年龄大的特点，而邀请年轻社工帮忙，有助于服务对象问题的解决。其次，多个项目团队之间的合作也是必要的。工作经验的分享、资源的共享都可大大助力项目的实施。莉芬运用良好的同事关系，借助机构内其他项目团队的资源来帮助服务对象解决问题。

社工除了回应服务对象的问题外，自身也需要支持。晓倩虽然工作了五年，工作出色，职位晋升到了项目主管，但是定期都要找机会宣泄自己的压力和情感。她觉得能够理解她的还是同工，同工能够给她情感的支持。

> 关系网络首先是对社工自身的支持。因为社工每天都会接受许多负面的东西，同工的支持系统会给到我许多支持，然后也会给到我们一些专业的成长，会让你更好地去面对。这是一个对自身的支持系统。（访谈对象晓倩）

以晓倩为代表的社会工作者所面对的社会底层群体，回应的问题复杂而难以解决，所承受的职业压力也是巨大的。来自关系网络中不同成员，尤其是同工互动有着共同的关注焦点，容易投入情感，而获得情感支持。这对社会工作者减轻压力，重新投入工作有着积极的帮助。除了物质、符号，情感也是社会网络理论中一类的资源。情感支持是关系网络支持作用的重要表现。柯林斯的仪式互动链理论更为强调情感能量。互动仪式增进积极的情感，可以将互动看作一个交换的市场，人们在此寻求的是能够为自身带来最大情感能量的互动。①

总之，正如科尔曼所指出的，有意创建的社会组织既可以给创始人带来益处，也使得嵌入其中的成员受益，这种组织是科尔曼眼中社会资本的一种重要形式。② 社会工作者嵌入在社会工作机构/部门中，而社会工作机构所集聚的网络资源成为社工的社会资本、专业开展的基础。社会工作机构或部门的构成可能多样，但对于社会工作者说来，首先要有关系意识

---

① Randall Collins. *The Sociology of Philosophies*：*A Global Theory of Intellectual Change*. Cambridge, Mass.：Harvard University Press, 1998.

② 詹姆斯·S. 科尔曼：《社会理论的基础》，邓方译，社会科学文献出版社 1999 年版。

和能力，能够证明自己的价值，获得机构或部门的认可；其次，在与领导的关系上，要注意为领导"挣面子"和"留面子"；同工互援可以从工具上和情感上获得支持。

第三章　社会工作专业关系：
人情与规则的权宜

社会工作专业关系的本土化几乎是每一位访谈对象都提到的问题，这涉及服务对象来源、专业界限和专业信任。

第一节　"寻找"服务对象

一、从找案到接案

按照西方主流社会工作知识，接案是开展社会工作实务的第一步。"接案"概念本身的假设是潜在服务对象主动求助于社会工作者，然而，这个假设在中国遇到了水土不服的问题。

> 我们医院开展的社工干预应急服务还是比较前瞻的，但有不少局限。一个是缺乏主动寻求应急服务的患者。2014 年我们比较规范地探索，那年统计数据看，主要应急服务对象来源是社工发现，有 64 人；志愿者转介有 36 人，医护人员转介有 33 人，病人主动求助的人数为 0。(访谈对象邬载)

邬载是上海某高校毕业的社工硕士生，他们医院社工参与的应急服务还是前瞻性的，在上海医务社工界属于创新的探索。社会工作仍然处于少数人知晓，大部分患者无概念的阶段。邬载的数据统计也说明主动发展服务对象，服务对象主要是找到的。当下中国社会工作服务的第一步不是接案，而是"找案"。①

---

① 范志海：《"过渡社会工作模式"的建构与上海禁毒经验》，《社会科学》2005 年第 6 期，第 77 页。

医务社工领域如此，社区领域的社会工作服务又怎样呢？眉莉是上海某老年社会工作机构的总干事，在社区做社工有五年了，她坦言，做社会工作项目如同完成政府规定的任务，需要绞尽脑汁。她常面临的一个问题是一个好的项目没有人来参加。为此，她也常常出招解决。

项目（社区招投标项目）合同有完成多少人次的要求，评估时候也很会算这个，完不成后边项目钱打不进来。刚开始进入一个社区，为了吸引老年人来参加我们的活动，我们会把以前的关系用起来，拉朋友的家里老人过来，有时候我们会送小礼物，比如送个挂历、水果什么的。大型活动会好一点，容易造势，吸引人。最难的是小组工作。（访谈对象眉莉）

眉莉面临找服务对象的困境，原因在于西方社会工作发展的生态环境不同于中国内地。西方社会工作是一个自下而上的发生过程，公众对于社会工作有着强烈的认知，社会知晓度高。在他们的惯习中，有问题找社工是一个共享的价值理念，而在中国内地的共识是有问题找单位、找社区、找警察。因此，社会工作在内地的发展本身是人们惯习转型的过程，这一过程不会主动发生，也不会在短期内快速实现。除了社会工作发展尚处于初级阶段，社会认知度不高原因外，中国文化下的求助关系也深刻影响着社会工作者寻找服务对象的行动选择。在家庭本位的文化传统下，中国人建立的支持体系是从家庭向外延伸，形成了差序格局。遇到问题首先是求助于家庭，当家庭无法回应问题后才走向社会援助。家庭支持的优先在于避免人情债。王思斌指出，中国人的求助关系呈现出服务对象消极求助，社会工作者需要主动助人的特点。[①] 这深刻影响中国社会工作的发展模式，而首先表现出来的就是服务对象需要寻找。

案主来源上有两块，一个就是我们病房的走访，去主动的发现；另一个是转接过来。要分阶段看，早期还是自己发现的多一些，到现在的话，转接的更多，基本上可能自己发现的占了 40% 左右，转接的占 60%。（访谈对象景黎）

---

① 王思斌：《中国社会的求助关系——制度与文化的视角》，《社会学研究》2001 年第 4 期，第 6-7 页。

同时，我们看到，找案作为一个过程，会逐渐转向接案。有必要说明的是，由于上海的司法社工承接司法、团委和禁毒部门转介过来的服务对象，基本不存在"找案"的现象。随着医务社会工作的发展，内地"接案"现象也开始产生。伍霞所在的医院是上海东方医院，于2000年设立了医务社工部，至今二十余年不遗余力地发展，社会工作在本院的认知度得到大幅度提升。医生慢慢有了患者有问题转介社工的意识，患者也慢慢熟悉了医务社工的功能。其他设置医务社工岗位较早医院也出现了从"找案"转向"接案"。这与社会工作者的多方努力是密切关联的。

> 我们也跟医生谈了一些转介知识，这个病人在确诊病的时候，第一时间就要转介给我们。比如说脑瘫的孩子，我们跟医生已经说好了，基本上病人会主动来，接(案)就好了。这样的一个转变，基本上是2~3年左右的时间，这2~3年我们给医生护士普及这些转介的知识，做一些比较便捷的转介的表格，再后来就做了一些比较贴心的给患者的信，医生直接给患者这样一张纸，就会找到我们。信上会有一些同理他们痛苦、告知他们如何找到我们的核心的东西。我做团队管理的，我要求团队成员工作不论到哪个阶段你必须跟医生主动交流，无论是正式的还是非正式的会谈，这样的话就让医生对社工的工作清楚的多。时间久了医生很明显看到你帮助病人转变，之后医生就会更清楚社工的角色，遇到合适的患者就会转给我们。(访谈对象景黎)

景黎提到了社工在处理与医生的关系时候，通过正式非正式的会谈、表格、宣传单等推进了医生对于社会工作的认识，获得了信任，从而形成了一个跨学科的团队。这是社工有意识处理关系，主动推进关系转变的结果。

二、嵌入中的策略

服务对象多是寻找到的，那么社工是怎样寻找到服务对象的呢？关系在其中发挥怎样的作用？晓情是一名针对青少年开展服务的资深社工，她概括说，总的来说，案主一半要借助政府的推荐、介绍，打通前面的关系，后面一半就是社工上门。(访谈对象晓情)这明显有别于主流社会工作教科书的描述：社工可以直接询问服务对象并了解服务对象需求，发现潜在的服务对象。本土实践中的做法是，先打招呼，打通了政府这条线，社工再进入社区。

> 因为最开始的时候社工的信誉度和在外面的形象还没有建立起来，很多人现在不太相信社工，会有很多的疑问。所以这一块的对接，我们一般会跟政府这一块去协调，由政府出面，我们的工作就会非常的顺畅。政府出面的话，第一个它的公信力比我们要好。在一个系统内部，比如说民政局基政科跟它下面的乡镇社区有一定的联系，大家比较熟悉，这样的话我们进入社区、找案主会比较容易一些，但是后续做的服务还是要我们社工自己去做。（访谈对象涛声）

受访者涛声指出了为什么要借助政府这条线的原因，政府基于上下级关系以及在中国社会的公信力，为社会工作者介入创造了初步的信任关系。社区民众并不了解社会工作，主动求助社工更无从谈起。社会工作者进入社区主动发现服务对象是当下的策略。而主动发现服务对象也如医务社会工作者一般，需要一种合法的身份来接触服务对象。社区社会工作者的做法是嵌入到传统的政府纵向关系网络，经过街道办事处的联系，再有居委会或村委会的帮助得以入户。换言之，在社区领域，服务对象的寻找需要嵌入政府的关系网络。

> 如果我们接的是一年的项目，可能要用两个星期的时间去走访社区所在的乡镇街道的工作人员，向他们汇报我们的项目，宣讲我们的项目；如果这个项目是三年期的一个项目，我们至少得用一个月的时间去和社区的这些工作人员去做走访，交流访谈。比如说我们近期要办怎样一个活动，需要他们做怎样的协助，他们就会去打个招呼，或通知村上的两委，然后村两委就会协助我们把这场活动开了。然后这是一个不能缺少的阶段。（访谈对象启颜）

启颜总结的项目服务经验说明了嵌入的具体过程。这个阶段在处理社工与基层的关系，并请基层乡镇街道工作人员给村落打招呼，进而再入户或开展活动，说明了在项目开始阶段社区社工与服务对象之间并不直接发生联系，而是隔着政府。在某种程度上反映了中国社会在国家之中。因此，社工要与政府建立良好的关系。上海市的社区公益招投标项目是市区层面负责项目招投标、资金拨款，而街道办事处层面以及社区执行。但目前的制度设计并没有明确街道及社区的法定义务，更多依靠上级政府的行政指令，或者说打招呼。社工与街道层级下的关系也借助于这种上级动员。

除了上述社区服务领域，医务社会工作也是社会工作重点发展的领域。医务社工的工作环境专业性突出，医生、护士是社工不可避免的交往对象。医务社工在开展专业服务中是如何处理与他们的关系的呢？

> 整个科室大团队查房的时候，社工都会跟着去，首先自己主动得融入科室团队去，然后跟着他们。其实医护人员眼里我们很正常地是一个新职业，他们也不了解你的情况，对社会工作不太清楚。很多时候靠我们主动，我觉得"主动跟"的意识还是蛮重要的。（访谈对象景黎）

景黎描述了医务社会工作者具体的嵌入过程是，跟着医生查病房，听听医生对患者的评价，观察病人的脸色病情状态，查看病人的病历，跟护士交流，跟病人交流。我们会看到，医务社工找服务对象并没有脱离原有的医院惯例，而另搞一套寻找服务对象。相反，医务社工尝试融入原有的医疗团队中。换言之，在医务社会工作领域，服务对象的寻找依赖于医务社会工作者嵌入到医生查房惯例中，主动评估潜在对象，发现服务对象。社会工作者寻找服务对象的合法性也依赖于在医院传统关系网络中"嵌入自我"，[1] 经由病人对医生的信任而获得病人对社会工作者的信任，从而寻找服务对象。这样，医务社工就避免了病人对社工不甚了解而无法建立信任关系的问题。参与医疗团队查房，医务社工是"主动跟"在医生、护士之后。这表明了社工与医生、护士的关系。一方面是建立了联结，参与团队；另一方面医务社工仍然是辅助的角色。虽然在查房的过程中，从传统的生理的例行检查转向身体、心理和社会的全方位检查，走向全面的关怀；但是，心理和社会层面的关怀并没有被置于与生理同等地位的层次，社工对医生的关系是依赖，没有科室医生的认可，当前社工的嵌入还是浅层的嵌入。

---

[1] 文军：《西方社会学理论：经典传统与当代转向》，上海人民出版社 2006 年版，第 231 页。

第二节 专业关系的两难

> 如果服务对象给我介绍对象，想在工作关系之外建立私人关系，刚开始我会说，不好意思，阿姨，因为我们的目标是什么，其他的不在我们的目标之内，所以我们暂时不讨论这个问题，或者这个是跟我们专业服务没有关系的，我们不去讨论这个，但是我明显看到阿姨脸上不高兴。(访谈对象厚德)

社工厚德从国外读社工硕士后回到上海做社工。在为上海阿姨提供服务后，阿姨想着给厚德介绍对象。厚德想着专业关系夹入了这种人情是专业的禁忌，所以刚开始就拒绝了，但是阿姨的反应让社工厚德有点为难。对多位社工的访谈发现，介绍对象、送小礼物等人情往来是社工实践中常遇到的现象，社工在处理本土的专业关系更为复杂。

一、称呼的困扰

找到了服务对象后，社工与服务对象的关系正式开始。但首先面临的问题是，怎么称呼社会工作者，这是一个身份的问题。

> 在内地的话，我们首先要对自己的定位有一个清晰的认识。目前很少有人知道我们是社工，大部分人不知道社工是做什么的。所以，我们自身的心态和角色要调整好。我们在做工作之前，都有必要重新介绍一遍社会工作是做什么的，这个是我们必须坚持的，很重要。(访谈对象伍霞)

伍霞在香港做社工时候，市民会称呼她"姑娘"，这是香港社会对社工的一个专门称呼。在内地，这个称呼并没有流行，到底怎么称呼社工成为一个问题。身份问题，看似简单的小问题，但实际反映了中国社会工作发展的大问题，折射出社会结构与微观实践的特点。社会工作是一个舶来品，社会工作者的身份虽然得到官方确认，但社会普及度不及医生、教师等。正如伍霞清晰分析到的，这是中国社会工作发展特定阶段的产物。普通民众对什么是社会工作没有概念，对社会工作称呼出现了混乱的现象。有人将社会工作者等同于义工，社会工作被泛化为在社会工作的人。在特定领域，如医务社会工作领域，社工常被称为医生；在社区领域，社工常被称为老师。身份代表角色，背后勾连着对特定主体社会地位、权利和义务的理解。① 将社工等于义工，否定了社工的专业性、职业性；将社工扩大为社会领域工作者否定了社会工作的专业排他性；将社工认为医生，混淆了社工的专业分工。民众对社会工作者角色认知的偏差降低了社会工作者的职业地位，不利于行业的发展。

选择不同的称呼，反映了社工与服务对象的关系定位。对此，实践中的社工会采取不同的应对策略。我们来看禾旭和易青是如何做的？

> 我以前做儿童这一块的话，我就跟孩子们说，可以叫姐姐或者叫妈妈。这样的话关系容易拉近，大家不会有太多的距离感。在医院做社工时候，一般比较熟悉他们就会叫我小陈或者是陈医生样子，我觉得大家舒服就好，我也没有说去纠正什么的。其实我们社工还是要平民化，就是心态要放平。（访谈对象禾旭）

> 大部分称呼我为医生吧，我觉得他称呼错了能理解，就像我们现在护士也没有护士帽了，就我们国内一半以上的人肯定都不知道社工，所以我觉得很正常。但我会说你可以叫我社工，我就会不断跟他强调，不断跟他去强化这个字眼。主动去跟服务对象介绍自己去社工是干吗的，跟他去澄清这个概念。通过给他一个普及，让他知道一下社工的大概。他说错我就跟他强调。（访谈对象易青）

实践中，有的社会工作者如同禾旭的做法，对于称呼并不在意，以双方舒服为标准，目的在于推进与服务对象的关系。因此"姐姐""妈妈"等亲属式称呼也存在。而有的社会工作者如同易青，对于社工的身份比较执着，他们往往个性鲜明，算是对于社工有点"狂热"的人，不允许社工的身份被误解。虽然在澄清的过程中服务对象不一定理解社会工作是什么，但坚持澄清反映了社会工作者对自身的身份认同。当然也有的社会工作者会选择规避这个身份问题，直接省略身份称呼的环节。

访谈发现，"老师"是实践中应用在社会工作者身上比较多的一个称呼。"老师"称呼的泛化现象广泛存在，如娱乐界有孟非老师、陈道明老师。他们并非传统教书育人职业人士，而被冠以"老师"实际上表达称呼方对于被称呼方的一种认可、尊重的姿态。正如翟学伟所指出的，中国人

---

① 丁水木、张绪山：《社会角色论》，上海社会科学院出版社 1992 年版。

的交往对于权威敏感，喜欢抬高别人，给别人面子，以至于在礼尚往来中过于重视形式主义。① 而老师的称呼无疑可以满足这一点。"老师"称呼在社会工作界的流行，是当前发展阶段与文化导致的结果。

二、人情的烦恼

　　在社会工作服务中，关系虽然有积极作用，但是也会影响我们的专业关系，面临一个价值伦理的选择。我们一个服务对象是老年慢性病人，我们帮她联结了很多社区资源，她的血糖控制得很好，她现在的一个事情就是打电话和发短信给我，会关心我的私事，帮我联系女朋友。这让我很困扰。直接拒绝似乎又不大尊重这个老太太，如果不拒绝又会影响后续服务。（访谈对象厚德）

厚德是个年轻的社工，人长得挺帅，又帮助老太太链接资源，控制病情，老太太很感激。老太太不觉得厚德的社工服务是职责所在，是理所应当，而觉得是受了厚德的"恩情"，老太太也因此觉得要回报。对老太太来说，能做的事就是帮忙给厚德介绍女朋友，这是工作关系之外的人情往来了。老太太本是好意，然而，这样一来厚德就陷入了伦理的两难困境。如厚德经历的这种现象并不少见。在社工与服务对象的交往中，服务对象常常会将人情带入到专业关系中。这看似与社会工作专业训练所极力避免的双重关系相违背。

专业关系是社会工作者与服务对象之间基于专业服务而建立的关系，是社会工作的灵魂。西方社会工作伦理对专业关系的要求是避免双重关系，以免伤害服务对象和社会工作者。专业关系的边界问题在本土实践中遇到了困难。中国是一个人情社会，人情往来中拒绝对方的好意往往会让对方丢面子，伤害双方的关系。专业关系带给社会工作者诸多困惑，常常出现无所适从感。② 国内有学者提出，社会工作者应当通过拟人化、建立亲属化的关系获得服务对象的信任，从而帮助服务对象解决问题。③ 中国社会工作总体处于初创阶段，这种策略是从中国传统文化入手，寻求较短

---

① 翟学伟：《中国人脸面观的同构型与异质性》，载《人情、面子与权力的再生产》，北京大学出版社 2013 年版，第 159-162 页。
② 何雪松、杨超：《社会工作者的专业惯习建构》，《长白学刊》2016 年第 7 期。
③ 杨生勇、王才章：《传统文化与本土社会工作建构——现代化视域下的社会工作本土化探析》，《中南民族大学学报（人文社会科学版）》2011 年第 6 期，第 74-77 页。

时间内与服务对象建立起信任的一种方式。① 然而，这种方式在实践中实施也带来诸多负面影响，损害社会工作的长久发展。

举个实习生的一个例子，越过了这个专业界限。案主是一个住院肿瘤患者，60 岁左右，男性的，他当时在住院的过程当中跟社工建立了非常好的专业关系，然后在他出院的时候就加了社工的微信，然后在他即将登机的时候，他突然给社工打私人电话，他那个时候给社工打电话，就说他病案记录忘了复印了，实习生他就立马帮他去复印然后手机发给他。这个做法不妥，首先案主已经结案了，在社工与案主刚建立专业关系时候就应该有口头协议说清楚这个专业关系怎样。我们要知道服务对象他没有结案的意识，他开始给你打电话你接，他如果回家之后继续给你打电话，你接不接？接了电话他就觉得好像这个东西应该的，他打过来你就应该接的。第二个如果他有这个情况，应该第一时间要汇报给督导，不是你自己去承担这个事情，督导会去评估该是怎么去处理。然后即使是当时因为患者可能比较着急，他登机发现他的东西忘了复印了，即使是他真的是忘了复印了，我们还是有一些补救的措施的，并不是说只有那一种措施说立马给他弄，就感觉好像是患者他比如说想要一个什么东西，然后就感觉社工好像很随便受支配一样，直接跟你要你就给他了很多东西也要流程的。你不能随便涉及患者隐私，患者隐私他是否同意你这个东西，我们现在复印规定都要委托书的，就是很多行政管理方面的流程要走的，你类似于就感觉好像突破了很多的这种关系。其实患者他其实很多时候不知道规矩的，你需要告诉他，如果你不告诉他，他可能确实是不太知道的。不然，你回家之后还可以随便打电话给我，更何况我们这个事情是个女性社工，万一他性骚扰你怎么办？（访谈对象易青）

易青提到的这个专业关系案例具有代表性。对于专业关系能够形成什么状态实际上取决于社会工作者。尽管专业关系需要双方共同努力，但服务对象没有概念，习惯于以生活的逻辑对待，而如果社会工作者缺乏专业的坚守则很容易跟随服务对象滑入私人关系状态。当然，这种专业关系的困惑在不同情境会有不同表现。在医院，关系的制度化程度高，工作人员

① 马志强：《从熟人关系到专业关系：社会工作求助模式的转向》，《西北师大学报（社会科学版）》2014 年第 1 期，第 140-144 页。

与病人的关系并置于正式关系的层面。但在社区内，熟人关系的运作逻辑突出，人情往来较多，专业关系的边界模糊性强。一方面，社会工作者会强调生活与工作的分离，工作关系与私人关系的隔离；另一方面，严格意义上的专业关系是否适合，仍然是一个疑问。

> 我的理解是，书本上的专业关系要求我们跟服务对象之间不要有任何私人关系，而在实际中完全杜绝这种联络不大可能。在外来媳妇项目中，做小组工作中还比较秉持专业关系，但是小组工作结束外，我们上门拜访服务对象，肯定手里还是要拿点东西，不管是水果还是什么简单东西，我自己认为这跟中国整体的人情关系联系在一起，我觉得空手去人家不大好。跟督导提这个问题，督导对我们指示也是可以花一定费用，但要控制费用，走正常的程序(社会工作机构统一购买报销)。(访谈对象晓倩)

晓倩是沪上知名高校的社工硕士毕业生，先后在两家社会工作机构工作近五年。她认为人情与专业关系问题在理论上是问题，但是在实践中根据实践的需要不难处理。目前高校的社会工作教育沿袭西方社会工作伦理价值，即使内地社会工作界格外强调本土化的教育，其仍未完成。因此，专业训练的社会工作者受到的教育是遵循西方意义的严格专业关系。然而，走向实务界后他们很快发现这种专业关系并不完全适合中国。中国社会既注重理性，也强调情感，是一个情理并重的社会。以血缘关系为基础，中国人希望在礼尚往来中追求关系的持久性、长久性。[1] 情感的适度干预或许正是本土化的内在之义，然而其边界在哪里有待于不断探讨。

三、关系的拿捏

访谈中，笔者曾经追根究底地问社会工作者在实践中如何把握专业关系中正式关系与私人关系的张力。菲菲提了一个具体的私人电话的例子来反映这种专业关系的原则性与灵活性。

> 确实是需要把工作和生活有一个区分。比如说我们的私人电话不给，最好是用公用的电话。之前我是在救助站做过这种儿童社会工作

---

[1]　翟学伟：《中国人际关系模式》，载《人情、面子与权力的再生产》，北京大学出版社2013年版，第102-105页。

服务，我们就发现什么样的情况，有很多跑站人员，这些人很多是有案底的。你如果把自己的私人电话什么的给到他以后，他就会可能对自己造成一些危险。之前我们有一个案主，挺可怜，他就会通过私人电话多次问我要钱。但也有例外，现在我做一些儿童服务，如果确实是特别可怜的那种小孩子，没有父母在农村跟奶奶一起生活，他是完全没有什么依靠的。走访那些孤儿，我们可能会给到他我们的私人电话，因为他就是求助的人和联系的人很少，这种农村的孩子如果在他需要的时候能够给我打电话，不管是什么时间，如果我们能够帮得上的话，我还是会尽量去帮的，就是这么一个状态，我们是看情况去的。（访谈对象菲菲）

菲菲所提及的是私人电话是否留给服务对象的细节。但是这个细节也并不是绝对的给与不给，而是基于不同的人或情境有所区别。原则是不留私人电话，但是还留有一定的特殊空间。邬载是一个医务社工，也是一个对社工充满情怀的人，他常常跟高校的老师、博士们讨论实践中遇到的一些问题，进行理论上的思考分析。对于专业关系界限的问题，他有自己的思考。

中间路线吧，社会工作是舶来品，它产自西方是建立在西方当时的社会文化环境，移植过来需要考虑本土文化，就是本土化的问题。比如我（本土高校毕业社工）和另外一个社工阿明（国外高校毕业社工），我们进入病房的话，对一个姓张的病人，阿明会称呼张女士，而张姓病人会愣一下。而我会叫张阿姨，张阿姨就会转过头来看我，而不会理睬社工Z。称呼病人为张女士，从书本上来说很专业的，但是在我们这个环境下还是要变一下的。虽然我不叫她专业的张女士称呼，但是无论如何，我的目标是帮助她，而不是其他，所以我的目标是专业（取向）的，所以我觉得专业的目标一致，方式上可以变通。（访谈对象邬载）

邬载的回答是一种典型中国人的辩证思维或者折中方式。它类似于许烺光提出的"情境中心"的生活方式。同时这也要求社会工作者具有斯科特所谓的"米提斯"[①]，即一种只可体会不可言传，亦不可以文本形式展现

---

① 詹姆斯·C. 斯科特：《国家的视角》，王晓毅译，社会科学文献出版社 2012 年版，第398 页。

的实践智慧。这种智慧是适应特定社会工作情境而展现的策略，一旦脱离情境其适用性就降低。在弹性的空间内，一线社会工作者处理着私人关系与正式关系的张力。本土实践智慧所塑造的专业关系既不是西方社会工作意义上的纯粹专业关系，也不是完全消解社会工作职业性的民间性熟人关系。它采用一种折中方式，走向中间路线。

在社会工作者看来，这也是理性的选择。韦伯分析现代社会的重要概念就是理性，他提出了价值理性和工具理性的范畴。哈贝马斯批评韦伯的理性是技术化的理性，这种理性对人与人之间寻求合作、协调的重视不足，在哈贝马斯看来，以沟通理性为基础才能找到回应现代社会诸多问题的出路。沟通行动是行动者为了协调相互的行动，以语言为媒介相互沟通的行动，展现了对话倾向和反思性。[1] 社会工作者在实践中并不局限于技术化理性，而是与服务对象在协调和互动中处理专业关系，其所展现的是一种沟通理性。这种实践智慧被认为是构建中国社会工作理论建设的重要源头之一。[2]

除了私人关系与正式关系中人情因素的影响外，权力也是影响专业关系的重要因素，这表现为社工与服务对象的关系中如何保持平等性问题。

> 这种关系也要根据情况而变化，我们书本上讲的要平等对待，要激发潜能，这个有点不切合实际。比如说，这个家属面对其女儿跳楼，社工怎么可能激发潜能，社工需要立即去做的是专家的角色。在CBT认知行为治疗中，社工也要挑战他的非理性信念，社工在运用方法和服务时候，需要社工去指导。如果经过评估，服务对象只是遇到一般困境，他自身有很多能力和资源，那就人本（主义），去激发他的潜能，这个时候平等是可以的。医务社工因为有的病人住院很短，我们一般也就是两个周的服务，所以短期干预需要更多的专家角色，可能在病人出院进入社区后需要平等专业关系，但那是社区社工的范围了。我的服务和场地决定了我不可能做得长久。（访谈对象邬载）

社会工作的专业关系发展到现在，经历了专家关系到平等关系的转变。当然，最理想的是现在倡导的合作的、赋权关系，但是在中国的实践中，在医院中，别人无形中就会把你当成医生，有权力，所以

---

① 哈贝马斯：《交往行为理论》，曹卫东译，上海人民出版社2004年版，第273页。
② 何雪松：《迈向中国的社会工作理论建设》，《江海学刊》2012年第4期，第142页。

就算你希望平等的关系，但是对方来说就是不平等的关系。这也是一个需要慢慢发展的过程。(访谈对象伍霞)

邬载和伍霞都指出了客观条件下社工与服务对象的平等关系难以实现。这包括服务的短期性，服务对象需要快速解决问题；服务对象把社工当成权威的文化惯习；服务对象资源的不充足以及危机干预等。赋权是社会工作的重要方式，是实现服务对象能力建设的重要路径。在社会工作者与服务对象的关系中，专家角色与平等合作角色是并存的。不同的理论取向也有着不同的关系定位。如认知行为治疗理论是教育性的专家角色，人本主义理论则是平等的角色。

中国社会工作实践中专家的角色是较为突出的，而较少强调平等。即使社会工作者刻意去追求平等合作，而服务对象所希望的却是专家指导。权威指导的极端是对服务对象自决权的否定，而学术界和实务界的担心也正是如此。实际上，围绕社会工作者与服务对象关系的权力问题，可以从连续谱角度进行分析。在双方关系中，社会工作者的权力逐渐增大，而服务对象的权力逐渐缩小。究竟两者的权力格局处于什么状态，其实并没有一个严格的界定，而只是一个范围。这个范围排除两端，而在两端之内。这就意味着，一个有伸缩性的关系状态才是真实的关系状态。不少学界研究也试图表明这一点。王思斌以"协商性"来概括这种关系状态，[1] 郭伟和则倡导反思性专业关系。[2]

布迪厄对理性行动理论进行了深刻的批判，认为它的理论解释性被夸大了，它充其量不过是场域理论的一种特例，绝不是什么不可动摇的样板模型。[3] 这种理论忽略了历史和情境的双重限制。人们的行动从来都是合情合理，遵循的是实践理性，而非理性行动理论所谓的理性。社会工作者与服务对象关系的选择乃是实践所塑造的，基于资本的塑造而成。如果服务对象资源较多，家庭支持系统完备等，以平等的关系待之则是实践理性的要求。而如果服务对象资源匮乏，社会工作者还可以强调平等、合作，回避指导，将无益于帮助服务对象。

---

[1]　王思斌：《中国社会的求助关系——制度与文化的视角》，《社会学研究》2001 年第 4 期，第 7 页。

[2]　郭伟和、徐明心、陈涛：《社会工作实践模式：从"证据为本"到反思性对话实践——基于"青红社工"案例的行动研究》，《思想战线》2012 年第 3 期，第 34-39 页。

[3]　布迪厄、华康德：《实践与反思：反思社会学导引》，李猛、李康译，中央编译出版社 2004 年版，第 231 页。

第三节　建立专业信任

岚梅是某高校社会工作专业的教师，积极参与社会工作实践和督导。对于社工与服务对象关系实践中的人情信任，她并不排斥，但认为应当从历史发展角度看，未来社工的发展是制度信任。

> 不可否认人情文化、转型社会发展阶段等特殊因素的影响，但我个人还是认为，现在的人情信任是过渡性的，社会工作最终要走向制度化。社工与服务对象的关系也会逐步规范起来，服务对象会最终得到规训，人情因素逐渐压制，理性的专业关系最终建立起来。这是社会工作制度发展的目标，是社会工作合法存在的基础。（访谈对象岚梅）

岚梅所提到的制度为基础的信任，其实是基于卢曼对信任的划分。卢曼认为信任的建立有两种：人际信任和制度信任。[①] 制度化信任为基础的专业关系转向是未来专业发展的趋势，也是社会工作存在的合法性基础。对中国社会工作而言，由于制度信任尚未建立，社会工作者与服务对象之间的专业信任更多依赖人际联系，体现了中国社会工作过渡性阶段特征。那么，这种过渡时期的专业信任是如何建立起来的呢？

一、化解问题

莉玢是上海最早一批司法社会工作者，手中有很多典型的成功社会工作服务案例。她强调在有效解决问题中建立专业信任。

> 实际上还是困扰他们的一些问题，他们自身解决不了，他们的家庭、他们的社区没有能够帮到他们的。我的个案中信任关系建立也不是很快的，特别是那种刑事案件的对象。这是需要耐心的，我觉得。还有比较关键一点就是有了一份比较稳定的工作。找到工作，在服务对象转变中占有很高比例。尤其是在男的对象中，工作占中心，让他们生活充实了。到我们这的服务对象都是问题都很

---

① Luhmann, N. *Trust and Power*. Chichester: John Wiley & Sons Ltd., 1979.

多，一个个解决，最后找到工作、结婚成家这样过上正常人的生活。（访谈对象莉玢）

莉玢认为专业关系的根本是切实解决服务对象身上的问题，服务对象是理性、精明的，他们看到实质的帮助也就容易信任社工。问题干预与关系修复是社会工作服务的两大内容。① 建立信任的专业关系并不能为了关系而维持关系，需要依赖于实际的助人行动。值得注意的问题是，中国社会工作者帮助服务对象解决的问题已经超越正统社会工作所涵盖的问题范围。如莉玢所提到的，在司法社会工作实践中，司法社工最头疼的问题是就业问题。就业本身是社会性难题，而服务对象长期脱离社会或者受到社会歧视，就业更是难中之难。然而，就业问题却是帮扶中的关键，就业问题解决往往实质性给了服务对象回归社会的机会，其他相关问题也容易解决。虽然学界主张司法社会工作者厘清资源分配与专业工作的关系，但并不否定资源分配是建立专业关系的重要手段。② 关键的问题是明确资源分配后专业建设和服务对象自身资源的挖掘与开发。

二、人文关怀

中国人重视人际关系的人情味。民安在司法社工领域有十年工作经验，他认为单纯解决问题的社工，如果没有人情味，那么社工只能成为一种解决问题的机器，社工与服务对象的关系是冰冷的。

我们有个服务对象是诈骗犯，父母都是高级教师，爸爸太严厉，妈妈太溺爱，导致他有点女性化，很会化妆，很会撒谎，外语很好，会画画，会看相，有点走偏。但这种人也被边缘化，社会关系疏离，我利用他的特长，其中一个是化妆方面，邀请他给社区里开美容讲座。社区也需要这方面活动。他母亲高兴不得了，协助他做PPT，讲座时候反映很好，然后我给回馈给他母亲，说效果很好。（访谈对象民安）

我觉得专业关系应该是正式的关系，正式当中带着人文的关怀就可以了。因为现在医生、护士没有那么多时间去给到人文关怀，或者

---

① 田丰韶：《改造与救赎：日常生活理论视野下的微观社会工作理念与方法》，《社会工作》2013年第2期，第45页。

② 张昱、费梅苹：《社区矫正实务过程分析（第2版）》，华东理工出版社2008年版，第301页。

是医生和护士的教育当中缺乏人文的教育。（访谈对象易青）

国内不少学者认为，社会工作具有技术性特征。如张昱指出，"社会工作本质上是面向个体的社会管理的理论和方法，是一种被证明是行之有效的社会管理手段和技术"①。技术性特征与现代社会相适应，是一种对方法、流程、程序的强调，这与社会工作的专业主义密切相关。技术性不容否定，但技术所对应的仍是韦伯所谓的技术理性，将人置于冷冰冰的操作流程中，僵硬化、陷入理性的牢笼。哈贝马斯倡导沟通理性，重视真理、真诚、正当。② 对社会工作来说，技术不过是利他本质的手段，正如王思斌所指出，社会工作的技术特征是利他本质的具体体现和实现路径。③ 而利他主义或者所高度的人文关怀④才是社会工作最根本的"技术"之源泉，或者称之为总体性技术。高度人文关怀尤其体现在社会工作者的同理心、接纳、开放、无条件关怀、信任的眼光等情感性因素上。

人文关怀的投入往往带入人情关系，而这可能出现双重关系的危害。为此，社会工作者的伦理原则方面应当遵循非伤害原则，也就是服务对象的利益是第一位的，从积极方面应当提升服务对象的利益，从消极方面应当避免对服务对象利益的损害。⑤ 非伤害原则下，社会工作者有权宜的空间。比如对于适当礼物增进信任，适当参加宴会等都是可以权宜的。

三、法律底线

实践中我们发现有的司法社工得到服务对象的信任后，再遇到服务对象触犯法律时也不得不破坏这种信任。比如说服务对象在社区矫正，司法社工发现其重犯了会主动向有关部门举报。再比如以下两位社工提到的情形。

有一个服务对象是精神障碍者，我们关系还都挺好的，但是后来

---

① 张昱：《中国本土社会工作实务的实践逻辑及其反思》，《社会科学》2008 年第 5 期，第82-83 页。
② 哈贝马斯：《交往行为理论》，曹卫东译，上海人民出版社 2004 年版。
③ 王思斌：《中国社会的求助关系——制度与文化的视角》，《社会学研究》2001 年第 4 期，第 1-2 页。
④ 尹保华：《高度人文关怀：社会工作的本质新释》，《学海》2009 年第 4 期，第 135 页。
⑤ 曾群：《人情、信任与工作关系：灾后社区社会工作实务的伦理反思》，《社会》2009 年第 3 期，第 180 页。

他跟社区外面的人起了冲突，跟我们来倾诉，但是我们感觉必须上报到街道和社区的警务室。因为光靠社工是解决不了这个问题的。当时安抚了他的情绪之后，我们就跟警务室联系了，一起处理了这个事情。因为他当时情绪特别激动，他还要去再去找老板，我们不敢保证他不会动手，因为对方老板是个女性，服务对象是个男性，我们怕万一冲突升级，因为他之前已经有类似过先例了，并且动手过，警务室也知道他的情况。(访谈对象立遂)

小淳是个孤儿，遗腹子，母亲在他9岁的那一年脑出血突然就病逝了。然后这个孩子参加了我们社区活动，当时我们确实也没有太多的经验，在宣传的时候我们写了一个留守困境儿童的新闻还专门提到了他。项目宣传要求要带上这个"留守困境儿童"字，后来孩子的姨妈反映说当她看到这个新闻以后不想带孩子来了，不想被标上这样一个标签。(访谈对象禾旭)

立遂分析了服务对象动手伤人造成违法犯罪事件的可能性选择上报警务室处理。禾旭提到的是服务对象的隐私问题，隐私既属于职业伦理也属于法律的范畴。禾旭在后续的工作中则注意避免这个问题，这是对服务对象保护的底线。

西方社会工作的专业信任是制度化的信任，而中国社会工作语境下则是人际信任，其可能带来的问题就是社会工作者与服务对象之间的双重关系，从而可能损害服务对象的利益。然而，我们并不能因此就否定中国社会工作的人际信任。其存在有制度和文化的原因，此不必赘言。重要的问题是如何回避可能带来的问题。首先，社会工作者的专业惯习可以分化为法律、伦理和社会工作者性格倾向。[①] 其中法律是一种结构性约束，是社会工作者不可违背的底线。这样，这种人际信任才可能走向专业信任。如果是完全的人际信任，则可能会隐藏违法或犯罪行为。法律的约束是社会工作者专业关系不可触碰的底线。

总之，社会工作者与服务对象的专业关系是联结社工系统和服务对象系统的纽带，也是社会工作干预实践展开的前提。中国社会工作者在与服务对象的关系建构中，一方面尝试建立西方意义上的专业界限清晰的专业关系，回避双重关系，但面临本土化的挑战；另一方面在传统的人情关系

---

① 何雪松、杨超：《社会工作者的专业惯习建构》，《长白学刊》2016年第4期，第111-118页。

与社会工作制度共同影响下，既无法走向完全私人关系，亦缺乏充分的制度信任。实践中，社会工作者与服务对象的专业关系建构过程实际上是专业界限的弹性建构过程。

第四章　社会工作的专业干预：
聚焦关系的实践

雯婕是上海一家残疾人社会工作机构的资深社工，笔者曾作为志愿者参与到她所在项目组开展的一次项目活动，亲身体验过这个优秀项目的实施。这个项目也被评为浦东新区当年招投标项目的典型案例之一。

"开放心声"项目是针对智障人士开展的项目。我们主要通过小组、个案工作，提供服务对象交朋友的机会，促进大家相互交流。这里面还设计了体验课程，训练他们的沟通技能。不少家长发现孩子明显开朗了，愿意说话了。智障人士的家庭关系也是我们干预的另一点。你也清楚，不少智障家庭对智障人期望很低，或者包办，他们适应社会的行为没有得到锻炼而丧失机会。但是父母终究要离去，之后智障人士怎么办呢。我们开展了一系列讲座，让家长学习以智障人士更容易接受的形式进行沟通。我们还开展了"亲子互动"娱乐活动，让智障人士家庭增进彼此理解，融洽双方关系。当然，还不止如此，家长们还自发组建了一支社区志愿者队伍，既是他们互助支持网络，还在社区活动中志愿服务。后来我们考虑将这些活动扎根社区，在街道和居委支持下，在社区居委建立社区服务点，服务点仍在运作。（访谈对象雯婕）

雯婕描述的以上对残障人士开展的社会工作服务案例展示了社会工作者对服务对象关系的全面干预。关系或关系网络是访谈中不少社工都提到的干预内容。那么，这个干预过程是怎样的呢？

第一节　服务对象的问题

文兰所在的机构曾经开展过"外来媳妇"项目，我们先来看文兰所在社工团队开展的一个典型个案。

阿芳是上海的外来媳妇，本以为嫁到上海后会过上美满的新生活，但是结婚后没过多久，体检发现得了大病，不能生育。阿芳的公公婆婆不能忍受无孙儿的结局，便把阿芳赶出去了。阿芳一下子没有了住处，没有低保，也没有什么亲戚在上海可以帮忙。阿芳向妇联求助，而妇联则转介给了文兰所在的社会工作机构。文兰团队的干预主要有三个方面，首先是最迫切的生存问题，社工在政府范围内为她申请了社会救助，联系阿芳老家的亲戚，寻找到可以提供经济资助的亲戚。然后，对家庭关系矛盾问题，社工扮演教育者的角色，协调关系，帮助沟通，缓和了家庭紧张关系，使得阿芳暂时可以住在原来地方。再者，阿芳对于患病事情一直耿耿于怀，心情抑郁。社工对她进行心理辅导，增进她的抗压能力。社工还尝试帮助建立朋友圈。阿芳在社工的帮助下逐渐开始在上海自食其力。（访谈对象文兰）

对阿芳的干预分别从亲属关系中寻找经济支持，对家庭关系进行干预，对心理进行个体抗压能力建设，社工对阿芳问题的理解有着明显的"关系"思路。诸多受访的社工已经自觉或不自觉地将关系作为观察和分析服务对象问题的一种视角。如果对上述个案中的"关系"进行细分，会发现社工的分析涉及：对关系的主体——服务对象自我层面，如心理辅导、抗压能力提升；对家庭关系等人际交往曾进行干预；建立朋友圈等关系网层面；对亲属关系的经济资源链接层面等。这反映了关系的多维层面，接下来我们将针对关系的特定层面进行专门讨论。

一、"心结"

服务对象叶某，上海改革开放初期的高才生，社会荣誉众多，自尊心很强，因为很多原因最后判了职务犯罪突然被社区矫正。这么搞一下子他就有了心结，想不开。你想，吃了官司，从原本的高级知识分子、全家人的骄傲，到现在家庭成员关系紧绷，前后落差可想而知，心里能不难受嘛；面子上很难看，服务对象家庭接着就主动断绝了大多数亲朋好友的联络，社会支持网络中遭到隔离。服务对象妻子还在家门口拉起"与司法不公斗争到底，还我清白，还我尊严"的横幅标语。（访谈对象莉玢）

　　上述案例中莉玢所服务的叶某充满了绝望，"心结"没有解开，想到了自杀，出现了严重的心理、社会问题。叶某的"心结"是职务犯罪判刑后无法接受的结果，而法律判罪使得叶某系社会关系发生巨变。访谈中发现，社工也常常用"心"这个词，富有中国文化特色。"心"与西方的心理问题有相似之处，但是往往超越心理问题的范围，是一个综合性的自我的体现。"心结"是个体和环境共同作用的结果，由于关系的扭结而产生了心的"结"。可见，心结问题不只是心理的问题，也是关系中产生的问题。

　　"心结"反映了关系中主体的脆弱，说明内心不强大，不足以防御外来的冲击。叶某内心的脆弱与服务对象的早期生活经验有密切关系。以心理动力学为代表理论认为个体早期的生活经验，尤其是婴儿与母亲的关系经验影响人一生的人际关系。心理动力学的现代代表人物米切尔则批评传统心理动力学因循弗洛伊德的思想，过于重视早期经验的观点，而指出个体的行为往往是早期体验的影响加上后期压力与反应的复杂结合。沙利文的人际关系理论认为，自我系统是处理焦虑的防御机制，这一机制的失败会导致心理问题。案例中的服务对象叶某早年生活体验是社会的精英，自我缺乏应对环境骤然变化带来的冲击，而陡然成为服刑犯人，自我系统因此无法适应社会关系的巨大变化而产生心理问题、人际问题。换言之，叶某的主体性没有得到很好的塑造，无法应对环境的变化而出现问题。

　　　　说一个病友之间正向的例子，我服务过的一个脑梗病房，四个老太太关系很融洽，都很积极。有一次我进入病房，她对我说，邬载，一床阿姨65(岁)，二床阿姨63(岁)，三床阿姨74(岁)，我18(岁)。其实，她最大，她86岁。你通过这一个介绍就会理解她是这个病房四个人关系中最积极的，直接影响整个病房人的情绪。首先，她们就不会往疾病更坏的方面去想，而是每天欢声笑语，就会很积极地去面对这个疾病。当她们建立这种关系时候，对她们疾病的恢复有积极的作用。(访谈对象邬载)

　　案例中86岁的老太太心理年龄只有18岁。这种18岁年轻人的心态直接影响整个病房其他人的情绪，帮助大家恢复身体。这里，我们看到，老太太自身的主体性是积极的，"心"是强大、正面的，表现了社会工作理论倡导的优势视角。

　　作为人的主体是一个包括个体自我、自尊、情绪、认知、价值观念、个体的意义等方方面面的一个复杂的主体。主体是在社会关系中的，不是被动的，而是作为行动者，有着能动性。上述案例中，我们看到人的情绪受到系统关系的影响很大，本来疾病可能带来情绪和心理的问题，但是一个积极的主体性则会消除这种影响。人是关系中的主体，人的主体性塑造也是在关系中形塑的，因此，关系主体也与关系密切相关，也是充满关系特性的。从社会学的角度来说，心理问题是个体自我调适能力或者生态系统理论所谓的"胜任能力"不足的结果。然而，这个"自我"是在关系中形塑的，正如米德从社会行为主义出发所指出的，心灵、自我都是经由语言而塑造的社会的产物。[①] 更确切地说，是在符号互动中建构了自我，生成了自我的意义系统、价值观念系统。从布迪厄的理论来说，心理问题是行动者"惯习"的问题，而惯习本身是在关系网络中建构的。此外，交互分析理论认为个体的问题不是个体内心的问题，而是由于人际交往导致的，因此解决服务对象的问题，实现改变需要从人际入手。[②] 构建良好的关系环境可以增进关系主体处理关系的能力，增进自我的主体性或者能动性。

二、"搞不好"的关系

> 医生、护士与患者的关系对病人影响很大，就是医患关系、护患关系的问题。医生现在希望的就是短、平、快，我把这个问题讲清楚，不希望你多发表意见。我把疾病给你治疗好就 OK，他不会说一定要搞好关系，而忽略了病人是身心灵一体的。病人认为，我花了钱进来，要身体上、心理上都能够接受，我不要花了钱还买气受，最后病还看不好。（访谈对象厚德）

厚德在医院工作，他描述了一个典型的医患人际关系的问题。病人有自己的想法，想多几天住院时间，医生则考虑更多的病人需要入住病房。两个人的立场都没有错，但是关系没有搞好，错在沟通上出现了问题，医生没有耐心解释，病人心里憋着气，双方出现矛盾。社工厚德所反映的人际关系问题案例是医患关系矛盾折射。"没有沟通、不会沟通、沟通不当"加剧了医患的对立。社会工作者干预医务领域矛盾是上海社会工作发

---

① 乔治·H. 米德：《心灵、自我与社会》，赵月瑟译，上海译文出版社 1992 年版，第 1-6 页。

② Eric Berne. *Transactional Analysis in Psychotherapy*. Sovenir Press Ltd., 1975.

展的里程碑，承担着构建和谐医患关系的专业使命。①

人际交往是日常生活世界的第二领域，它以亲情、爱情、友情等为内容，为人们提供工具性支持、情感性支持。除了与医生的关系外，服务对象与其他个体之间的关系包括服务对象与护士、同学与老师等不同身份个体的关系。人际关系问题最典型的问题是婚姻、家庭关系问题，还包括社区关系、医患关系、工作关系问题等。

"搞不好关系"的原因主要是互动与交往障碍。这与个体之间文化差异相关。比如农村与城市之间生活习惯与风俗的差异，北方人与南方人区域文化的差异。现代社会分工愈加精细，从事不同的职业往往决定了一个人的社会地位和身份。服务对象所接触的个体因此不再是传统社会同构型强的个体，异质性增强，也意味着潜在冲突的可能性。

> 唇腭裂患儿和家属的关系复杂。一个案例是我在病房遇到的，唇腭裂病房有两个一岁的小朋友，有一个来自宁波的小朋友，而另外一个上海本地的小朋友。当我们一位志愿者穿着绿马甲进去的时候，上海这边的小朋友特别开心，微笑示意，而另外一个小朋友见到陌生人就会哭。触动我的是宁波的家属说，当孩子发现唇腭裂缺陷时候，他们不愿意孩子跟外面人交流，一年多时间里小朋友更多是在家里面，跟他们在一块玩耍，很少在外面接触，也怕别人问起很尴尬。所以这类小朋友见到陌生人都是哭的，因为他觉得缺乏安全感。而上海这边小朋友因为家长经常带着去公园玩，所以见到别人还是有安全感的。这挺明显地反映了患儿跟家属关系的差别。（访谈对象易青）

> 老人生病，照顾老人排在第一位的是配偶，第二位的是子女。原有家庭中有的承担主要劳动力赚钱，有的负责做饭，如果一方生病那么会影响另一方，要求他去充当缺失的角色，给他带来焦虑。如果这个家庭是多子女的也会涉及子女谁来照顾、家产纠纷问题，如果没有搞好家庭关系，又牵扯到家产分割矛盾，常常使生病老人受到伤害，没有人来看他、照顾他，医院的治疗也会大打折扣。家庭关系会影响到老人的照顾问题。（访谈对象邬载）

易青提到的家属与患儿的关系，家属不能接受患儿的病情，无法接

---

① 刘继同：《构建和谐医患关系与医务社会工作的专业使命》，《中国医院管理》2006年第3期，第15-18页。

纳，虽然父母与孩子朝夕相处，但家庭人际关系并没有进入良性轨道，而影响患儿与社会的关系。邬载提到的家庭关系处理不好会影响病人治疗，家庭关系对其他关系影响是连锁性、关联性的。中国是家庭本位的社会，社会关系是以家族的血缘关系为基础向外延伸。家庭关系因此是中国人际关系的核心。

社会工作理论中关于家庭关系治疗焦点在于家庭互动和家庭沟通。服务对象问题的产生是整个家庭结构出现了问题，家庭中次系统、权力、边界、三角关系、手足位置等都是在调整家庭的关系结构，并因此形成了多种策略。萨提亚还指出，我们感知世界的重要方式之一就是我们内心怎么定义一段关系，等级模式和平等模式是关系的两大基本定义模式。① 关系定义模式又直接影响我们如何看待个体，影响自尊的养成。因此，自尊和表里一致的沟通成为萨提亚模式的目标。在上述案例中，父母以外界对孩子的评价为定义关系的模式，进入了等级模式，表现出焦虑而不愿意接纳孩子，影响亲子关系，不利于孩子的治疗与成长。

通过上述的几个案例，可以发现人际关系的问题与人们之间互动、沟通方式有关。人们通常看重交际中的给出，但戈夫曼的印象管理不同于常规，而是强调发出。给出是语言为主的，过于狭隘，发出则是多方面的；戈夫曼眼中的发出既包括身体语言、姿态，也包括服饰、财富展示、防御艺术等。② 这充分表明了沟通的复杂性，而发出层面的问题往往是导致沟通障碍更为重要的原因。

三、"瘀堵"的关系网

> 我想社工永远是一个系统论者，服务对象自身的问题不单单是他自己，还有他的家庭、包括社会支持系统的缺失，也可以说是他的关系网问题。所以我们会着重从家庭和社会系统关系中去看待他的问题。（访谈对象伍霞）

伍霞在香港和上海都有社工的执业经历，她对社工的独特体会表现在社工不自觉的思维方式——系统论的思维，这是她五年的社会工作实践经验形成的一种思考方式。因此，考虑服务对象的问题不只从服务对象自己

---

① 维吉尼亚·萨提亚、简·格伯、玛利亚·葛莫利：《萨提亚家庭治疗模式》，聂晶译，世界图书出版公司 2007 年版，第 6-8 页。

② 马尔科姆·沃特斯：《现代社会学理论》，杨善华等译，华夏出版社 2000 年版，第 30 页。

的角度出发，还要从家庭、社区、甚至社会结构去思考，这是本书所主张的一种关系网的思维方式。

> 提到关系我会想到"资源""影响""支持""机会"。但是我觉得跟关系最紧密的还是资源。由关系能联结到资源，进而提供给服务对象支持，给予转机。（访谈对象邬载）

邬载是上海某高校社会工作硕士毕业生，既注重实践，也常常进行总结和理论思考。在邬载眼里，关系是可以带来物质资源的，物质资源可以帮助化解危机。除了物质资源外，关系还能带来无形的资源，就如邬载所提到的"影响""机会"，这些可以链接有形资源，提供情感的支持。

访谈发现，受访的社工们从关系网的整体角度看待服务对象的问题，同时关系网携带着资源。从这个角度去理解服务对象的问题，那么服务对象的问题是如何产生的呢？

> 我手里的服务对象有两个重犯，从社区又进入高墙。其实，反思他们转变，只靠我们社工还不够。有一个诈骗犯对象，谎话连篇，人格都有问题了，只靠社工感化很难。刚进入社区矫正时候他父母和我都盯得很紧，但是后来他又诈骗时候他父母就不太管他了，远离他了，有点放弃了。他母亲都患抑郁症了。社区关系想拉取，但也远远不够。另外一个犯抢劫罪的对象，他爸爸也无能的，还带给他负面影响，他妈妈要管自己的老母亲还工作，无能为力。你看到了，这种类型的案子，没有家庭这个阵地来帮忙，还真不行。这两个人其实都是广交朋友，在朋友圈里都是有地位的，老大老二感觉，但是不愿意跳出来过平凡人的生活，好逸恶劳，也不甘心，他们生活也很奢侈的，几年前一个月都要三千块。（访谈对象平赫）

平赫在司法社会工作领域工作近十年，他发现有的矫正对象其实有很多朋友。在实践中，我们也看到不少社会工作的服务对象关系网络异质性强、网络规模大，然而却走向了犯罪，成为司法社会工作的对象。平赫提到，矫正对象的家庭放弃了，社区放弃了，结果服务对象陷入不良的朋友圈，导致问题产生，社区矫正困难重重。那么社工应怎么办呢？正如下面一个案例（即本书开篇所描述的案例）所展现的，关系网络的"疏通"可以做"活"社工服务。

阿林是我们这边暴力犯罪矫正对象，他跟我说，到你们这里来（社工站）很热情，到其他地方就很冷。这也是我们工作的特点。我们有司法奖励，阿林跟我提到他献血的事，我觉得是个很好的点，就鼓励他到社区去献血，然后我去给他争取了一个表扬奖励，他的表现又转变了。然后我把这个事情再去跟社区一说，本来社区老说阿林的坏话，这样一来，他去社区的感觉就慢慢转变了。刚开始我去社区（居委）请他们一起帮助阿林，他们对我不冷不热的，碰钉子我也不罢休的，你第一次对我很冷的，我第二次还会去。后来，去了多次，跟社区熟了，社区也知道一起帮阿林对社区也有好处。有时候感觉做社工得做"活"了，献血只是一个点，但当我们用足了这些资源，比较好地去理解能给我们社工去支撑的一些东西。用这个点把阿林原来网络中不通、僵硬的地方给启动起来，然后这个点会影响到社区关系、家庭关系，最后会回到服务对象自身，激发他自身正能量，这样整个网络有活力了。给我自己感觉越做越活似的，这也给我一种积极、信心。（访谈对象莉玢）

莉玢接手的阿林个案，并不单是某一方面努力的结果，而是社工的帮助、社区的配合、家庭的支持、司法所的鼓励以及阿林自身共同改变的结果。莉玢抓住关键点，强调关系网络整体的疏通，从而将看似复杂的综合性问题一一解决。这是对关系网络"淤堵"部分的处理，使得关系网络中资源、情感等顺畅流动，达到关系网络的重新平衡，从而根本上解决了问题。

当然，面对"淤堵"的关系网，仅仅疏通还不足够，有时候还要修补缺失的网络。晓情是一名家庭服务社工，参与了多项社会工作救助项目的开展，她深深体会到资源对于解决贫困问题的重要性。而资源又与关系网密切相关，因此，在晓情眼里，服务对象的关系是理解服务对象问题、干预服务对象问题的重要入口。

服务对象的问题跟资源联系很大，而资源又跟关系网相关。服务对象基本都是弱势家庭，他们的社会资源比较少。低保家庭中多因病、残疾导致，最多一个人工作，支出大于收入，导致家庭的贫困。所以弱势家庭本身能够动用的资源很少，另外他们关系网络里面像亲戚朋友等拥有的资源也比较少，我们就需要帮忙组建帮扶志愿者，帮

他们找到新的朋友。（访谈对象晓倩）

晓倩提到了服务对象的问题产生的重要原因是关系网络中可以流动的资源少，如果采用上述社工莉玢激活关系网络，疏通关系网络的做法无法解决问题。因为服务对象的关系网络资源本身就不足，只有通过志愿者、新朋友的加入，扩展关系网络才能重现关系网的活力。

社会网络理论是一种网络结构的观念，将节点（个人、组织）之间的关系看作客观的结构，聚焦于分析网络结构对于个体的影响。这包括分析网络结构的构成，网络结构中个体的位置、相互作用方式等。代表人物如格兰诺维特、怀特。社会资本理论是一种功利主义的思路，强调人们从社会网络中获得资源。代表理论如科尔曼的社会资本理论、林南的社会资源理论和博特的结构洞理论。这两种思路分别是静态和动态的分析路径，二者实际不可分。这种观点在实践中得到不少社工的认可。虽然服务对象的问题可以划分为生理、心理和社会问题，但是服务对象的问题在实践中所表现出来的从来不是单一的、碎片的，而表现为"总体性"。正如布迪厄的实践社会学理论所指出的，实践从来都是"总体性"的，面向社会实践的社会工作也必须基于"总体性社会事实"，以"总体性社会靠科学"来回应服务对象的问题。① 这种"总体性"就表现在服务对象的问题不仅仅是个体的，而是关系网的问题。关系网的"淤堵"、不通是服务对象问题产生的原因。

四、"过往"与"世界"

服务对象的问题从个体到人际再到关系网，也还与更为宏观的层面相关。这就是过去历史与当代世界的结构因素。

很多老人的问题应该是全生命周期导致的，不光是现在老年阶段，而是他在年轻的时候，生活方式直接、慢慢导致他老年出现问题。所以他那个年龄阶段、那个时代、他的生活方式实际上是影响到他现在的问题的。现在病人的这个疾病谱它有一个从急性、危重疾病向慢性病的这样一个转化趋势。这个特点在老年人群当中，特别是在我们医院当中尤为的明显，而且老人的一个特点就是多病共存，高血

---

① 布迪厄、华康德：《实践与反思：反思社会学导引》，李猛、李康译，中央编译出版社2004年版，第29页。

压、糖尿病、很多的疾病融合在一起。我们在去跟他(案主)做这个社会心理评估的时候，实际上这些人现在的病，你都可以追溯出过往的一些。这还不是个别的，而是那个时代的特点的影响。比如说他们以前生活的时代是很穷的社会，你那个年代缺乏，现在总得条件好了总得去补嘛，你这样一补的话就发现说补出了很多的问题。上海很多上山下乡的知青，这些人返沪以后住院的比例还蛮高的，有的去大别山的，还有是去安徽的支援。当时生存环境下条件肯定是非常差的，现在吃东西就是特别喜欢吃肉、吃荤、大鱼大肉，就是因为过去缺乏，所以物质匮乏对他们这个饮食的影响非常大，就形成这个习惯。(访谈对象邬载)

邬载在处理老人关系的问题时候常常要分析到过去的影响，表现为上山下乡时代的特点。那个时代经济上贫穷，生活习惯的塑造并没有随着历史的过去而过去，而是深刻影响当代自我关系处理、人际关系处理等。从更为一般意义上讲，这表现为历史文化传统以及风俗习惯等对当代的深刻形塑。过往时代的元素影响着案主的生理、心理和社会状况，是当前案主问题产生的原因之一。社会工作的干预既要追溯过往，还要以"转型"的视角看待这种转变的困难以及可能性。历史作为一种时间的积累，并非朝夕可以实现转变，社会工作者的关系干预也因此需要加入历史的视角。

我们也在做一些倡议性的东西，比如说我们的安宁疗护(即临终关怀)，会发现患者因为过往历史文化的习惯，国人对死亡存在着谈论的恐惧。在有自己治疗可能性的情况下，为什么要放弃干预治疗做舒缓治疗等等？这个问题会有很大的挑战。除了直接的服务患者，我们对背后的整个系统层面展开，我们到社区、高校里面去做很多这种生命教育、死亡教育，让更多的人愿意谈论死亡，营造更好的氛围。当然这种事情不一定是立马见效的，只是说在更久远的可能的服务时候，它会有一个帮助。因为临终者回到社区，我们也会注重社区的联合，打造社区的互助平台、帮扶平台等。(访谈对象景黎)

对于中华文化来说，这种过往历史可能更为复杂。景黎提到的中国文化的生死观问题则不单是近代的问题，而是几千年历史文化的沉淀。这种影响之深刻可想而知，其改变也更具有挑战性。

　　　　这些上访户的其实并不是外界所谓的"刁民"，他们有着自己的想法。当然，我们做了很多工作，他们一些情绪化的闹访就少了很多，但是深入了解你发现其实他们不少是拆迁政策导致的不合理待遇问题。拆迁的补偿政策其实变化很大，前后的政策不一致，很多人的补偿差别就特别大，不患寡而患不均。有些是政策一刀切，没有考虑个人具体情况。(访谈对象睿之)

　　睿之所谓的拆迁政策问题只是一个缩影。面对一些政策导致的问题，社会工作者的干预实践如果仅仅局限于微观，实际上并不能彻底解决问题，而后续还有更多问题。政策、法律、制度本质上也是在处理不同主体的利益关系，并以政策或其他方式固定下来，但其影响是一定范围内的"世界"，影响更为广泛。社会工作者对于服务对象问题的分析也需要从更为宽广的世界性关系入手。

第二节　对问题的评估

一、"算盘"

　　既然关系与服务对象的问题密切相关，接下来要追问的就是对服务对象的关系进行评估，从而为干预做好准备。实践中，社工又是怎样进行评估的呢？璜辉是上海一名社工，工作四年多，虽然年轻，但有着敏锐的关系意识，常常向老社工讨教识人、看人的经验，也对如何评估关系有一些自己的思路。歆励则是一名老社工了，做青少年社会工作，看人不简单。

　　　　评估什么，怎么评估，我心里有个算盘。家访是最经常做的，还有面谈、心理测试量表。我觉得这些还不够，最后我心里会有一个对服务对象整体情况的印象。就说关系这一块，不能只看到他家里父母怎么样，社区怎么样，要看到无形的那种关系状态。比如，去家访，我会看到服务对象说话总提到他妈妈，不提他爸爸，我会就知道服务对象跟父母关系近不近。我会问他们出现问题，谁来帮忙，知道哪些亲戚能怎么帮忙。之后就会去社区，一谈就知道社区对他的态度，晓得他们之间的关系；社区也会告诉我说，哎，谁常常去这个家里，手里拎不拎东西，拎什么东西。(访谈对象璜辉)

小唐是个大男孩，喜欢打篮球，我会问谁打得好，他们打的次数，他怎么觉得大家的水平。这么问下来一圈，我大概就知道他朋友圈内关系的情况，谁能真正帮他。有时候我也会跟着去玩玩，打球时我就发现他们队一个阿飞很照顾他。小唐跟我面谈也常谈起阿飞，所以你就明白阿飞跟他感情不一般，我就会找阿飞帮忙来一起督促小唐。（访谈对象歆励）

璜辉的"算盘"是通盘考虑，通过家访、面谈、社区走访、量表等多种方式去关注整体的关系网内的情况。关系网内关系近不近，反映对关系内情感亲密度的评估。对关系网内谁来帮忙，帮什么忙，反映了对支持类型的评估。歆励是转岗做的社工，在基层做了十多年，看人很准，很仔细。歆励也跟我传授他的经验说，不要总盯着服务对象看，你看他关系网里的人，找能帮服务对象的，撬动这个人一起来帮忙，你就很轻松。

璜辉和歆励很注重细致评估服务对象的关系网络，动用关系网络的资源来一起改变服务对象。关系网络与社会资本密切相关。社会学界对社会资本的测量多有研究，而对进入社会工作情境的弱势群体的关系网络及其资本的测量研究不多。对服务对象关系网络的评估可以借鉴社会学界对社会资本的测量。总体上，可以分为个体中心网络测量和整体网络测量。[①]整体网络测量是集体层次的测量，以组织、社区和国家的结构性资源测量为主。社会工作者的服务对象主要是个体层次上的测量。这又分为服务对象占有的社会资本和服务对象动用的社会资本。

服务对象占有的社会资本侧重资本的库存，而不考虑涉取与动员情况。根据社会工作者重点解决问题的不同，可以选择不同的网络类型测量。这主要包括讨论网、互动网、支持网、拜年网。尤其是"拜年网"作为核心网络圈的测量得到不少中国学者的认同。正如本书前面所述，关系网络有两层意义，分别是关系网络的结构和关系网络中嵌入的资源。因此，测量的指标也在这两个方面。布迪厄认为，个体的社会资本量取决于关系网络的规模、资本容量。[②] 在关系网络的结构测量上，主要指针包括网络结构的规模、网络的成分、网络的密度。这些都可以通过要求服务对象回答自己网络成员的姓名、特征、紧密度等来得到相应信息。边燕杰还

[①]　张文宏：《中国社会网络与社会资本研究 30 年(上)》，《江海学刊》2011 年第 2 期，第 106 页。

[②]　侯均生：《西方社会学理论教程》，南开大学出版社 2006 年版，第 406 页。

对网络结构的网顶、网差指标进行测量。① 在关系网络的嵌入性资源方面，主要是通过服务对象关系网络成员的职业类型或单位类型来测量。此外，服务对象在关系网络中占据的位置也能够反映资源的占有情况，这包括中心位置、居间位置。② 服务对象动用的社会资本测量指标有三个，非正式网络途径使用、网络资源的流动和关系人特征。③ 这些理论性的解释是总体性的，对于社会工作者来说并不一定按照理论的描述表达，但是经验性实践往往从这些方面展开评估。

二、"假信息"

在受访的社会工作者的评估实践中，社会工作者可能会发现服务对象明显在"撒谎"，或者提供假的信息。

> 经常遇到情形是，比如说我们第一次去做沟通的时候，我们会问他，你有什么问题（要帮忙的）。他会直接告诉你，我没问题，我不想给政府找麻烦，我没有任何问题。然后后面你和他的关系逐渐熟悉了之后，他就会说他有什么问题。对于问题诉求、需求这种东西可能问不出来，可能我们在交谈的过程当中，或者说在家访观察的过程当中，会看到他需要怎样的帮助，然后通过交流、确认，再提供一些服务。为什么刚开始我们直接问他不直接说？我觉得这可能还是自尊，没面子，比较在意这个东西。他会觉得说我怎么能逢人就说我的困难，或者说他还不太信任你。只有到了那种最亲的人或非常信任的人，他才会把这种看似问题、有点伤自尊的东西透露出来。（访谈对象启颜）

启颜的经验告诉我们评估也需要在信任建构中实现，中国人对待陌生人常不会告知或全面告知真实的信息，而对熟悉的、信任的人才会说出真实的需求。这反映了人际关系的差序格局。

晓倩坦言，中国文化的复杂性，服务对象说的话不能都当真。璜辉的

---

① 边燕杰：《城市居民社会资本的来源及作用：网络观点与调查发现》，《中国社会科学》2004 年第 3 期，第 139-140 页。

② 赵延东、罗家德：《如何测量社会资本：一个经验研究综述》，《国外社会科学》2005 年第 2 期，第 20-21 页。

③ 赵延东、罗家德：《如何测量社会资本：一个经验研究综述》，《国外社会科学》2005 年第 2 期，第 21-22 页。

经验也提到了跟晓倩一样的一点，就是家丑不宜外扬。由于家庭在社会工作服务中的重要性，中国独特的家庭文化不能不引起社工的重视。

　　需求评估看似简单，也不好做。往往在实践中发现人们表达说有此需求，但是真正要求对方来参加时候不参与。这里就涉及一个虚假需求以及可行需求。有的人为了保护自己，站在社会道德层面来表达，有的人有此需求，但是时间、地点、形式、交通等影响。如果你们来评估对方的关系网络，我估计有些家丑不外扬，家庭关系不是简单问问就能发现的。很多都需要长期观察，需要居委会他们本社区知根知底的人，他们最熟悉，然后去问是有帮助的。（访谈对象晓倩）

　　我们是入户来评估。其中有两份是单爸单妈的父母代填的，而真正的单爸或者单妈则因为没有时间等因素不能参与活动。我们的调查显示，真正指出家庭出现情绪心理问题的人很少，这里与中国的家丑不与外扬心态有关，也与他们生存压力大有关。观察他们的需求，依据我们的判断，他们主要问题在于亲子关系，但是这一块他们却没有在问卷中承认，都认为亲子关系比较好。这肯定不是真实的回答。（访谈对象璜辉）

晓倩和璜辉在评估中，刚开始遇到评估对象提供假信息的时候，确实感觉被骗了似的。璜辉跟笔者讲，当时挺气愤的，好心来帮助他们，他们竟这副态度！后来，璜辉跟督导谈过后，也逐渐理解为什么他们会这样做。

的确，如上所言，这与中国人的"家丑不宜外扬"文化以及交往形式化特征①密切相关。中国人差序格局式的关系，以家族为中心向外推，而家庭内是自己人，家庭外是外人。人际的信任也是基于泛化血缘亲情来建构的。因此，社会工作者在服务对象眼中是作为"外人"身份出现的。暴露心理问题、情绪等问题则要承受社会道德的谴责。为了维护"面子"，服务对象倾向以名实分离的方式隐藏自己的问题。这对社会工作者评估需求、提供服务造成了阻碍。因此，通过纸面上、官面上的调查并不容易发现真实的问题，简单的入户访谈也不能充分发现需求，这需要社会工作者长期综合的评估才能发现。实际上，社区居委会或者村委会在此方面有着

---

①　翟学伟：《个人地位》，载《人情、面子与权力的再生产》，北京大学出版社 2013 年版，第 278 页。

较多的优势。由于居委会或者村委会的地缘优势，以及长期与本社区民众交往，而容易充分了解真实信息。因此，社会工作者的评估也需要村居委等传统关系网络的支持。

另外，社会工作服务对象的问题与需求也是在动态变化中的。这要求社会工作者的评估必须客观及时，根据时间、地点和人物的变化，做到适时、适地、适他的回应需求。① 换言之，因事因地因人的做出评估。如果从服务对象的关系网络来看，关系网络本身也是一种时空秩序。即使服务对象有需求，也需要考虑服务对象所在关系网络对这一需求的回应程度与支持程度。社会工作者此时发现的服务对象需求可能就在彼时由关系网络中另外一个成员得以回应。服务对象参与社会工作服务可能性也可能受制于孩子看管问题、家庭事务等诸多问题。因此，需求的把握也需要在服务对象的关系网络中进行灵活把握。

三、"望闻问切"

社工开展的项目以政府购买的项目居多，而政府项目在招投标时也提出了概括的需求。然而，其往往是一两句话概括性的需求，对于服务对象的数量也往往是多年前的数据。因此，项目招投标书中描述的需求存在很多问题，需要重新进行评估。平赫在浦东做社工九年，其开展的一个贫困帮扶项目就是例子。

> 我们有开展过助困综合服务项目，当时标书上预计五千多户，而我们本身不是当地社区的组织，对这些街镇的低保户家庭也不熟悉，这给我们后续工作开展带来不少困难。为解决这个问题，我们请各街镇工作经验丰富的已退休居委干部作为社区探访员开展相关服务。他们社区基础好，对服务对象的家庭状况和服务需求也较为熟悉，为我们这个项目服务工作的开展打下良好的基础。经社区探访员的前期名单排摸，实际上也只有四千多户低保家庭，比预期少了一千多。（访谈对象平赫）

平赫的做法并不是派机构社工去评估，而是聘请当地街道的退休居委干部来做。这种做法是明智的。在目前的制度安排下，外生社会工作组织

---

① 徐永祥：《建构式社会工作与灾后重建：核心理念与服务模式》，《华东理工大学学报（社会科学版）》2009 年第 1 期，第 3 页。

首先要解决进入社区的问题。即使进入社区，社区内入户访谈也不一定得到真实的需求。为了回应这个问题，借助政府的关系网络，同时从多个层面评估服务对象的关系可以事半功倍。而这些居委干部评估也并不是像受过专业训练的社工那般采用西方正统的评估方法。社工既采用专业训练所学方法，也借通过这些居委干部或借鉴他们的经验，社工的这种综合评估的方法，表现为关系评估中的"望闻问切"。

(一)评估中的"望"

> 学校教的评估方法主要是学西方的问卷、量表，这个可能比较科学吧。但实际上还不够，我跟一个社区居委会书记学的，就是经常到社区里转转，算漫步观察吧。有的时候走走，停下来跟路人打招呼，闲聊几句，就能观察到城中村里他们最自然的生活状态，发现他们的需要。我们站点搞的图书馆就是看到村里小朋友闲的时候打闹多，想到让他们有地方看书就能让父母安心点。(访谈对象璜辉)

璜辉是上海某知名高校的社工硕士毕业生，同时又参与社工工作四年多，尝试将专业所学与实践进行融合。从他的做法可以发现，他不否认科学研究中的实证调查方法的重要性和科学性。实际上，很多的项目资金支持也是建立在科学调查的基础上。然而，这种以"科学"名义排斥其他知识的做法可能带来知识的霸权，[1] 无法捕捉真正的需求。璜辉同时也重视经验的意义，尤其是他提到的漫步观察方法就是一种传统中国社会的评估方法。

翟学伟指出，西方的思维是分类式的、解析的思维，而中国人的思维特别强调关联性、脉络性。[2] 尤其是经验丰富的社会工作者所积累的经验往往富有洞察力。实际上过去的历史经验寄居在行动者身上所表现出来的，也就是布迪厄所构建的惯习的概念。看人很准，看事很准，也体现了惯习的整体性。从社会调查方法角度讲，社会工作者的"望"是一种观察法，从属于质性研究。质性研究对研究者本人的素质依赖性很大，研究者就是研究工具。

---

① 何雪松：《迈向中国的社会工作理论建设》，《江海学刊》2012 年第 4 期，第 140-144 页。
② 翟学伟：《社会系统、关系运作与权威结构》，载《人情、面子与权力的再生产》，北京大学出版社 2013 年版，第 288-291 页。

(二)评估中的"闻"

　　印象深刻的一次是，被一个年龄大的对象玩转悠了。他年纪比我大多了，讲话很炫的，很能讲，我跟他交流了几次感觉他还挺配合的。我们一组的陈督导后来跟我分析，她十多年工作经历有经验，给我讲，这个服务对象别看说话一套套的，但是声音很大，不停地说，你还没说完他就接上来，你小心他在隐瞒什么。确实，大约一个星期后吧，我从公安那才知道他重犯了，当时那次交流后他就又去诈骗了，但是很会瞒我。(访谈对象行健)

　　行健属于年轻的社工，从事社会工作四年，虽然有不少经历，但毕竟阅历不丰。如果没有陈督导的指点，行健也不敢相信服务对象欺骗了他。实际上，年轻社工由于经验不足，在交往中往往重视谈话的内容，而忽略了其他信息，比如这里的听声音。"闻"是中医诊断中的听其声的做法。社会工作者的评估不仅要听语言表达的内容，还要听出语音、语调、语气等反映的问题。这些往往更能够表露服务对象内心的状态和真实的问题。"闻"之所以重要，在于国人基于人情面子等原因有时候会刻意隐瞒，导致名实分离。

　　歆励四十多岁，在社工领域涉足也有十年，他明白"闻"不仅听服务对象自身的声音，还包括其他相关者的话语。歆励有一个经验，就是项目在社区实施必开"碰头会"，并不是服务对象参与的碰头会，而是街道和居委干部参与的。这种碰头会或者需求调查会、座谈会是传统社会服务的重要方式。这与社会工作需求评估中的焦点小组调查方法是类似的。歆励也指出，重要的并非形式，而是选择被邀请参会之人更为重要。社区的居委会或村委会干部、社区重要他人往往是关键性的人物。他们在扎根于本社区，无论居民大小事务都会处理，而且在社区里人情熟络，消息灵通。因此，他们对本社区相关服务对象、活动开展的评价不能不考虑。

(三)评估中的"问"

　　我们在医院服务时候会有一个评估量表，里面很多跟关系紧密相关。我们会让服务对象对与不同对象的关系进行打分，包括我跟同事关系几分，跟邻居关系几分，跟家里人、社区关系等。这个帮助我们了解他关系的强弱，然后就可以知道他资源获取的方式、方向。如果我们评估出来，他跟子女关系分数为零，那么我们肯定会跟进。一个七八岁的老人在医院只靠配偶帮忙肯定不行，不动员子女的资源治疗难，社工是要寻求改善家庭关系，缓解照顾的压力。我们会有个出院安排，评估他们出院的关系网络。（访谈对象邬载）

邬载是一名社会工作硕士毕业生，格外重视证据为本的社会工作实践，他所提到的评估量表是较为正统的评估方式。实际上，西方社会工作实践已经积累了丰富的评估方法，包括问卷调查、量表测量等。社会工作者为评估服务对象的关系网络还有发展了专门的网络评估方法。[1] 比较重要的有三类。首先是对家庭关系网络进行评估的家庭结构图。由 Bowen 最早使用，它涵盖家庭成员、家庭沟通与互动方式等信息。其次是生态图。Hartman 以它用来呈现服务对象与家庭、社会系统的互动，展现更大的关系网络信息。第三，社会网络表。由 Tracy 应用于家庭社会支持服务，用来了解服务对象的社会支持程度。

（四）评估中的"切"

我们有个服务对象，男性，我知道他妈妈是他改变最大的抓手。但他爸爸还不积极。父母都是高级教师，爸爸太严厉，妈妈太溺爱，导致他有点女性化，很会化妆，很会撒谎，外语很好，会画画，会看相，有点走偏。但这种人也被边缘化，社会关系疏离。（访谈对象民安）

民安从事社会工作十年，他从事一线社会工作尤其强调陪伴服务对象，从陪伴或者参与服务对象的生活中来评估服务对象的关系。上述民安所讲的例子，就是民安全程陪同得出的评估结论。"切"脉是中医医生通过对患者脉搏的把握来判断人气血的动态情况的一种方式。这种方式是在动态的情况下了解的。对于社会工作的评估来说，把握动态的关系运作就是评估关系的重要方式。因此，社会工作者需要与服务对象一起参与特定事件来动态把握服务对象的关系状态。

实际上，现在大部分的社会工作者面临着管理与服务的张力问题，大部分时间在管理服务对象。这种管理是与服务对象隔着距离的居高临下的"服务"，自然无法准确了解服务对象的真实情况。访谈发现，不少成功

---

[1]　朱眉华、文军：《社会工作实务手册》，社会科学文献出版社 2006 年版，第 51-55 页。

的社会工作者是沉下心来，沉入基层，愿意花时间陪同服务对象去参与活动，从而做出有效的评估。

第三节　干预的策略

雯婕是上海一家残疾人社会工作机构的资深社工，工作六年。她描述的对残障人士开展的"开放心声"社会工作服务项目（本章的引入部分中详细介绍了这一项目内容），展示了社会工作者对服务对象关系的全面干预，包括社会交往能力、沟通、家庭关系、社区关系、社会支持等。这一案例并非个例，而是社会工作关系网络干预实践的缩影。对服务对象关系网络多方位干预，目标在于完善关系网络的结构、充分汲取关系网络资源，实现服务对象助人自助。总结诸多访谈对象的经验，主要通过以下几个方面干预。

一、提升关系能力

莉玢五十多岁，做司法社工有十多年，接手的个案不在少数。在莉玢看来，大部分服务对象的处理关系的能力不强，人际关系容易进入糟糕状态。琪桐属于较早进入医务社会工作领域的社工，对患者的服务也发现，患者这方面能力很弱。

> 我的一个服务对象，酗酒，认知功能有点问题，帮助很久了，人际关系很糟糕的。我教了他好几次，我就叫他在我的办公室，我说你现场打电话给对方，大概怎么说我告诉他。我在边上，就一次次告诉他，提升他处理关系的能力。社工的本意是助人自助，要让他学会怎么跟人打交道。他情绪很难控制，少年时候进去（监狱）的，在监狱还是个狱霸，形成了监狱人格，一遇到问题就砸东西。他对他母亲很凶，因为他母亲要管他，他受不了就随便拿起东西打他母亲。（访谈对象莉玢）

> 我们的服务对象总体看下来，处理关系的能力比较弱。也会导致医患关系比较紧张，双方不能心平气和地去沟通。一方就会选择信息屏蔽，病人也容易妄加猜测自己的疾病怎么样怎么样，这对他整个住院的体验都有消极影响。因为他跟医生、护士沟通能力比较弱。我们会为服务对象开展处理关系的教育，提升他们的能力。这包括怎么沟

通，沟通的技巧。（访谈对象琪桐）

莉玢和琪桐发现，在服务对象的人际关系中，服务对象自身处理关系的能力直接影响服务对象关系的状态。关系重要性的提升，使得关系已经成为一种能力，或者说"关系能力"。社会工作者在实践中首先会开展处理关系的教育，提升他们处理关系的能力。实际上，社会工作追求的是通向能力建设的助人自助，[1] 能力建设是社会工作的基本目标之一。[2]

沙利文的人际关系理论认为人生而具有改善自己的潜能，随着年龄的增长，人就形成了"自我系统"，人有能力对待和适应人际关系。[3] 我们看到，沙利文"自我系统"的概念暗示了人的关系能力，但其理论在偏向个体，忽略了关系能力对更大层面——社会的改变。"角色扮演"在米德的符号互动论中是重要概念，它意味着有机体与环境、个体与社会、主体与客体的互动。[4] 角色扮演所训练的即是个体的关系能力，这种关系能力是双向的，充分展现了米德的客观相对主义，或者说关系主义。布迪厄所提出的"惯习"是一个性情倾向的综合系统，关键点在于指出私人的、主观的也是社会的、集体的。[5] 这并不妨碍我们对惯习进行类型划分，而划分的依据还在于行动类型。行动是实践的，每一个行动都有对应的惯习提供动力原则。关系能力是行动者惯习内处理关系时的一套知觉、评价和行为的图式。它是过去历史的沉淀，左右着未来的实践；同时又是开放的、建构的。服务对象的关系能力较弱，但服务对象的关系能力也具有可塑性。

服务对象处理关系能力的内涵是丰富的。正如戈夫曼所区分的焦点互动和非焦点互动。非焦点互动是容易受到忽视，但十分重要的互动形式。[6] 此外，互动能力不仅指以语言沟通为主的互动，还包括通过非语

---

① 张和清：《社会工作：通向能力建设的助人自助——以广州社工参与灾后恢复重建的行动为例》，《中山大学学报社会科学版》2010年第3期，第141-148页。

② 李伟等：《能力建设与关系建构：社会工作的基本目标》，《重庆工商大学学报社会科学版》2016年第5期，第7-11页。

③ 哈里·沙利文：《精神病学的人际关系理论》，利瓦伊译，北京大学出版社2010年版，第3页。

④ 乔治·H.米德：《心灵、自我与社会》，赵月瑟译，上海译文出版社1992年版，第3-4页。

⑤ 布迪厄、华康德：《实践与反思：反思社会学导引》，李猛、李康译，中央编译出版社2004年版，第170页。

⑥ 文军：《西方社会学理论：经典传统与当代转向》，上海人民出版社2006年版，第163页。

言、印象整饰方式展现信息①的互动能力。从关系网络的视角出发，服务对象关系能力还包括获取社会支持、摄取和动员社会资本的能力。最后，关系能力还包括处理关系冲突和纠纷的能力。

接下来的问题就是怎样对服务对象的关系能力进行建设。社工易青对于亲子关系的干预中，首先对家长的关系能力进行干预。

> 唇腭裂患儿的家长教育干预首先就是帮助他们接纳有先天缺陷的患儿，如果他们自己都不接纳，根本没法建立跟患儿的关系。家长首先不能觉得这是个缺陷，我们当时就请了上海知名的家庭教育专家过来给他们讲课。后续我们还有医护人员针对家属的护理经验教育。出院后，我们还建立了微信群，分享处理关系的经验。（访谈对象易青）

社工易青对于家长接纳患儿的干预，首先瞄准的是良好的自我人格。萨提亚的家庭沟通模式认为自尊问题是家庭沟通问题的根源。② 良好的自我人格意味有良好的自我概念，对现实的我、理想的我、客观的我有一个健康的认知。③ 这样，服务对象将能够接纳他人、自我肯定、自我控制。在良好的人格基础上才能谈良好互动的能力。

提升关系能力方法很多，上述社工易青所反映的首先是对服务对象的自我概念进行干预，并以自我探索方式展开。而针对关系能力中具体的技巧，则以教育性方法为主，通过专家讲授、角色扮演、情境模拟等方式进行，这些在上述社工琪桐和莉玢所展现的社工实践中得到体现。

二、促进人际沟通

箐箐所在的机构是一家面向家庭社会工作和妇女社会工作服务的机构，在家庭和妇女的服务中，家庭关系尤其是婆媳关系是很突出的问题。在项目的设计中，箐箐格外关注人际沟通问题的干预。

---

① 马尔科姆·沃特斯：《现代社会学理论》，杨善华等译，华夏出版社 2000 年版，第 30 页。
② 维吉尼亚·萨提亚、简·格伯、玛利亚·葛莫利：《萨提亚家庭治疗模式》，聂晶译，世界图书出版公司 2007 年版，第 23 页。
③ Rogers, C. R. *On Becoming a Person：A Therapist View of Psychotherapy*. Boston：Houghton Mifflin-Sentry Editon, 1970.

在调研过程中发现外来媳妇非常关注孩子，希望他们跟孩子的交流上一个台阶，但是自身又没法满足，因此项目组设计了"亲子训练营"；还发现一个主要问题是婆媳关系，在特定的文化背景下这种矛盾更易凸显，为了让双方更好地沟通、理解彼此，项目组设计了"我爱我家训练营"，通过一些活动设定一些障碍，让她们学会如何应对这些沟通的困难，做两期，一期是婆媳家庭，另一期是整个家庭如何合力发挥优势去应对各种外界的风险和困难。总之，项目活动立足于家庭的整体功能，回应家庭关系处理，关注整个家庭的成长。（访谈对象箐箐）

箐箐设计的社会工作项目是对亲子沟通、婆媳沟通和整个家庭的沟通进行干预。人们通过语言沟通和非语言沟通与他人建立联系。人际沟通是如此的重要，社会工作的实务对于沟通的关注与干预几乎贯穿各个领域。沟通是关系网络建构的方式，沟通干预是关系网络视角回应服务对象问题的重要方法。一般认为"沟通"是主体间的一种思想、感情的传递、回馈。本书讨论过社会工作者与服务对象专业关系建立中的沟通问题。在此讨论的是服务对象在其生活世界中的沟通问题。社会工作者一方面作为中间人，通过沟通来协调处理服务对象面临的沟通中的问题，另一方面需要帮助服务对象提升沟通的能力。

沟通的意义不必赘言，那么人际沟通问题是怎样产生的呢？社工对沟通的干预又可分为几个部分呢？岚梅是上海某高校的社工专业教师，也是社工督导，广泛参与社工实践。她提到了一个典型的人际沟通问题的案例。

有一个例子，关于医患沟通的，这个不是我做的，是我督导的社工实习生遇到的。她在病房查房时候发现一个患者和家属情绪很激动，一问才知道是患者本来昨天要做核磁共振检查，结果今天还没做，病人询问医护人员结果他们态度不好，导致患者和家属不满。实习社工随后向医生反馈此事，解释了病人的需求，主治医生同意跟家属进行解释。由于家属是乡下的老奶奶，耳朵也不好，实习社工又复述一遍。对患者，实习社工解释了因为鼻饲中金属片和药未到的问题导致检查延后，并宽慰了病人。病人家属很感谢，说"还好有医务社工的帮忙，不然非急坏老夫妻不可"。这个例子很小，但如果社工实习生不去沟通，患者和家属就这样心理不满情绪激动，对他们身体也

不好，再有个事件触发，医患矛盾可能就升级了。（访谈对象岚梅）

　　岚梅督导的这个个案中，人际沟通问题的产生简单地说包括情绪问题、交流障碍。而社工的角色就是安抚情绪，推进信息的顺畅传递。沟通是"语言和非语言的信息交换，就方法来说，囊括所有用来传递和接收知识的方式"。① 沟通最直接的目的是使得沟通双方的信息、想法得到充分、全面、有效的交换，从而达成共识。这一目标能够实现，在于人们所具有的沟通理性，它不同于工具理性，是人们对话，不断反省、论证，目标在于追求达成共识的理性。② 沟通目标的实现有三个步骤。首先要有基本的前提，这包括稳定的情绪、良好心态、平等、尊重、真诚、规范、真实等。第二，在此前提下，沟通还有基本的技能，包括谈话、观察和倾听。③④⑤ 第三，沟通的技巧。沟通三个技能是沟通畅通的基本技能，而实现出彩的沟通还有一些更为细致的技巧。

　　沟通的具体技巧则十分庞杂，本书不再赘言。具体来说前两个沟通的步骤。首先自我是指导自己行动的机制，通过象征与符号来表示事物、解释行为并由此指导行为。米德认为，通过泛化他人，"只有个体对他所属的群体所参加的各类合作性的社会活动，采取该群体成员所持有的态度，他才实际发展出一个完全的自我，具有完全的自我质量，适合他发展所需"。⑥ 完全的自我对自我情绪、心态有着积极的认知，以平等、尊重、真实、规范、真诚的态度看待世界。系统家庭治疗鲍恩提出"自我分化"概念，指的是情感和理智的适当分离以及将自己独立于他人之外的程度。理想的自我分化不是只有理智没有感情，而是平衡二者，要避免低分化。⑦ 哈贝马斯所构建的理想的沟通情境亦是此意。其中，正当宣称是一种规范的要求，表明了沟通实践的结构二重性。对于完全自我的干预，需要社会工作者具备良好的心理学素养，注重和服务对象之间主体性遭遇，

---

① Barker, R. L. *The Social Work Dictionary*. Washington, DC：NASW Press, 1987：83.

② 侯均生：《西方社会学理论教程》，南开大学出版社 2006 年版，第 368 页。

③ 帕梅拉·特里维西、克特里维西克：《社会工作技巧实践手册》，肖莉娜译，上海人民出版社 2010 年版，第 102-109 页。

④ Barry R. Cournoyer：《社会工作实务手册》，万育维译，台北汤姆生出版社洪业文化事业有限公司 2006 年版，第 101 页。

⑤ 朱晓：《社会工作者人际沟通技巧手册》，中国社会科学出版社 2015 年版。

⑥ Mead、George Herbert：《心灵、自我与社会》，赵月瑟译，上海译文出版社 1992 年版，第 138 页。

⑦ Keer, M. F, Bowen, M. *Family Evaluation*：*an Approach Based on Bowen Theory*. New York：W. W. Norton & Company, 1988.

持续性协商，突出社会工作者反移情的促进性作用。

人际沟通的三个基本技能，即谈话、观察和倾听。谈话是语言的沟通，通过语言人们的关系才得以建立。而语言的沟通影响着我们的体验、思考和互动的方式。对于语言，倡导"语言的敏感性"，对不同的文化、习俗和个性能够有所敏感，而顺畅地实现语言的传递。倾听是信息的接收，而社会工作中强调积极倾听，这对服务对象而言也是十分有益的。积极倾听与一般倾听不同，它反映了倾听者特殊的、高度的警觉意识。[1]听，只是一种本能的技能，而积极倾听则不仅要对声音进行接收，还要开动大脑进行充分的理解，能够感受他人的情感、思想。为此，要避免倾听中自我中心、有限、假装的三大误区。[2] 观察则是对非语言形式沟通的要求。身体语言比语言沟通表达更多的意思。[3] 当语言沟通和身体语言冲突时，身体语言的真实性更被人们所相信。观察技能在沟通中帮助我们搜集身体语言的信息，注意距离、动作、手势、表情等一系列信息的意义。对此，社会工作者更多的是专家教育的角色，或者通过社会工作者关系网络资源来推动沟通技能的教育。

三、动员社会支持

社工晓情在社区开展服务近五年，她道出了现实中社工对服务对象关系的干预从来不是单一的。如果说对服务对象关系能力干预是对服务对象个人的服务，对人际沟通干预是对服务对象与他人线性关系的干预，那么社会支持则是社工要关注的更大范围的内容。

> 只对服务对象个人层面的干预是不足够的，我们做项目的基本逻辑都是接着对家庭关系层面、社区关系层面往上进行更广的干预。社工要鼓励他们多去寻找已有的关系网络中的家人支持，朋辈支持，或者社工和他们一起去挖掘。事实上是存在他们可以运用（而没有发掘）的社会资源。（访谈对象晓情）

晓情强调对服务对象多层面社会支持的动员，既要寻找已有的支持，也要挖掘可能的支持。社会支持受到社工的重视。中国人的关系网络呈现

---

[1] Lishman, J. *Communication in Social Work*. Basingtoke：Macmillan/BASW, 1994：63.

[2] 帕梅拉·特里维西、克特里维西克：《社会工作技巧实践手册》，肖莉娜译，上海人民出版社 2010 年版，第 110-111 页。

[3] Birdwhistell, R. *Kinesics and Context*. Philadelphia, PA：University of Pennsylvania, 1970.

差序格局，是以家庭为中心向外拓展的结构，所形成的社会支持体系由内而外涵盖家庭支持、同伴支持、社区支持、政策支持等。当然，这些社会支持不仅强调支持网络的搭建，也格外强调网络中资源的动员。同时，服务对象这些支持建构的重要前提是社会工作者支持。

(一)社会工作者支持

> 瑞兴居委会提到一个个案，一对夫妻，丈夫有了外遇，就跟她离了婚，孩子也跟了后妈。后来，孩子猝死，原来的母亲怀疑是后妈杀死了孩子，就打官司告后妈，法官判定官司失败，这位母亲认为法官包庇，就一层层上访。这个女人反复如此，当地也不能怎么处理她。一方面认为她没到精神病状态，不能送到精神病院，另一方面地方怕上访。这个个案，社工要干预吗？余警官认为这个人无法救助，精神偏执。何社工认为社工无法处理，地方只能用钱来牵住他们，稳定他们，(防止)陷入恶性循环。陈社工认为，社会还需要一个托底的帮扶者，社工里面的真诚、人性关怀相信还会有作用的。(最后社工接了这个个案)。(上海某社会工作机构案例讨论会)

> 当然不是所有的服务对象上来就要对他处理关系能力进行干预，比如说，有的服务对象你一评估就发现他资源这么匮乏，又无子女，没有老伴，关系网络直接没有似的，连基本照顾都成问题。这个时候我觉得家庭支持、社区支持什么的都还在其次，首先要社工的支持，然后再谈其他的。(访谈对象邬载)

上述案例中，某社会工作机构的讨论会的议题是，是否接案干预不断上访、政府无法处理的对象以及如何处理的问题。这个服务对象实际上已经被放弃了，没有人愿意管她。社会工作者并没有放弃她，成为最后一道救助线。社工邬载提到，对于家庭关系网络缺乏的服务对象，社会工作者自身的直接支持成为首要的。社会政策作为社会托底，起到社会稳定器的作用。[1] 社会工作者作为回应社会问题的一道防线，履行着社会托底的责任。社会工作者运用专业方法，通过自身构建的关系网络，将政策内托底资源链接到服务对象，提供心理关怀、能力提升、社会融入等专业服务。

即使服务对象社会支持网络匮乏，但也并非没有任何资源。社会工作

---

① 王思斌：《社会政策托底与社会工作发展》，《中国社会工作》2014 年第 31 期，第 60 页。

者也可以发掘服务对象的潜在资源。实际上，我们看到服务对象并不是我们所想像的那样一无是处，也有潜在的资源。对弱势群体的社会支持建设，首先要从社会投资的角度提升服务对象的多重素质。[①] 社会工作者需要从优势视角出发，发掘服务对象的潜在资源。

即使服务对象没有什么特长，但也可以经过学习、培训等方式增进自身人力资本。Saleeby 指出，优势视角下社会工作者的首要关注点是每个人所具有的优势（如兴趣、能力、知识和才华），而非其不足（如障碍、缺陷、缺点等）；社会工作者有一个基本的假设，那就是须相信所有人都具有内在的改变的能力。[②] 优势视角下，服务对象人力资本建设、资产建设将为社会资本建设提供可能。

（二）家庭支持

民安一名老经验的社工，他认为成功做好个案，需要家庭这个阵地的帮助，家庭支持是根基。

> 我手里的服务对象有两个又重犯，从社区又进入高墙。其实，反思他们转变，只靠我们社工还不够。有一个诈骗犯对象，谎话连篇，人格都有问题了，只靠社工感化很难。刚进入社区矫正时候他父母和我都盯得很紧，但是后来他又诈骗时候他父母就不太管他了，远离他了，有点放弃了。他母亲都患抑郁症了。社区关系想拉取，但也远远不够。另外一个犯抢劫罪的对象 M，他爸爸也无能的，还带给他负面影响，他妈妈要管自己的老母亲还工作，无能为力。你看到了，这种类型的案子，没有家庭这个阵地来帮忙，还真不行。（访谈对象民安）

民安帮扶的个案中，家庭远离和放弃服务对象，家庭支持匮乏，社工和社区的努力也不足够，服务对象很容易重新犯罪。在中国人文化中，有问题首先求助的是家人，[③] 只有当家庭无法回应服务对象的问题时才寻找

---

① 范斌：《关于弱势群体社会资本缺失问题的若干思考》，《华东理工大学学报（社会科学版）》2004 年第 4 期，第 9 页。

② Saleeby, D.：《优势视角：社会工作实践的新模式》，李亚文、杜立婕译，华东理工大学出版社 2004 年版。

③ 王思斌：《中国社会的求助关系——制度与文化的视角》，《社会学研究》2001 年第 4 期，第 1-10 页。

社会的帮助。因此，进入社会工作服务的大多数服务对象基本上都是家庭支持严重不足，家庭支持结构失衡。① 以血缘为基础构建的家庭支持网络，包括父母、兄弟姐妹、亲戚。家庭关系可提供的社会支持种类较多。社会工作者一方面要根据服务对象家庭关系网络的现状，判断可能提供帮助的亲属成员，然后通过多种策略建立或强化支持性的关系。为此，社会工作者首先要优化家庭关系网络结构。这方面，社会工作家庭治疗流派积累了丰富经验。而中国社会尤其强调情感动力，通过"动之以情晓之以理"方式推动家庭关系的改变，展现了中国社会情理并重的特点。

家庭不同成员提供支持类型不同，社会工作者需要明确社会支持客体的需求，以及社会支持主体与介体之间的关联。贺寨平的研究表明，在农村老年人的亲属关系网络中，儿子的支持最重要，支持的内容最多。② 国外的研究表明，妇女较之于男子提供情感支持较多；妇女服务对象的问题以寻求情感支持为主。因此社工需要根据服务对象的情况动员家庭成员的支持。

(三)同伴支持

邬载和易青分别是上海两家医院的医务社工，他们在医院探索的社工服务中尝试建立了同伴支持小组，取得了良好的效果。

> (医务)社工对 2 型糖尿病中老年患者开展了支持性小组，帮助他们建立互相帮助的支持网络。小组取名"棒棒糖"，就是希望他们互帮(谐音棒)，能够身体棒棒的。小组活动鼓励大家积极互动，增进彼此信任支持。小组成员有破冰游戏、小组规范制定、日常管理疾病经验分享。这个对大家都挺有益的，关系也多了一层，大家会觉得不孤单，有人理解，这个问题不是孤立的，得到大家支持，心情也舒畅，还能学习类似病人的经验。对未来的康复会有希望，对医生的信任感也会增加。(访谈对象邬载)
>
> 唇腭裂病区是我们医院强势治疗区，我们开展了针对唇腭裂家长的互助支持小组工作，帮助他们互助。还有就是，病友志愿者的帮助

---

① 倪赤丹、苏敏：《自闭症儿童家庭支持网的"理想模型"及其构建——对深圳 120 个自闭症儿童家庭的实证分析》，《社会工作》2012 年第 9 期，第 44-48 页。

② 贺寨平：《农村老年人社会支持网》，2001 年中国社会科学院研究生院博士学位论文，第 2-4 页。

要比我们社工大，过来人会给他们带来希望，带来经验。（访谈对象易青）

邬载和易青开展的针对糖尿病友的"棒棒糖"支持小组、家属互助小组等收效明显。一方面减轻了社工的工作压力，另一方面在情感上、信息上、信任上都为小组成员带来支持。同伴是指有共同语言的人，这可能由于相同或近似的年龄、生活经历与社会地位或者其他原因。[①] 换言之，他们是在某种类别上相同、相似的而聚集的群体。根据类别的不同，同伴也多种。如年龄为标准，有同辈群体；有疾病为标准，有同病群体。由于类别上的一致，同伴内的认同度高、相互支持度也高，他们对服务对象提供的社会支持也更有针对性和价值。在国外精神健康社会工作领域，同伴支持（peer support）广泛应用。20 世纪 40 年代由美国精神病康复者自发组织的志愿小组是同伴支持的雏形，到 20 世纪 70 年代，同伴支持星族流行于各国，并遍及发达国家，成为精神健康服务使用者运动的核心内容。[②] 国际上也出现了同伴支持小组互联的趋势，而适应互联网出现的同伴支持小组也逐渐流行。同伴支持主要以同伴支持小组为主，首先出现在医院内。医院内同伴支持小组的作用是多方面的，能够促进病友相互的情感支持，获取信息，学习经验，发展社会关系，以及自我决定能力的养成。在国内，随着医务社会工作的推进，越来越多的医院的社会工作者开展了多样的同伴支持小组活动。

璜辉在上海自强服务社工作过一段时间，他对自强服务社开展的同伴教育印象深刻。

自强服务社由于基金会的资助等，开展的小组活动还是比较多，项目运作的也有多个。总体来说，专业性还是多有体现。自强最大的特色，个人以为就是叶熊、晓荷等吸毒康复者的典范作用以及同伴教育队伍的建立，这种榜样示范力量极大，似乎比专业知识说教更加有效。此为中国的典型示范方法吧。（访谈对象璜辉）

自强服务社的同伴教育在业界有一定知名度，成效也十分明显。同伴

---

① 唐斌：《社会工作专业干预下的同伴教育——以上海市 P 镇"女性戒毒沙龙"为例》，《青少年犯罪问题》2008 年第 6 期，第 68 页。

② 童敏：《社会工作的自助和同伴支持理念的产生和演变——西方精神健康服务模式的发展轨迹》，《华东理工大学学报（社会科学版）》2009 年第 4 期，第 6 页。

教育是同伴支持的一种形式，强调同伴之间以分享价值观念、信息、知识、技能的教育形式。这一模式在诸多群体，如老年人、青少年、妇女和特定问题领域如酗酒、吸毒、自杀方面广泛运用。其具有其他教育形式不可比拟的优势，增进教育的针对性和有效性，能够提升信息传递的可信度和接受度，提高失范行为修正的概率。① 由于类似经历，情感的相应性更强。上海禁毒社会工作者的做法是借助沙龙活动开展戒毒同伴教育。通过个案工作方法与小组工作方法相互补充形式来推进关系的建立。其中骨干成员是同伴教育的关键，他必须是吸毒且康复的人员，并且愿意参与到同伴教育活动中，还要有良好的沟通表达能力来影响其他成员。骨干成员的现身说法固然重要，但还需要社会工作者进行良好的培训和能力建设，从而成为同伴小组的真正领袖，推动同伴教育深入持续发展。除此之外，避免交叉感染，其他系统的支持也十分重要。社会工作者以此帮助戒毒人员"意义建构"②，赋予生命新的价值，从而从根本上戒掉毒瘾。

上述的同伴支持是医务社工领域、司法社工领域代表，接下来所说的是社区服务领域的项目实践。眉莉是面向社区老年人开展服务的一名社工，她也在尝试开展同伴支持。

> 在心理咨询服务标的中，项目组在发现鉴于有着相同的经济、社会以及生理的问题，老年人更容易接受来自朋辈的心理疏导后，便决定通过引入 20 名老年志愿者参与服务，采用"以老助老"的方式，在朋辈互动交流中改变不适当的信念，缓解不良情绪。在"晚晴"联谊会项目标的中，老年志愿者的积极作用得到充分发挥，借助联谊会活动平台，逐步建立老年人邻里支持网络，如通过"结对"方式形成一个"以老助老"的邻里援助网络系统。老年人在参与中得到积极的自我认同，更加激发了社区参与的热情，可以更好地完成项目的任务。（访谈对象眉莉）

推进同伴支持，社会工作者搭建不仅可以通过同伴支持小组、同伴教育小组形式，还可以链接同伴志愿者，为服务对象提供支持。在传统的群众工作中，结对子帮扶是有中国特色的一种方法。结对子可以是一对一的

---

① 唐斌：《社会工作专业干预下的同伴教育——以上海市 P 镇"女性戒毒沙龙"为例》，《青少年犯罪问题》2008 年第 6 期，第 68 页。

② 费梅苹：《意义建构：戒毒社会工作服务的实践研究——以上海社区戒毒康复服务中的同伴教育为例》，《华东理工大学学报（社会科学版）》，2011 年第 2 期，第 2 页。

结对，也可以多对一的形式。传统的"结对子"存在行政命令等局限，但结对子形式可以借鉴，并在同类群体内运用。社工眉莉负责项目以低龄老年人帮助高龄老年人既挖掘了老年资源，又帮助了老年人解决问题。

（四）自组织建设

2008年汶川地震后，上海诸多优秀社工参与灾后建设，以安置社区的关系重建为目标。笔者与访谈对象的交流中，多位访谈对象也提及汶川的经历。

> 汶川地震后不少妇女因地震而失去了工作，或者下肢残疾，生计问题突出。浦东社工服务队策划了妇女绒绣技能培训项目，并以此建立自组织，实现增能赋权。浦东社工服务队社工与上海某礼品服务社合作，商定了合作协议和培训须知。项目组多次走访 C 社区居委会，协助 C 区居委会开展入住居民基本情况表的统计和整理，掌握一手资料。社工还帮助居委开展"卫生标兵"家庭评选活动得到居委会对项目的支持。通过与都江堰市民政局书记、都江堰市总工会女工委员沟通，他们允诺全力支持本项目。
>
> 在此项目中，社工从"优势视角"出发，开展免费技能培训，帮助妇女掌握绒绣技能，挖掘其自身潜能。他们获得了培训证书，投入产品的加工生产中。社工运用了个案管理的模式，上门走访开展了个案服务，对家庭困难的妇女帮助筹集个人医疗和子女教育的资助。社工还组织了多次妇女的小组活动，以帮助她们重建社会及邻里关系。通过小组活动，社工还挖掘了社区中的妇女骨干9名。她们成为"火凤凰"绒绣合作社筹备成员，将项目推进至居民自助的阶段。经过三期培训，这些妇女骨干已经能够承担培训、教学和管理工作，原有培训专家逐渐撤出。服务队还从南都公益基金会筹集了项目资助，包括两万元的合作社注册资金。针对筹备组，社工服务队开展了一系列的合作社的文化建设、制度建设、经营管理能力培训、增进"内功"。社工服务队最初帮助他们寻找营销管道保障订单，后续则逐步脱身，只帮助介绍优势资源，更多的经营交由合作社内部管理。
>
> 经过经济性活动服务社内部有着充分的沟通机制，产生了共同体意识，有潜力参与社会事务，成为当地社区改变的积极力量。目前已经成立了火凤凰社工服务中心，绒绣合作社成为一个社会企业。
>
> ——根据《上海社工服务团浦东社工服务队第一批服务情况自评

报告》《浦东社工服务队都江堰市滨河新村安置点每日工作简报》《爱让我们在一起》整理。

上述的案例充分说明上海社工在推进自组织建设方面的主要方法。在自组织内部整合方面，社会工作者可以通过个案工作、小组工作、资源整合等方式提升内部共同体意识。在外向联结方面，社会工作者通过自身的关系网络链接资源，进行能力建设，实现资本交换与回报。

自组织是没有登记注册或者备案而自发组织、自主发展、自主运作的组织。自组织建设与同伴支持有相似之处，但是自组织更具有组织性。换言之，自组织在组织内部的整合性和外部的联结上有优势，能够从支持网络迈向社会资本。社会资本的重要形式之一是多功能组织和有意创建的社会组织，它能够成为组织成员重要的社会资本。① 学者对弱势群体自组织的研究证明，自组织是弱势群体社会资本建设的重要途径，尤其是"高整合—高链结"的自组织能够促进组织成员内部互动与交换，并且能够推动其与外部成员进行异质性交换。②③

葛道顺以武考克镶嵌和自主两个维度区分了四类自组织。④ 其中三类不理想的组织类型分别是"低整合-低链结"，表现为敷衍主义；"高整合-低链结"，这表现为管制主义，突出表现为政府的管制过多；"低整合-高链结"，是一种市场主义，有市场则有组织活动，无市场则无组织活动。这三种代表了当前自组织主要的问题。⑤ 本书在前述提到了同伴支持更多属于这三种类型，只能提供可能的支持，而不能实现服务对象的社会资本增值。推动自组织发展的方向是走向"高整合-高链结"的自组织类型。⑥ 这展现了一种发展范式。这一理想类型的出现，首先是组织化以增权，还需要良好的制度和政治包容。

---

① 詹姆斯·S. 科尔曼：《社会理论的基础》，邓方译，社会科学文献出版社 1999 年版，第 354 页。
② 葛道顺：《镶嵌、自主与弱势群体的社会资本重建》，《社会政策评论》2007 年第 1 期，第 242-254 页。
③ 孙璐：《论城市弱势群体社会资本的提升：从社区支持的角度》，《湖北社会科学》2007 年第 4 期，第 42 页。
④ 葛道顺：《镶嵌、自主与弱势群体的社会资本重建》，《社会政策评论》2007 年第 1 期，第 4 页。
⑤ 钱宁、田金娜：《农村社区建设中的自组织与社会工作的干预》，《山东社会科学》2011 年第 10 期，第 29 页。
⑥ 葛道顺：《镶嵌、自主与弱势群体的社会资本重建》，《社会政策评论》2007 年第 1 期，第 6 页。

（五）社区支持

社工莉玢对服务对象的服务中，并不局限于在个案工作室内对服务对象进行干预，而是强调对服务对象家庭的干预、服务对象所在社区的干预。其中社区支持是莉玢格外重视的内容。莉玢向笔者讲述了她通过社区支持干预服务对象的一个个案。

> 有一个服务对象社工 G 帮忙推荐工作后干了一段时间，他干不下去就退工了。我当时就利用跟社区较好的关系，联系社区帮忙。G 回到社区后，居委了解 G 情况，生活上及时给予补助，各方面大力支持配合，及时安排一名社区党员干部志愿者，与他结对沟通交流思想，每天一起参加社区志愿者活动。后来我听说 G 的母亲，担心儿子回来后，找不到工作，又要闯祸，又及时进行了上门家访，在做好老人的思想稳定工作后，又扮演起老娘舅的角色，说："G，母亲是你唯一的亲人，你们因生活习惯不同，一定会产生矛盾的，要懂得尊重、谦让老人，这些年来你碰到困难，你母亲从来没有放弃过，一直在支持帮助你。"他的母亲在一旁擦着眼泪，G 说："我知道，这一次趁休息在家调整一下心态，我要去找工作的。"后来居委干部告诉我，G 现在生活有规律了，心情好多了，经常看到他帮母亲去买菜。（访谈对象莉玢）

莉玢与社区建立了良好的关系，协调社区给予支持，而社区从生活补助、志愿者帮扶、社区活动方面进行支持。莉玢则及时做好家庭工作、个案跟进。其中社区支持对于服务对象的改变发挥了重要的作用，有必要注重社区资源的动员。

其实，社区支持内容十分丰富，可以分为义务性、道义性、友情性和专业性四类支持网络。[①] 社区义务支持网络是法律设定的支持，社会工作者需要构建好自己的关系网络，与各个部门建立良好的关系，了解国家和地方的政策法规，发现可以使用的国家资源。社区道义支持网络主要是企业的社会捐赠、社区志愿者服务。社会工作者角色主要是通过社区宣传链接经济捐赠资源，通过社区志愿者队伍来提供各种志愿服务。社区友情支

---

① 金双秋：《以社会学"社会支持"理论构建弱势群体的社区支持综合网络》，《长沙民政职业技术学院学报》2001 年第 2 期，第 20-21 页。

持网络，在地缘上，邻居、楼组关系，业缘上，同事关系、同学关系都属于其中。社会工作者通过多种渠道发挥它们对服务对象情感支持、应急支持等帮助。社区专业支持网络是各种专业机构和专业人士构建起的网络。本书已在前文分析，由于社会工作的制度化转介平台尚未建立，社区专业支持网络需要社会工作者通过多种方式建立自身的关系圈子予以弥补。

（六）网络合力支持

社会工作作为改变人的职业，其基本假设就是人都有变好的倾向。路西法效应说明了人都有变坏的可能，而对从撒旦回归天使的坚信是社会工作不变的信念。然而，这只是社会工作者价值层面的一种假设。在社会工作者服务的众多人群中，有的服务对象容易改变，有的似乎永远无法变好。司法社会工作者，尤其针对犯罪分子进行救赎的矫正社工，无疑在做着最具有挑战性的社会工作。璜辉、民安、莉玢都是上海司法社工，他们成功与失败的社会工作经验表明，对于那些似乎毫无希望改变的服务对象的有效干预，需要网络合力的干预。

> 现在的"90后"的青少年犯罪群体，对于犯罪的后悔程度比较低，有点不以为然的感觉。从对小唐的面谈能够看到，从之前的小马案件也能看到。因此，在干预这类社区服务对象之时，强制性力量显得很重要。现在的做法是让社工全部负责，专职干部说来是司法所人员，也年轻，没有权威性。司法所把服务对象完全推给社工，而社工解决问题实际上要靠网络力量，不是社工单枪匹马可以胜任的，这就出现逻辑错位，社工有苦叫不出！社工也不愿意多找司法所人员，找多了也显得社工没有能力。（访谈对象璜辉）

> 像我们做得比较成功的一般是家庭、社区、社工和他本人共同努力实现的。还有比较关键一点就是有了一份比较稳定的工作。家庭关系网络内部会帮忙找工作，我把社区和对象联系起来，社区也蛮关心的，有工作机会会主动联系。有个暴力犯对象矫正回归社会后也成为我们的资源，提供了不少工作岗位。（访谈对象民安）

上述的一线社会工作者指出，对改变难度大的服务对象需要"合力"来支持。实际上，我们生活中也常常诉求合力来改变事件。合力是力量的整合，表明了对整个关系网络力量的改变。就服务对象个体来说，以服务对象为中心形成了差序格局式关系网络，实现整个差序格局式关系网络内部的改变就是合力的目标。这个时候，单纯改变家庭关系网络、社区网络或者服务对象本身都是无力的。前述曾提到一个案例中的社工莉玢对阿林干预的过程。莉玢以阿林"献血"为撬动点，逐渐改变了社区关系，接着是家庭关系，进而改变个体自我概念，最后启动了整个关系网络进入良性循环，重塑整个关系网络。优势视角提供了可能的思路。然而，具体的干预点却是情境中心的，随着情境而变化。对谁干预、何时干预、何地干预、如何干预是一个需要综合考虑的充满智能挑战的任务。因而，这并非科学知识可以足够描述，而已延伸进实践智慧的范畴，即斯科特意义上的"米提斯"。从更广泛意义上理解，米提斯包括实践者形成的广泛实践技能和后天获得的智能，这些使行动者在对不断变动的自然和人类环境中做出反应。① 它的核心特征是经验性，不以言传；实用性强，但普遍性不强。在专业主义、现代主义流行的背景下，"米提斯"受到了轻视与压制。然而，"米提斯"自有其实践空间。

四、影响社会政策

比如说省（民政）厅会有一些政策，我们觉得其实有些滞后，他们会给我们提出各种指标要求，但是实际上他们也不知道怎么做，后续他们会有一些调研，尤其是地方的指标完不成的时候。像我们这个地方社区的社工室基本上是空白的，因为很多社区利益的驱动下把场地租出去。像省厅要求的覆盖多少社区的指标落地很困难。像今天就收到省厅的通知专门收集这些数据，而且标注很明白"据实填写会影响到政策导向"。我们打算如实上报，我相信上面会感知到每个地方不一样的。当然，上面其实也是通过一些人了解到我们地方可能存在一些问题。这些也是社工主动跟省厅说了反映上去，然后省厅才会有这样的一些动作。实际上现在省厅它有成立省级的社工站，省级的一个指导服务平台，负责政策的问题。（访谈对象禾旭）

禾旭的话折射了当前我国上下层面的互动方式，从而影响社会工作的政策。这种互动一方面是上层政策制定者主动征求社会工作者的意见，另一方面是社会工作者主动向上反映问题，从而引发上层的调研推动政策的变革。换言之，社会工作者影响社会政策也具有可能性。

---

① 詹姆斯·C.斯科特：《国家的视角》，王晓毅译，社会科学文献出版社2012年版，第400页。

　　这个是我们做得比较早的一个项目，对三无流浪乞讨人员。项目开展中我们发现，有几家政府部门会涉及——救助站、公安局、民政局、医疗卫生系统。我们国家的政策是他们是有资格获得医疗救助的，但是执行的部门之间没有沟通，三无人员没有户籍、没有医保，政策也没有说清楚，各个部门也不知道怎么办。所以政策出来后过去很多年，它其实属于那种尘封的状态，好像没有这个政策似的。我们当时就去多个部门跑，然后不断磨这个事情，后来几个部门就一起开了会，明确具体的分工和责任，并出台了一个政策的实施细则。（访谈对象祈方）

　　祈方的社会工作实践比较特殊，他们并没有局限于微观层面。对于三无人员的医疗救助由于部门责任分割，而政策缺乏详细的规定导致三无人员的医疗救助出现问题。社会工作者通过"跑部门""磨"推动部门之间的协调与联动，并促发了一个实施细则的出台。这是社会工作者对于政策层面的改变。这种改变基于微观关系实践，但是又超越微观实践，进入宏观层面，是对一定范围"结构性"的改变。祈方努力改变的实际上是部门之间的关系，关系视角下其实在重构这个"结构"中的关系。

　　除了应对政策问题的化解外，社会工作者还可以从长远的角度出发，推进宏观层面的积极进步，同时完善社会工作自身制度建设也是促进服务对象问题解决的重要支持。

　　对于社会资本，从政策层面讲，一方面要完善社工制度建设，另一方面强调社会工作的生产性。我印象深的是米奇里的社会发展理论，米奇里是对发展中国家经验借鉴基础上提出的社工理论，从宏观政策设计上就要以就业、投资、人力资本提升等为目标，专注于社会政策的发展性。（访谈对象岚梅）

　　岚梅是上海某高校的社工专业教师，参与社工实践，长于宏观的政策研究，她认为社工应当以宏观社会工作推动发展型社会政策的建立与完善，将社会政策的消费性转向生产性。发展型社会政策是对老龄化、全球化对福利国家的挑战背景下兴起。米奇利的社会发展理论、吉登斯的"构建积极的福利社会"理论、谢若登的资产为本的理论是主要的理论观点。

其可以区分为产出主义、社会投资和包容性发展三种形态。① 根据香港地区学者梁祖彬的总结，发展型社会政策与经济政策并非对立、从社会消费转向以社会投资为导向、政府企业组织和公民社会组织展开合作。② 中国社会政策呈现应急性而缺乏持久性、二元化而缺乏统合性、碎片化而不系统的特征，发展型社会政策是未来的政策选择。学者的研究已表明，混合福利体制中"诱导性社会资本"的建立可以提高弱势人群的社会资本，推进混合福利体制的改革是未来的政策选择。③ 发展型社会政策要强调诱导社会资本的生成。如政策突出以群体化方式而非一对一方式提供服务促进群体的交流与关系的深化；提供综合性服务而非单一服务，促进多方面需求满足与能力的形成；进行连续性支持而非一次性支持，促进关系的持续进展。④

诚如岚梅所言，社会工作本身也是社会资本的体现。社会工作作为面向弱势群体的正式福利制度安排，对服务对象的帮助是多方面的，包括物质帮助、权利保护、能力建设、资源整合等。发展和完善社会工作制度是建设宏观社会资本，回应服务对象关系网络问题的重要途径。基于中国社会工作发展现状，需要从多个方面努力完善中国社会工作制度——在价值取向实现整合与清晰化，扩大政府支持力度，健全职业体系，系统开发岗位，推进教育培训和激励保障。⑤ 宏观社会资本的建设，不能单纯依赖政府、社会的自行发展，社会工作者也需要通过自身努力，争取促进自身行业的发展。

第四节　干预的效应

基于访谈对象的经验资料分析看，社会工作的关系实践也促进了个体与社会的变化，反映了政社关系的变迁。这表现在它能够拓展社会工作专

---

① 方巍：《发展型社会政策：理论、渊源、实践及启示》，《广东工业大学学报（社会科学版）》2013 年第 1 期，第 5 页。

② 梁祖彬：《演变中的社会福利政策思维：由再分配到社会投资》，《社会福利》2012 年第 1 期，第 12 页。

③ 王思斌：《混合福利制度与弱势群体社会资本的发展》，《中国社会工作研究》，社会科学文献出版社 2002 年版。

④ 王思斌：《混合福利制度与弱势群体社会资本的发展》，《中国社会工作研究》，社会科学文献出版社 2002 年版。

⑤ 徐祖荣：《社会资本视阈下的社会工作》，《理论探索》2010 年第 2 期，第 79 页。

业空间，推进社会工作制度的发展；能够实现社会工作服务群体的增能；推进社会力量的增强。

一、专业空间建构

伍霞在上海做社工近三年，对上海社工的发展比较熟悉，同时她来上海之前，在香港某大学读社工硕士，毕业后还在香港执业做社工三年，因此对香港社会工作实践也很了解。这种经历，让伍霞对两地社会工作发展的差别印象深刻。访谈中，伍霞常常从社会系统的层次来谈她的认识和体会。

> 上海社工里面有人情，福利网络不完善，资源常常要去争，政府很强势……这些跟香港的环境差别很大。刚开始在上海做社工，我感觉很辛苦，（相比在香港）要付出额外的精力，要用关系、学会找人。但我觉得内地、上海的社会系统就是这样，这不是短时间内能够改变的，慢慢适应就好了。内地社工还没有到那个阶段，不能强求，但是上海社工也在不断进步，制度在完善，虽然慢，服务对象在我们的帮助下发生改变，这些都是我坚持的意义。（访谈对象伍霞）

伍霞提到了内地和香港社会系统的不同，包括伍霞提到的政府、福利网络等。上海社会工作者的行动都是在这一社会结构影响下展开的；同时，包括伍霞在内的社会工作者的行动也在改变社会结构。此外，不仅伍霞，还有不少访谈对象也强调社会系统的特定发展阶段，展现出历史的维度。

昶林是上海第一批社工，亲历上海社工从无到有，逐渐壮大。他从一线社工干起，当年跟着老师一起"求着"政府部门重视社工，开发社工岗位，逐渐看到浦东公益园的建立，再到上海社工在多个领域的铺开。现在昶林走向了社工教学岗位。他对上海社工的发展体会尤深。

> 21世纪以前，发展社工的确很难，没场地、没资金、没人，社工的起步是很多社工用"关系"一点点堆起来的，现在社工制度逐渐完善，关系的因素有所减少，但仍然不可或缺，在很长时间内估计会存在着。这种发展，首先受益的应该是社工行业，其实也只有社工专业得到社会的信任，能够立足才会有社工所谓的助人自助。（访谈对象昶林）

　　昶林认为，通过关系的社会工作的实践，首先的效果是让社会工作行业得以立足。如前所述，关系实践是社会工作者从当前结构背景下做出的理性选择。而这种关系实践反过来通过搭建关系，动用关系中嵌入的资源，开拓和扩展社会工作的专业空间。

　　1957 年格林伍德提出了专业的五个特质，包括理论体系、专业权威、社会认可、伦理守则、专业文化。专业是职业基础，也正是经过长期的专业训练，专业知识得以积累，职业才得以塑造。现代社会国家出台相应的法律，对专业进行排他性的市场保护，使得专业间有所区分。赵康根据布朗德士对专业的定义为基础，认为成熟专业有六个特征：正式的全日制职业、专业组织和伦理法规、知识和教育、服务和社会利益定向、社区认可和支持、自治。① 郭伟和整合后认为，成熟专业的核心特征包括专属服务领域、专业知识和技术、专业权威和专业地位。② 前两者是专业的内部特征，后两者主要涉及社会工作专业人员与政府、市场、服务对象和公众的关系问题。专业权威与专业地位中，又以专业权威为根本，专业权威的获得往往带来相应的专业地位。

　　相对于医生、律师等成熟职业，社会工作的专业建设起步晚，社会工作是否成为一个专业依然受到人们的挑战。1915 年，Abraham Flexner 发表文章质疑社会工作的专业性，③ 刺激了社会工作界努力追寻专业主义，使社会工作成为一个受人尊敬的职业。专业主义也被视为一种积极正面的原则，是社会工作职业的原则与标准。经过多年的努力，直到 1957 年格林伍德依据其提出的五个特质，认为社会工作是准专业。而目前，国际社会工作界依然在追求专业，并尝试建立社会工作科学。

　　中国社会工作发展不过三十余年，专业化是中国社会工作发展的核心议题。我们看到，学者们在专业化的同时也在讨论去专业化、后专业主义等议题，警惕专业化陷阱。英美国家的社会工作发展路径经历了从非专业、半专业、高度专业、超越专业、挑战专业的过程。④ 去专业化的出现与英美国家经济社会背景以及后现代主义思潮息息相关。其积极意义在于

---

① 赵康：《专业、专业属性及判断成熟专业的六条标准——一个社会学角度的分析》，《社会学研究》2000 年第 5 期，第 36-37 页。

② 郭伟和：《后专业化时代的社会工作及其借鉴意义》，《社会学研究》2014 年第 5 期，第 218 页。

③ Abraham Flexner. *Is Social Work a Profession*? Research on Social Work Practice, 2001, 11（2）：152-165.

④ 卫小将：《专业是如何打造的？——英美社会工作发展路径与挑战》，《学习与实践》2015 年第 4 期，第 119、122 页。

帮助我们避免专业的异化，而非取消专业化。社会工作的专业化是社会工作在中国学术市场、社会服务市场得以立足的前提，是回应中国转型时期社会问题的重要依托与时代呼声。我们不是不要专业，而是要"拥有一个更加丰富多彩的专业发展态势"①。

中国社会工作在现阶段追求专业，反映了时代变革的轨迹。为此，我们有必要回到中国社会工作发展的境遇中来。第一，由于中国借鉴新公共管理主义模式，采取政府购买服务的方式来推进社会工作的发展。原本设想的契约性合同关系在现实中并未实现，反而变成了政府与社会工作机构非均衡依赖关系。② 由于政府购买的是边缘性服务而非核心服务，因此社会工作服务也并非政府必须承担的责任，政府对社会工作者与社会工作机构没有依赖性关系。社会工作虽然迅速发展，但社会工作者与社会工作机构的能力与质量整体不足，缺乏专业吸引力。第二，中国本土的行政性社会工作先行性存在，实质占据着社会工作的空间与资源，专业社会工作要发展就无法回避与其关系。在"和而不同"理念下，推进二者的分殊与会通依然在进程中。③ 第三，中国文化下，民众对于政府的天然信任，而对于社会组织的天然不信任也影响了社会工作的发展。总而言之，中国社会工作者面临着独立性弱、政府干预多、资源不足、社会知晓度低、专业地位不高等诸多问题与挑战。换言之，在目前的政府与社会的关系下，社会工作的专业空间并不大，建构专业空间是社会工作者的首要任务。

关系实践中，社会工作者以其专业素养具有文化资本，以其志愿服务而具有符号资本。通过文化资本和符号资本，社会工作者发展了关系网络，积累社会资本。其与政府的关系搭建了政府与社会工作者理念会通的平台，增进政府对社会工作的专业认知与信任，进而促进政府转变职能，让渡更多权力空间。通过社会资本，社会工作者获得政府内的政治资本、经济资本。与高校之间的社会资本则为社会工作者带来志愿者人力资本、专业督导为代表的文化资本。与市场主体之间的社会资本为社会工作者带来经济资本。总而言之，转型时期的中国社会工作尚处于初级阶段，社会

① 郭伟和：《后专业化时代的社会工作及其借鉴意义》，《社会学研究》2014 年第 5 期，第237 页。

② 许小玲、彭华民：《资源与权力：多元互动中社会工作机构发展模式研究》，《内蒙古社会科学(汉文版)》2015 年第 5 期，第 181 页。

③ 刘威：《"和而不同"：中国社会工作的实践分殊与经验会通》，《中州学刊》2010 年第6 期，第 109-114 页。

工作总体弱小，而通过社会工作者关系的实践，尤其是社会资本的整合运用与转换，社会工作者拓展了社会工作的专业空间。

二、服务群体增能

社工璜辉是一个格外重视关系运作的社工，他在社工领域工作了四年，也研究了社会工作四年，并发表了一些社工的思考性文章。他在访谈中跟笔者描述了他理解的理想的助人目标。

> 社工的目标当然是助人自助。但是，能实现自助并不容易，服务对象自己的能力是否能够起来很关键。我觉得如果对服务对象原来的关系网络修复好的话，服务对象这个能力变成自动调节的动力，让这个支持系统的资源动起来，社工离开后，服务对象的系统也不会受到影响，仍然很顺利的运作，那么社工就功德无量了。（访谈对象璜辉）

璜辉所倡导的关系实践追求自助，自助是一个自我能力生成和持久运作于关系网络，推动关系网络良性运行的状态。其目标是服务对象的增能。

社会工作的关系实践能够实现璜辉提到的增能目标，增能也称为增权。弱势群体的无力状态可以细分为全无权、弱权、失权三种状态。[①] 增能并非给予弱势群体权力，权力是不可能送出去的，而是要激发弱势群体的潜能，增进其权能。对弱势群体的增能可以细分为内部主动增能和外部增能两类模式，社会工作是弱势群体外部增能模式的重要力量。从增能的层次上看，包括个体层面增能、人际层面增能和社会参与。[②] 社会工作关系实践从服务对象关系能力建设入手，推进个体增能；人际层面的增能表现为人际关系带来的社会资本和社会资源，而社会工作关系实践强调沟通、社会支持和社会资本建设；社会参与层次增能与社会工作者的关系相关，弱势群体自身缺乏话语权也无法充分表达自身诉求，社会工作者通过自身的关系运作将推动弱势群体参与社会。目前对弱势群体的增能强调个体层面的增能，而对中观层面的人际关系增能，宏观层面的社会结构、社

---

① 陈树强：《增权：社会工作理论与实践的新视角》，《社会学研究》2003年第5期，第70页。

② 范斌：《弱势群体的增权及其模式选择》，《学术研究》2004年第12期，第73页。

会政策增能关注不多。① 社会工作者关系的实践尤其强调人际关系层面的增能，并融入个体与社会层面的干预。

社会工作的关系实践能够促进自我潜力激发，通过社会资本建设增能。首先要回到中国社区社会资本的变迁。随着中国经济社会改革的推进，原有的单位制解体，人们原来可以依靠的社会资本受到破坏或损害，但新的社会资本有没有建立起来予以补偿。从普特南对社会资本界定的三个要素——网络、规范和信任来看，原有社会网络被打破后新的社会网络尚未建立，适应现实的新规范尚未达成，原有的人情信任丢失而转换成金钱的信任但却不能持久。② 社会工作服务群体也是在这种背景下出现了问题。当前社区建设中的社区服务是对社会资本建设的一种回应，但并不足够。社会工作的参与则是一种更有力的回应。关系视角下的社会工作，尤其强调社会工作服务群体的社会网络和社会资本的建设。首先是关系网络的构建，社会工作者自身关系网络的构建为服务对象关系网络构建提供了工具与资源支持，并籍以专业方法和服务对象自身关系能力的共同努力，建立其服务群体的家庭支持、同伴支持、社区支持等社会支持网络。从社会支持网络走向社会资本，在普特南眼中取决于规范和信任两大要素。其实质是通过规范和信任来调动关系网络中资源的流动与运用，而这更多依赖于社会交换的实现。关系的社会工作实践强调建设服务对象自身的资本，推进其人力资本、文化资本等建设，并强化其社会交换的能力，从而诱发社会资本。对社会工作服务群体自组织的建设则以"高整合-高链结"为特征，展现了外界的社会交换机制。

社会治理是多元主体之间共同参与的治理，社会工作者籍以关系实践调动各方参与，尤其是弱势群体的参与。通过关系能力建设和沟通，弱势群体有能力来表达自己的诉求，实现社会治理主体性的复归。弱势群体的社会资本建设本身就是体现社会工作参与社会治理的成效之一。这表明社会工作是社会治理的重要支撑。

三、社会力量增强

访谈中，有几位受访者提到与服务对象之间的关系实践往往有"意外收获"。社工莉玢从事社工十多年，她帮助的个案对象在回归社会后转而

---

① 唐咏：《中国增权理论研究述评》，《社会科学家》2009 年第 1 期，第 20 页。
② 赵孟营、王思斌：《走向善治与重建社会资本——中国城市社区建设目标模式的理论分析》，《江苏社会科学》2001 年第 4 期。

成为帮助他人的社会力量。邬载也提到了类似的情况。

> 服务对象 M 跟我年龄差不多，是 1983 年严打时候暴力犯罪进去
> 的，情绪很难控制，因为酗酒人格有点问题，我也是想保护他的能
> 力，发掘他的优点。我也发展他为我的志愿者，为什么呢。这个人很
> 热情，大包大揽，后来在医院在保洁方面的调度工作，很能干，有激
> 情，暴力犯罪的人嘛。他帮了我们不少忙，为不少服务对象找到了工
> 作。我朋友的朋友就可以争取过来的嘛。（访谈对象莉玢）
>
> 我有一个服务对象，是我参与小组社会工作服务时的成员，该小
> 组是老年照顾者的支持性小组。这个小组结束后，有一个组员就加入
> 我们医院志愿者队伍，一直做志愿服务到现在，这是对我们服务的认
> 可。（访谈对象邬载）

上述个案中服务对象成为帮助人的力量，提供就业机会或作为志愿者。服务对象由需要服务者转化为帮助者，是社会工作"助人自助"理念的延伸，体现了"自助、助人、他助"的思路。在上海社会工作者开展的同伴支持中，正是接受过服务的服务对象成长为助人的"同伴"。基于类似的经历或者身份，结案后的服务对象对深陷困境的待帮助的服务对象往往能够感同身受，也能够给予更有针对性的帮助。此外，从困境中走出来，服务对象往往萌发对于社会工作者和社会的感恩之心，从而更容易回报社会。

有的服务对象通过社会工作者的能力建设、社会支持和社会资本等方面干预成功的化解自身的问题，顺利的回归社会或融入社会，而这些服务对象转身也参与到社会建设，成长为社会力量。社会工作的关系实践，聚焦于关系和关系网络，服务对象、利益相关者和关系网络成员都可以成长为社会建设的力量。

社会工作者开展社会工作服务前，面临诸多利益相关者。他们有着自身的利益，同时也影响着社会工作服务，因此既可能推动社会工作实践，也可能阻碍社会工作发展。社会工作者的行动逻辑在于通过关系运作获得他们的支持。社会工作者与政府的关系处理中，通过有策略性的争取政府中间人增进与政府的信任；通过低姿态汇报工作增进与政府的日常沟通，获得政府对专业发展的理解和认可；通过专业协助者的价值获得所需要的资源。这些策略是社会工作者挽回式微的专业权力，与政府建立既独立又

合作关系的方式。① 实际上，政府在这个过程也逐渐重视社会发展，加速社会体制的改变，体制内资源向社会的流动，从而助力社会建设。社会工作者挖来的志愿者，通过社会枢纽联结的社区志愿者以及与企业合作建立的企业志愿者，他们贡献于社会服务，展现社会的互助精神。在实现"共同富裕"的背景中，社会工作者与企业的合作在加速推进，企业的社会责任意识也在这种合作中提升，从而推进企业参与社会建设。

社会工作者聚焦于服务对象系统的关系干预，尤其注重社会资本的建设。社会资本是社会力量的展现，而社会资本正是社会治理可能性之所在。经过沟通改善、能力建设和家庭支持、社区支持、同伴支持等重建，服务对象的关系网络或者结构完善、优化，或者沉睡的资源得以撬动。由此实现了正式支持网络与非正式支持网络的衔接与启动，从而推进社会治理。②

社会工作者的助人行为不仅表现在通过专业行为提供的各种服务，还在于弘扬志愿精神。璜辉是外地人，在上海做社工四年多，能够坚持到现在并不容易，他坦言社工个人虽然渺小，但是也并不渺小。

> 让我坚持做社工到现在，是因为我相信一个人的影响力可以带动社会的改变。我印象挺深的是上海世博会美国的最佳展片，还有一个影片讲一个印度男孩坚持要推开路中大树感召了众人帮忙的例子，国内还有广东中光头拇指事件，都说明个体参与所带来的力量不容小看。社工一个人的力量是渺小的，改变社会也很难独立实现，但是社工的存在可以召唤起一批人。社工的意义可能还在于公益之心的传递与召唤吧。（访谈对象璜辉）

如同璜辉所言，社会工作存在本身即是对社会公益文化、慈善精神的一种宣扬与召唤。通过对社会支持网络的重新构建，社会内互助的力量得以启动。社会工作者对志愿者培训与激励，将带动更多的人从事助人服务。对于整个关系网络来说，社会工作者扮演着一个点燃志愿精神，传递公益力量的角色。这是社会工作者存在更大的意义所在。

---

① 朱健刚、陈安娜：《嵌入中的专业社会工作与街区权力关系——对一个政府购买服务项目的个案分析》，《社会学研究》2013 年第 1 期，第 43 页。
② 张伟明、刘艳君：《社会资本、嵌入与社会治理——来自乡村社会的调查研究》，《浙江社会科学》2012 年第 11 期，第 60 页。

下编　关系视角的社会工作理论建构

第五章　迈向本土实践上的社会工作关系视角理论

第一节　社会工作理论的建构路径

一、社会工作理论建构的逻辑

华莱士指出，科学研究的逻辑是理论与经验相互作用的过程，形成了"科学环"。① "科学环"可以从经验现象进入，通过经验概括上升为理论，进而进行预测再观察现象进行检验。研究者也可以从理论出发，形成研究假设，由假设进行观察、经验概括以修正或支持理论。概括地讲，可以分为两个阶段，其一是理论建构阶段，其二是理论验证阶段。虽然逻辑上划分前后两阶段，但实际操作中是理论与经验相互碰撞的过程。格瑞尔夫妇提出了"研究圈"的理论建构方法。② 它由探索性研究和验证性研究构成。探索性研究是从观察法开始，经过资料搜集、整理、分析、比较等研究，通过归纳的方式形成理论框架。验证性研究则属于演绎的逻辑，通过理论形成假设，进而再经过观察和实践完成理论的调适。探索性研究属于经验主义类型，验证性研究属于理性主义类型。

社会工作界在讨论社会工作本土化理论建构的议题中分析了相关的理论建构思路。总体上属于上述的两种理论路径范畴。在理性主义路径上，学界主要关注马克思主义经典著作、发达国家理论成果借鉴;③ 本土思想

---

① 华莱士:《社会学中的科学逻辑》，载风笑天:《社会学研究方法》，中国人民大学出版社 2009 年版。

② Ann, Scott Greer. *Understanding Sociology*. Iowa: Wmc. Brown, 1974.

③ 王瑞华:《当前构建中国社会工作理论的基本途径》，《集美大学学报(哲学社会科学版)》2004 年第 3 期，第 4 页。

资源、制度传统、科学研究。① 在经验主义路径上倡导基于中国本土实践展开研究。

在两种路径中，经验主义路径更受青睐，原因在于社会工作的实践特性更需要经验支撑。理论建构的最终目标并非为了解释，而是走向实践。换言之，社会工作的理论是一种致力于实践的理论，这势必要求理论与社会工作实践有着内在密切关联。我们看到，学界主张要关注社会工作基础理论建设，以及社会工作实施理论建设。② 因此，社会工作理论的建构无法脱离"科学环"中经验现象环节，"研究圈"中的观察环节。

二、从实践到理论的探索路径

本书采用了从实践到理论的建构路径。尽管西方社会工作理论已经发展了部分社会工作关系理论，但中国社会工作本土语境有着诸多特殊性。未来还有赖于从实践中捕捉本土特性重塑理论。换言之，构建本土化的社会工作关系理论必须切合本土的语境，而这更多是一种探索性的研究。从社会工作实践经验入手，进而经过理论的抽象形成社会工作关系视角理论是本书的理论建构逻辑。

在实践的调查中，本书首先调查了社会工作支持性关系的本土实践。实证调查发现社会工作者积极与多元治理主体(政府、高校、社区、社会组织等)构建关系，寻求内外的支持。它们构成了社会工作实践的专业环境，影响着社会工作入场、专业协作、资源联结等。社会工作者采用法定渠道、理性交换、混熟、挖人、面子、托人情等多元化策略处理关系。其次调查了社会工作专业关系的本土实践。与西方不同，社会工作本土专业关系的启动是找案而不是接案，社会工作者嵌入传统的关系网络发现案主，并逐渐出现接案情形。社会工作者的称呼混乱，在不断澄清中建构自我身份，"老师"称呼逐渐流行。社会工作者既不走向严格意义的西方专业关系，也不以双重关系损害服务对象；根据服务对象的资本而有伸缩地选择权威关系还是平等关系；坚持非伤害原则和法律底线，在权宜中建构专业信任。继而调查了干预服务对象关系的社会工作本土实践。关系视角下服务对象问题呈现为"心结""搞不好"的人际关系、"瘀堵"的关系网、与"过往""世界"关联。由于"家丑不外扬"、人情面子文化，服务对象可

---

① 何雪松：《迈向中国的社会工作理论建设》，《江海学刊》2012 年第 5 期。
② 李迎生：《构建本土化的社会工作理论及其路径》，《社会科学》2008 年第 5 期，第 77 页。

能提供虚假的评估信息或需求。社会工作者以社会网络为单位，采用综合性的"望闻问切"方法展开评估。通过提升关系能力、改善人际沟通、动员社会支持、影响社会政策进行干预。这不仅促进服务群体增能，也促进了专业空间建构、社会力量成长。

基于实践的调查，本书进而抽象提炼出社会工作关系理论的框架，这包括哲学基础、理论基础、概念框架、干预框架。同时，本书也清醒地意识到在理论建构的科学环中，本书的努力还并非完整的闭环，尚需要将理论回归于实践在实践中验证、修改完善。

第二节　社会工作关系视角理论的内涵

一、何谓社会工作关系视角理论

由概念组成命题，而几组命题以一定的逻辑结构形成理论框架。社会工作理论是社会工作各种理论的总称。对于社会工作理论的认识，大卫·豪（David Howe）将其概括为"为社会工作的理论"（theory for social work）和"社会工作的理论"（theory of social work）。皮拉里斯将社会工作理论分为三类：宏观理论、中观理论、实践理论。佩恩认为"社会工作实践理论试图解释、描述或合理化社会工作者所做的，旨在为社会工作活动提供一种全面的处方"[1]。总体上看，尽管社会工作理论的界定存在一定分殊，但是社会工作的理论是以实践理论为主体。

库恩提出了范式的概念，它是共同享有的一组世界观、价值观方面的背景及相应的方法和技术类型。对于社会工作理论，从范式的角度看不同学者进行了不同的划分。何雪松的社会工作理论四分法提出了实证传统、人本传统、激进传统、社会建构传统。Payne 提出了反思性-治疗性理论、社会主义-集体主义理论、个人主义-改良主义理论。Howe 在激进社会工作理论、非激进社会工作理论和主观性理论、客观性理论进行交叉分类。文军则提出了社会工作的个体主义和整体主义二分法。

所谓社会工作的关系视角理论，是指以关系主义为哲学基础，重新理解案主的生活世界、社会工作的干预过程而形成的较为系统的理论框架。在范式上，社会工作关系视角理论以关系主义为哲学基础，由此导致对案

---

[1]　Payne, M. *Modern Social Work Theory*. Oxford University Press, 2014.

主生活世界、社会工作干预方式的系统重构。"关系"是关系主义所关注的核心概念，在本书所构建的关系视角理论中关系包括社会工作者与多元治理主体的关系、社会工作者与服务对象之间的专业关系、服务对象内部的关系，它们共同构成了社会工作场域的关系结构。

需要说明的是，关系主义不同于关系，而是与实体主义相对的一种思维方式。关系主义也因此不同于实体之间所形成的关系理念，因为这种理念依然承认了实体论。对于关系主义的理解也要避免误认为关系主义就是拉关系、走关系的做法。中国社会是一个注重关系的社会，我们研究关系主义，并非是主张现代化进程中的中国要回归一个人情主导、关系至上的传统状态，而是在制度与法律的前提下，重思中国社会工作实践的独特性。关系主义的核心概念是"关系"，但是另外一个重要的概念是"关系性"。这意味着对社会工作的实践过程要从关系性视角重思，对于案主的生活世界也应当从关系性角度重新理解。因此，本书所思考的社会工作关系视角理论并非单纯的人际关系的理论，而是一种基于关系概念，以关系性的视角全面重构的理论。

二、社会工作关系视角理论的特质

社会工作理论具有价值性、学理性和实践性。[1] 价值性和学理性不言而喻，但专属于社会工作的理论是实践性理论。[2][3] 相对于社会学理论等，社会工作关系视角理论的重要特质是实践性。这是社会工作理论的特质，也是社会工作关系视角理论的特质。社会学的理论成果十分丰富，但是主要停留在解释层面。本书的目标就在于推进这种解释性理论进入实践，形成了可操作化的理论框架。社会工作如其所示，应当是"工作性"的理论。这种实践性的转换应当与解释性理论相一致。正是在解释性概念的基础上才能形成实践性概念。在本书后面章节提及的所构建的核心概念中有两个概念谱系，一个是关系的解释性概念谱系，即关系主体、关系链、关系网络、关系世界。另外一个就是实践性的关系概念谱系，即关系能力、人际互动、社会支持、结构变革。前者是基础，后者是目的。关系的实践概念谱具有实践操作性，同时不断操作化

---

① 卫小将：《社会工作理论的三重性及爱的实践艺术》，《社会科学》2020 年第 6 期，第 93 页。

② 高鉴国：《社会工作理论的实务属性和分析构架》，《中国社会工作研究》，2019 年第 1 期。

③ 何雪松：《社会工作理论》，上海人民出版社 2007 年版。

接近实践。比如人际互动又可以操作化为谈话、观察与倾听。社会工作关系视角理论的实践框架是包括评估、专业关系建构、支持性关系建立、干预技术等内容。

体系性是社会工作关系视角理论的第二个特质。正如后面详述的社会工作关系视角理论的构成所示，社会工作关系视角理论包括从哲学基础、理论基础、概念框架、实践框架的系统性内容。这些内容较为完整的支撑起社会工作关系视角理论，形成一个体系性理论框架。同时，关系概念本身也是体系性的。本书提出了关系的概念谱、关系的实践谱、关系的伦理概念群。这些概念都是从点、线、面、体四个层次构建，概念谱系具有连续性，也具有体系性。之所以如此，从根本原因上看是因为社会工作的实践特性。理论基于学科划分，概念建构等需要不断进行切割，但实践本身是综合性的。回应社会工作关系的实践，社会工作关系视角理论也需要体系性建构。

社会工作关系视角理论还具有通用性。可以认为社会工作关系视角理论是一个通用型理论框架，具有较强的适用性。关系本身无时无刻不在，社会工作者的实践过程脱离不了关系。社会工作关系视角理论的中心概念是关系，围绕关系的理论自然也具有广泛的适用性。在适用的人群中、适用的领域、适用的问题等方面都具有较大的普遍性。同时，在社会工作的其他理论中都有社会工作关系视角理论的影子，但是往往是碎片化的。社会工作关系视角理论汲取和整合了其他理论的知识重构形成了独立的理论框架。

三、社会工作关系视角理论的基本构成

对于社会工作理论的框架构成，目前并未有定论。目前的社会工作理论教科书中所呈现的理论框架也有所差异。何雪松最早在国内出版《社会工作理论》一书，书中的理论介绍基本包括四个部分，即理论脉络、概念框架、时间框架、贡献与局限。文军主编的《西方社会工作理论》一书中介绍的社会工作理论从四个方面展开，即理论的形成和发展、理论的主要流派和观点、理论的社会工作应用、理论的主要影响和评价。童敏《社会工作理论》将每一理论从两个方面展开，即理论演变、理论框架，其中理论框架包括概念、影响因素等。国外教材，比如 Saleebey 的优势视角理论主要从哲学理念、概念、原则以及评估和实践方法展开。也有学者专门针对实务理论本身展开研究。高鉴国指出，社会工作实务理论是一个因果解释、价值指引和介入模式

三位一体的构架体系。① 刘继同专门讨论了社会工作实务理论，认为其包括实务哲学、实务理论、实务模式、实务智慧、实务经验、亲身感受和社会生活实践七个类型。② 综合上述的研究，可以发展作为社会工作的理论尤为强调的是实践框架。整体上，我们可以认为社会工作实务理论包括哲学基础、理论基础、概念框架、实践框架等。就社会工作的关系视角理论来说，它至少包括关系主义哲学原理、社会工作关系视角理论的脉络、社会工作关系视角理论的概念框架、社会工作关系视角理论的实践框架及其运用。

在哲学基础部分，本书将引入关系主义，并以"关系视角"作为中国社会工作理论创新的出发点。关系主义是国际社会理论研究的前沿，但社会工作领域的关注不多。同时，关系也是一个有着中国特色且充满潜力的研究主题。中华文化是关系主义的，中华文化的结构是元文化、主干文化和支流文化构成。元文化是根基，而中华元文化是关系主义的；作为主干文化的儒家文化也是关系主义的。因此，关系主义与中华文化具有内在一致性，并且更为成熟，具有相对于西方的优势。关系主义下重新看待社会治理，关系主义与当代中国社会治理与社会工作本土实践也具有契合性。关系主义在本体论上认为实体就是关系性的，拒绝将独立的、先在的单元作为研究的终极起点；在认识论上是二元统一的认知方式，在复杂的多项关系网络中认识事物；在方法论上主张综合性方法论。本书进而提出"人即关系性存在""人具有关系理性""关系的圆运动"的理论假设，从而可能理解服务对象及其问题产生与干预思路。

社会工作关系视角理论的理论基础部分，本书从国内外角度梳理了社会工作领域的关系研究脉络，并梳理了社会学理论的关系研究脉络。西方社会工作理论传统有着根深蒂固的精神分析倾向，以个体为中心；但也隐含着内在关系维度。当代西方社会工作理论兴起了"关系转向"，试图找回社会工作如其所是的"社会性"。中国社会工作界也积极倡导关系视角的社会工作理论建构，但尚未完成。社会学界积累了大量关系理论成果，尤其是中国语境的关系研究成果；遗憾的是它们尚未被充分带入社会工作领域。推进二者的联结、整合并操作化有可能建构中国的社会工作关系视角理论。

---

① 高鉴国：《社会工作理论的实务属性和分析构架》，《中国社会工作研究》2019 年第 1 期。
② 刘继同：《社会工作"实务理论"概念框架、类型层次与结构性特征》，《社会科学研究》2012 年第 4 期。

在社会工作关系视角理论的概念框架探索部分，本书将提出由关系的横向概念群和纵向概念群交织而成的概念框架。在横向上，将关系划分为三个维度，即社会工作主体关系、对象关系和专业关系；纵向上，借鉴潘光旦"社会学的点线面体"思想，建构了关系主体、关系链、关系网络和关系世界概念群，并进一步转换为实践性概念群，即关系能力、人际互动、社会支持、结构变革。此外，关系是处境化的，表现为关系的伦理概念群，由和合、心、齐家、差序格局、势构成。这三组概念群共同作为解释和指导社会工作行动的概念框架。

社会工作关系视角理论的干预框架部分，在纵横的关系概念框架中展开分析，服务对象的关系弱势，在压力事件冲击下产生了问题。以服务对象的关系网络为中心，社会工作者采用综合性方法评估问题。评估与干预的边界并非截然分开，评估也具有干预的意义。社会工作者以"中庸"为原则在动态合宜中调整专业关系的界限，以整全的视野，既注重原则的坚守，也有方法的灵活性，建构一个宽泛、联结、动态的专业关系。社会工作者积极增强和彰显专业的文化资本，并整合社会资本，实现与多元治理主体之间的资本交换，构建支持性环境。社会工作者采用整合性的方法展开干预，干预的技术体系概括为点(关系能力技术)、线(人际互动技术)、面(社会支持技术)、体(结构变革技术)。

第六章　建构社会工作关系视角
理论的理论资源

关系是诸多学科的核心概念和议题。重审西方社会工作理论传统，其有着内在的关系维度；当代则逐渐兴起了关系主义，试图重构社会工作理论框架；中国社会工作界近年来显现日益强烈的理论建构意识，关系主义是重要的趋势，但在整合性、实践性上尚未完成。中西方社会理论中有关关系的理论资源十分丰富，构成了社会工作关系视角理论的理论资源。

第一节　社会工作的关系研究脉络

一、西方社会工作理论传统的关系维度

西方社会工作理论的关系传统经历了心理动力学的客体关系学派、家庭治疗理论、人际关系理论、交互分析理论、系统理论、生态系统理论、社会支持理论等。当代西方社会工作的关系转向日益明显，但仍在进程中。

（一）心理动力学的客体关系学派

精神分析理论或称心理动力论是早期社会工作的主要理论来源，并对以后社会工作理论发展产生了深远的影响。精神分析运动形成了四个类型，即驱力模式、自我模式、关系模式和自体模式。① 弗洛伊德创建了驱力模式，他的研究成果集中在《精神分析引论》②和《精神分析纲要》③，分

---

① 郭本禹：《精神分析运动的发展逻辑》，《南京师大学报（社会科学版）》2006 年第 5 期，第 81 页。
② 弗洛伊德：《精神分析引论》，高觉敏译，商务印书馆 1984 年版。
③ 弗洛伊德：《精神分析纲要》，刘福堂译，安徽文艺出版社 1987 年版。

别是弗洛伊德前期和后期的代表作。弗洛伊德将性本能看作具有决定意义
的驱动力量，形成了潜意识理论和人格的本我、自我和超我精神结构理
论。荣格反对弗洛伊德的泛性论，代之以"心理能量"，阿德勒则强调社
会与自我经验，创立了个体心理学。自我模式对应自我心理学，其中哈特
曼提出了"适应"的概念，意味着从关注"我"转向"我"与环境关系；雅各
布森则分析儿童的自我，指出自我产生于婴儿与母亲的关系中。关系模式
对应客体关系学派；自体心理学以客体关系建构自体。①

　　需要展开说明的是关系模式或客体关系学派。客体关系学派产生于
20世纪40年代，被称为精神分析的"圣经"。该学派观点林立，全面概括
客体关系学派的观点是不可能的。基本上说来，客体关系学派认为心理的
动力是寻找客体，而婴儿与母亲的关系影响人一生的人际关系。因此，该
学派的理论焦点在于探讨这种关系对于人的精神结构及其成长的影响。在
治疗的主要环节上包括建立治疗关系环节、寻找和认识投射性认同环节、
面质环节和结束环节。其代表人物包括克莱因、费尔贝恩、马勒、温尼科
特、克恩伯格、米切尔等。

　　克莱因是客体关系学派的创始人，通过游戏她发现儿童的能量并不是
弗洛伊德所谓的控制情欲冲动，而是用来构建人际关系。克莱因将弗洛伊
德首先使用的客体概念演绎成爱、恨、欲望等感情性的承载物，转向关注
客体及客体关系，并认为弗洛伊德的客体是表示关系的，天生指向客体
的。② 在对克莱因理论的继承与批判上，费尔贝恩极力反对克莱因对生物
学和本能的强调，走向纯粹的客体关系模型。他更加直接地指出，人格的
动力不是性欲，而是客体关系。③ 人格的核心是自我，同时自我具有关系
的性质；基本的人格单元是在关系中形成的自我和与他人之间的关系。马
勒和温尼科特都十分强调婴儿与母亲或主要照顾者的关系，这种关系影响
个体一生。④⑤ 客体关系学派的近期发展表现为克恩伯格对客体关系理论
的整合。克恩伯格还强调情感的意义，认为情感从根本上影响内在客体关

①　郭本禹：《精神分析运动的发展逻辑》，《南京师大学报（社会科学版）》2006年第5期，
　　第84页。
②　米尔顿、法布里丘斯等：《精神分析导论》，施琪嘉、曾奇峰译，中国轻工业出版社
　　2005年版，第41页。
③　W. R. D. Fairbaim. *On the nature and Aims of Psycho-analytical Treatment*. Int. J. Psycho-
　　Anal, 1958(34): 374-383.
④　麦可·克莱尔：《现代精神分析"圣经"——客体关系与自体心理学》，贾晓明、苏晓波
　　译，中国轻工业出版社出版2002年版。
⑤　郗浩丽：《客体关系理论的转向：温尼科特研究》，福建教育出版社2007年版。

系世界的组织。① 米切尔是当代精神分析的重要人物。他认为最近几十年精神分析发生一个范式的转移，即从驱力模型转向关系模型。他整合传统的关系理论，把人看作一个互动协调的范畴，而不是与外在现实冲突的。因此，所有的意义都产生于关系。人类根植于关系基质（relational matrix）和相互作用场（the interactional field），个体建立关系、维持关系或分化其自身的地方就是这个场，研究的单位也应当是这个场。② 他批评只重视早期经验的观点，提出发展连续性的互动观点。在治疗过程中米切尔重新定义分析情境，强调治疗师和患者之间主体性遭遇，注重持续性协商，突出治疗师的反移情的促进性作用。客体关系学派还进入到其他领域，如家庭治疗领域。戴维·萨夫和吉儿·萨夫在克莱因的客体关系基础上发展了客体关系家庭治疗。③

（二）家庭治疗理论

家庭治疗理论挑战了原有的个体治疗，转向家庭关系的治疗，焦点在于家庭互动和家庭沟通，这其实是一种关系视角在家庭层面的呈现。家庭治疗理论体系内容庞大，关系性突出的是系统模型，其又包括代际子模型、结构子模型、策略子模型和系统子模型。此外，萨提亚的家庭沟通模式也与关系密切相关。

代际模型，也被称为系统家庭治疗理论，其代表人物是鲍恩。鲍恩的理论以个体性与连带性为分析框架，提出了八个连锁理论概念。其中，自我分化概念表达情感和理智的分离以及将自己独立于他人之外的程度，理想的自我分化不是只有理智没有感情，而是平衡二者，低自我分化往往产生家庭问题。三角关系是家庭治疗领域广为影响的概念，它相对二人关系而言，影响家庭关系的平衡。鲍恩认为最小的关系单位是三角关系，其对家庭情感系统产生重要影响。④ 在治疗上，最重要的目标是完善自我分

---

① 林万贵：《试论克恩伯格对客体关系、情感和驱力理论的新的整合观》，《南京师大学报（社会科学版）》2006 年第 5 期，第 87 页。

② 郭本禹：《精神分析运动的百年回眸》，载郗浩丽：《客体关系理论的转向：温尼科特研究》，福建教育出版社 2007 年版，第 20-21 页。

③ 戴维·萨夫、吉儿·萨夫：《客体关系家庭治疗》，童俊、丁瑞佳译，世界图书出版公司 2012 年版。

④ Keer. M. F, Bowen, M. *Family Evaluation: an Approach Based on Bowen Theory*. New York: W. W. Norton & Company, 1988.

化。① 米纽钦是结构家庭治疗模式的代表人物。结构家庭模式强调干预家庭结构，而家庭结构是家庭成员长期相处所形成的交往的规则和习惯的总和，它包括次系统、边界、身份分工和权力。② 在干预上，思路不是只针对该个体，而是选择对家庭成员整体结构的干预而实现个体的问题的解决。③ 也就是说，问题解决只是家庭互动关系改变的副产品。必须通过家庭成员的谈话和交往来观察、呈现家庭结构，可以采用打破有害结构、划定界限、教育互动等策略。④

策略家庭治疗的代表人物是海利，其认为家庭症状的出现并非个人内心冲突，而是人际交往事件的问题。人具有强大的适应力，家庭症状如焦虑、酗酒等实际上是家庭成员适应环境所采取的处理关系的一种策略。因此，策略家庭治疗的思路在于关注现在，帮助对象发展重新定义关系的方法，本模式特别关注权力、家庭层级、联盟等关系内容。在策略上发展出了细致的干预策略，比如悖论干预、假装技术、考验治疗、重新定义等。⑤ 米兰的系统家庭治疗模型代表人物是帕拉佐莉。特色在于通过显现家庭成员在行为、关系和解释家庭事件中的差异来推动家庭互动模式的改变。为此，他们发展了多种创新性技术。比如，他们认为家庭的互动不是线性的，而是循环的，因此发展了循环提问技术。⑥⑦ 萨提亚的家庭治疗模式极为重视沟通与关系。萨提亚认为，如何定义关系从根本上左右着人们感知世界的方式，包括平等模式和等级模式。⑧ 在家庭问题的分析上，萨提亚提出的家庭基本三角关系，四种生存状态(分别是讨好、责备、超理智、打岔四类状态)作为对病态关系的基本分析性概念，而目标就是重建自尊、建立表里一致的沟通。在具体的治疗技术上，为了改变关系发展了舞会、家庭重塑和曼陀罗等技术。此外，帕罗·阿尔托小组为代表的沟通模式强调个体症状反映了家庭沟通的不协调，治疗目标在于改变家庭互

---

① 易春丽、钱铭怡、章晓云：《Bowen 系统家庭的理论及治疗要点简介》，《中国心理卫生杂志》2004 年第 1 期，第 54 页。

② 王绍文：《社会个案工作理论与案例》，经济科学出版社 2009 年版。

③ 黄慧：《结构式家庭治疗理论评述》，《理论月刊》2006 年第 3 期，第 131 页。

④ 朱眉华、文军：《社会工作实务手册》，社会科学文献出版社 2006 年版，第 166 页。

⑤ 徐汉明、盛晓春：《家庭治疗：理论与实践》，人民卫生出版社 2010 年版。

⑥ 戈登堡：《家庭治疗概论》，李正云译，陕西师范大学出版社 2005 年版，第 201-207 页。

⑦ 王家鹤：《家庭治疗之米兰系统模型》，载《第十届全国心理学学术大会论文摘要集》，2005 年，第 577 页。

⑧ 维吉尼亚·萨提亚、简·格伯、玛利亚·葛莫利：《萨提亚家庭治疗模式》，聂晶译，世界图书出版公司 2007 年版，第 6-8 页。

动模式。①

（三）人际关系理论

社会工作领域代表性的人际关系理论包括沙利文人际关系理论和伯尔尼交互分析理论。

哈里·沙利文将精神病学概述为人际关系的科学，认为理解和处理精神问题可以从人际关系的角度出发。② 沙利文人际理论的主要观点表现在三个方面。③ 第一，人类本质的社会性。单独研究个体无法理解人格的形成与发展，人格的确定必须在人际关系中。第二，左右人际产生与发展的关键因素是焦虑。焦虑来源于不安全，而不安全源于必须的关系得不到维持。儿童时期形成的自我系统帮助个体面对人际情境而进行调节、回避或扭曲，从而导致沙利文所谓的"操作"。第三，沙利文认为人类有潜能以适应和对待人生经历的六个发展阶段中的种种人际关系。在治疗精神疾病上，沙利文主张精神疾病并非先天的或者生理因素造成的，而是早期生活经验造成的人际关系的扭曲所产生的焦虑，也就是自我系统的扭曲。因此，治疗的关键就是改变自我系统，改变系统与自己人际关系障碍造成的歪曲。

由埃里克·伯尔尼开创的交互分析（transactional analysis）理论注重人际沟通。④ 其基本假设就是个体的心理问题不是个体自身的问题，而是由于人际交往导致的，因此改变需要从人际入手。伯尔尼认为人际交往基本方式的定位是儿童时期形成的，这种生活定位包括四类："我不好—你好""我好—你不好""我不好—你也不好""我好—你也好"。人际交互则会出现三类自我心态：父母式、儿童式、成人式。⑤ 三种自我心态同时存在于个体身上，该出现时不出现则表现为心理污染。

（四）系统分析的理论

系统分析的理论是以系统性分析方法为特色的相关社会工作理论。这

---

① 赵芳：《家庭治疗的发展：回顾与展望》，《南京师大学报（社会科学版）》2010年第3期，第94页。

② 哈里·沙利文：《精神病学的人际关系理论》，利瓦伊译，北京大学出版社2010年版，第1页。

③ 哈里·沙利文：《精神病学的人际关系理论》，利瓦伊译，北京大学出版社2010年版，第1-5页。

④ Eric Berne. *Transactional Analysis in Psychotherapy*. Sovenir Press Ltd., 1975.

⑤ 文军、易臻真：《交互分析理论模式及其在社会工作中的应用》，《社会工作》2013年第6期，第3页。

包括系统理论、生态系统理论、社会支持理论等。

系统理论将人类的生存环境看成一个系统，并将人的发展放置在一个系统中进行分析，强调人与环境的互动与关系。系统理论的核心概念如系统、开放系统、封闭系统、输入、输出、转化等都是对人类与环境关系的描述。[1] 人类的发展受到生理、心理和社会因素交互作用，系统需要适应环境的变化才能保持稳定。对服务对象问题的分析上，强调是服务对象与环境之间的互动出现问题而导致的问题。与服务对象的专业关系也因此要随着系统的差异而有不同的方式，既有合作的、也有冲突的、协商的。[2] 系统视角帮助社会工作找回了"社会"，但更多是说明性的，解释力不足，仍然不成熟。

生态系统理论是在系统理论基础上进一步操作化的理论。它假设人与环境的互动是重要的，人的问题需要在这种交流中理解，问题的改变也需要在此之中，人同时有与他人、环境建立关系的能力和改变的能力。其核心概念中的"人际关联"是对个体与他人建立联结能力的突出，这种关系从亲子关系开始，影响人未来生命周期内的各种互惠性关系。[3] 胜任能力就是一种人与环境互动的能力。生态系统将服务对象的问题归结为生活中的问题，这同时包括因为人际功能失调产生的人际问题。对服务对象的干预，社会工作者要与服务对象建立互惠的伙伴关系，注重对服务对象、家庭、环境的综合干预。生态系统理论融合了社会理论，它与诸多心理学、社会学理论如自体心理学、社会资本理论、赋权理论、社会排斥等理论相兼容。[4] 然而，如同系统理论一般，这种过度的包容性也使得生态系统理论过于概化，缺乏特定情境的操作性。

社会支持网络理论被认为是社会系统理论的一个分支。它的主要观点是将人与人之间的交往关系看作社会网络，认为人们从社会网络中获得正式或非正式的支持，以及资源。其核心概念包括社会支持和社会网络。社会支持是人与人互动并能够给个人提供工具性、情感性支持的社会结构。[5] 社会支持的网络构成包括微观层面的家庭支持网络、社区支持网，

① 朱东武：《社会工作系统理论及其运用》，《华东理工大学学报(社会科学版)》2001年第1期，第78页。
② 何雪松：《社会工作理论》，上海人民出版社2007年版，第80页。
③ 何雪松：《社会工作理论》，上海人民出版社2007年版，第90页。
④ 卓彩琴：《生态系统理论在社会工作领域的发展脉络及展望》，《江海学刊》2013年第3期，第117-118页。
⑤ 周湘斌、常英：《社会支持网络理论在社会工作实践中的应用性探讨》，《中国农业大学学报(社会科学版)》2005年第2期，第80页。

宏观层面的国家支持、社会支持等。① 社会工作者通过对社会支持网络的评估，并进行关系网络的重构。社会支持网络理论在诸多领域得到充分重视和应用，但社会支持的分类标准尚不统一，对于中国所强调的正式支持也有不适合之处。②

二、当代西方社会工作理论的关系转向

西方社会工作理论有着内在关系维度，这一传统在当代重新得到重视，并回归关系的本源地位。这表现为后现代主义社会工作以及国际最新发展的关系主义社会工作理论。

(一)后现代社会工作的关系研究

后现代主义对社会工作发起了全面的挑战。传统社会工作理论的诸多困境往往是实证主义带来的困境，也就是把人从实际生活中带离出来进行建构。后现代主义则转向了日常对话，以日常对话为逻辑分析的起点，对于主体之间的双向沟通与理解格外强调，重视个性、多样性。③ 对于社会工作来说，逻辑分析的起点就不再是社工或者服务对象实体，而是两者的交叉点。这样，服务对象就不再是被动的个体，而是有着自身价值观的沟通主体，这个主体的价值观受到多重社会关系的影响，并且权力因素影响重大。④ 这是一种建构主义的思路，现实是主观建构的，而且不是某个个体所能建构的，而是人与人之间互动或者人与制度之间的互动建构的。⑤这与传统的强调人与环境的互动不同之处在于将"环境"转化为"人"。

后现代主义对权力格外重视，对社会工作有着积极的启示。后现代将社会工作者与服务对象之间的交流过程，看作权力斗争与建构问题的过程。社会工作者与服务对象的关系问题不是传统社会工作标榜的平等，平等只是表面的。在问题的归因上，后现代强调主流价值群体和权力拥有者的压制，要求对体制进行变革。也就是说从个人化的治疗迈向制度化的社

---

① 倪赤丹：《社会支持理论：社会工作研究的新"范式"》，《社会工作与管理》2013 年第 3 期，第 63 页。
② 文军：《西方社会工作理论》，高等教育出版社 2013 年版，第 223 页。
③ 童敏：《后现代语境下的社会工作辅导模式探索》，《厦门大学学报(哲学社会科学版)》2003 年第 6 期，第 117 页。
④ 童敏：《后现代语境下的社会工作辅导模式探索》，《厦门大学学报(哲学社会科学版)》2003 年第 6 期，第 118-119 页。
⑤ 童敏：《个案辅导模式的后现代转向及其面临的挑战》，《华东理工大学学报(社会科学版)》2003 年第 4 期，第 17 页。

会干预。① 后现代对社会工作的启示包括，警醒专业背后的权力关系，对现有的秩序保持距离，以便进行变革；从单向的服务对象中心或者社工中心走向互为主体和中心。② 在具体方法上，有必要强调专业知识与民间知识的结合。

(二)关系主义社会工作的兴起

意大利学者 Folgheraiter 联结了关系社会学与社会工作，提出了 Relational Social Work 的概念。③ 尽管社会工作是助人的专业，但作为一种正式的助人系统，其某些实践在潜功能上发挥着"去关系化"的效果，将人们剥离传统的非正式支持网络，疏离传统助人系统。关系社会工作就是直面这种风险，重建社会工作实践模式的尝试。女性主义传统上一直关注两性关系，是鲜明的关系主义论者，可以从女性主义建构初步的社会工作关系理论框架。④ 随着全球化的推进，文化的碰撞与冲击频率大大高于传统社会，种族文化、民族文化、区域文化的差异影响着社会工作的关系实践。⑤⑥

Smith 等反思了西方社会工作理论的个体化倾向，指出关系性倾向社会工作才是社会工作的真正核心。⑦ 这是对西方微观精神分析传统的审视，倡导性一种新的研究范式。西方社会工作界还在关系主义下继续推进，反思社会工作要素，如以关系主义构建一个联结性、宽泛性、动态的专业关系模型；⑧ 反思特定理论，如从关系主义建构一个系统的社会工作

---

① 熊跃根：《后现代主义与社会工作干预：理论和实务的再思考》，《社会科学研究》2016年第 5 期，第 33 页。
② 董云芳：《后现代对社会工作的质疑、启示与消极影响》，《甘肃社会科学》2007 年第 1期，第 40 页。
③ Fabio Folgheraiter. *Relational Social Work：Toward Networking and Societal Practices*. Jessica Kingsley Publishers Ltd.，2004.
④ Freedberg. Relational *Theory for Social Work Practice：A Feminist Perspective*. Routledge. 2008.
⑤ Freedberg. *Relational Theory for Clinical Practice*，Routledge，2015.
⑥ Rosenberger，J. *Relational Social Work Practice with Diverse Populations：A Relational Approach*，Springer-Verlag，2014.
⑦ Smith，M.，Doel，M. Cooper. D *Relationship-Based Social Work：Getting to the Heart of Practice*. Jessica Kingsley，2015.
⑧ Leary. P. O.，Tsui. M. &Ruch. G. *The Boundaries of the Social Work Relationship Revisited：Towards a Connected，Inclusive and Dynamic Conceptualisation*. British Journal of Social Work，2013(43)：135-153.

的增权理论。[1]

Emirbayer 和 Williams 尝试联结布迪厄社会理论与社会工作，其关键点不在于布迪厄所提出的概念，而在于布迪厄构建其理论体系所采用关系主义方法。[2] 我们可以受此启发，以关系主义重构社会工作的体系。它有助于重新理解统治与抗争、社会生活的权力运作等内容，有益于重新理解社会工作系统与实践。Emirbayer 和 Williams 以纽约市收容社会工作服务为例，构建了收容者和客户的两类场域，以此指出从场域分析进入社会工作的优势、特色，倡导联结布迪厄理论与社会工作。

三、中国社会工作的关系研究

围绕社会工作的关系理论研究包括关系经验概括和关系理论建构两个层面。

(一)中国社会工作的关系经验研究

从关系的类型来看，中国社会工作领域对关系的讨论可以分为以下几类。

第一类研究成果是关于社会工作专业自身的发展，围绕社会工作与政府关系、社会工作与社会组织关系等展开。总体上，嵌入式发展是中国社会工作实务的实践逻辑，并得到社会工作界广泛关注。熊跃根提出了中国社会工作的"体制性嵌入"表明社会工作的实践逻辑。[3] 徐永祥指出了汶川地震社会工作以"嵌入、建构"为核心的模式。[4] 王思斌首先系统地将嵌入概念引入到对中国社会工作的分析。由于中国专业社会工作的发展面临着传统的、以单位体制为基础的社会服务，传统的服务仍然占据主导地位，并在某种程度上强化。专业社会工作在中国的发展呈现出嵌入性特征，[5]

---

[1] Leonardsen. Social Work: Individual vs. Relational Perspective. International Journal Social Welfare, 2007, 16(1).

[2] Emirbayer, Mustafa. Eva M. Williams. *Bourdieu and Social Work*. Social Service Review, 2005, 79(4): 689-724.

[3] 熊跃根:《论中国社会工作本土化发展过程中的实践逻辑与体制嵌入——中国社会工作专业教育10年的经验反思》,载《社会工作专业化及本土化实践——中国社会工作教育协会2003—2004论文集》,2003年,第197页。

[4] 徐永祥:《建构式社会工作与灾后社会重建:核心理念与服务模式——基于上海社工服务团赴川援助的实践经验分析》,《华东理工大学学报(社会科学版)》2009年第1期,第1页。

[5] 王思斌:《中国社会工作的嵌入性发展》,《社会科学战线》2011年第2期,第212-213页。

表现为政府主导下的专业弱自主性嵌入①。社会工作的价值理念是"助人自助"，所体现的是发展的理念。然而，中国当前的发展理念还集中在经济领域，社会保障、社会福利依然停留在补偿、剩余性支持的层面。这也就是说，中国社会工作生成的前提性条件还没有成熟。社会工作本应该在社会福利、社会保障系统最先生成；然而，实践中，社会工作首先以"增量嵌入"方式在司法系统生成。② 当然，这还与体制改革的困境有关。这种生成方式使得社会工作者陷入三重张力：刚性管理与柔性服务的张力，日常经验、传统方法和专业方法之间的张力，资源丰富与资源匮乏之间的张力。③ 消解张力，实现上述诸多内容的整合是未来的课题，体制改革的挑战。整体说来，中国社会工作的实践发展是专业社会工作、实际社会工作、政府多元主体互构性演化过程。④ 此外，还有人提出了社会工作与行政性社会工作融合发展。专业社会工作、民间社会工作和行政社会工作存在着分殊，但以"和而不同"思想在中国化的进程中不断"化"，以致会通的过程。⑤ 这一思想也可以以"双向嵌入"⑥来概括，既强调专业社会工作对传统行政性社会工作的嵌入，也强调传统社会工作对专业社会工作的嵌入。当然，在嵌入的发展中，中国社会工作还面临一系列关系性问题，包括社会工作者角色定位模糊与社会工作机构的自律与监管失灵；⑦⑧ 专业社会工作面临外部服务行政化、内部治理官僚化和专业建制化并与行政性社会工作孤立的挑战；⑨ 要处理好与遣使者的关系。⑩

　　第二类研究是讨论社会工作专业关系问题。王思斌研究中国社会的求

---

① 王思斌：《中国社会工作的嵌入性发展》，《社会科学战线》2011 年第 2 期，第 217 页。
② 张昱：《中国本土社会工作实务的实践逻辑及其反思》，《社会科学》2008 年第 5 期，第 81 页。
③ 张昱：《中国本土社会工作实务的实践逻辑及其反思》，《社会科学》2008 年第 5 期，第 84 页。
④ 王思斌、阮曾媛琪：《和谐社会建设背景下中国社会工作的发展》，《中国社会科学》2009 年第 5 期，第 128 页。
⑤ 刘威：《"和而不同"：中国社会工作的实践分殊与经验会通》，《中州学刊》2010 年第 6 期，第 109 页。
⑥ 尹阿雳、赵环、徐选国：《双向嵌入：理解中国社会工作发展路径的新视角》，《社会工作》2016 年第 3 期，第 47 页。
⑦ 文军、吕洁琼：《社会工作专业化：何以可能？何以可为？》，《河北学刊》2018 年第 4 期，第 156-163 页。
⑧ 童敏：《中国本土社会工作专业实践的基本处境及其督导者的基本角色》，《社会》2006 年第 3 期，第 200 页。
⑨ 朱健刚、陈安娜：《嵌入中的专业社会工作与街区权力关系——对一个政府购买服务项目的个案分析》，《社会学研究》2013 年第 1 期，第 43 页。
⑩ 陈涛：《社会工作专业使命的探讨》，《社会学研究》2011 年第 6 期，第 211 页。

助关系发现背后有情理法的交织，① 所谓的情则涉及关系；刘志红分析了中国传统人际关系特点，指出其影响西方社会工作专业关系中的接纳、非批判、潜能、适度情感干预原则。② 李爽、俞鑫荣探索了"人情与面子"的理论模式，③ 潘绥铭等探讨了"道义追求下的专业关系+工作关系+朋友"的模式；④ 郭伟和等强调反思性对话关系及结构的限制。⑤ 马志强认为专业关系而非熟人关系是社会工作得以存在的合法性基础。⑥

　　第三类研究成果讨论社会工作干预对象的关系问题。刘立国将关系定义为人际关系，根据人际关系在社会工作服务中的重要性，结合国外一些学者如霍利斯、特雷维西克和鲁赫等提出并研究了关系基础型的社会工作模式。⑦ 这种模式的理论来源包括系统理论、依恋理论等，并强调个体与环境的整体性。唐咏在东西方对比中倡导研究和建构关系视角的社会工作本土化理论。⑧ 此外，对关系形成的网络的研究也是重要研究内容。⑨⑩⑪⑫ 在具体研究上，相关的文献讨论了社会工作干预医患关系、劳资关系、亲子关系、婆媳关系、员工关系、宿舍人际关系等主题。如童敏对农民工社会工作服务的研究认为，传统的以社会工作三大方法为内容的直接服务无法在制度内取得满意的效果，因此需要转向一种动态的，基

---

① 王思斌：《中国社会的求助关系——制度与文化的视角》，《社会学研究》2001 年第 4 期，第 7-8 页。

② 刘志红：《传统社会的人际交往特性对建立社会工作专业关系的影响》，《求索》2003 年第 2 期，第 147-148 页。

③ 李爽、俞鑫荣：《人情与面子——本土社会工作专业关系建立的探索》，《中华女子学院学报》2014 年第 4 期，第 115 页。

④ 潘绥铭、侯荣庭、高培英：《社会工作伦理准则的本土化探讨》，《中州学刊》2012 年第 1 期，第 98 页。

⑤ 郭伟和、徐明心、陈涛：《社会工作实践模式：从"证据为本"到反思性对话实践》，《思想战线》2012 年第 3 期，第 39 页。

⑥ 马志强：《从熟人关系到专业关系：社会工作求助模式的转向》，《西北师大学报（社会科学版）》2014 年第 1 期，第 140 页。

⑦ 刘立国：《关系基础型社会工作模式浅析》，《人民论坛》2013 年第 3 期，第 122-123 页。

⑧ 唐咏：《关系和嵌入性之外：中国社会工作理论本土化研究的路径选择》，《深圳大学学报（人文社会科学版）》2009 年第 2 期，第 88 页。

⑨ 周湘斌、常英等：《社会支持网络理论在社会工作实践中的应用性探讨》，《中国农业大学学报社会科学版》2005 年第 2 期，第 80-85 页。

⑩ 倪赤丹：《社会支持理论：社会工作研究的新"范式"》，《社会工作与管理》2013 年第 3 期，第 58-65 页。

⑪ 张洪英：《社会支持网络及其在社会工作中的应用》，《山东女子学院学报》2002 年第 3 期，第 47-49 页。

⑫ 聂春雷：《社区建设视野下的社会工作与社会支持》，《天府新论》2004 年第 6 期，第 80-83 页。

于服务群体社会支持并改善社会支持关系的动态服务。① 花菊香、刘继同各自讨论了社会工作干预医患关系,②③ 钱宁和郑广怀各自分析了社会工作干预劳资关系等。④⑤

第四类研究成果将关系作为社会工作干预/研究对象。张昱基于对汶川地震灾后重建社会工作干预实践提出,灾后社会工作服务是对社会关系的干预,并且操作化为五个关系,即个体的自我关系、个体之间的关系、个体与社区的关系、个体与政府的关系、个体与环境的关系。⑥ 同时,这五个方面虽然都有独立的目标,但是在实践中并不可分,而是相互联系、相互配合,要发挥最大的社会工作干预效果必须对整体进行干预。张昱进一步认为,社会工作只有明确以人的社会关系作为研究对象才能够完成理论体系建构,话语权建构等一系列问题。⑦ 此外,何雪松认为中国的思维方式强调对立统一,因此关系主义成为中国社会工作知识结构的认识论和方法论基础,并主张对"关系"这一核心概念进行操作化和关联化研究。⑧ 关系主义、关系性、关系取向都是从哲学层面提出的一种思维方式。

(二)理论建构意义上的关系研究

尽管长时间以来,中国社会工作因过于注重实践而被批评缺乏理论,但社会工作界追求理论的步伐并未停止。尤其近二十年来,国内社会工作界围绕社会工作本土理论构建从不同的视角切入,初步构建了不同的成果,显示了日益强烈的理论建构意识。⑨ 目前初步的构建从不同的角度涉

① 童敏:《制度语境下农民工社会工作服务的新视角——从静态直接服务到动态关系服务》,《社会工作与管理》2013 年第 3 期,第 11 页。

② 花菊香:《以社会工作干预构筑和谐医患关系》,《学习与实践》2006 年第 12 期,第 130-135 页。

③ 刘继同:《构建和谐医患关系与医务社会工作的专业使命》,《中国医院管理》2006 年第 3 期,第 15-18 页。

④ 钱宁:《劳动关系治理与工业社会秩序的建构——社会治理创新背景下的企业社会工作》,《社会工作》2014 年第 1 期,第 11-17 页。

⑤ 郑广怀、刘焱:《扩展的临床视角下企业社会工作的干预策略——以广东 D 厂的新员工为目标群体》,《社会学研究》2011 年第 6 期,第 87 页。

⑥ 张昱:《灾后社会关系恢复与重建的路径探索:基于 Q 安置社区社会工作介入的实践》,《华东理工大学学报(社会科学版)》2008 年第 4 期,第 6 页。

⑦ 张昱:《社会工作:从本质上实现人的改变》,《社会科学辑刊》2019 年第 6 期,第 42 页。

⑧ 何雪松:《重构社会工作的知识框架:本土思想资源的可能贡献》,《社会科学》2009 年第 7 期,第 78 页。

⑨ 何雪松:《社会工作的理论追求及发展趋势》,《西北师大学报(社会科学版)》2017 年第 4 期,第 11 页。

及关系概念或者专门围绕关系展开。

　　第一类是涉及关系的本土社会工作理论。彭华民倡导从中国传统的任务为本的社会工作模式转向需要为本的社会工作模式。这一模式的核心是服务对象的需求，而服务对象的需求是人与环境互动中产生的。① 张和清批判了主流社会工作对临床社会工作的过度重视，而忽视了社会学的想象力，对社会干预不足。中国社会转型的大背景下，社区是个体/家庭与宏观环境的接触面，因此社区工作是一个致力于系统双向改变的良好路径，② 在此意义上倡导社区为本的社会工作是对临床社会工作的超越。社区为本的社会工作是一个整合的实践，在于居民同行，整合社区资源的基础上，实现五个方面的目标：生计发展、公共参与、邻里互助、环境友好、文化多元。③ 这种社区为本的社会工作实践，其是面向社区关系的实践，注重社会资本建设、文化资本建设。社会资本建设包括信任、规范、合作、互惠。④ 向羽、张和清基于广东地区 SD 个案的研究指出，社会工作实践应走向多元、合作、包容及整合的思路，从合作的对象、合作的类型、合作的定位、合作的关系建构四个方面建设多元合作的社会工作实践。⑤ 朱健刚提出了转型社会工作的理论视角。这种转型社会工作将社会工作的视野投放到一个快速转型的社会空间层面；针对当前社会工作领域两大隐忧——由于政府购买服务而官僚化，过于强调技术性、专业性而忽视了与外界如志愿者、公益机构的联系，强调应当实现社会工作的转型。这种转型社会工作需要走向社区为本的面向整体环境的改变目标；需要走向整合的社会工作，将社会工作与社会政策、发展结合起来；需要强化对权力的反思。⑥ 基于中国"天人合一"的哲学，童敏认为个人与他人交流需要三个方面的超越，与自身不同方面交流实现整体的超越；调整自己的内心状态与未来交流；与他人的交流实现链接。⑦ 整合性社会工作理论得到

① 彭华民：《需要为本的中国本土社会工作模式研究》，《社会科学研究》2010 年第 3 期，第 10、13 页。
② 张和清：《社会转型与社区为本的社会工作》，《思想战线》2011 年第 4 期，第 39 页。
③ 张和清：《中国社区社会工作的核心议题与实务模式探索——社区为本的整合社会工作实践》，《东南学术》2016 年第 6 期，第 58 页。
④ 张和清、马玉娜：《灾后社区关系建设》，《中国减灾》2010 年第 19 期，第 35 页。
⑤ 向羽、张和清：《多元合作的社会工作实践——基于 SD 中心的个案研究》，《社会工作与管理》2014 年第 4 期，第 24 页。
⑥ 朱健刚：《转型时代的社会工作转型：一种理论视角》，《思想战线》2011 年第 4 期，第 41 页。
⑦ 童敏：《东西方融合：社会工作服务的专业化和本土化》，《厦门大学学报（哲学社会科学版）》2007 年第 4 期，第 184 页。

国内社会工作界的推崇，例如童敏整合优势视角与问题解决模式；① 费梅苹提出的社区青少年服务融合型模式②③郭伟和等整合优势视角与抗逆力抵抗。近年来，童敏还进一步倡导基于场景的社会工作理论建构，④ 这与场景的关系实践密切关联在一起。张江龙提出了面向空间的社会工作理论和实践路径，⑤ 在某种意义上与童敏提出的场景服务理论框架具有一致性。回归场景本质上是回归生活场景，生活本身是复杂关系的产物。社会工作理论建构从生活中而来，但在学理建构中抽离了生活，当前又面临回归生活的趋向。⑥ 建构以生活为本的社会工作理论或者扎根生活世界的理论也得到了学界的倡导。⑦

　　第二类是专门围绕关系的社会工作理论建构。唐咏指出关系和嵌入是社会工作本土化的重要视角，西方强调个体自由原则，而中国重视个体之间的关系、个体与社会之间的关系。⑧ 刘立国根据人际关系在社会工作服务中的重要性，结合国外一些学者如霍利斯、特雷维西克和鲁赫等提出并研究了关系基础型的社会工作模式。⑨ 这种模式的理论来源包括系统理论、依恋理论等，并强调个体与环境的整体性。郭伟和等倡导的反身性实践的社会工作实务理论即以布迪厄的关系主义思想为基础；⑩ 文军等基于灾害社会工作实践经验提出的以社区关系为核心的模式。⑪ 张方旭提出了以关系主体、关系网络、关系力量、关系资本为核心的社会工作关系实践

① 童敏：《从问题视角到问题解决视角——社会工作优势视角再审视》，《厦门大学学报（哲学社会科学版）》2013 年第 6 期，第 1-7 页。

② 王思斌、阮曾媛琪：《和谐社会建设背景下中国社会工作的发展》，《中国社会科学》2009 年第 5 期，第 128 页。

③ 费梅苹：《"融和型"社区青少年社会工作服务模式探究》，《华东理工大学学报（社会科学版）》2005 年第 3 期，第 41 页。

④ 童敏、刘芳：《基层治理与中国社会工作理论体系建构》，《河北学刊》2021 年第 4 期，第 30 页。

⑤ 张江龙：《面向空间的社会工作实践：理论意义和实现路径》，《江汉论坛》2020 年第 9 期。

⑥ 童敏：《重拾生活：社会工作的本质回归与理论重构》，《社会科学辑刊》2021 年第 6 期，第 44 页。

⑦ 汪倩情：《扎根生活世界：新时代社会工作的范式转变与实践逻辑》，《学海》2020 年第 3 期。

⑧ 唐咏：《关系和嵌入性之外：中国社会工作理论本土化研究的路径选择》，《深圳大学学报（人文社会科学版）》2009 年第 2 期，第 88 页。

⑨ 刘立国：《关系基础型社会工作模式浅析》，《人民论坛》2013 年第 3 期，第 122-123 页。

⑩ 郭伟和：《迈向反身性实践的社会工作实务理论——当前社会工作理论界的若干争论及其超越》，《学海》2018 年第 1 期，第 125 页。

⑪ 文军、吴越菲：《灾害社会工作的实践及反思——以云南鲁甸地震灾区社工整合服务为例》，《中国社会科学》2015 年第 9 期，第 165-181 页。

框架。

　　总体来看，目前这些研究或多或少展现了关系主义的思维。它们或者基于实践经验概括，或者理论总结，或者基于哲学反思的系统整合。这些本土化理论建构的探索可以在关系主义的框架下进一步整合，最终形成本土化的社会工作关系视角理论。

第二节　社会学理论中的关系理论资源

　　中国社会理论和西方社会理论的关系研究成果为拓展社会工作的关系视角理论提供了理论资源。由于西方社会工作专业与社会学专业分属于不同学院或部门，二者断裂。社会理论为社会工作"关系转向"提供了潜在的丰富理论资源，但遗憾的是二者尚未得到充分连通。西方社会理论不乏对关系的讨论，其基本脉络涵盖从古典社会学家马克思、齐美尔，到现代社会学符号互动论、社会交换论、现象学社会学、社会冲突论、布迪厄社会实践理论、哈贝马斯沟通理性理论、柯林斯的仪式互动链理论以及新近发展的社会网络理论、社会资本理论。中国社会理论围绕中国语境的关系研究也积累了丰富多彩的理论成果，为构建社会工作关系理论提供了厚实的社会学基础。

一、西方社会学理论中的关系理论资源

（一）西方古典社会学家对关系的论述

1. 马克思对关系的论述

　　马克思"第一个也是最基本的思想是：所有的人都处在一定的、必然的关系之中，这种关系是不依他们的意志为转移的。……理解历史进程的条件就是要懂得这些超个人的社会关系"[①]。马克思思想的精华体现在《资本论》，而《资本论》最常见和最重要的概念也是"关系"。关系视角是理解马克思思想的重要视域。

　　"人的本质不是单个人所固有的抽象物，在其现实性上，它是一切社会关系的总和"[②]。传统理论观点将人视为无所依存的自我的实体，或是

[①]　雷蒙·阿隆：《社会学主要思潮》，葛智强译，华夏出版社2000年版，第99页。
[②]　《马克思恩格斯选集（第1卷）》，人民出版社2012年版，第135页。

某种抽象的普遍本质。① 马克思对人本质的论断是关系主义的宣言，就是要突破传统的实体主义思维方式，要求从人与人主体间的关系来理解人，而不是从实体来理解和规定人。马克思将人的社会关系的历史性概括为三个阶段：（1）人的依赖关系；（2）以物的依赖性为前提的人的独立性；（3）自由个性。② 第一阶段是一种人身依附关系；第二阶段是以物为中介依赖性关系，是资本主义社会的关系。③ 而第三阶段就是关系所追求的目标，人与人的结合是存在的基础，是一种新型的社会关系，反对对立的关系。

2. 齐美尔对关系的论述

齐美尔被称为古典关系社会学的奠基人，他认为社会不是韦伯以为的个体意义所表达出来的，也不是涂尔干所认为的聚合的整体。社会仅仅是一个代指由诸多个体构成的范围的名称，也因此不是一个实体；这些个体相互联结，而正是通过持续的相互作用实现，人们也是在这个意义上称之为一个整体。④ 社会是持续的社会化过程，它要求个体必须相互联系，它也要求整体是一个动态的过程。"人类的社会行动要想成为可能，必须要有持续相互作用的人际关系网络。"⑤因此，个体的自由不可能脱离社会而独立存在，脱离了社会也就不存在个体的自由。

齐美尔尤为注重分析社会相互作用的规则和形式。⑥ 他认为，扩大社会网络合作的空间应该是社会学的重要贡献。在社会学意义上，社会互动的内容远不如基本形式重要。由此，齐美尔希望建立形式社会学，研究这些交往的形式，如亲密、合作、服从、竞争等。他对二人群体和三人群体的关系研究堪称经典。对冲突的研究、际遇人数研究、货币的研究都展现着齐美尔对关系形式的侧重。⑦ 齐美尔认为，研究者本身是社会网络的一分子，并不能采取自然科学的实证方法，不可以线性的因果思维来开展研

---

① 贺来、张欢欢：《"人的本质是一切社会关系的总和"意味着什么》，《学习与探索》2014年第9期，第27页。

② 《马克思恩格斯全集（第46卷上）》，人民出版社1979年版，第104页。

③ 《马克思恩格斯文集（第5卷）》，人民出版社2009年版，第877页。

④ 郑作彧：《齐美尔的自由理论——以关系主义为主轴的诠释》，《社会学研究》2015年第3期，第102页。

⑤ 郑作彧：《齐美尔的自由理论——以关系主义为主轴的诠释》，《社会学研究》2015年第3期，第103页。

⑥ 郑作彧：《齐美尔的自由理论——以关系主义为主轴的诠释》，《社会学研究》2015年第3期，第102-103页。

⑦ 乔纳森·H. 特纳：《社会学理论的结构（第7版）》，邱泽奇、张茂元等译，华夏出版社2006年版，第435页。

究，从而倡导"理解"的社会学方法，影响后续的符号互动论。但是总的来说，齐美尔对社会网络如何形成、关系网络之间的合作斗争等方法论问题的研究尚为空白。

3. 其他古典社会学家对关系的论述

社会学的创始人孔德的社会静力学是对社会体系不同部分的反应规律及社会有机体各个部分关系的平衡与和谐规则的研究。① 社会病态的产生是因为这种关系遭到破坏。对维系这种关系的方式，孔德提到了语言、宗教和劳动分工。斯宾塞对尚武社会和工业社会的划分是依据人们的关系状态。尚武社会中人际关系的强制性突出，工业社会则是合作、友善的关系。②

滕尼斯的传世之作《共同体与社会》对共同体与社会的区分也是依据社会关系。社会关系是基础，而共同体与社会则是社会关系的不同表现形式。滕尼斯认为，人的意志是相互关系的，也就否认了意志的独立性；换言之，任何这样的一种关系都是相互作用的。③ 共同体的本质是关系。人与人之间的权利与义务双重关系是关系的表现形式，以及由此形成的关系圈也是关系的表现形式。④

涂尔干指出社会由个体构成，而个体必须通过某种方式结合起来实现共同行动，这样社会的力量才能展现，人们结合的方式即是社会关系。⑤ 涂尔干对社会团结的讨论就是对社会关系的展开。其中机械团结通过集体意识结合，有机团结通过劳动分工结合。无疑，涂尔干对社会关系的认识是宏观的，他是从社会类型的角度来论述社会关系。

马克斯·韦伯所倡导的理解社会学，社会关系存在于有意义的社会行动中。韦伯在论述权威类型中，提到的卡里斯玛型权威拥有超凡的、超人的关系质量，从而获得人们的拥戴和服从。韦伯还提到处于科层不同位置的人有着不同的关系资本，这种关系资本能够帮助人们获得社会资源，尤其当科层制出现裂痕时关系资本的作用突出。⑥

① 刘易斯·科瑟：《社会学思想名家》，石人译，中国社会科学出版社1990年版，第12页。

② 文军：《西方社会学理论：经典传统与当代转向》，上海人民出版社2006年版，第66页。

③ 费迪南德·滕尼斯：《共同体与社会：纯粹社会学的基本概念》，林荣远译，商务印书馆1999年版，第3页。

④ 贾春增：《外国社会学史》，中国人民大学出版社2007年版，第27页。

⑤ 涂尔干：《社会分工论》，渠东译，三联书店2000年版。

⑥ 张进宝：《关系社会学何以可能》，《国外社会科学》2011年第2期，第17页。

(二)西方现代社会学的关系论述

符号互动论对关系视角多有借鉴意义。其开创者米德否认社会是独立的实体，而从互动的角度理解，以客观相对主义为哲学基础，以此超越传统的二元对立。他主张从行为来解释意识和现象，但又反对一般行为主义对社会交往的忽视，而主张社会行为主义。由此，米德论述了心灵、自我是在社会的产物，而产生的媒介就是语言。在角色扮演中，自我具有能力使得有机体成为自我的对象，要实现这个目标，则要通过泛化他人，构筑客我，然后在主我与客我的统一中实现自我。① 戈夫曼的戏剧理论是对符号互动论的一大发展。剧场的比喻所要说明的是人们的互动关系。剧场中的印象管理不同于人们常认为的给出，而是强调发出。给出是语言为主的，过于狭隘，发出则是多方面的(身体语言、姿态、服饰、财富展示、防御艺术等都是发出的内容)。② 戈夫曼区分了两种互动：焦点互动和非焦点互动。戈夫曼眼中的前台是制度化的，指导着表演者在特定前台的行为，而显示了社会的结构性。因此，戈夫曼强调个体互动与社会结构的双重性。

社会交换理论以社会交换为核心，是一种关系的理论，包括从微观出发的霍曼斯行为主义交换理论和从宏观出发的布劳结构主义交换理论。霍曼斯认为，交换中情感通常被看作一种社会资源；互动是一种双向的活动；互动必须遵守公认的规范，实现公正性期待。霍曼斯对权力起源的解释也是一种关系性的解释，他将不平等的交换作为权力产生的基础，进而言之，交换不平等乃是由于人们各自占有的资源的不平等。③ 因此，交换又与资源密切相关。布劳的结构主义交换论从微观的交换走向宏观层次上的交换过程的形式，④ 形成了完整的交换理论。他认为交换是一种特殊类型的交往，在对回报的期待和换取是特殊的——当预料的报酬不能马上发生时就停止交换。⑤ 布劳认为社会交换始于资源互补中的相互吸引，在交

---

① 乔治·H. 米德：《心灵、自我与社会》，赵月瑟译，上海译文出版社 1992 年版，第 1-6 页。

② 马尔科姆·沃特斯：《现代社会学理论》，杨善华等译，华夏出版社 2000 年版，第 30 页。

③ George C. Homans. *Social Behavior: Its Elementary Forms*. New York: Harcourt Brace Jovanovich, 1974: 250.

④ 乔纳森·H. 特纳：《社会学理论的结构(第 7 版)》，邱泽奇、张茂元等译，华夏出版社 2006 年版，第 279 页。

⑤ 彼德·布劳：《社会生活中的交换和权力》，孙非等译，华夏出版社 1998 年版，第 7 页。

换中人们遵守着两大规范——互惠和公平。从个体交换走向更大范围的社会交换，竞争促发了分化，使得权力得以产生，权力产生可以导致社会整合，也可能引发冲突。共享价值观是交换的媒介，制度化将社会交换结构化，这些都推进了交换宏观化中关系的稳定。

舒茨创立的现象学社会学关心的中心点是日常发生的社会关系。主体间性下人们发生的关系是主动的，有意识的，而不是符号互动论所主张的主体面向客体的关系，也就是说舒茨认为人们之间的关系是互为主体的方式而关联的。此在是由彼在和我的身体位置的关系构成，而其中的基础就是空间视角和时间视角，这表明视角相互转换的可能，也正是在共享的主观世界之下，沟通才成为可能。换言之，共享是沟通的先决条件。视角的互易性阐明了社会工作同理原则的机理。舒茨将认识对象的主观世界称之为变形自我，表明了自我与他人之间的主体间性关系。① 主体性所在的世界就是生活世界，生活世界有两类重要的关系类型，一个是"我们关系"，另一个是"他们关系"。"我们关系"是面对面的关系，直接经验的范畴，是社会关系中最基本的关系。"他们关系"是间接经验产生的关联，人们只是与人的类型产生关联，以类型化和配方足以应对。

社会冲突理论与关系密切相关。科塞的冲突功能理论，认为冲突是人际关系的组成部分，强调的是冲突的积极功能而非一贯认为的冲突反功能，冲突有利于社会关系的团结，有时候也需要制造外部敌人来推进内部团结。科塞指出了这些冲突积极功能的前提条件，即从社会共享的价值观基础看，冲突所针对的目标、价值不可与之矛盾，这样冲突是积极的，否则冲突将带来毁灭性的后果。② 为此，必须建立制度化的在社会承受范围内的冲突宣泄管道——"安全阀"。达伦多夫的辩证冲突理论的基本分析单位是强制性协作联合体（ICAS），③ 也是一个关系的组合。ICAS 是合法化的权力关系，冲突围绕着 ICAS 中权威资源的分配进行，达伦多夫由此解释社会冲突、社会变迁。冲突的发生有条件前提，其一就是准利益团体相互沟通的机会。

帕森斯发展的模式变项理论用以描述不同社会系统的社会关系的特征，行动者在互动中面临的选择可以概括进五个类型范畴。④ 其中值得注

---

① Schutz. A. *Collected Papers*. The Hague：Martinus Nijhff, 1962(1)：174.

② 刘易斯·科塞：《社会冲突的功能》，孙立平等译，华夏出版社 1989 年版，第 135 页。

③ 侯均生：《西方社会学理论教程》，南开大学出版社 2006 年版，第 202 页。

④ 乔纳森·H. 特纳：《社会学理论的结构(第 7 版)》，邱泽奇、张茂元等译，华夏出版社 2006 年版，第 40 页。

意是，自我与集体范畴，前者在互动中以自身利益为先，后者以他人为先。感情性与中立性范畴，前者将感情掺入互动，后者则是理智为主的互动。

布迪厄本人作为公共知识分子，对产生社会问题的新自由主义进行了犀利的批判，① 对社会底层群体代言发声。② 从某种意义上讲，布迪厄也是一位社会工作家。布迪厄社会实践理论除了强调实践性外，还极为重视关系，并以关系主义方法著称，发展了关于关系的系列元概念。③ 总体看来，关系视角下对布迪厄理论的研究分为两类，一是核心概念的运用，二是倡导布迪厄的关系主义方法论。Emirbayer 和 Williams 倡导以关系主义联结布迪厄理论与社会工作。④ 学者们积极运用布迪厄理论回答社会工作面临的一些分裂难题。如 Maryah Stella Fram 运用布迪厄的理论来回应社会工作贫困服务中政治经济的分离。⑤ 郭伟和则利用布迪厄的实践理论来重建西方社会工作中的优势视角。⑥

哈贝马斯的沟通行动理论是一个关系性突出的社会学理论。哈贝马斯从批判韦伯的理性化概念开始，认为韦伯的理性化存在问题——其不过是技术理性化，主体间的人际关系以及主体间互动与协调的特点被韦伯忽视了。哈贝马斯提出了另外一个行动类型学，工具性行动只考虑自身目的，是非社会的。沟通行动是行动者为了协调相互的行动，以语言为媒介相互沟通的行动。⑦ 沟通行动的有效性需要满足四个要求（真理宣称、正当宣称、真诚宣称和可理解宣称）以构建的理想的沟通情境。⑧ 沟通行动是在生活世界内进行的，生活世界的理性化意味着人际沟通更多依赖于理性交流而不是外在强制力。沟通行动背后隐藏的是哈贝马斯称之为沟通理性的

① 参见布迪厄：《遏制野火》，河清译，广西师范大学出版社 2007 年版。
② 布迪厄晚年出版的《世界的苦难》反映了他对底层及社会疾苦的价值关怀。参见 Pierre Bourdieu et al. *The Weight of the World*：*Social Suffering in Contemporary Society*. translated by Priscilla Parkhurst Ferguson et al. Polity Press，1999。
③ 布迪厄、华康德：《实践与反思：反思社会学导引》，李猛、李康译，中央编译出版社 2004 年版。
④ Emirbayer, Mustafa, and Eva M. Williams. *Bourdieu and Social Work*. Social Service Review. 2005，79（4）：689-724.
⑤ Fram, Maryah Stella. *Research for Progressive Change*：*Bourdieu and Social Work*. Social Service Review，2004，78（4）：553-576.
⑥ 郭伟和、徐明心：《从抗逆力到抵抗：重建西方社会工作实务中的优势视角》，《思想战线》2013 年第 5 期，第 110 页。
⑦ 哈贝马斯：《交往行为理论》，曹卫东译，上海人民出版社 2004 年版，第 273 页。
⑧ 哈贝马斯：《交往行为理论》，曹卫东译，上海人民出版社 2004 年版，第 291 页。

理性，它不同于工具理性，是一种具有反思性、协商性，谋求对话的理性。①

吉登斯的结构二重性理论与关系密切相关。结构二重性是吉登斯克服主体主义与客体主义二元论的成果，他大量的借鉴了社会互动与场景理论。② 结构的基本含义是规则和资源，是一种虚拟秩序，它由脱离了特定时空的各种关系的组成。③ 因此，人类社会不是实体性的结构，而是具有结构性质的一种虚拟而已；④ 结构的存在必须通过实践展现出来。结构和行动并非分离的，而是在人的实践活动上相互渗透、相互统一的。行动具有多重特点，其一就是社会性，具有规范和沟通的一面。

柯林斯的仪式互动链理论整合了互动论、交换理论和社会心理学理论，确立了一种新的理论综合倾向。局部情景是互动发生的地方，不是单个的人，而是由人组成的社会网络，是人对世界的看法以及历史的来源地。互动的主要形式是仪式，仪式是相对稳定的行为姿态，人们的交流以及由此产生的互动仪式形成和维持了社会大部分现象。互动仪式是一种程序化活动，由际遇者的资本和情感交换而展开的，它包括多个内容（两人以上的面对面互动；共同目标、情感；积累和强化共同目标和情感；阻止外来者）。⑤ 互动中有资源和情感的投入，谈话仪式就是一个代表。资源投入主要是文化资本和情感能量，二者都是互动的动力，柯林斯更为强调情感能量。人互动是高度理性的，目的在于特定互动中获得最大的情感能量。通过互动仪式经由时间的持续存在和组合而形成互动仪式链，柯林斯将微观的互动拉伸到宏观水平。

（三）西方社会网络与社会资本理论的新进展

1. 社会网络理论

特纳指出，网络理论是英美结构主义传统以及齐美尔形式社会学、美

---

① 侯均生：《西方社会学理论教程》，南开大学出版社 2006 年版，第 368 页。

② 安东尼·吉登斯：《社会的构成：结构化理论大纲》，李康、李猛译，生活·读书·新知三联书店 1998 年版，第 7-8 页。

③ 李红专：《吉登斯社会历史观评析：兼论马克思主义的当代价值》，科学出版社 2010 年版。

④ 安东尼·吉登斯：《社会的构成：结构化理论大纲》，李康、李猛译，生活·读书·新知三联书店 1998 年版，第 436 页。

⑤ Randall Collins. *The Sociology of Philosophies：A Global Theory of Intellectual Change*. Cambridge, Mass.：Harvard University Press, 1998：22-23.

国 20 世纪中期社会心理学的综合，[①] 基本观点是把关系看作客观的社会结构，在此视角下研究社会网结构对个体行为的影响。从发展历史看，20 世纪 40 年代布朗首创社会网概念；20 世纪 50 年代曼彻斯特学派系统阐述社会网概念，应用网络分析计量技术；20 世纪 70 年代以怀特和格兰诺维特为代表的领军人物进一步壮大了社会网络分析阵营。[②]

　　什么节点在联系，联系的模式是什么样的，网络模式的动力是什么：这些是网络分析的基本目标。网络分析的单位是点或节点，它们可以是自然人、法人、位置或者集体行动者。节点之间互联，而联系的内容或者性质是联系种类的问题，它们既包括有形的包括金钱、商品，也包括无形的信息、情感、影响、服务、尊重、特权以及其他联系的力量和资源的流动。[③] 实际上，人们常用资源来表示这些内容，总体上可以分为三类：物质的、符号的、情感的。对网络模式的分析上，联系的数量、方向、互惠、传递、密度、力度、桥梁、中介、中心和等效是重要的指标。[④][⑤] 网络分析理论目前仍是经验描述的，缺乏对网络动力原则以及其他文化、心理等维度的分析，但无论如何，单位间的关系模式仍是社会结构的本质之一，这是网络分析理论的重要贡献。

　　格兰诺维特在早期的经典文章《弱关系的力量》认为，现在的社会学理论的缺憾在于微观和宏观研究的断裂，而实现微观和宏观联结的桥梁正是人之间的互动。[⑥] 通过小范围的人际互动形成了宏观环境，而宏观环境反过来影响个体。人际互动的网络是关键因素。他因此提出了关系力量的概念，并从四个方面，即交往时间长短、亲密行为、互惠行为、感情强烈程度角度进行界定。[⑦] 对劳动力市场的分析，格兰诺维特得出，社会网络是工作信息传递的最重要管道。其中，弱关系联结而非强关系联结才是传递信息的关键桥梁，对就业的帮助最大。他总结认为，弱关系对个体的机

① 乔纳森·H. 特纳：《社会学理论的结构（第 7 版）》，邱泽奇、张茂元等译，华夏出版社 2006 年版，第 448 页。

② 文军：《西方社会工作理论》，高等教育出版社 2013 年版，第 130 页。

③ 乔纳森·H. 特纳：《社会学理论的结构（第 7 版）》，邱泽奇、张茂元等译，华夏出版社 2006 年版，第 477 页。

④ 乔纳森·H. 特纳：《社会学理论的结构（第 7 版）》，邱泽奇、张茂元等译，华夏出版社 2006 年版，第 478 页。

⑤ 陈虹：《颠覆与重构：危机传播新论》，国家图书馆出版社 2019 年版。

⑥ Mark S. Granovetter. *The Strength of Weak Ties*. American Journal of Sociology, 1973, 78(6): 1360.

⑦ Mark S. Granovetter. *The Strength of Weak Ties*. American Journal of Sociology, 1973, 78(6): 1361.

会发挥不可或缺的作用，对社区融合有重要意义，而强关系的功能更多增进内部的团结。[①] 后期他批判了社会化低度与过度的问题，认为这两个观点的错误之处在于都把个体现时的决策和行为与个体当下所处的社会关系割裂开来。[②] 他指出经济行为实际是嵌入具体的持续的社会关系网络中的，因此对经济行为的分析要以社会网络为前提。

博特提出了结构洞概念，它指的是社会网络中人们之间关系的三种状态，第一，没有直接关系；第二，关系缺失；第三，一个人拥有的关系对另外一个人有排他性。[③] 行动者占有结构洞越多，表明他越能够支配对方（通过控制优势和信息优势来实现），越能够获得更大的回报，从而在竞争中占有优势。结构洞理论有助于分析人际关系网络规模和质量。

爱默森的社会交换网络分析理论聚焦于交换者之外的交换关系的形式，这与齐美尔对形式社会学的倡导是一脉相承的。研究单位也因此是人际关系而非个体。爱默森以依赖、权力、均衡为中心概念，所要突出的是交换关系的结构。[④] 交换网（exchange network）指称交换关系的形态，行动者互相关联形成了不同的关系网模式。

2. 社会资本理论

布迪厄的社会资本理论。布迪厄是社会学意义上最早系统提出社会资本理论的社会学家，他的社会资本是与场域密切联系的。场域是一个各种位置之间客观关系的网络，场域是关系性的，也是一个争夺权力和资本的场所。资本有多种形式，布迪厄不同于其他人的观点在于，他认为各种资本之间可以相互转换，当然这需要极大的努力才能实现，但所有资本的根源还是经济资本。通过经济资本、文化资本输入，可以获得社会资本；社会资本也可以转变成经济资本和文化资本。社会资本是实际的或潜在的资源的集合，它与占有关系网络有关，这种关系网络的特点是或多或少制度化的、互相熟悉和认识的、持久的。[⑤] 个体的社会资本量取决于关系网络的规模和资本容量。此外，体制化的关系网络或者说促进正当交换的各种制度安排也极大地影响着社会资本的生产。布迪厄对于社会资本的界定强

① Mark S. Granovetter. *The Strength of Weak Ties*. American Journal of Sociology, 1973, 78(6): 1378.
② Mark S. Granovetter. *Economic Action And Social Structure: The Problem of Embeddedness*. American Journal of Sociology, 1985, 91(3): 481.
③ 罗纳德·博特：《结构洞：竞争的社会结构》，任敏等译，上海格致出版社 2008 年版。
④ 侯均生：《西方社会学理论教程》，南开大学出版社 2006 年版，第 239 页。
⑤ Bourdieu P. *The Forms of Capital*. in *Handbook of Theory and Research for the Sociology of Education*. Edited by John G. Richardson. New York: Greenwood Press, 1986: 249.

调社会资本必须得以调动，否则只是静态的关系网络。

科尔曼社会资本理论。科尔曼是第一位全面系统研究社会资本的社会学家，他全面阐述了社会资本的概念、特征、形式、运作机制、影响其生产保持与消亡的因素等。社会资本是个人拥有的，但表现为社会结构资源的资本资产，它藏于人际关系和社会结构之中，其功能是为个人提供便利。① 社会资本并非单一个体，而有多种形式，科尔曼指出了五种形式：信息网络、规范和有效惩罚、权威关系、义务与期望、多功能组织和公共性质的社会组织。② 尤其是第五种形式指向了社会工作机构。在社会资本的运作机制上，科尔曼指出，行动者发生社会关系是为了交换个人手中控制的部分或者全部资源，只有社会关系进入到生产性，显现资源的意义，社会关系才顺理成章地成为社会资本。社会资本是个人与社会制度沟通的媒介，缓解制度的滞后效应，解决个人与社会矛盾以及集体行为的困境。影响社会资本的存亡因素包括社会网络的封闭性、社会组织或社会结构的稳定性、意识形态尤其是宗教因素。③ 同时，时间因素影响社会资本的存亡，需要不断进行更新。科尔曼的社会资本理论的不足表现在他从功能角度界定社会资本，社会资本载体分析模糊，令人产生"鸡和蛋"的疑问。④

林南的社会资本理论。他指出了资本的中心主题是：资本是在社会关系中获得的，同时，资本的获得也牵涉到宏观和微观两个层面——宏观上结构的约束和机会，微观上行动者的行动和选择问题。⑤ 林南的社会资本理论是建基在社会资源理论基础上的，而社会资源存在于人际关系中，社会资本在林南眼中也因此是通过社会关系获得的资本。社会资本被定义为"在工具性行动(Purposive Action)中被涉取的和/或被动员的，嵌入在社会结构中的资源"⑥。重点分析嵌入到社会网络中资源的获得机制和过程是理解社会资本的良好途径。有价值的资源是有所区别地嵌入到网络中，而

---

① 詹姆斯·S. 科尔曼：《社会理论的基础》，邓方译，社会科学文献出版社1999年版，第354页。

② 詹姆斯·S. 科尔曼：《社会理论的基础》，邓方译，社会科学文献出版社1999年版，第354-369页。

③ 詹姆斯·S. 科尔曼：《社会理论的基础》，邓方译，社会科学文献出版社1999年版，第372-376页。

④ 托马斯·福特·布朗：《社会资本理论综述》，木子西编译，《马克思主义与现实》2000年第2期，第43页。

⑤ 林南：《社会资本——关于社会结构与行动的理论》，张磊译，上海人民出版社2004年版，第3页。

⑥ 林南：《社会资本——关于社会结构与行动的理论》，张磊译，上海人民出版社2004年版，第28页。

区别的标准多样，可以是位置、权威和规则，并且遵守同质性原则。林南对霍曼斯情感—互动假设的拓展是同质原则，即似我（I like-me）假设（有相似的生活方式和社会经济特征的个体之间，倾向于发生社会互动）。①

弗兰西斯·福山基于对古典社会学家对关系的论述、格兰诺维特的嵌入理论和科尔曼的社会资本理论，批判了理性经济人的假设，提出他的社会信任理论。信任可以依赖血缘的家庭，也可以依赖非血缘的社团。所谓信任是一种期待，这是对彼此常态、合作、诚实行为的期盼；信任建立的基础是有着共同的规范以及从属社团身份的角色。② 他指出，信任是社会关系的重要维度，是嵌入在社会结构的一种社会资本。③ 他区分了人对社会的信任与人之间的信任，信任社会与疑忌社会。为了重建社会秩序，福山认为最重要的手段就是重建信任和社会资本。④ 从社会资本角度出发，福山认为网络就是一种信任道德关系。⑤

二、中国社会学理论中的关系理论资源

中国是关系本位的社会，并形成了中国特色的"关系"文化。学界对中国社会独特"关系"展开了丰富的研究，代表性学者包括费孝通、梁漱溟、许烺光、杨国枢、黄光国、边燕杰、林南、翟学伟等。学者围绕中国语境关系的讨论主要思想涉及：关系运作的社会背景、行为的关系取向、关系主义本质、关系的目的、关系的运作原理、关系的测量、关系与弱势群体等。

（一）关系运作的社会背景

刘林平认为关系发挥作用的前提是在信息不完全、规则不健全、竞争不充分的社会；在这样的一个社会里，借助关系发生作用是人们理智性选

---

① 林南：《社会资本——关于社会结构与行动的理论》，张磊译，上海人民出版社 2004 年版，第 38 页。

② 弗兰西斯·福山：《信任：社会美德与创造经济繁荣》，李婉蓉译，远方出版社 1998 年版，第 35 页。

③ 弗兰西斯·福山：《信任：社会美德与创造经济繁荣》，李婉蓉译，远方出版社 1998 年版，第 35 页。

④ 弗兰西斯·福山：《大分裂：人类本性与社会秩序的重建》，刘榜离等译，社会科学文献出版社 2002 年版，第 2 页。

⑤ 弗兰西斯·福山：《大分裂：人类本性与社会秩序的重建》，刘榜离等译，社会科学文献出版社 2002 年版，第 254 页。

择。① 这样一个社会不同于西方的工业社会，翟学伟判断中国还是一个农业文明为逻辑基础的社会，即使今天生活在城市里的人的思维与行为方式仍然是农业社会性质的。这导致中国人关注天、重视家庭而家庭外组织不发达。这样的社会系统下，中国人之间的关系的起点是人口的不流动，而非美国般的移民社会；并且中国人之间的关系是长久性的无选择无变化的关系，而非西方短暂的有选择的。

(二) 中国人行为的关系取向

相对于西方，中国人的行为表现出浓厚的关系取向色彩。诸多学者用不同的概念或理论表达了这一思想。

梁漱溟认为中国社会不同于西方社会的一点在于中国是一个"伦理本位"的社会，而梁漱溟所谓的种种伦理即各类关系②。诸多关系都是在家庭关系基础上延伸扩展的。在个人、家庭和团体的序列中，西方人重视个人和团体而家庭虚位；中国则家庭为主，由家庭扩展组织了伦理社会，正是家庭消融了个体与团体两端③。伦理关系意味着人们对他人负有义务，同时他人也对我有义务，是一种相互的义务关系④。伦理社会不同于市场社会，它重情谊而非利益，意味着不从自己立场出发，先见对方而忘记自己，伦理社会所重视的就是尊重对方。伦理本位即是关系本位，无非是要把重点放在关系上，巩固关系而不要偏向个人与社会一方。关系与关系之间是无止境的，因此每个人的关系网都可以无限制地发展下去，这就是梁漱溟的"关系无界"的判断。

费孝通以"差序格局"概念来表达中国人的关系结构，西方人则呈现团体格局。中国人的关系不像西方人那样界限清晰，规定明确，而具有很强的伸缩性。西方人讲契约、权利，中国人则攀关系、讲交情。中国人的家庭内涵因时因地而伸缩自如，边界模糊，可以是夫妻，也可以是无穷的希望亲热的天下人。⑤ 与差序格局类似，林耀华提出的"弹性结构"⑥也具有类似内涵。

---

①　刘林平：《外来人群体中的关系运用——以深圳"平江村"为个案》，《中国社会科学》2001 年第 5 期，第 112 页。

②　梁漱溟：《中国文化要义》，上海人民出版社 2005 年版，第 71 页。

③　梁漱溟：《中国文化要义》，上海人民出版社 2005 年版，第 70-71 页。

④　梁漱溟：《中国文化要义》，上海人民出版社 2005 年版，第 73 页。

⑤　费孝通：《乡土中国》，北京大学出版社 1998 年版，第 25-26 页。

⑥　林耀华：《金翼：中国家族制度的社会学研究》，庄孔韶、林宗成译，生活·读书·新知三联书店 2008 年版。

许烺光认为美国人和中国人的生活方式存在差异，前者是自我依赖（self-reliance）的个人中心（individual-centeredness），后者是相互依赖（mutual dependence）的情境中心（situation-centeredness）。① 基于家族内和家族外情境的区分，中国人的行为方式因为其中的关系感情的差别而分化。家族内无疑是中国人关系网络的基础，而家族外以此扩展。他指出，中国人以怡然自得和有所区别的态度对待社会。前者是在家庭内，后者是面向家庭外。因此，许烺光的思想与费孝通的有共同之处，即都认可差序格局。许烺光还建构了心理社会均衡（PSH）理论，以"基本人际状态"概念而非个体为单位进行分析。② 显然，这是对西方个体中心的思维方式的一种超越。

翟学伟认为中国人际关系基本模式是人缘、人情和人伦共同组成的三位一体，人情是核心，表现为中国人亲亲的基本心理和行为样式；人伦提供了原则与规范；人缘是解释框架。③ 黄光国认为，解读中国不可以个人主义和集体主义，这与中国社会格格不入，为此他认为应当联结个体主义和集体主义，以"关系主义"为新的哲学基础，构建适合中国本土文化的心理学知识体系。④

台湾学者杨国枢从社会互动的视角出发提出了国人的社会取向论点他指出，人与环境两大系统的运作主要有两种方式，即自主性与融合性趋势。杨国枢通过对二者的交叉分析指出不同社会中二者四种组合，⑤ 其中个体支配型和人境融合型是两种最重要的类型。个体取向强调自我欲望的满足，后者即社会取向，强调环境。社会取向具体而言是家族取向、他人取向、权威取向、关系取向。

（三）关系主义本质

边燕杰总结了三种关系主义理论模型，来考察关系本质特征⑥。第一

① 许烺光：《美国人与中国人：两种生活方式比较》，彭凯平、刘文静等译，华夏出版社1989年版。
② 尚会鹏：《许烺光的"心理-社会均衡"理论及其中国文化背景》，《国际政治研究》2006年第4期。
③ 翟学伟：《中国人际关系模式》，载《人情、面子与权力的再生产》，北京大学出版社2013年版，第102页。
④ 黄光国：《儒家关系主义：哲学反思、理论建构与实证研究》，台北心理出版社2009年版。
⑤ 杨国枢、余安邦：《中国人的心理与行为》，台北桂冠图书公司1993年版，第91页。
⑥ 边燕杰：《关系社会学及其学科地位》，《西安交通大学学报（社会科学版）》2010年第3期。

种理论模型以梁漱溟、费孝通、Morton Fried①、杨庆堃（C. K. Yang）②、金耀基为代表，关系主义是家族亲情伦理的社会延伸。第二种理论模型由 Andrew Walde③ 提出，Jacobs、杨美惠、阎云翔和 Tom Gold 等强调关系双方的互惠原则以及回报机制的重要性。④ 其认为，中国关系主义是特殊主义的工具性关系。第三种理论模型由林南（Nan Lin）提出，将关系主义本质特征定义为非对称性的社会交换关系。⑤ 具体说来，第一种理论模型重视义务和责任，是家庭为基础的。第二种理论模型是与帕森斯模式变项理论矛盾，因为帕森斯的逻辑是将行动者互动的选择归类为普遍性与特殊性，工具性与感情性，特殊性的逻辑对应感情性，而 Walde 用帕森斯的理论却将逻辑上冲突的范畴组合一起来解释中国人的关系。然而，正是这种思路让 Walde 获得年度最佳社会学著作奖。⑥ 此外，美籍华人杨美惠⑦提出的"礼品经济"，通过礼品以物易物，通过社会标识来显现双方处于交换之中，也属于特殊主义工具关系。第三种模型的独特性不在于社会交换，而是社会交换的非对称性。这意味着一次交换的资源是不对等的，而且交换并不及时，这也表明了双方进入关系网，展开长期交换。当然，社会交换是工具性交换和情感性交换并存，赤裸裸的工具性交换是被排斥的。每一次具体的社会交换是互惠的，人情是共赢的。非对称交换中工具性交换不过是手段，维持发展和强化交换关系本身才是真正的目的所在。⑧

（四）关系的运作

1. 关系的作用/目的
研究证明了不同层次的社会资本可以发挥微观和宏观层面的积极作

---

① Fried、Morton H. *Fabric of Chinese Society：A Study of the Social Life in a Chinese County Seat*. New York：Octagon Books，1969.

② Yang、Ching—Kun. *The Chinese Family in the Communist Revolution*. Cambridge. MA：MIT Press，1959.

③ Walder. Andrew G. *Communist Neo Traditionalism：Work and Authority in Chinese Industry*. Berkeley：University of California Press，1986.

④ 边燕杰：《关系社会学及其学科地位》，《西安交通大学学报社会科学版》2010 年第 3 期。

⑤ Lin Nan. *Guanxi：A Conceptual Analysis Chinese Triangle of Mainland，Taiwan，and Hong Kong：Comparative Institutional Analysis*. Westport，CT：Green-wood，2001：153-166.

⑥ Walder. Andrew G. *Communist Neo Traditionalism：Work and Authority in Chinese Industry*. Berkeley：University of California Press，1986.

⑦ 杨美惠：《礼物、关系学与国家：中国人际关系与主体性建构》，赵旭东等译，江苏人民出版社 2009 年版。

⑧ 边燕杰：《关系社会学：理论与研究》，社会科学文献出版社 2011 年版，第 5-6 页。

用，这些作用包括信息、社会信用、社会支持、社会影响、组织凝聚力、社区参与方面，甚至从更宏大的层面能够促进经济发展与社会繁荣。① 由此，以社会资本作为等级调整和市场调节的社会建设的第三种方式是可能的，而其中的机制有待研究。赖蕴宽针对上海居民社会支持网络研究发现，最重要工具性和情感性支持由配偶和亲属提供，同事关系提供的更多是专门性的和次要的支持。②

日常权威是在社会关系网络借助其他权威干预而获得的权威，翟学伟将日常权威看作中国人关系运作希望获得的东西。③ 传统上研究关系时注重宏大的叙述方式，对此翟学伟进行批判而倡导对关系的日常性的关注，他因此提出了以"个人地位"为核心概念的中国日常社会学理论框架。个体地位是交往中的概念，它必须通过以一种关系的建立才能体现，反映的非个体特征。

翟学伟批判了以西方为中心将人情与面子作为关系资源剪裁或塞入社会网络理论等的做法，他认为必须从宏观的社会层面全面理解。中国是一个情理社会，而非类似西方那样是一个偏重制度、法律和理性建构的社会。这样的社会特点下，中国人的交换行为由于情理的共同作用获得收益规模、延迟性都不同于西方。与西方不同，中国人的交换行为容易再建构制度和权力，使得参与的人得到原本不具备的支配力量与权力。换言之，中国人在情理社会中借助人情和面子，消解了规则与制度，换取到社会资源、社会支持和庇护，以及日常权威；这些资源是不可估量的，这种支持是非制度性的，这种权威是以势压人的形式。④

2. 关系运作的原则

中国人构建和运作关系网倾向于运用人情。⑤ 人情强调"情"而非"理"是中国的特色。许烺光增加了差序格局的感情维度，理解一个人的行为方式首先入手的是感情，亲属关系是感情模式的生产基地，亲属之间的关系结构因此不是最重要的，而重要的是关系的实质内容。这种感情模式是人走向社会的关系模式。他使用 affect 而非 emotion 指代情感，批判西方的情感概念与文化、社会脱节。正是借助感情，许烺光将个人、社会

---

① 张文宏：《中国社会网络与社会资本研究 30 年（下）》，《江海学刊》2011 年第 3 期，第 104 页。

② Lai, Gina. *Social Support Networks in Urban Shanghai*. Social Networks, 2001：23.

③ 翟学伟：《中国社会中的网络与权威》，载《中国人的关系原理》，北京大学出版社 2011 年版，第 134 页。

④ 翟学伟：《人情、面子与权力的再生产》，北京大学出版社 2013 年版，第 216 页。

⑤ 翟学伟：《中国人的脸面观》，北京大学出版社 2011 年版，第 321 页。

与文化联结起来。中国的人情关系的建立突出长期性、持续性特征，如此关系才能长久的维持下去。这是因为中国人安土重迁和血缘因素对关系长久的诉求，而由此发展起报大于施的法则，形成了不对称交换的倾向。① 这也是杨联升提出的将"报"作为中国社会关系的一个基础的观点。② 传统社会发展的人伦的意思则是传统伦理思想对人情的规定，人伦的核心是仁与礼，也可以说是同情心。儒家的人伦融于人情，这导致了中国人社会互动的长期、稳定、和谐与差别；另一方面，这同时也使得人格从个体转向关系，其弊端是自我更受压抑，个体行为受制于他人。③ 人心均为天地所设，假设人心是相通的，也就是情能相通，构成了中国人情交往的基本前提。④ 这种心理表明了心相通的具体方法的方法论意义，如将心比心、设身处地、情有可原等。

有学者指出，关系取向包括以下几个特征：首先是关系互依化，除了基本的互惠外，中国人强调回报性，而人情与面子是回报中特殊的两类资源；⑤ 关系形式化，中国人是在关系网络中界定自己；关系和谐性，和稀泥方法是常用的方法，这适用于传统社会为了和谐而和谐的思路；关系宿命观，尤其是对"缘"的解释；关系决定论，即决定中国人行事方式的是根据关系的疏远，责任原则适合家族内的人，人情原则则适合熟人内，陌生人则采用利害原则。⑥

中国人的关系还具有权威取向，表现在三个方面。其一是权威敏感，辈分、性别、年龄、职位等高低是确定权威大小的依据，国人能够敏锐地洞察到此间区别，而初次见面中国人采取客气视对方为权威姿态，这本身就是一种保险的策略。第二，国人有权威崇拜的特点，这种崇拜在时间长度上、范围上、条件上无限制。第三，国人的权威依赖性。他人取向主要特征在关注规范、重视名誉、顾虑人意、顺从他人。中国人社会取向的主要根源可能在于精耕农业的经济条件、家族共产的财产制度、父系传承和

---

① 翟学伟：《中国人际关系模式》，载《人情、面子与权力的再生产》，北京大学出版社2013年版，第102-105页。

② Yang Lien-sheng. *The Concept of Pao as a Basis for Social Relations in China*//J. K. Fairbank. *Chinese thought and institutions*. Chicago：University of Chicago prss，1958：291-309.

③ 翟学伟：《中国人际关系模式》，载《人情、面子与权力的再生产》，北京大学出版社2013年版，第106页。

④ 翟学伟：《中国人际关系模式》，载《人情、面子与权力的再生产》，北京大学出版社2013年版，第108页。

⑤ 杨国枢、余安邦：《中国人的心理与行为》，台北桂冠图书公司1993年版，第102页。

⑥ 杨国枢、余安邦：《中国人的心理与行为》，台北桂冠图书公司1993年版，第99-110页。

阶序结构的社会结构安排。①

　　黄光国构建中国人的一般关系理论的基础在于社会交易理论。② 他将关系划分为情感关系、工具关系和混合型关系。③ 中国人与陌生人建立混合性关系的第一步则是"拉关系"，之后则以各种方式增进关系。在人情的规避上，个人到陌生地区建立公平法则、心理区隔策略，在重视人情上差别化取向、以公平法则建立互动规则。④

　　边燕杰是关系社会学的倡导者。他认为，以关系主义哲学为基础的关系社会学是以关系导向、伦理本位、熟亲信为特征的理论知识。⑤ "熟亲信"是边燕杰提出的一种关于中国人行为准则总结，与个体主义和集体主义的"权、责、利"行为准则相对应。⑥

　　翟学伟还提出了中国人关系网络中的结构平衡模式。在差序式网络中，每个序列的人同位于中心的个体进行社会交换，而交换则尽量遵循平衡性原则，而且关系越近平衡性原则越重要，平衡的判断标准也越多。⑦ 平衡性原则是为了在三人以上关系网络中保持网络的稳定性，维持平衡的关系就是维持住各人的面子，也就是讲了人情。中国人的个人地位运作原则包括个人权威的普遍性、表面平衡性、交往形式化、他人正面评价性。⑧ 此外，秦海霞分析了私营企业主关系网络建构的过程，分析了其中人情的意义。⑨

　　3. 关系强弱的延伸

　　格兰诺维特提出的关系强弱之分在中国的适用性得到讨论。格兰诺维特在《弱关系的力量》指出弱关系桥梁提供了一种通向其社会圈子外的信

---

① 杨国枢、余安邦：《中国人的心理与行为》，台北桂冠图书公司 1993 年版，第 128 页。

② 黄光国、胡先缙：《人情与面子——中国人的权力游戏》，《党政干部参考》2005 年第 7 期，第 162 页。

③ 黄光国等：《面子：中国人的权力游戏》，中国人民大学出版社 2004 年版。

④ 黄光国、胡先缙：《人情与面子——中国人的权力游戏》，《党政干部参考》2005 年第 7 期，第 172-174 页。

⑤ 边燕杰：《关系社会学及其学科地位》，《西安交通大学学报（社会科学版）》2010 年第 3 期，第 2 页。

⑥ 边燕杰：《关系社会学及其学科地位》，《西安交通大学学报（社会科学版）》2010 年第 3 期，第 2 页。

⑦ 翟学伟：《中国人际关系网络中的结构平衡模式》，载《人情、面子与权力的再生产》，北京大学出版社 2013 年版，第 25 页。

⑧ 翟学伟：《个人地位》，载翟学伟：《人情、面子与权力的再生产》，北京大学出版社 2013 年版，第 278 页。

⑨ 秦海霞：《关系网络的建构：私营企业主的行动逻辑——以辽宁省 D 市为个案》，《社会》2006 年第 5 期，第 110 页。

息和资源的管道，因此弱关系的积极作用就表现在，弱关系可以更好地帮助人们进行常规外的社会流动。[1] 边燕杰在天津的实证调查发现，能够帮助人们找到更好的工作的不是通过弱关系，而是通过强关系建立的中介关系。[2][3] 此外，对新加坡的调查发现强关系实现的职业流动能够增进信任，促进交易的顺畅性，从而降低企业成本，[4] 而这可能与中国人际关系三个特点(值得信任熟悉、亲密、互惠义务)有关。[5] 翟学伟认为，用强关系和弱关系这对概念解释中国人的人情交往方式或内群体关系不适宜。[6] 其原因在于格兰诺维特的强弱关系之分是基于独立个体的前提，关系强弱与交往的时间量、信任与服务相关、感情紧密度；而中国人的关系还有空间性，能够超越个体的独立性。此外，中国人的差序格局式关系没有西方所谓的内外群体那样界限分明，强弱关系之分是团体格局中的划分。

刘林平批判了对关系进行强弱二元对立静止的划分，他对关系的分析加入了过去和现在两个时间维度，形成了强关系、弱关系、强强关系、弱弱关系四类。刘林平对关系的生产与再生产，强调关系的连续过程，强调相互联系、竞争性、动态、多维。李继宏批判了人们对格兰诺维特对关系力量四个标准的盲从，网络结构观下个人仍然被看作客体。为此他提出关系基本属性包括共时性和历时性、不对称性、主体间性，以及关系的向度和强度。[7] 沈毅指出了强弱关系社会网络理论框架并不适合中国，其原因在4中国的义利混合和公私不分的制度特点。为此，作者主张建构"场域"脉络下的差序式的关系格局，形成三种关系形态(主从关系、人缘关系和朋友关系)。[8]

4. "面子"

对于"面子"，黄光国指出其实际是戈夫曼印象管理理论中前台的表

① 格兰诺维特：《弱关系的力量》，《国外社会学》1999 年第 4 期。
② 边燕杰：《社会网络和求职过程》，载涂肇庆、林益民：《改革开放与中国社会——西方社会学文献述评》，香港牛津大学出版社 1999 年版，第 3-8 页。
③ 边燕杰：《找回强关系：中国的间接关系、网络桥梁和求职》，《国外社会科学》1998 年第 2 期。
④ 边燕杰、洪洵：《中国和新加坡的关系网和职业流动》，《国外社会学》1999 年第 4 期，第 32 页。
⑤ Bian, Yanjie. *Bringing Strong Ties Back In: Indirect Ties, Network Bridge, and Job Searches in China.* American Sociological Review, 1997, 62: 368-369.
⑥ 翟学伟：《社会流动与关系信任》，载《人情、面子与权力的再生产》，北京大学出版社 2013 年版，第 134-135 页。
⑦ 李继宏：《强弱之外——关系概念的再思考》，《社会学研究》2003 年第 1 期，第 45 页。
⑧ 沈毅：《迈向场域脉络下的本土关系理论探析》，《社会学研究》2013 年第 4 期，第 203 页。

演，是个人的社会地位和声誉的综合。面子既是个体的，也是关系的，面子与个人本身属性相关，也与个体可支配资源权力大小相关，更与他所在关系网络中权势大小等因素有关。中国人讲的脸和面子的异同问题受到争议，翟学伟认为，汉语中"面"包括"脸"的含义，而"脸"不包含"面"的含义，这是二者关系的本质。① "脸"更强调自我形象，而"面子"则是互动中的。中国人重视"关系"会造成原来统一的脸面异质化，并形成了一个偏正结构来确保面子。它类似主从结构。偏位则要求围绕聚拢于中心，给中心面子，直至由主从走向顺服、遵从与依附，甚至不计成本与不惜代价。

（五）关系的测量

相对于美国学者以"朋友网"和"核心讨论网"，欧洲学者使用"交流网""互助网"和"支持网"测量社会资本；边燕杰在诸多论文中逐渐尝试用"拜年网""餐饮网""企业脱生网"来测量。②③ 尤其是"拜年网"作为核心网络圈的测量得到中国学者的认同。如边燕杰等对跨体制人员的社会资本的实证调查发现，建立跨国企和非国企的个人关系网络能够产生跨体制社会资本，为个人带来包括收入在内的回报。边燕杰等就以"拜年网"为基础建构和测量个人社会资本，并从信息、机会、资源、选择增量设定理论解释因素。④

（六）关系与弱势群体方面的研究

樊金娥从社会网络的角度分析了弱势群体，认为弱势群体成为差序格局中的孤独者，而原因在于社会资本缺乏、贫困文化和社会排斥。⑤ 为此，作者提出了公平摄取和充分摄取作为解决思路。金碧华的博士论文系统研究了社区矫正假释犯解构社会支持和重构社会支持的过程，包括动机、交往能力、制度与文化和行动的双重嵌入，最后指出假释犯倾向采用

---

① 翟学伟：《中国人脸面观的同构型与异质性》，载翟学伟：《人情、面子与权力的再生产》，北京大学出版社 2013 年版，第 158 页。

② Bian, Yanjie. *Guanxi Capital and Social Eating：Theoretical Models and Empirical Analyses.* Social Capital：Theory and Research. New York：Aldine de Gruyter，2001：275-295.

③ 边燕杰：《城市居民社会资本的来源及作用：网络观点与调查发现》，《中国社会科学》2004 年第 3 期，第 136-146 页。

④ 边燕杰、王文彬等：《跨体制社会资本及其收入回报》，《中国社会科学》2012 年第 2 期。

⑤ 樊金娥、金楠：《弱势群体：社会关系网络中的孤独者》，《长春工业大学学报社会科学版》2005 年第 2 期，第 29-31 页。

社会关系网络来获得社会支持。① 关系对下岗职工就业起到重要作用。下岗职工再就业或其他资源的过程中提供信誉保障、就业信息、经济活动中的庇护和资金支持，② 以及社会支持等功能。③ 赵延东发现，社会资本对下岗职工的作用还与制度背景密切相关，社会资本作用重要性在劳动力市场未建立情况下突出，而随着市场完善其重要性不断下降。④ 学者系列的研究表明了强关系对于下岗职工、农民工就业中发挥主要作用。⑤⑥

第三节　研 究 趋 势

一、关系研究成果的整合：社会学与社会工作

在社会工作的发展过程中，一直存在忽视社会理论的倾向；社会理论有助于恢复社会工作的"社会性"，有助于社会工作回归其使命。⑦ 上述理论基础为社会工作关系视角理论建构奠定了基础，同时我们也看到社会理论的关系理论成果与社会工作仍呈现出分裂的特点，有待于进一步整合。

西方社会工作理论的社会性不足，过于偏重临床微观视角，有待于回到社会工作的社会属性。我们看到，心理动力学关系学派、沙利文人际关系理论、家庭治疗理论、交互分析理论是社会工作外借理论中格外重视关系的理论内容；但是它们过于强调自我在关系中的影响，社会层面关注不足。目前这些理论有着整合的趋势。如心理学领域的米切尔基于关系整合的成果，交互分析理论也是对精神分析、家庭理论等整合的成果。系统理论、生态系统理论和社会支持网络理论则是对社会理论的借鉴而形成的。然而，整合尚在进程中，如何在批判它们对社会层面关注不足的基础上进

---

① 金碧华：《支持的"过程"：社区矫正假释犯的社会支持网络研究》，上海大学 2007 年博士学位论文。

② 王汉生、陈智霞：《再就业政策与下岗职工再就业行为》，《社会学研究》1998 年第 4 期。

③ 丘海雄等：《社会支持结构的改变：从一元到多元》，《社会学研究》1998 年第 4 期。

④ 赵延东：《再就业中的社会资本：效用与局限》，《社会学研究》2002 年第 4 期。

⑤ 赵延东：《再就业中社会资本的使用——以武汉市下岗职工为例》，《学习与探索》2006 年第 2 期。

⑥ 曹子玮：《职业获得与关系结构——关于农民工社会网的几个问题》，载柯兰君、李汉林：《都市里的村庄——中国大城市的流动人口》，中央编译出版社 2001 年版，第 71-94 页。

⑦ 郑广怀：《社会工作与社会理论：迈向行动—话语的理论框架》2018 年第 1 期，第 117 页。

一步整合是摆在面前的任务。

走向整合的关系取向是因为社会工作实践的总体性决定的。社会工作是实践性突出的学科，以回应个体和社会问题为己任，理论来源包括心理学和社会学。从关系的角度来看待社会工作服务对象的问题，服务对象的问题不单是客体关系学派主张的个体自我的关系问题，也不单是家庭治疗理论关注的家庭问题，社会学所关注的社会结构问题也无法回应个体性的关系问题。服务对象的问题是个综合的关系问题，以服务对象的需求为关怀的理论研究也因此需要走向一种总体性社会科学。①

二、从整合到社会工作的关系视角理论建构

社会学理论与社会工作的对话经历三个阶段：社会学理论与社会工作、为社会工作的理论、社会工作的社会理论。② 秉持理论自觉理念，社会工作学界并不止于促进社会工作理论与社会理论的整合，而是致力于最终实现一个新的理论建构，将社会学理论内生为社会工作的社会理论。目前西方社会工作理论脉络有着内在的关系维度，并呈现"关系转向"趋势；中国社会工作理论也表现出关系视角理论建构的趋势。当前的研究成果是进一步推进社会工作关系视角理论建构的基础。

进一步讲，社会工作不乏外界理论，而内生理论匮乏。构建社会工作专门理论是社会工作理论发展、话语权建设、专业化发展等一系列问题的前提。因此，研究并不能局限于理论整合，而是能够推进一个新的理论的产生。西方社会工作的关系转向还未实现真正的转变。由于西方根深蒂固的个体主义思想，精神分析理论的影响深远，并未彻底地实现从个体中心到关系中心的转向。中国社会工作界对关系的讨论分为三类：第一，将关系作为具体实践对象，分为社会工作者与服务对象之间的专业关系，服务对象的社会关系、社会支持与社会资本；第二，还有学者将社会关系纳入社会工作学科共同研究对象；第三，将关系上升到哲学层次，关系主义作为认识论、方法论。目前第一类研究居多，而第二第三类只是提及，尚未系统讨论。对于本土化社会工作理论的探索中，学者们强调人与环境的关系、个体与社会关系、社会工作机构与外界关系的整合问题。但是还没有从关系主义本身出发，展开一个系统的本土的社会工作关系理论。

---

① 布迪厄、华康德：《实践与反思：反思社会学导引》，李猛、李康译，中央编译出版社2004年版，第29页。

② 何雪松：《社会工作的社会理论：路径与议题》，《学海》2018年第1期，第113-116页。

　　为此，还有几个方面值得继续努力。其一，从社会工作者的实践经验出发，对关系这一概念进行操作化、体系化研究，从而为整合性的关系取向奠定根基。其二，目前的关系理论，包括社会网络、社会资本角度对本土弱势群体的关系研究不充分，零散而不系统。社会工作的服务群体是弱势群体，其关系特征、关系处理策略等与面向大众的关系理论有所差异。其三，对于关系的研究偏向理解社会学，而如何改变关系、社会网络、社会资本，有益于实践操作的关系理论还不多。社会工作实务界并非不需要理论，其所需要的是一种沟通理论与实务的"理论"，而这种理论是一种实践取向，经过实践验证，能够为实践提供解决方案。这可以称为社会工作实践理论。[1] 因此，社会工作的关系研究也要展现理论与实践的双重特性。其四，西方社会理论因此还面临进入国际传播中水土不服问题，社会网络的文化维度、心理维度等还没有充分研究。关系的行动者是在特定文化语境下的行动者，文化的丰富意义如何展现在社会工作者身上呢？同时，社会工作场域内的行动者不仅是特定文化下的，而且是专业的助人者，其关系运作的逻辑过程自然有着职业特殊性。无疑，这些是我们建构社会工作关系视角理论所要回应的问题。

---

　　[1]　何雪松：《社会工作理论》，上海人民出版社 2007 年版，第 4 页。

第七章　社会工作关系视角理论哲学基础：关系主义

　　自 1915 年弗莱克斯纳发出"社会工作是否为一个专业"之问后，社会工作界竭力推进专业化的建设。格林伍德认为能够称得上专业的首要条件就是有一套系统的理论体系或者专业知识与技术。理论往往立足于一定的哲学基础，哲学基础探索的是社会工作理论的根本问题，如认识论、方法论等，它们构成了社会工作理论大厦的基石。目前众多社会工作理论的哲学基础基本上分为个体主义与整体主义；① 实证主义、人本主义、激进主义和社会建构主义。② 正是基于这些哲学假设的分殊，形成了纷繁多元的社会工作理论派别，从而支撑和持续推进社会工作专业化、科学化发展。社会工作理论建构的过程也是社会工作本土化理论发展的过程。中西方有着不同历史脉络和知识传统。如果说西方社会工作知识体系建基于古希腊、犹太-基督教传统，那么中国本土化社会工作理论的根基在于哪里？换言之，这一理论的哲学基础应当是什么？尽管这一问题极为重要，但到目前为止学界尚未给出很好的答案。转型时代，回应中国语境独特的治理需求，社会工作迫切需要解决本土化问题。缺乏从哲学基础层面的根本性审视，中国社会工作理论建构容易陷入了一种西方中心主义的逻辑，在西方先进与本土落后的两相对比中表达与国际接轨的愿景，③ 这种亦步亦趋路径不利于社会工作理论本土化。也正是看到这些问题，学界进一步提出了社会工作研究应转变研究的立场，以中国为中心。④

　　根据前述的经验研究和理论基础梳理，本书将转向一个总体性理论架

---

① 文军：《论社会工作理论研究范式及其发展趋势》，《江海学刊》2012 年第 4 期。
② 何雪松：《社会工作的四个传统哲理基础》，《南京师大学报（社会科学版）》2007 年第 2 期。
③ 刘威：《"一个中心"与"三种主义"——中国社会工作本土化的再出发》，《中州学刊》2011 年第 3 期。
④ 何雪松：《社会工作的"文化自觉"》，《社会建设》2014 年第 2 期。

构的讨论，即社会工作的关系视角理论。本书认为，关系主义提供了看待社会工作的新视角，并与中国社会工作本土实践、中华文化相契合，是建构社会工作理论的合理性选择。尽管中西方社会工作均涉及关系主义，但是其地位并不一致。中国社会工作知识的主流应当选择关系主义。中国社会工作的本土化理论建构要实现弯道超车，应当从哲学基础层面确定一个不同于西方个体主义的主流假设。关系主义是一个难得的切入口。它既是西方社会工作转向前沿，也是中华文化的根基，而且中华文化有着更为丰富的思想资源，也在深层次上塑造着中国人的行为方式，进而影响社会工作的服务方式。以关系主义构建社会工作本土化理论既可以实现社会工作本土化理论建设目标，也能够贡献中华文化的智慧，为国际社会提供另外一套框架。

第一节　关系主义与本土的契合性

一、关系主义与社会工作本土实践契合

本书前述有关社会工作本土实践经验部分较为系统地展现了社会工作者实践的过程。这一过程充分地展现了关系对于社会工作实践各个环节的重要性及其意义。

第一，社会工作者要通过与不同的治理主体构建支持性关系。关系实践的动机在于获得内外支持。外部上，政府的"培育"，高校的"引领"以及基层"圈子"的协助；内部上获得领导、同工团队支持。总体说来，专业环境发挥着社会工作入场、获得志愿者资源、实现专业协作、使用场地等物质资源、争取机会、增进影响力、实现资源再联结、获取信息、增进信任和获取社工情感支持等作用。社会工作者通过各种路径与策略与政府、高校、基层组织、本机构/部门建立和维持良好的关系。总体说来，这些方式既有正式的法定管道，如社会工作者通过公益招投标平台、枢纽型社会组织与政府建立关系；也有基于理性的交换关系，如社会工作者与政府间"各取所需"，基层社区"圈子"内的交换。此外更多的人情往来也进入了社会工作者与相关者的关系中，社工对领导"面子"的重视，希望和高校的专家"熟"，"挖"志愿者，社工在圈子里"托人情"等。社会工作者与利益相关者关系建立的目的在于帮助实现专业价值，服务于专业目标。因此，社会工作者的这些关系建设本质上是社会工作者改变服务对象

的资本积累过程。社会工作者通过专业关系与服务对象建立合作，并基于利益相关者的支持，展开对服务对象关系的干预，实现助人自助的价值干预。

第二，中国社会工作的专业关系实践也是关系性的。专业关系以关系的界限分析为主线，目的在于建立专业信任。这一过程包括服务对象寻找，专业身份、专业关系两难和专业信任建立路径。这种关系的界限是具有伸缩性的，根据特定的情境而灵活处理，反映了社会结构因素的影响。社会工作者的专业关系实践是人情与规则的权宜。中国社会工作的制度以及中国文化因素，使得社会工作关系实践表现出中国特色。其一，除了司法社工等领域外，社会工作者主要是寻找服务对象而不是接案。而寻找服务对象也需要嵌入传统的关系网络中，在医院医务社会工作者嵌入到医疗团队，通过例行查房来寻找服务对象；社区社会工作者嵌入到政府的纵向关系网络来入户访谈寻找可能的服务对象。其二，结构性因素折射在微观身份问题上。社会工作者的身份在实践中存在混乱和尴尬的现象，反映了社会工作者职业地位不高、权利义务不明晰的问题。社会工作者对自身的称呼需要澄清，而"老师"称呼则是当下的流行应用。其三，正式专业关系和私人关系存在张力，边界模糊，社会工作者以实践智慧来处理二者张力，既不走向严格意义的西方专业关系，也不以双重关系损害服务对象。同时，专业关系的权力问题上，社会工作者亦根据服务对象的资本而有伸缩地选择权威关系还是平等关系。其四，在专业信任的建立路径上，中国社会工作者以人际信任代替了西方正统的制度信任，通过问题干预、高度人文关怀来实现人际信任，以非伤害原则进行权宜，坚持法律底线。

第三，对服务对象关系的专业干预实践也是关系性的。社会工作者从关系角度分析服务对象问题，有着不同的层次。"心结"是从关系主体自身分析服务对象的问题，主要是服务对象的心理问题、能力问题。"搞不好"的关系实际上是从人际交往分析服务对象的问题主要是服务对象的人际问题。关系网则是从关系网络分析服务对象问题，强调的是服务对象的关系网络的资源，服务对象的生计问题与此密切相关。同时，服务对象的问题还受到过往历史以及传统文化的影响，并受到当前宏观的政策环境限制。这四个层次都是关系的，从关系的角度重审服务对象的问题。对服务对象关系的评估，社会工作者可以通过社会网络表等多种方式，结合相应的指标评估服务对象的关系情况。由于中国人"家丑不外扬"、人情面子文化，服务对象可能提供虚假的评估信息或需求。对此，需要采用综合性的"望闻问切"关系评估方法。"问"是基于西方科学知识所发展出来的评估量表、问卷和网络评估方法。而其他三项强调经验性、综合性。"望"强调观察、走访；闻其声，强调对语言从内容到语态、声调的全面把握，以及声音来源的多主体特征；"切"则是在特定事件中动态评估服务对象的关系。对服务对象关系的专业干预，包括提升关系能力、改善人际沟通、动员社会支持、改变社会政策。关系能力是服务对象惯习在关系层面的体现，关系能力建设与社会工作诉求的能力建设相一致。人际沟通是关系构建的基本方式，通过完善服务对象自我概念，干预服务对象谈话、观察和倾听技能与技巧推进关系网络结构的建构与资源的动用。社会支持的动员既强调社会支持网络的建构，也强调网络资源的动员，实际上是社会网络和社会资本的结合。社会支持网络包括社会工作者支持、家庭支持、同伴支持、自组织建设、社区支持、发展型社会政策支持。社会支持网络的动员则强调网络资源的涉取和动用。社会政策改变则进入宏观层面，并将历史的视角加入其中。

二、关系主义与中华文化的契合

关系主义是中国思维方式的概括，这体现在中华元文化中，也表现在儒家、道家、佛家的关系主义以及当代马克思主义。

（一）中华元文化的关系主义

讨论中华文化，人们容易观照到儒家传统，而忽略了更为根本的中华元文化。回归中华元文化的精髓，其当代转换实质上是关系主义。

1. 中华文化的源头

"元"，英文 meta，有两种含义，其一表达一种超验、思辨性质，往往是关于哲学关于宇宙起源、人类起源与人类本质等元问题的含义；其二表达一种新的更高级别的逻辑来批判先前的逻辑。中华元文化概念是刘明武为代表学者提出的，它的含义是前述两者的综合。类比意义上，河流有源头和支流，树木有树根和枝叶，中华文化也有文化的源头和文化的根基。这种文化源头是中国先贤对于宇宙、人类根本性问题的基本回答，也体现着中国人的思维方式；同时也在深层次上影响着中国人的行为模式，影响文化的传承与当代发展。那么，中华文化的源头在哪里呢？对此学界有着不同看法，总体可以分为两类，一类认为诸子百家中的哲学思想是文化之源，尤其是儒家或者道家思想被看作中国文化之源；另一类则认为中华文化之源在于诸子百家之前，中华文化之源的经典在于《易经》。本书主张第二种观点，原因如下：

第一，从两千多年文化回归五千年文化需要回到《易经》。中华文化上下五千年，只讨论儒释道文化之于社会工作本土化，实际上最多只能代表两千五百年的历史，而另外两千五百年的文化其实在于先秦。找回文化的源头需要回到先秦文化，这样才能够在完整的时间维度理解中国。孔子编纂了六书是对前秦文化的一种整理，尽管四书五经被认为是儒家的经典，但是《周易》更多是孔子的一种整理，所代表的是先秦文化。实际上，《易经》思想之广大，无所不包，被视为儒家十三经、道家三玄之冠。在《四库全书》经史子集中，其居于群经之首。基于中国传统思想文化的演变，我们能够看到《易》引领作用。①

第二，《易经》的符号文化是文字文化的源头。人类创造的物质基础之上的精神财富总和称为文化，但是文化不等同于文字或语言。研究中华文化及其对社会工作本土化并不能局限于经典文献的文字描述，而实际上元文化并不一样以文字形式呈现。文字之外的符号也属于文化的范畴，《易经》是以卦象符号为主要内容的典籍，卦象背后所传达的意义是中华元文化的重要载体。诚如《周易·系辞上》所言：子曰："书不尽言，言不尽意。然则圣人之意，可不可见乎？"子曰："圣人立象以尽意。"中华元文化的源头可以说在于象。②

第三，区分元文化的传承与文化变异，回归本源才能把握中华文化的精髓。中华文化的脉络并非一成不变，而是在继承与变异。中华元文化是儒释道文化的共同的根基，而三家各自继承了元文化的不同部分。即使是儒家文化，也在历史长河中发生文化变质。春秋战国时期儒家主张"以理为纲"，而汉朝董仲舒以来则变质成以地位为纲、以阳为纲。③ 近代来所谓的打倒孔家店所要打击的对象并非真正的儒家，也绝非中华元文化，而是皇帝文化。当代创造性继承与转化传统文化，需要审视文化的变动，正本清源，寻找失传的真正中华文化。

第四，国内误解冷淡与国外易学热。国外，李约瑟指出中国古代科学的思想基础是来源于易学的卦图。④ 卡普拉认为，"可以把《易经》看作中国思想和文化的核心"⑤。国外从阴阳五行等研究明清小说、绘画、风水等，每年发表成果数十部，这些关于易学越来越丰富而重大的成果令作为

① 任利伟：《〈周易〉何以成为群经之首》，《光明日报》2018 年 4 月 14 日，第 11 版。
② 刘明武：《寻找元文化》，四川人民出版社 2012 年版，第 38 页。
③ 刘明武：《寻找元文化》，四川人民出版社 2012 年版，第 4 页。
④ 李约瑟：《中国古代科学思想史》，江西人民出版社 1999 年版。
⑤ 卡普拉：《现代物理学与东方神秘主义》，四川人民出版社 1984 年版。

中华元文化子孙后代的我们感到惭愧。反观国内，由于民国以来文化传承的断代，过去知识分子必学的《易经》基础课程并没有得到系统传承。在西学东渐的过程中，现代中国人越来越不了解《易经》。一方面是易学内容所使用的是不同于当代的分析模式，而这套模式并没有在现代人看来显得晦涩难懂。在缺乏深入了解前，甚至有人认为这是一部巫术，这是极大的误解。另一方面，广泛流传的"孔子五十以学《易》"带来误区，令不少人以为五十岁后才可以学习易经，阻碍了不少人研究易学的步伐。在社会工作领域，关联易经的研究更加稀少。

2. 太极思维与变化之理

《易经》是研究中华元文化的典籍，应当包括《连山》《归藏》《周易》三部，其中《连山》和《归藏》失传，只有《周易》传世。对于中华元文化的研究也主要是以《周易》为载体。《周易》反映了先人对于一些基本问题的认知。实际上，无论东方还是西方，人类的元祖都在思考共同或相似的问题，就是我们生存的世界从何而来？人从何而来？人又应当如何做人、做事？西方文化认为上帝创造了世界和人类，应当按照上帝的要求做人行事。中华文化的祖先的思考方式是向自然学习，"道法自然"，而道则区分为阴阳，阴阳的运动与关系形成了这个世界，形成了人，而做人处事则以阴阳之道为准则。中华文化的形成可以看作这样一个过程：从考察生机勃勃的大自然开始，先人以阴阳爻画象表意，进而形成八卦和六十四卦，再形成文字经书，再到几千年经中之经，最后形成中华民族的成果。[①] 可见，中西方在文化源头的产生方式迥异，中华元文化的思考路径可以称为太极思维。

"圣人有以见天下之赜，而拟诸其形容，象其物宜，是谓之象"（《周易·系辞》）。先祖对于自然万物的拟造是一个从具体事物进行归纳的过程，将世间万物划入阴阳两类性质。阴阳之和合与变动表现为太极，太极思维就是一种阴阳思维。太极思维的基本特征可以概括以下几个方面。

第一，太极源于无极，变化之源。无论是佛家的空性观，还是道家的道与虚无，抑或孔子在《周易·易传》中所言的"无极生太极"，中国文化认为太极是无形无体的。但是这并不是说太极即绝对空虚，而是作为万物生发的根源。这个一可以"一生二，二生四，四生八，八八六十四"（《周易·系辞》）；也可以说是"道生一，一生二，二生三，三生万物"。

第二，太极分阴阳变化而和合之理。"太极生两仪"即为阴阳；"一阴

---

① 刘明武：《寻找元文化》，四川人民出版社 2012 年版，第 17 页。

一阳之谓道"(《周易·易传》)。中华元文化将世间万物分为阴阳两种性质,至大无外,至小无内,都可以以阴阳进行划分。阴阳分而又合,相互矛盾、依存又相互转化。这种变化是一种追求有序的变化,消除混乱。因此,天地日月往来,人间社会都在寻求秩序。和合体现在人与自然关系上是三才观,天地人作为一个不可分割的系统,达到天人合一;体现在男女关系上是"以男下女"即男尊重女,而非汉代以来的男为女纲;体现在夫妇关系上是男女功劳是同一个水平线上;在君臣上臣既可以歌功颂德亦可以汤武革命。① 换言之,封建王朝的三纲五常早已违背和合关系,是中华元文化的变质。和合所求的是一种平衡,在人文层面也即儒家所谓的中庸或中和,"叩其两端而执其中"绝非是一种一比一的平衡,而是一种把人纳入其中,以人为本的权衡。

第三,八卦以及六十四卦的变化之理。阴阳分别以两个爻符来表示,进行组合形成了八卦。八卦实际上是非常符合人之常理的。以坐北朝南为姿势,人所居于的三维空间(类似一个正方体)可以分为三个层面,即上下、左右、前后。如果分别以阳爻对应上、左、前,以阴爻对应下、右、后,那么人所在的三位空间的八个角就可以组合成八个不同的卦象。② 这八个卦象就是《周易》的八卦,而八卦之间的排列又可以形成六十四卦,以此类推形成无限的卦象。卦所表达的实际上是更为复杂的阴阳变化之理,而这分别隐含在《周易》每一卦的卦辞中。八卦以及六十四卦之间的关系以及内在变化之理正是《周易》所描述的内容,以八卦、六十四卦进行分类,可以将家庭、人伦、社会纳入这个分类体系中,从而进行变化的推演。

第四,五行相生相克而变化之理。五行所指金木水火土并非五种具体事物,而是五种性质。效法自然之变化,以春生、夏长、秋收、冬藏、中承载收纳,分别以木、火、金、水、土表达这五种连续的变化性质。以此形成另外一个分类体系,对世间万物进行划分。《淮南子》以五行分类提出了五种方位和五星;《礼记》提出了五季、五音和五谷;《尚书》提出了五性、五味;《黄帝内经》提出了五脏。这些都是中华元文化五行分类思维的具体应用。当代社会出现的新事物都可以重新进行五行分类而纳入五行体系中。五行之间的生克关系表达了内在变化之理,其依然适用于当代,表达当代事物变化的规律。

---

① 刘明武:《寻找元文化》,四川人民出版社 2012 年版,第 93 页。
② 这是李定博士创建的"中国方"思想。

3. 中华元文化精髓的当代转化：关系主义

在当代研究中华元文化从根本上是为了回应社会工作实践的需要，并于西方社会工作展开对话。中华元文化的图式既需要继承和发展，也需要进行时代转化。随着社会工作领域内多元认识论、方法论的兴起，关系主义凝聚了部分西方社会工作前沿成果。中华元文化的太极思维是关系主义的，可以称之为"中国关系主义"；也同时具有超越西方关系主义的独特优势。

有人概括认为西方文化强调二元对立，而中国文化是对立统一的。① 香港的何有晖、彭泗清从儒家文化研究提出亚洲社会心理学的关系论。② 这些研究主要是对儒家思想展开。实际上，儒家文化的这一特点根源在于中华元文化的关系性。本体论上，实体论的核心假设是事物背后存在某种终极的构成，这个是万物的实体，③ 这个实体不可再分，是事物的本质。关系论反对实体论，主张关系思维的交互式行动观。④ 关系实在论认为关系优先于关系者，关系即实在。⑤ 太极思维中，太极源于虚空的无极，而非一个实体，这本身就是一种实体论的反叛。

关系论对世界的描述并不追求固定不变的本质，而是强调在复杂的关系网络中，与其他的形式比较中发现事物的性质。这种关系比较不是单项的关系，而是多项的关系网络，其可以从多个方位，如在上下、左右、前后等的关系进行延伸。⑥ 这样的认识论无疑是关系性的，是关系主义认识论，以试图超越二元对立认识论，强调二元的统一。关系性的认识论绝不是简单的线性关系认识论，而是一种综合的立体的关系认识论。太极思维中对于事物的认知在第一层次上是阴阳关系的认识。太极生两仪，两仪即为阴阳二极；在太极图中，阴阳鱼在不断动态运动中构成了事物。这种阴阳之间的依存、矛盾、转化关系才是阴阳之道。第二个层次上，太极思维从五行关系中，讨论之间的生克关系，也就是在五类关系中理解万物。第

---

① 何雪松：《重构社会工作的知识框架：本土思想资源的可能贡献》，《社会科学》2009 年第 7 期，第 78 页。
② 何友晖、彭泗清：《方法论的关系论及其在中西文化中的应用》，《社会学研究》1998 年第 5 期，第 36 页。
③ Mustafa Emirbayer. *Manifesto for a Relational Sociology*. The American Journal of Sociology, 1997, 103(2): 281-317.
④ Mustafa Emirbayer. *Manifesto for a Relational Sociology*. The American Journal of Sociology, 1997, 103(2): 287.
⑤ 罗嘉昌：《从物质实体到关系实在》，中国社会科学出版社 1996 年版，第 8 页。
⑥ 南帆：《文学研究：本质主义抑或关系主义》，《文艺研究》2007 年第 8 期，第 5-11 页。

三个层次上，太极思维将关系论中上下、左右、前后等关系项以阴阳排列进而形成了八卦，八卦又重叠形成六十四卦乃至更多。这些本身就是在不断拓展的关系网络中认识事物。这种扩展不仅在于外部，也可以应用于事物内部，充分显现了关系性认识特征。关系主义认识论认可认识论上的交往性，但是主观也是客观的，正是在多重的关系项中实现了主观的客观化。关系主义认识论表现在时空的两大维度。从空间的维度看，或者说从运动和静止的角度看，实体论是一种静止的思维方式或者线性的运动思维。从时间的角度看，关系网络不仅随着空间伸缩不定，随着时间的变化也发生变化。过程是观察的重要理路。

实体论包括个人主义方法论、整体主义方法论和情境互动论。前两者以个体、集体(社会结构)作为分析单位，不考虑事物的关系性。第三类虽然强调互动，但其仍然是先有实体，然后有实体之间的关系的主张。关系主义在方法论上主要是反对个体主义，尤其强调研究关系本身。"关系"是社会生活最有意义的内容，从实践上看，它是一切社会活动的枢纽，从理路上看，它是社会知识的核心。① 在太极思维中，发现关系，分析关系之间的变动进而达成有序的关系运动是中心点。有人主张儒家思想是集体主义的，但受到批评。总体而言，儒家思想表象是集体主义，实质是关系主义的取向。儒家思想是以关系主义为哲学基础形成的一套调节社会关系的规范体系，这包括"和""仁""礼""德""中庸"等概念，形成了从自我关系、家庭关系、人际关系、人与社会关系的体系。潘光旦的三才通论思想，也是认可儒家各类关系的思想。② 道家所关心的是人与自然以及人与人的关系，而佛家重视内在自我关系。对于中华文化来说，重视关系，在关系中看待人与事物一直是中华元文化的方法论特点。

(二)儒家关系主义及其展开

中华元文化是关系主义的源头，而儒家关系主义及其脉络则是中华文化的主干。尽管佛家、道家思想也是关系主义的，但对于当代中国人影响最深的还是儒家思想；由于篇幅限制，这里不再分析。关系主义下，可以从人与自己关系、人与人关系、人与社会关系和人与自然的关系角度吸收儒家知识传统。

---

① 秦亚青：《关系本位与过程建构：将中国理念植入国际关系理论》，《中国社会科学》2009 年第 3 期。
② 潘光旦：《儒家的社会思想》，北京大学出版社 2010 年版。

1. 儒家关系主义

明确提出和使用"儒家关系主义"概念的是我国台湾地区的黄光国。他认为，解读中国不可以个人主义和集体主义，这与中国社会格格不入，为此他认为应当联结个体主义和集体主义，以"儒家关系主义"为新的哲学基础，构建适合中国本土文化的心理学知识体系。[①] 对于儒家关系主义的本质，边燕杰曾经做出总结：主张关系主义是家族亲情伦理的社会延伸、特殊主义的工具性关系、非对称性的社会交换关系。[②]

除了理解儒家关系主义的本质，我们还需要回到儒家关系主义的文化内涵。在处理关系时候，儒家思想内构了关系主义的文化维度。

首先，儒家思想以"仁"为内核，是围绕"关系"展开的。儒家思想主要有两个部分，其一是人本思想，其二是对于人本要做到仁爱。《论语·乡党》的记录有文："厩焚，子退朝，曰：'伤人乎?'不问马。"孔子对于马厩失火关心的是苦力，优先关心的是人。"仁"被定义为"爱人"，正如其字的构造是由两个人组成，所要表达的是人际的某种亲善关系。《论语·颜渊》："樊迟问'仁'。子曰：'爱人'。"儒家首先是人本的，关心人，但这个人却是在关系中界定的。相对于西方，儒家思想注重内心，是一种内学，由内而发展处理人际关系的思想，即仁爱思想。这与西方注重外在的逻辑迥异。这种仁爱思想是有次第的，从中心往外扩展的，中心是孝悌，进而爱人。"孝乎惟孝，友于兄弟""博施于民而能济众"。孔子提出，"夫仁者，己欲立而立人，己欲达而达人"，"己所不欲，勿施于人"。孔子提出了"忠恕"之道，作为处理一般人际关系的原则。进一步地，孟子提出"民为贵，社稷次之，君为轻"的仁政治国理念。

其次，在实现儒家仁爱思想的方法上，儒家提出了"礼"思想。"礼，孝之始也"，礼是以孝道作为开始的。君子"志于道，据于礼，依于仁"，换言之，儒家的礼思想的内核是仁，仁爱的具体表现或者现实规范形成了礼。这个礼是制度化的，包括政治上、法律上、道德上的。从关系的角度来说，实际上就是对自我关系、家庭关系、人际关系、社会关系的一种制度化规范。"君君，臣臣，父父，子子"是儒家思想的主张，经过董仲舒等发挥成为封建纲常制度的内容，也深刻影响着几千年的中国文化。有人以此来对比，认为西方法治中心而中国封建礼制思想，缺乏个体解放。这

---

① 黄光国：《儒家关系主义：哲学反思、理论建构与实证研究》，台北心理出版社 2009 年版。

② 边燕杰：《关系社会学及其学科地位》，《西安交通大学学报（社会科学版）》2010 年第 3 期。

种教化下下级的愚孝、女对男的愚忠等的确充满了歧视、偏见、疏离、固守，需要破解。当下中国社会对于上级领导、年长者等等级思想有着消极的影响。实际上，回归儒家思想，要正本清源，回归到孔子最初的思想。这一思想从本身的意思来说并没有过于强调尊卑等级，只是强调处于不同位置的人扮演好不同的角色。但汉代以后封建统治者基于统治需要强化了严苛的等级，而压制了个性。这种封建思想尽管不是源头思想，但是对于当下依然有着消极影响。因此，社会工作实践尤其要意识到此，并且社会工作者要反思自我的这种等级观念对于服务的可能影响。

第三，在处理关系中，儒家主张以中庸为行动准则。中庸思想的内容是"知者不惑，仁者不忧，勇者不惧"，既要求有"仁""智""勇"等核心品质，又要求把握它们之间的关系，即中庸。这是根据具体情境，考虑时间、地点、人等多维环境因素差异而权宜的行动策略。

第四，儒家注重人情的差序，即外人与自己人的区分。费孝通以差序格局来描述人际关系信任程度的差异，以及其中求助和助人的差异。人情的差异影响因素包括血缘、地缘、情感等。因此，人们常常通过寻找这种缘分来增进关系的亲近，尽量消除原有的差序，获得最大的信任和利益。换言之，也就是从外人变成自己人。这种内外之分反映了中国人对于社会的认知图式。无疑，这对于社工与服务对象求助关系建立，以及干预服务对象关系网络都有影响。

第五，儒家关系思想认为亲善关系的实现是问题解决和人文关怀并重，感性与理性相结合的结果。尤其是感性的重视反映了中国文化的特点。"老吾老以及人之老，幼吾幼以及人之幼"（《孟子·梁惠王上》），如同费孝通的"差序格局"概念中强调的"推"，儒家文化的博爱是推己及人的结果，其出发点是对于骨肉至亲关爱的人之常情，甚至超越理性。仁学体系被认为能够弥补社会工作伦理偏重科学理性的缺陷。儒家文化具有人本特点，以人为核心，表现之一就是关系的同质性。在孝道的处理上，中国人注重在家庭或者熟悉的环境中养老，而非在机构等陌生环境中。这种关系的熟悉性比较强，在某种意义上正是一种同质性关系塑造的。然而这种文化印记深刻影响人们的决定，包括养老环境的选择。西方的机构养老只做到了养而缺乏"敬"。①

第六，儒家思想仁爱的思想除了要求爱人，还要求克己复礼、压制内

---

① 戴诗：《儒家传统思想与社会工作伦理价值的本土化建构》，《社会福利（理论版）》2013年第10期。

心的欲望。这与西方张扬自身个性，市场经济下满足个人需求有着内在分歧。马斯洛的需求层次理论等反映了社会工作需求为本的价值，而儒家对于需求强调内在的限制。如何看待儒家的"克己复礼"思想呢？有人认为孔子要求克己复礼，意味着人们克制自己完全依归于整体，这是对人性的压抑；并批评了朱熹的"存天理，灭人欲"忽视个人对正常利益的追求。① 对此，本书主张区分中华文化的源文化和支流文化，对于明朝朱熹的思想不能作为儒家源文化的代表。克己复礼实际上有着积极的意义。中国人的个人观并非可以套用西方的个体主义和集体主义进行二元划分，而实际上是关系主义的。中国人的个人观中，个体既是西方个体主义意义上的有自己决定权、控制权的个体，同时又是在与他人关系中调控自我的，因此个体是需要"克己复礼"，以满足群体或者社会的需求的。这一点在杨中芳、金耀基等人的论述中得到印证。也有人将儒家思想归结为整体主义的特点，个体的价值是整体派生的，整体具有主体地位，而个体位置要根据在整体中地位和身份来确定；同时整体观念是积极的，有助于服务对象独立性培养。② 尽管作者使用整体性观念，但本书认为这实际是关系主义的思想。这种独特的个人观，对于社会工作来说，"案主自决"是可能的，但是也需要置于中国人所在的具体的社会关系脉络中进行调整，而非严格意义上西方的服务对象自决。③

2. 儒家人与自我的关系思想

对于人性的认识，儒家中孟子主张人性善论。"恻隐之心，仁之端也；羞恶之心，义之端也；辞礼之心，礼之端也；是非之心，智之端也。"仁、义、礼、智、信是人生来潜在具有的。荀子则主张人性恶论。尽管两人观点截然相反，但是都主张通过教育教化来改变人。社会工作对于服务对象自助的假设，即是承认服务对象有调节自我内在关系的能力。

人格的划分上，对于自我内在关系的塑造目标。儒家希求的最高境界是"内圣外王"，表现在世俗社会就是"君子"。在孔子思想中，对于人的类型划分是依据人的道德水平，从而划分为以下几类：圣人、贤人、君子、小人、奸佞人。孟子眼中的理想人格是"大丈夫"，大丈夫能够"富贵

---

① 李树文：《儒家思想对中国个案社会工作者精神素质的影响》，《内蒙古农业大学学报（社会科学版）》2012 年第 4 期，第 287-288 页。

② 戴诗：《儒家传统思想与社会工作伦理价值的本土化建构》，《社会福利（理论版）》2013 年第 10 期。

③ 费梅苹：《社会工作"服务对象自决"原则在中国社会的实践——从中国传统文化的个人观谈起》，《华东理工大学学报（社会科学版）》2002 年第 2 期。

不能淫，贫贱不能移，威武不能屈"（《孟子·滕文公下》），有着高尚的
人格。

修身的方法上，儒家经典书籍《大学》中提到：自天子至庶人皆以修
身为本。对于修身的具体步骤，《大学》里给出了具体的步骤，属于三纲
八目中前几个部分，即格物、致知、诚意、正心、修身。"知止而后有
定，定而后能静，静而后能安，安而后能虑，虑而后能得。"《中庸》讲：
"自诚明，谓之性；自明诚，谓之教；诚则明矣，明则诚矣。"修身的过
程，就是不断明的过程。所谓的格物致知，所要学习的知识是哪些呢？其
中重要内容是礼，"不知礼，无以立"（《论语·尧曰》）。除此之外，其他
经典文本也指出了一些修身所应追求的精神。孔子在《易传》提道："天行
健，君子以自强不息；地势坤，君子以厚德载物。"《论语·述而》讲："发
愤忘食，乐以忘忧，不知老之将至。"《孟子·尽心上》讲："得志，泽加于
民；不得志，修身见于世。穷则独善其身，达则兼济天下。"

3. 儒家家庭关系思想

首先是孝文化。"孝弟也者，其为仁之本与！""百善孝为先"，孝道是
中国文化几千年来未中断的思想，也深刻影响中国人的行为方式。对于老
年社会工作来说，孝文化是无法回避的重要文化因素。从积极层面来说，
孝文化强调子女对于父母和家庭的义务，是家庭养老的重要文化支撑，能
够促进家庭养老的发展。对于家庭关系的处理上提供了文化资源，养亲、
敬亲是孝文化的要求，促进家和是社会的共识。按照孝文化的内容，首先
要奉养父母，接着是精神上满足，其次是惜身，再者是葬亲祭亲，最后是
光亲与人自我实现。长幼有序、敬老尊老是儒家家庭思想的具体规范要
求，是礼制社会的体现。"幼吾幼以及人之幼"，对于儿童的关爱是家庭
思想的一部分。

其次是家族主义。家庭文化对于社会工作发展的路径有着独特的影
响。西方社会工作强调公共参与，在公民与社会的框架中，中国社会的模
式是个体—家庭—社会。因此，有问题首先求助于家庭，而不太主张走出
家庭之外；对于家庭之外的助人者的信任度比较低。为此，中国社会工作
需要改变西方的被动助人方式，并且通过拟亲属的某种方式获得服务对
象。随着社会的发展，家庭养老的负担越来越重，社会化养老是不得不面
临的趋势。传统的养儿防老、享受天伦之乐、落叶归根思想并不与未来相
匹配。因此，送老人去养老院被看成子女无能、不孝；而老人也不愿意进
入养老院。传统文化的转型仍有一个过程，必然带来阵痛。问题在于如何
在转向中实现传统与现代的有机结合，而非否定传统。

4. 儒家人与人关系思想

首先是"仁"思想。影响最大的当属孔子的"仁"学，《中庸》讲："仁者，人也，亲亲为大。"《论语》讲："己所不欲，勿施于人。""夫仁者，己欲立而立人，己欲达而达人。"这种思想要求换位思考，能够以德为标准。当然，这种德不仅仅是现在狭义上的道德，也包括法律。德本质上是一种道理、准则。这种理念与西方社会工作的同理心、尊重是一致的。仁学思想下，人与人关系是次于家庭亲属关系的。儒家经典说，"仁者爱人，泛爱众而亲仁"；又指出，"老吾老以及人之老，幼吾幼以及人之幼"（《孟子·梁惠王上》）。这种爱人与西方基督教的博爱思想并不一致，是一种从中心往外逐渐推导的过程。西方的社会工作则并不强调这一点，也就是没有过多的亲疏远近差别。因此，中国人在处理人际关系时候不自觉地思索远近，从而指导关系的处理。值得注意的是，在转型时代，熟人之间的信任也受到动摇。无论是传销队伍"杀熟"，还是随着中国社会流动性增强，熟人之间的约束开始降低。[①] 在具体的处理人际关系时，儒家注重从自我推己及人。这种"推"是基于自我感情的体悟，从内心出发，进而宽恕别人、爱护他人。因此，从方法上，推己及人、宽恕是儒家提供的实践法门。这就要求社会工作者要设身处地地加入自己的情感，而非价值中立。这些大传统在民间的小传统可以通过一些谚语体现出来。如滴水之恩，当涌泉相报；赠人玫瑰，手有余香；救人一命，胜造七级浮屠。在特定群体关系上，孝文化在社会层面的延伸产生了社会上尊老、爱老的习俗。老年人被看成特殊的人群，有着人生阅历和智慧，拥有特殊的话语权。[②]

其次是泛家族主义。"泛家族主义已经深深内化到中国人文化-心理结构之中……隐性烙印很难因时代变迁而发生骤变。"[③]因此，在考察当代中国人在企业、组织、政府等内行为时候，需要考虑到家庭的逻辑，甚至有可能跨越现有的社会制度。现代组织更多强调理性、制度、权威以维持秩序，而儒家的文化强调伦理或者情感参与建构信任。

其三是"和"思想。"君子和而不同，小人同而不和"，"和为贵"。和合的思想在当代中国仍然成为国人文化心理结构的一部分。费孝通提出的

---

① 朱虹：《中国信任模式转向：从"亲而信"到"利相关"》，《领导科学》2017 年第 16 期，第 21 页。

② 高成鸢：《中国尊老文化探究》，中国社会科学出版社 1999 年版，第 373 页。

③ 胡国栋：《中国本土组织的家庭隐喻及网络治理机制——基于泛家族主义的视角》，《中国工业经济》2014 年第 10 期，第 97-109 页。

"各美其美，美人之美，美美与共"的理念，中国人的分与合、本末、主次、轻重的拿捏，以及当代和谐社会思想都是"和"的思想体现。

5. 儒家人与社会关系

儒家君子人生追求的逻辑是"修身齐家治国平天下"，最后所要追求的是治理天下，反映的也就是个人与国家的关系。孔孟主张仁政、王道。这种主张认为统治者要实行惠民政策，保民、重民。为政者要"民为邦本""爱人""为政在人""古之为政，爱人为大"。因此，统治者有责任来救济民众，但是我们看到这种关系并非把民众获得国家救济作为个体的权利，而是政府的恩赐。在政府救济之外，更多的空间由家庭、民间社会力量填充。社会工作，尤其是宏观社会工作尤为关注国家与社会的关系。儒家思想民本思想与社会工作强调社会意义是一致的。

儒家的社会理想体现在"不患寡而患不均，不患贫而患不安"。儒家思想教化下，中国民众尤为重视分配正义。"大道之行也，天下为公。"（《礼记》）儒家君子人格所追求的世界秩序是公平正义。"大同社会"是儒家对未来理想社会的描述，这意味着"均贫富"。"大道之行也，天下为公。选贤与能，讲信修睦。故人不独亲其亲，不独子其子。使老有所终，壮有所用，幼有所长，鳏寡孤独废疾者皆有所养。……故外户而不闭，是谓大同。"这种大同社会本质上反映了弱势群体与强势群体之间的关系，代表了社会福利的思想。这包含当代社会治理的目标，尤其是对于老弱病残群体的关注与社会工作的关怀群体相一致。钟桂男认为这一段说明了一个具有下列价值体系社会：民主、公平、信任、分享、合作、仁爱。[①] 仁的思想可以延伸到爱民、爱万物。子贡曰："如有博施于民而能济众，何如？可谓仁乎？"子曰："夫仁者，己欲立而立人，己欲达而达人。能近取譬，可谓仁之方也已！"（《论语·雍也》）"亲亲而仁民，仁民而爱物"。"天行健，君子以自强不息"。

除此之外，儒家对于人与自然关系也有论及。比如孔子在《易经》的《易传》部分的思想展现了儒家对于自然运行规律的尊重，以及人效法自然之理的方式。《易传》中提到"天行健，君子以自强不息；地势坤，君子以厚德载物"；朱熹也主张天人合一，人要反映"天"的道理，维护天，保护天。但这些更多是为了维护人的社会，重点并非自然，本书不再详细论述。

---

① 钟桂男：《儒家社会工作学的教育与实践模式》，《华东理工大学学报（社会科学版）》2006年第1期，第23-32页。

（3）佛家道家关系主义思想

佛教的思想也深刻影响了中华文化，然而浩瀚的佛教文化典籍大多在藏地，并没有在汉地得到充分的传播。就佛教的根本思想来说，空性观是无法绕开的。《中观根本慧论》开篇就说"不生亦不灭，不常亦不断，不一亦不异，不来亦不去"，揭示了佛法的真相。佛教认为心的本性、痛苦的本性、万法本性等是因为人的分别念而产生的，依靠空性可以断除。汉地所传《六祖坛经》提出"菩提本无树，明镜亦非台；本来无一物，何处惹尘埃"和《心经》中"色不异空、空不异色"都是空性观的具体表述。日本的广松涉研究龙树菩萨的思想后将之概括为关系主义。佛教所发展的诸多方法如修持安忍、认识觉性、苦乐转为道用等等皆以空性观为根本。

道家思想的代表人物是老子。在《道德经》中，老子以"道"来作为人、社会和自然的起源。"道可道，非常道；名可名，非常名。无名，天地之始，有名，万物之母。"道本身是虚无的，是宇宙和事物的本体。正是这个"虚无"通过"一生二，二生三，三生万物"塑造了世界。道家强调辩证统一的思想，与儒家一样主张"天人合一"，是一种宇宙关系主义，反对二元论。① 因此，道家思想本质上也是关系性的。

（4）马克思主义的关系性

当前马克思主义中国化成果统领着中国社会以及中国社会工作的建构与发展。那么，中国化马克思主义成果是否也是关系主义的思维呢？

中国共产党作为遣使者，深刻地影响着本土社会工作的使命。在解释中国经济崛起奥秘时候，权衡提出了党作为"共容性组织"的概念②。"共容性"实质上是关系主义的思维方式。对于社会领域来说，"共容性组织"依然具有解释力。中国共产党以毛泽东思想、中国特色社会主义理论体系为指引，特别强调辩证统一思维方式。它反对将个体主义与整体主义对立起来，而是注重二者的协调统一。中国共产党在"以人民为中心"的理念下，运用关系主义思维，强调组织利益与社会福利协调、个体利益与整体利益兼得。中国社会工作也正是在呼应关系主义的内在要求中产生和发展起来。从 2006 年中共中央关于和谐社会建设决定开始，社会工作开始从民间进入官方话语，之后逐步在多项文件和法律法规中被肯定。原因在于社会工作回应个体与整体性社会建设的需要。

① 郑震：《关系主义：以中国视角与西方社会学对话》，《社会科学》2018 年第 8 期。
② 权衡、高帆、乔兆红：《复兴与增长：共容性组织推动的经济制度变迁》，中国大百科全书出版社 2011 年版。

第二节　关系主义本体论、认识论与方法论

近年来，国际社会科学界关系理论的研究成果逐渐增多，代表性学者如 Dépelteau、Donati、Emirbayer、Yanjie Bian。西方学术领域对于关系的关注脉络经历了 20 世纪早期的人类关系运动、纽约学派的关系性社会学以及当代发展；当代发展又涉及社会学、领导学、自然科学。① 中国文化也有着内在的关系主义，并对西方关系主义形成补充。概括来说，中西方关系主义的主要论述包括关系本体论、关系认识论和关系方法论。

一、关系主义本体论

(一)国外关系主义本体论

实体本体论是自笛卡儿以来近代西方哲学的主流，20 世纪以来逐渐兴起的关系本体论是对实体本体论的反叛，在诸多方面尝试超越实体本体论的局限。关系本体论影响广泛，已经推进到文学、社会学、法学、国际关系等多学科。这里将重点论述与本书密切相关领域的关系本体论学者的观点。

在哲学领域兴起了罗蒂的关系主义、广松涉的四肢结构论，以及伊曼纽尔·列维纳斯(Emmanuel Levinas)②、艾尔弗雷德·怀特海(Alfred Whitehead)③、马丁·布伯(Martin Buber)④等人。社会学领域 Mustafa Emirbayer、边燕杰为代表倡导关系社会学。

罗蒂实际上更进一步地区分了关系主义和关系本体论或称关系实在论。关系实在论认为关系优先于关系者，关系即实在，关系和关系者可以随着透视方式转化而相互转化。⑤ 罗蒂的关系主义则认为要彻底破除实在论的尾巴，认为根本不存在实体，只有在复杂的关系网络中来把握事物，

---

① S. Eacott, The Relational Turn in Social Sciences in Beyond Leadership, Educational Leadership Theory, Springer Nature Singapore Pte Ltd，2018：27.

② 许菁菁：《列维纳斯与海德格尔存在论之比较》，《兰州学刊》2008 年第 8 期，第 2-3 页。

③ 罗伯特·梅斯勒著：《过程—关系哲学——浅释怀特海》，周邦宪译，贵州人民出版社 2009 年版，第 42-48 页。

④ 管健：《我你它：马丁·布伯对话哲学对心理学的影响研究》，黑龙江人民出版社 2006 年版，第 143 页。

⑤ 罗嘉昌：《从物质实体到关系实在》，中国社会科学出版社 1996 年版，第 8 页。

一切都需要在关系丛中确认。关系本体论则保留了本体概念，否认了亚里士多德界定的第二实体（本质），而保留了作为第一实体的个体。关系主义依然具有客观性，而非走向虚无主义，原因在于罗蒂认为关系项的相对稳定性。同时，关系项的意义在不同关系网络中发生变化①。

日本的广松涉在批判胡塞尔哲学基础上，吸收马克思主义哲学、现象学和新康德主义、马赫哲学和现代物理学知识，形成了系统的广松哲学，是马克思主义哲学的最新发展。关系取向开启实体取向忽略的另外一个视域。广松涉认为关系规定性是基始性存在，并不存在实体。② 传统的世界观是实体论的世界观，广松涉首先系统批判了近代实体论的困境，包括物自体理论把物与交互主体的关系归结为物，要素一元论缺漏了要素之外的某物，意向作用抵达意向对象之中介的意向内容的预设性，存在哲学的出发点是存在者与存在的二元分立。③ 其次，广松涉哲学借鉴了诸多观点，包括"似动现象"所说明的整体所具有的系统质；心理现象中"作为他人的自己"和"作为自己的自己"的交互主体性的同型化；印度龙树所持的"无自性"和"缘起性空"论；布拉德雷的"关系者"和罗嘉昌的"关系算子"等。由此，广松涉实现对传统的超越，构建新的世界观。

列维纳斯以他者哲学著称，海德格尔的哲学所突出的是自我。列维纳斯最初也赞扬海德格尔现象学，但海德格尔后来倒向纳粹集权统治，列维纳斯从海德格尔的自我转向"我-他者"共在的哲学。④ 他认为伦理乃是第一位的，伦理学优先于本体论。自从笛卡儿提出"我思故我在"后，我与他者的关系被安置在自我的主体空间内，海德格尔也看不到我与他者之间的生命联系。列维纳斯认为个体与群体的关系应当被置于优先的位置。个体的欲望必须在他人的认同中才能实现，他者赋予了我个人的人生理想，我个人的人生理想也必须通过他者达成。这些都说明了我与他者共在，说明列维纳斯从传统孤立、无他的"我"走向"共在的我""关系中的我"。

英国怀特海因才华广泛涉猎多个领域，被称为"七张面孔的思想家"，作为西方哲学家，其《过程与实在》是其思想的集大成之作，也是过程—

---

① 王伟：《罗蒂与关系主义文论》，福建师范大学 2011 年博士学位论文，第 56 页。
② 邓习议：《四肢结构论：从实体主义到关系主义的新推进》，南京大学 2009 年博士学位论文，第 28 页。
③ 邓习议：《实体主义批判——广松涉哲学视域中的西方哲学》，《河北学刊》2009 年第 1 期，第 55-58 页。
④ 许菁菁：《列维纳斯与海德格尔存在论之比较》，《兰州学刊》2008 年第 8 期，第 1 页。

关系哲学的经典著作。怀特海"关系性"比"性质"和"实体"更具有解释力。① 现代哲学的主要问题就是在于我们描述世界的方式出现了问题。怀特海集中批判了笛卡儿所主张的实体概念,笛卡儿认为实体是某物为了存在,只需自身,不需要倚靠他物。"如果脱离了宇宙总体,即使它身处宇宙之中也不能存在,因为它们要存在就需要全部宇宙存在物"。② 这种科学的唯物论与进化论并不符合,因为要进化就是在处于关系之中变化。怀特海尝试建立新的哲学,即过程—关系哲学,表明了关系或过程优先性。总而言之,怀特海认为,从本体上讲,实在就是关系性的过程。③

犹太人中出现了很多影响世界的人物,如马克思、弗洛伊德、爱因斯坦、胡塞尔,希伯来传统与希腊传统共同构成了西方文明的支柱。德国马丁·布伯被 Livngston 称为当代最重要的、最具有影响的犹太宗教哲学家。④ 他对西方文明的思想基础,尤其是笛卡儿以来的近代思想进行了批判,从而构建一套不同于传统西方文明的世界观。布伯特别强调真正关系的相互性,在"我与它"的关系中,我是主动的施加作用,而它并没有主动的回应,因此并没有进入真正的关系领域。而在"我与你"的关系中,世界万物都是相互回应的。"按照人的态度,世界是双重性的",⑤ 当人们以"我—它"的态度对待世界,世界就是主客二分,客体被利用的世界;当人们以"我—你"的态度对待世界,世界不再是物,而是有意义的有回应的世界,一个关系的世界。在关系本体论观下,它之世界是经验到的,而你之世界则是无法经验到的,而只有在关系中才能把握世界所呈现的全体,"万有一体"的"唯一性"。⑥

埃米尔拜耳于 1997 年在美国社会学权威杂志 American Journal of Sociology 发表的题为 Manifesto for a Relational Sociology 的文章是关系社会学的纲领性文献。在这篇文献中,Emirbayer 系统地梳理了实体论思维与关系思维的哲学分殊。⑦ Mustafa Emirbayer 其综述了关系社会学中实体论

---

① A. N. 怀特海:《过程与实在——宇宙论研究》,杨富斌译,中国城市出版社 2003 年版,前言第 7 页。

② A. N. 怀特海:《过程与实在——宇宙论研究》,杨富斌译,中国城市出版社 2003 年版,前言第 11 页。

③ 罗伯特·梅斯勒:《过程—关系哲学——浅释怀特海》,周邦宪译,贵州人民出版社 2009 年版,第 42-48 页。

④ James. C. Livngston:《现代基督教思想》,四川人民出版社 1992 年版,第 684 页。

⑤ 马丁·布伯:《我与你》,陈维钢译,三联书店 1986 年版。

⑥ 马丁·布伯:《我与你》,陈维钢译,三联书店 1986 年版,第 46 页。

⑦ Mustafa Emirbayer. *Manifesto for a Relational Sociology*. The American Journal of Sociology, 1997, 103(2):281-317.

思维与关系思维、关系社会学的理论和实践、关系社会学的研究方向和技术、关系社会学研究的难点、困境及挑战。① 本体论上，实体论的核心假设是事物背后存在某种终极的构成万物的实体，② 这个实体不可再分，是事物的本质。对这个实体的认识差异，根据 Emirbayer 的总结，实体论取向可以分为三大类：自我行动(self-action)、规范基础(norm-based)和互动(inter-action)三大实体取向。③ 实体论可能与西方根深蒂固的语法结构密切相关。Emirbayer 反对实体论，主张关系思维的交互式行动观(trans-action)。④

（2）中国关系本体论

实体论是自笛卡儿以来近代西方哲学的主流，20 世纪以来逐渐兴起的关系论是对实体论的反叛，尽管这一兴起有着较长历史，但是社会学领域提出关系社会学的标志是 1997 年 Emirbayer 的《关系社会学宣言》一文。至今二十余年的发展，西方社会学关系主义尽管取得了诸多突破，但依然存在诸多不成熟。中华文化几千年的历史，关系主义的思维与理论发展提供了超越西方关系主义问题的可能。

第一，中国关系主义是彻底的关系主义。尽管关系主义首先是西方学者提出的概念，但是西方根深蒂固的思维方式是个体主义的。与西方自然科学原子论假设一致，西方社会学和社会工作的主流理论也将原子化的个体作为分析的基本单位。尽管西方关系主义相关的研究弱化了此，但存在着理论研究的关系主义，而实际研究依然落入个体主义窠臼的问题。中国的关系主义思维贯彻到中华文化的各个方面，关系主义思维成为中国人为人处世不自觉的一种性情倾向。因此，在开展社会工作服务过程中，面向中国文化下的服务对象，关系主义有着更为广阔的空间。中华文化历来重视关系，太极、阴阳五行八卦本质上都是在描述关系的运动。这种思维表现在中国的文学、中医学、军事、社会等方方面面，在深层次上彻底地塑造了中国人的思维特征。

第二，在本体论上，西方关系主义在本体论上否定了实体的存在，但是对于本体意义上的关系则缺乏深入的研究。中国关系主义认为，这个虚

① Mustafa Emirbayer. *Manifesto for a Relational Sociology*. The American Journal of Sociology, 1997, 103(2)：281-317.

② Mustafa Emirbayer. *Manifesto for a Relational Sociology*. The American Journal of Sociology, 1997, 103(2)：281-317.

③ Dewey, John and Artur F Bentley. *Knowing and the Known*. Boston：BeaconPress, 1949.

④ Mustafa Emirbayer. *Manifesto for a Relational Sociology*. The American Journal of Sociology, 1997, 103(2)：287.

无的关系实体是生生之源，而非绝对的虚空。它是一个充满活力的空间，可以生化万物。现代宇宙大爆炸理论，以及量子力学前沿研究进一步说明至大的宇宙以及至小的事物内部并不存在封闭的实体，而是虚无的。然而这个虚无并非静态的，毫无生命力的空。这一点早已为中华元文化所认知，并将之发展到人文领域。所以道家的虚无观、佛家的空性观以及所对应的一整套细致的技术体系具有宝贵的价值，这是西方领域所忽视的内容。

二、关系主义认识论

（一）国外关系主义认识论

罗蒂的关系论中主张解释学。它关注在具体的对话中的复杂的关系纠结，各种不同话语间的交流与抗衡。[①] 正是在不同的意义网络中人类得以认识世界。广松涉创建了"四肢结构论"，认识世界的四肢结构是"作为能识的人的能知的个人在一定现象的所与中认识意义的所识"[②]。他尝试证明主观世界和客观世界的二重特性。怀特海积极倡导过程哲学，在其构建的认识论中，创建了"摄入"概念，试图消弭二元对立概念的分歧或鸿沟。摄入可以分为实际存在物的摄入，即物质的摄入；对永恒客体的摄入，即概念的摄入。[③] 认识的三个阶段是因果效验、直接表象、符号指称。因果效验阶段是事态亲自感受的东西，来自过去又融入将来。直接表象是对因果效验的补充，符号指称则进入意义世界。在相互摄入中形成了一组实际存在物构成了联结。在怀特海眼里，摄入并非人类社会特有，而是通过不同的方式被一切事物所共有。实际存在物彼此互为内在，而且一种联结能够包容过去、现在、未来，在时间上自行扩展；同时，联结也能够在空间上无限扩展。[④]

（2）中国关系主义认识论

翟学伟对中国本土关系的研究提出了中西思维方式的差异。西方人认识世界习惯于清晰的边界，而中国人则模糊处理；西方人注重分类和切

---

① 王伟：《罗蒂与关系主义文论》，福建师范大学 2011 年博士学位论文，第 141 页。

② 邓习议：《四肢结构论：从实体主义到关系主义的新推进》，南京大学 2009 年博士论文，第 1-2 页。

③ A. N. 怀特海：《过程与实在——宇宙论研究》，杨富斌译，中国城市出版社 2003 年版，第 40 页。

④ A. N. 怀特海：《过程与实在——宇宙论研究》，杨富斌译，中国城市出版社 2003 年版，前言第 21 页。

割，而中国人注重联系、脉络。① 我们可以说，翟学伟的这种概括就是关系主义思维方式。中国的关系主义认识论有着相对于西方的优势，至少体现在以下两个方面。

第一，中国关系主义明晰了关系性运动所要追求的目标在于和合、有序。现代社会，需要破除以前对于个体封闭式的理解，打开个人与他人的通道，从而形成一种具有兼容性的，既承认个人的自由人格，又不否认与他人的关系的形态；同时，这种形态还要留有空间，以为建立与他人共同体的关系②③。这被称之为关系理性，以此超越西方个体主义下的工具理性牢笼。同时，中华文化提出的和合、有序明晰了所谓关系理性到达的目标。布迪厄以关系主义场域、惯习、资本等元概念，场域与惯习的双向模糊关系没有被清晰表达。潘光旦提出了"位育"的思想，并希望将之扩展至社会层面，其本身也来源中华文化的和合思想。

第二，中国关系主义的阴阳、五行以及八卦等在时空范围内形成更为细致具体的关系变化分析工具。对于《易经》的解读可以理解为一种描述变化的经典。关系主义对于实体论的突破就在于从静态走向过程动态分析，然而目前关系主义思潮仍在发展中，这个变化的一般性分析工具与变化规律尚未被抽象出来。太极思维中的阴阳、五行、八卦等可以理解为关系的不同向度，称之为关系向度。④ 围绕阴阳五行以及八卦等具体的变化思想则可以纳入其中。这些变化的分析工具突出了过程性、动态性，而且形成了分析关系运动连续过程的概念工具。关系主义视角下，中华文化可以被视为一套围绕关系生化、运动、变化之理的体系。

（3）关系主义认识论与社会工作

如前所述，实体论预设事物存在本质，以探寻事物的本质为目标，区分事物为二元的本质和表象，并规定二者是主从关系，也就是对立的关系。因此，这就是本质决定论，肯定和重视"深度""内在"，而认为"表象""外在"是要甩开的。关系论对世界的描述并不追求固定不变的本质，而是强调在复杂的关系网络中，与其他的形式比较中发现事物的性质。这种关系比较不是单项的关系，而是多项的关系网络，其可以在上下、左

① 翟学伟：《社会系统、关系运作与权威结构》，载《人情、面子与权力的再生产》，北京大学出版社 2013 年版，第 288-291 页。
② 贺来：《关系理性与真实的共同体》，《中国社会科学》2015 年第 6 期，第 30 页。
③ 贺来：《哲学何为》，中国社会科学出版社 2018 年版。
④ 李继宏：《强弱之外——关系概念的再思考》，《社会学研究》2003 年第 3 期。

右、前后等的关系进行延伸。① 这样的认识论无疑是关系性的。关系主义认识论与罗蒂的阐释学、广松涉的主客观世界各自二重性、怀特海的摄入概念、翟学伟的连续统一样，都是试图超越二元对立认识论，强调二元的统一。它实质上是关系性的认识论，但绝不是简单的线性关系认识论，而是一种综合的立体的关系认识论。关系主义认识论是"眼观六路耳听八方"式的认识，至少从上下、前后、左右六路全面认识，从六路所构成的八个面综合认识。这种认识方式是网络的，脉络式的。

关系主义认识论与实证主义类似的是都认可经验主义认识论，但是实证主义强调从社会事实来解释社会现象，强调是实体结构、实体与实体间联系方式，而关系性认识论则强调抽象的关系，关注关系的结构、变化，强调主客观的关系性。它也认可整体主义认识论，但是实体论的整体主义是个体主义为根本的，而不是关系性的认识论。人文主义和批判主义认识论都主张认识论上的交往性，主观性；脉络式认识论也认可认识论上的交往性，但是主观也是客观的，正是在多重的关系项中实现了主观的客观化。脉络式认识论表现在时空的两大维度。从空间的维度看，或者说从运动和静止的角度看，实体论是一种静止的思维方式或者线性的运动思维。实体论有三类取向，自我行动实体取向、规范基础实体取向和互动实体取向。② 关系论认为关系网络中分析事物，而关系网络随着空间伸缩不定，这就意味着关系论的动态性认识特点。从时间的角度看，关系网络不仅随着空间伸缩不定，随着时间的变化也发生变化。

何雪松认为注重对立中的统一的关系主义或许是中国本土社会工作的认识论基础。③ 对社会工作来说，认识案主的需求与问题是干预的前提。目前生理心理社会视角、人在情景中和促进改变的服务体系被认为是社会工作已经形成的三个核心建构。④ 前两个与关系主义认识论密切相关。关联生理、心理与社会，注重人与情境的关系展现了从关系角度，从情境角度出发的认识方式，从而也是关系主义的认识论。由此形成的两个建构为促进改变服务体系奠定基础。

---

① 南帆：《文学研究：本质主义抑或关系主义》，《文艺研究》2007 年第 8 期，第 5-11 页。

② Mustafa Emirbayer *Manifesto for a Relational Sociology*. The American Journal of Sociology, 1997, 103(2)：281-317.

③ 何雪松：《重构社会工作的知识框架：本土思想资源的可能贡献》，《社会科学》2009 年第 7 期，第 78 页。

④ J. Brekke. *Shaping a Science of Social Work*. Research on Social Work Practice, 2012(22)：455-464.

三、关系主义方法论

布迪厄社会理论的关键点并非理论的具体内容，而是他使用的关系主义方法论，这也是他最为积极推广的部分。方法论上的二元对立论导致人们在结构与能动者、系统与行动者、集合体与个人之间选择，这是危害社会学的毒瘤般的主张。① 同时，布迪厄反对唯理论主义和唯方法论主义，主张建立总体性社会科学。唯方法论主义是为了方法而方法，所使用的方法与所要处理的问题并不匹配，方法与日常的经验研究相割裂。基于关系性观念，社会学所要构建的是"总体性社会事实"，展现人类实践的基本统一性，而不是通过琐碎的分工、描绘出支离破碎的社会现象。不论是惯习还是场域，总是在相互关联中不分彼此的缠绕着，这也决定了方法论的多元论。方法论的多元论并非意味着无原则的方法论，而是不能使得对象的构建活动脱离对象构建的工具以及对这些工具的批判。② 对于理论与经验，布迪厄主张二者以最彻底的方式相互渗透，而每一项研究应既是经验性，也是理论性的。③

Ritzer 和 Gindoff 基于社会心理学的经验总结了作为方法论的关系论的基本框架。④ 个人主义方法论假设社会现象的解释依据于个体及其思想和行动；它不否认宏观层次的概念和现象，但必须从个人层次进行定义，而其不足就在于无法从宏观层面解释个体。整体主义方法论认为宏观的社会现象必须由其他宏观的社会现象进行解释，这里面又可以区分成主观的整体主义方法论和客观的整体主义方法论。整体主义方法论也不否认微观层次的概念，但认为需要从宏观来进行解释，其不足就在于无法从个体层面解释。个人主义方法论不否认宏观现象，因此，个人主义方法论主张可化约论，认为宏观现象可以化约成有关个人的判断，而整体主义方法论则不然。方法论上个人主义和整体主义都有其缺憾，而方法论的关系论则弥补这些不足。

何友晖、彭泗清认为尽管作为方法论的关系论在亚洲文化较为显著，

① 布迪厄、华康德：《实践与反思：反思社会学导引》，李猛、李康译，中央编译出版社2004 年版，第 16 页。

② 布迪厄、华康德：《实践与反思：反思社会学导引》，李猛、李康译，中央编译出版社2004 年版，第 33 页。

③ 布迪厄、华康德：《实践与反思：反思社会学导引》，李猛、李康译，中央编译出版社2004 年版，第 37 页。

④ George Ritzer. Pamela Gindoff. *Methodological Relationism*: *Lessons for and from Social Psychology*. Social Psychology Quarterly, 1992, 55(2): 130.

但是应当成为普遍性知识。作为方法论的关系论的主要特点是从关系出发而不是个体，分析的单位也应该是一般关系中的个人和特定关系的人们。① 方法论的关系论以场论理论基础，研究社会行动往往要延伸到：此人的行动、与此人关系密切相关的他人的行动、正在与此人互动的他人针对此人的行动、与正在与此人互动的他人关联密切的那些人针对此人的行动、正在与此人进行直接或间接的互动的他人针对那些与此人关联密切者的行动。②

边燕杰倡导"关系社会学"（Relational Sociology）。③ 个体主义、集体主义都是对个体与群体关系的观点的差异，分别形成了松散的社会结构和紧密的社会结构。个体主义的理论出发点是个体及其个体利益，而社会或者公共空间以是否满足个体的权、责、利为标准决定个体对群体的服从。集体主义则是价值本位、集体导向的，它否认个体利益，认为集体利益是先验的，高于个体的利益的。其代表性话语就是"枪打出头鸟"。关系主义不同于个体主义和集体主义，它承认个人利益、集体利益，但是关系主义批评个体主义对个体利益是相互独立的假设，批评集体主义认为集体利益天然涵盖个体利益的假设。关系主义对于个体和集体的利益及其边界持开放的态度。

"关系"是社会生活最有意义的内容，从实践上看，它是一切社会活动的枢纽，从理路上看，它是社会知识的核心。④ 赵汀阳认为，在社会研究中，研究单位可以是关系，也可以是个人，但是前者优于后者。⑤

对于社会工作来说，在方法论上，则主张综合的研究方法，而不像实证主义主张量化研究方法的优先性或如人文主义传统主张质性研究方法的优先性。量化方法与质性方法并非对立，而是可以根据关系实践的需要进行选择，实现布迪厄所言的"所使用的各种方法必须与所要处理的问题相适配"。⑥

---

① 何友晖、彭泗清：《方法论的关系论及其在中西文化中的应用》，《社会学研究》1998 年第 5 期，第 35 页。
② 何友晖、彭泗清：《方法论的关系论及其在中西文化中的应用》，《社会学研究》1998 年第 5 期，第 35-36 页。
③ 边燕杰：《关系社会学及其学科地位》，《西安交通大学学报（社会科学版）》2010 年第 3 期，第 2 页。
④ 秦亚青：《关系本位与过程建构：将中国理念植入国际关系理论》，《中国社会科学》2009 年第 3 期，第 69-86 页。
⑤ 赵汀阳：《共在存在论：人际与心际》，《哲学研究》2009 年第 8 期。
⑥ 布迪厄、华康德：《实践与反思：反思社会学导引》，李猛、李康译，中央编译出版社2004 年版，第 33 页。

第三节　关系主义下社会工作的理论假设

由于社会工作注重实务，理论假设常常被忽略。然而理论是建立在一系列基本假设基础上的，对于个体、社会、个体与社会关系的假设是社会工作理论的基本问题，其重要性不言而喻。在关系主义哲学下，我们要重新分析这几个理论假设。"人即关系性存在""关系理性"和"关系圆运动"具有超越西方个体与社会二元对立的可能，构成了关系视角下理解中国社会工作实践的假设。

一、人即关系性存在

社会工作一般理论的基本假设可以归纳为利他的人、进步的社会、个体与社会的统一。[1][2] 社会工作关系理论作为特定的理论，所讨论的理论假设也涉及对个体、社会、个体与社会关系三个方面。关系主义认为人是关系性存在的人，社会也是关系性存在，这是对个体、社会的假设。

马克思指出，人在现实性上是一切社会关系的总和。[3] 对于中西方社会工作关系研究脉络以及社会学理论脉络的梳理可以发现，关系有着内在的传统根基。2015 年 *International Review of Sociology* 杂志对这一问题进行了专门的探讨。从库恩所谓的严格意义上的范式来说，关系范式还没有得到广泛的共识，但一些学者如 Donti、Emibaryer 则在范式意义上使用"关系"概念。最近精神病学领域在范式层面由驱力模型转向关系模型，以关系范式进行新的整合。[4] 从西方主流观点看，至少主张关系作为一种转向，这种转向意味着关系思维在历史脉络中存在，只是随着实体论思维的扩散从中心位置边缘化，而这种转向就是关系回归本位。关系为本在中国文化中一直占据主导地位。

概言之，众多关系主义的思想争论核心在于关系的地位问题。关系主义的立场是关系第一位，这个第一位指的是关系优先于个体、关系优先于

---

[1] 黄锐：《社会工作一般理论的建构》，载王思斌：《中国社会工作研究》，社会科学文献出版社 2018 年版，第 29-43 页。

[2] 黄锐：《社会工作理论的三个基本假设》，《社会建设》2018 年第 1 期，第 5-11 页。

[3] 《马克思恩格斯选集（第 1 卷）》，人民出版社 2012 年版，第 135 页。

[4] 米切尔：《精神分析中的关系概念：一种整合》，蔡飞译，北京师范大学出版社 2016 年版。

共同体。"关系性存在"概念具有超越自我与共同体的优势。① 传统西方的主流观点是个体是第一位的，关系从个体生发而来，因此个体是一个独立封闭的实体，这就切断了个体的关系性存在。人即关系性存在所要竞争的就是物理意义上的实体分割思想，而主张个体的边界并非清晰，而是在一个关系网络中个体被界定。这意味着我们在理解社会工作服务对象生活世界、介入社会工作服务对象时都不是面向个体，而是一个网络。

个体如此，对于"社会"概念的假设来说，关系主义也反对实体论的假设。传统的观点假设"社会"是独立、封闭的实体，然而这忽略了社会内部的复杂性，以静态取代动态观点。关系主义挑战了这种假设，在新的建构上，肖瑛尝试提出新的"制度—生活"的框架②。这一框架展现了社会的关系性。关系主义也反对社会唯名论，社会唯名论认为社会并不存在，只有个体是社会真实的组成单元。关系主义认为社会是由关系构成的，关系才是真实的构成单位。

中国最早并未使用"社会"概念，而是以"群体"代替。社会学也最早被翻译成群学，如严复将斯宾塞的《社会学研究》译作《群学肆言》。景天魁等团队对于中国古代典籍的整理认为，中国存在着"群学"，"群学"所要研究的就是社会关系。无论是合群、能群、善群还是乐群，"群"所要指明的核心要义就是关系的处理③④。在此意义上，社会是一个关系性的社会。

二、人具有关系理性

社会工作理论中另外一个无法回避的假设是个体与社会的关系。长期以来，社会工作理论存在着个体主义与整体主义之争。⑤ "社会工作"概念本身包含"社会"，本应具有强烈的社会性。回顾社会工作的历史发展脉络我们能够看到，社会性是社会工作原初的属性。里士满被视为社会工作专业性建构的里程碑人物，但她也极为强调社会性的共生。国际社会工作对社会工作的定义既强调人权，也强调社会正义。这些都显示了社会工作

---

① 格根：《关系性存在：超越自我与共同体》，杨莉萍译，上海教育出版社 2018 年版。
② 肖瑛：《从"国家与社会"到"制度与生活"：中国社会变迁研究的视角转换》，《中国社会科学》2014 年第 9 期，第 88 页。
③ 景天魁：《论群学复兴——从严复"心结"说起》，《社会学研究》2018 年第 5 期，第 1-22 页。
④ 景天魁：《中国社会学：起源与绵延》，社会科学文献出版社 2017 年版。
⑤ 文军：《个体主义还是整体主义：社会工作核心价值观及其反思》，《社会科学》2008 年第 5 期。

的社会性意涵。然而，在社会工作追求专业化的过程中，专业化似乎逐渐在抛弃"社会"的使命。我们遗憾地发现，社会工作专业化越来越关注临床、注重技术化、强调个体性问题而忽视社会性问题。社会工作社会性式微的原因很多，这首先与高校专业的建制化密切相关。专业化意味着有特定的研究对象，意味着对专业领域的切割与占有，而绝非可以包揽所有的"社会"领域。因此，社会工作专业化一直试图按照医学或者自然科学的逻辑在专业的伊甸园里苦苦寻找和切割一块属于自己的研究领域，这必然带来其对原有整体性社会的抛弃。其次，正如现有研究清晰指出的，西方社会工作"去社会化"的现象是伴随着市场化、自由化以及新管理主义等兴起而出现的。①

社会工作中个体与社会的对立导致"去社会化"，并由此带来一系列问题。这一取向会导致我们在对服务对象问题的解释和干预上容易归咎于个人，而忽视社会层面的责任，从而使得不公平的社会结构得到持续，背离社会工作的价值追求。西方社会工作界也意识到此，尝试重新找回社会工作的"社会"。尤其是在当代中国，强调社会工作的社会性意义格外重要。我国社会工作走向社会性的趋势，② 是社会工作嵌入当代中国社会治理等宏大背景中的必然要求。同时，这一转向也具有更大的可行性。中国社会处于转型过程中，尚未定型，社会工作有着较大的可塑空间。

从哲学基础角度看，个体主义与整体主义的论争、社会工作"去社会化"根源在于背后的二元对立思维方式。换言之，是自我和他者关系的对立问题，是处理"我-他者"关系的问题，而这种自我与他人的关系在不同时代有着不同的状态，但都表现出适应特定时代背景的"合情合理合法"状态。

现代社会，需要破除以前对于个体封闭式的理解，沟通自我与他人，形成一种既承认个人的自由人格，又不否认与他人的关系的形态。③ 这样的新的理性状态即是"关系理性"。这要求我们打破实体思维，从传统的实体思维转向新的关系思维。实际上，这即是前文所述的从实体本体论转向关系本体论的主张。关系理性是关系本体论是逻辑方式上的体现，其核心主张是现实的人不是孤立的个体，而是与自我发生关系并同时与他人发

① 李伟：《社会工作何以走向"去社会变革化"？基于美国百年社会工作史的分析》，《社会》2018 年第 4 期，第 100-132 页。
② 徐选国：《中国社会工作发展的社会性转向》，《社会工作》2017 年第 3 期，第 9-28 页。
③ 贺来：《关系理性与真实的共同体》，《中国社会科学》2015 年第 6 期，第 30 页。

生关系的关系中的个体。① 因此，关系理性是对以往诸多理解的反叛，它反对以单子化方式理解个体，反对人的普遍本质与个体的实体化论；它要求从交互关系中理解个体。这是一种统一了自我主体性与他人主体性的关系理性，其也可以称之为"为他人的主体性"。

关系理性有着广泛的理论基础。哈贝马斯提出的交往行动理论以"沟通理性"为基础，乃是对传统理性的转换，沟通行动是行动者为了协调相互的行动，是一种兼顾自我与他人的行动。② 列维纳斯以他者哲学著称，他关于自我与他人、自我与世界的关系的新思考，转向"我-他者"共在的哲学。霍耐特基于对黑格尔的批评所构建的社会承认理论所论证的是源自主体间相互承认的经验构成了人类的同一性。③ 可见，诸多的理论家都不约而同地重新认识个体与他人的关系，从对立走向共在。

关系理性在自我与他者的关系上实现统一，自我的主体性不是孤立的，而只有在与他者的关系中才能确立。它启示我们，任何忽略他人、不顾及他人的自我都不会持久发展，这是因为每个人都是在与他人的共在关系；它也告诉我们，自我之外的他人是自我成功的条件，个人价值与追求的实现都需要借助他人来实现，因此，脱离或者排斥、占有他人都是不可能的。④ 关系性存在以及关系理性假设对社会生活的积极启发至少有两点：一是追求最大可及利益必须在共在关系框架中，脱离共在关系而不盲目追求纯粹个人利益并不现实；二是为改善自己所处的共在关系结构和利益，人们能够且需要通过多种方式主动创造最优共在关系。⑤

中国传统文化对于自我和他者的关系强调内在的统一。例如，儒家的"仁"即是二人，即是自我与他者关系的表达性概念。"仁"思想要求推己及人，"己欲立而立人，己欲达而达人"。潘光旦提出了"位育"思想，是从传统文化角度回答了个体与社会的关系。他认为天地之间从个体到社会的各个层次可以汇通，反映了包括人在内万物的互动关系。诸如此类的论述不一而足。

以关系理性建构社会工作的理论，来理解社会工作是一个系统重思的过程。"关系理性"坚信在共在的平等关系中人才能立足于社会，实现人生目标。因此，社会工作服务中，服务对象与他人的关系，如与家人、朋

---

① 贺来：《关系理性与真实的共同体》，《中国社会科学》2015 年第 6 期，第 30 页。
② 哈贝马斯：《交往行为理论》，曹卫东译，上海人民出版社 2004 年版，第 273 页。
③ 霍乃特：《为承认而斗争》，胡继华译，上海世纪出版集团 2005 年版。
④ 贺来：《关系理性与真实的共同体》，《中国社会科学》2015 年第 6 期，第 32-33 页。
⑤ 高尚涛：《关系主义与中国学派》，《世界经济与政治》2010 年第 8 期，第 132 页。

友、同事等共在关系状态是理解服务对象生活世界的首要视角。这表现为服务对象个人的问题并不存在，而是服务对象与社会关系网络的问题。由此，社会工作的知识体系建构也需要以社会网络相关理论为基础，对服务对象的社会关系网络进行深入分析，包括发展出社会网络分析的技术工具。实际上，这已是暗含在社会工作知识体系之中的内容，只是没有被置于突出的位置。本质上，社会工作的优势视角、问题解决模式、寻解治疗、认知行为模式等都是在关系网络分析框架内的某些方面或者有针对性的干预方式。

社会工作者的专业训练也因此需要转向关系的分析与处理上来。社会工作者与服务对象的专业关系也应当以关系性存在为法则。它是社会工作者主导产生的具有关系理性的典范的关系状态，为服务对象学习处理关系提供一个实际学习和模仿的空间。从这个意义上来讲，专业关系是有治疗意义的，也是能力建设的一个重要环节。

关系理性的内涵至少包括三个层面。首先是共在关系的生成问题。服务对象的问题可能就在于共在关系的缺失。这可能表现为其特定社会关系的缺乏，如单亲家庭中父母一方的缺位，留守儿童缺乏父母足够关爱等。其次是共在关系的失衡问题。这表现在关系网络中对某个网络圈子的过度依赖。如吸毒者的社交依赖即可能是在朋辈圈子教唆下重新吸毒。[①] 再者，在既有的共在关系中，共在关系最优问题。关系性存在认为，个体主义基于经济人假设的自我独占利益实际上很少存在，其更多时候是共享利益。基于这样的一种思路，社会工作的专业干预重心在于调适偏重自我的私利，创造最优的共在关系。当然，这种干预的对象可能是服务对象也可能是相关者。社会工作者往往需要在服务中对相关者展开教育和训练，推动关系能力建设，从而为实现助人自助打下基础。实际上，这种思维方式的转换训练涉及社会工作者、服务对象个体、家庭以及社会多个层面，这也是社会工作干预的可能面向。

三、关系的圆运动

社会工作本质上所要改变的对象个体的关系，更为具体来说是个体的关系体系。这个关系体系有着内在的圆运动逻辑。

---

① 范志海：《"过渡社会工作模式"的建构与上海禁毒经验》，《社会科学》2005 年第 6 期，第 73-74 页。

依血缘、姻缘、地缘、业缘和情缘形成的特定范围内的关系可称之为关系块。缘表达了关系形成的因果媒介，并形成了五类关系块。血缘关系块是基于直系和旁系血缘构成的宗族关系子网络，包括父母子女、兄弟姐妹、祖父母、叔侄等关系。姻缘关系块是基于婚姻关系而构成的接近血缘关系的关系子网络，包括亲家关系、婆媳关系、连襟关系等。地缘关系块是由于地理或者环境因素而结成的关系子网络，如邻里关系、社区关系、老乡关系等。业缘关系块是基于学业、事业、市场交易而产生的关系，如师生关系、同事关系、战友关系、买卖关系等。情缘关系是由于特定机缘而产生的特殊的关系，如同道关系、恋人关系等。这些关系代表不同角色，周流在每个个体身上，人也因此成为马克思意义上社会关系的总和。

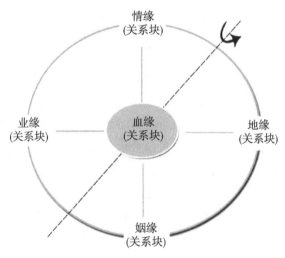

图 1   关系网络的圆运动

如费孝通差序格局概念所揭示的，行动者关系网络以家庭为核心，向外推形成了亲疏分别的关系子网络。这适用于关系块内部，但是关系块之间的关系没有充分解释。本书试图构建以下关系圆运动的模型。家庭是模型中心，尽管在现代化进程中家庭逐渐弱化，但是家庭依然在本土实践中占据核心位置。这是对于传统文化和流动性的回应，也有可能贡献于全球社会工作。① 以家庭为中心，其他四类关系分别环绕家庭进行圆运动，而

① 金昱彤：《乡村振兴背景下的农村社会工作：流动性冲击与家为核心的发展路径》，《探索》2022年第3期，第143页。

相邻的关系块则相互作用，共同推动整个关系网络的旋转，形成有序的运转状态。圆运动本身也指明，就一个成年个体来说，其关系网络中五类关系块分别发挥着不同的功能，维系着行动者的日常生活。

第八章　社会工作关系视角理论的概念框架探索

社会工作关系视角理论的中心概念即关系，围绕这一中心概念构建相关概念群，形成解释社会工作本土实践的概念框架。本章尝试从关系的维度、关系的层次和关系的伦理构建三组概念群，它们共同交织形成了社会工作关系视角理论的概念架构。

构建的关系概念群有着内在的逻辑。关系的维度是从横向上对于关系的构成进行划分，更为全面系统的认知和改变关系。关系的层次是从纵向上对于关系的类别进行划分。横向与纵向的交织共同编织形成了关系的概念框架。然而，这个框架还只是骨架，并没有处境化。为此，我们构建了关系的伦理概念，这些概念基于中国文化以及本土实践进行提炼，作为关系的文化内涵或血肉，填充了关系概念框架的骨架。最终形成了一个充实的社会工作概念框架。这个框架是复合性的，能够最大限度地回应实践的复杂性。同时，这个概念框架不仅仅包括分析性概念还包括实践性概念。比如在关系的层次中，我们构建了关系连续谱，同时进行了实践转换。

第一节　社会工作的对象：关系

一、社会工作对象的百年迷失

社会工作的基本对象是什么？这是社会工作元理论层面的问题，是否回答好这个问题无疑关系到社会工作在学科体系、学术共同体和职业市场的生存。然而，社会工作虽然经历一百多年的发展，对这一根本问题仍然没有达成共识。经历社会诊断为特点的实践，再到证据为本的社会工作实践，21世纪以来美国社会工作界开始展开建设社会工作学（Science of Social Work）的讨论。其中无法回避的根本问题仍然是社会工作的本质或基本对象的问题。国内外对于社会工作的本质的探寻千差万别。

国际上对社会工作定义，"社会工作是以实践为基础的专业，是促进社会改变和发展、提高社会凝聚力、赋权并解放人类的一门学科；核心是社会公平公正、人权、集体责任和对多样性的尊重；理论支撑是社会工作理论、社会科学、人类学以及相关的本土化知识，目标在于致力于解决来自生活的挑战，提升生活的人民感"①。这一定义虽笼统但指出了社会工作专业性、实践性、科学性特点。该定义对多样性的尊重，对本土化知识的肯定表明了社会工作需要适应特定地域、文化。在中国讨论社会工作，也需要置于中国的社会和文化背景下。

尽管国内社会工作在 21 世纪以来进入黄金发展阶段，② 但国内对于社会工作的界定还是存在争论。总体来说可以归为以下几类：将社会工作作为一种实践活动、专业、方法或者技术或者理念、职业、制度体系、过程。也有从整合视角下界定社会工作概念。文军在分析各个概念的视角基础上认为，社会工作是职业性专业性工作；③ 夏学銮认为社会工作是实践、专业和制度的统一体。④ 王思斌认为，社会工作是以利他主义为指导，以科学的知识为基础，运用科学的方法进行的助人服务活动。⑤ 这些定义并没有指出社会工作的学科对象或者研究对象是什么，基本上是在一般意义上回答了社会工作的属性问题。社会工作的属性有以下几个。其一，实践性被认为是社会工作的属性之一，它以此区别于重视理解和解释的社会学。其二，社会工作是作为一种专业的社会工作。王思斌从社会工作作为专业的产生、表现和国际社会实行的社会工作专业制度角度论述了社会工作是一种专业。⑥ 本书中强调社会工作是专业，与民间的慈善志愿活动相区别。其三，社会工作是利人的专业。尹保华分析指出，当代中国内地环境下的社会工作本质就是高度人文关怀，并从社会工作的历史演变、社工金三角、中国文化传统以及当代以人为本理念进行了论证。⑦ 其

---

① 李晓慧：《社会工作专业的国际新定义》，《中国社会工作研究》2015 年第 1 期，第 231 页。
② 文军：《当代中国社会工作发展面临的十大挑战》，《社会科学》2009 年第 7 期，第 66 页。
③ 朱眉华、文军：《社会工作实务手册》，社会科学文献出版社 2006 年版，第 3 页。
④ 夏学銮：《社会工作的三维性质》，《北京大学学报哲学社会科学版》2000 年第 1 期，第 139 页。
⑤ 王思斌：《社会工作导论》，高等教育出版社 2004 年版，第 2 页。
⑥ 王思斌：《社会工作：利他主义的社会互动》，《中国社会工作》1998 年第 4 期。
⑦ 尹保华：《高度人文关怀：社会工作的本质新释》，《学海》2009 年第 4 期。

四，社会工作是一种职业。当前，社会工作作为一种职业已经纳入国家职业序列中成为一种新的职业了。在国际上，社会工作是一种有报酬性的工作，有着自己的职业地位、岗位设置、职业薪酬体系、培训和管理制度，符合职业的标准。其五，社会工作有着自己的制度体系。社会工作作为福利制度的传导体系具有制度性，同时也是社会管理制度的一部分。当前阶段，中国社会工作的专业性正在建构中，专业性是格外强调的。正如尹保华基于中国传统文化所强调的，社会工作的高度人文关怀也在中国语境中备受重视。此外，中国社会工作是在中国社会体制改革、社会建设、社会治理的大背景中推进的，社会工作对于社会层面的改变也是其历史使命之一，社会工作的制度属性也不可忽视。

尽管属性问题的回答有助于社会工作对象的研究推进，但依然没有从根本上找到独特的研究对象，导致社会工作与其他专业缺乏区分度。问题的根源一方面在于元理论自觉意识的匮乏，另一方面在于思维方式偏差。前者导致对于这一问题的漠视，后者在实体论下反思社会工作对象陷入了对立的思维。实体论将个体或社会视为封闭实体，无法厘清社会工作与其他学科的内在关联，也无法说清楚内在分殊。由此，跳出社会工作对象百年的迷失，我们需要从哲学思维上进行更深层次的思考。

二、社会工作对象：从人到关系

在本体论上，关系取向不同于实体取向，关系取向认为宇宙的本源是关系。从社会工作角度来说，关系本体论打开了回答以下几个问题新的视域。其一，对社会工作是什么的重新理解？其二，如何理解服务对象的生活世界？其三，怎样改变以帮助服务对象？

本书以为，关系本体论下社会工作的基本对象是个体的关系。社会工作聚焦人与社会环境，研究和改变的对象从表层看来是人与社会环境。关系本体论下，社会的本源是关系，个体的本源也是关系，而不是实体性本体，这个实体性本体包括个体和社会。关系优先于个体，是先有关系然后有个体，个体是关系共存的个体；关系产生了社会。服务对象的需求与问题也需要在多个关系项中进行综合理解，而非一个关系网络可以判定。社会工作的干预点既非个体也非社会，而是关系，关系消融了社会工作个体主义与整体主义的纷争。因此，社会工作更深层次的对象是关系。学者张昱基于对汶川地震灾后重建的社会工作干预实践提出，个体社会关系体系是社会工作的对象，灾后社会工作服务是对社会关系的干预，只有关系整体干预才能发挥最大的功效。① 在此基础上，张昱认为社会工作的技术性目标在于促进个体和谐发展，② 实质上是个体关系的和谐发展。这一观点与本书是类似的，但并没有从本体论层次展开。

关系是社会工作的基本对象，这为理解和干预服务对象的生活世界确定了出发点。社会网络理论以及与关系相关的沟通、交换理论、社会资本理论是关系视角下理解、改变服务对象生活世界的理论基础，这已在本书中得到较为全面的梳理。社会工作者与服务对象的专业关系不同于社会工作者干预中的关系，这种专业关系正是社会工作在现代社会得以存在的合法性的基础。③ 其实，关系本体论下，专业关系可以被看作嵌入到服务对象关系网络的一种关系，一种可以产生改变力量的关系。因此，专业关系也可以在社会网络等理论下进行解释。

关系本体论不仅让我们重新理解社会工作的对象、服务对象的需求、专业关系，也有益于我们重新思考社会工作价值观。专业社会工作伦理价值贯穿社会工作始终，其实现过程本质上就是专业社会工作的实施过程。④ 关系也因此充分体现在社会工作价值内。《美国全国社会工作者协会伦理守则》指出的社会工作五项核心价值观的一条就是人类关系的重要性。关系是变革的重要载体，社会工作者服务中当以合作、强化关系来实现目标。社会工作者与受助者、社会工作者与同事、社会工作者与机构、社会工作者与社会的几对关系构成了各国社会工作价值的内容。

就本书的研究对象来说，关系主义认识论下研究关系需要充分考虑关系的关系性，展现关系的动态性、历史性、情境性与连续性。关系是关系情境与行动者持续不断互动的过程，我们要反对对关系自身认识的"去关系化"倾向。⑤ 在时间维度上，关系是历史性的，它寄存着过去的现在，潜存着未来。对关系的研究也需要消除微观与宏观的鸿沟，由二分对立转向统一。

---

① 张昱：《灾后社会关系恢复与重建的路径探索——基于 Q 安置社区社会工作干预的实践》，《华东理工大学学报（社会科学版）》2008 年第 4 期，第 6 页。

② 张昱：《社会工作：促进个体和谐发展的社会技术》，《西北师大学报（社会科学版）》2008 年第 1 期，第 26-28 页。

③ 马志强：《从熟人关系到专业关系：社会工作求助模式的转向》，《西北师大学报（社会科学版）》2014 年第 1 期，第 140 页。

④ 焦金波、王超、李绍伟：《专业社会工作者伦理价值选择之优先序列》，《中国矿业大学学报（社会科学版）》2005 年第 2 期，第 44 页。

⑤ 曾国权：《"关系"动态过程理论架构的建构》，《社会》2011 年第 4 期，第 96 页。

三、何谓关系

尽管实践中关系一词常常被使用，但其使用的出发点不同，导致内涵也并不一致。在哲学上，关系指的是事物之间相互影响、相互作用的状态。在社会学上，关系主要是社会关系，是不同行动者之间的人际关系。在东西方语境中，中国的关系一词还具有人情的特殊性。尽管中国社会中使用的"关系"存在歧义，有人也主张应当区分中国的"关系"（Guanxi）与西方意义的关系，但是我们并不因此否认中西方社会文化中关系概念的共同性，从而建立对话交流的媒介。

由于社会工作是为人服务的专业和职业，本书将关系置于社会关系的角度来研究，关系也因此被界定为不同行动主体之间社会交往的过程与结果。关系本身能够带来多重影响，李继宏认为关系本质上是主体之间形成的一种资源流通的渠道。① 正是在资源的意义上，关系才能发挥助人自助的社会工作功能，从而具有社会工作的价值。在中西方社会，关系是共同存在的信息资源流通的渠道，而不同文化下赋予了这种渠道流通的特性。

关系是一个弹性的概念，对关系概念的理解，既包括分析性的理解，也包括综合性的理解。从关系主体的差异，关系可以分为多个层面。例如有学者指出包括个体与自我、家庭、社区、管理层、环境多方面关系。② 本书将之概括为个体和自我的关系、个体与个体间的关系、个体与组织的关系、个体与环境的关系。

第二节　关系的维度及其概念群

一、社会工作关系的三维空间建构

本书对关系视角的社会工作本土实践过程进行了详细的阐述。基于这些经验分析，可以形成如下所示的社会工作关系实践的过程图（见图8.1）。

---

① 李继宏：《强弱之外——关系概念的再思考》，《社会学研究》2003 年第 3 期，第 48 页。
② 徐永祥、黄锐《灾后社会工作：嵌入、建构与增能——中国经验及其反思》，华东理工大学出版社 2018 年版。

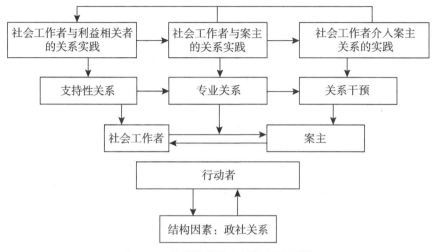

图 8.1　关系视角社会工作实践过程

　　围绕社会工作关系的实践过程是社会工作助人系统、专业关系、社会工作受助系统共同交织的实践过程。第二章讨论了社工与利益相关者的关系实践过程，目的在于寻求内部(社会工作机构/部门)的支持和外部(政府、高校、社区)的支持，形成良好的专业实践环境。因此实践的目的是建立支持性关系。从求助关系的角度来说，这些实践者是助人者，或者说助人的主体。这些行动主体基于社会工作目标而形成的关系可称之为社会工作主体关系。围绕社会工作专业关系的实践是本书第三章讨论的内容，其在于权宜人情与规则，试图探寻到专业界限，建立信任。这一过程是社会工作者与服务对象建立关系的过程，这种关系被概括为社会工作专业关系。本书第四章概括了围绕社会工作服务对象相关社会关系的实践经验。从求助的角度看，服务对象内部的关系网络可以被概括为社会工作对象关系。从关系的面向来看，社会工作主体关系围绕着社会工作者，社会工作对象关系围绕着服务对象，而专业关系则是社会工作者和服务对象之间关系。这三个维度的关系共同构建了社会工作系统，形成了完整的社会工作的关系网络，也即社会工作下布迪厄所谓的场域(见图 8.2)。

二、关系维度概念群的意义

　　社会工作关系三维空间的建构是关系主义的体现。在本土化的社会工作实践中，推进整合性的实践才能具有更为宽广的视域。① 本书所构建的

① 王玉香：《社会工作实务本土化及能力建设研究》，《河北学刊》2022 年第 4 期，第 177 页。

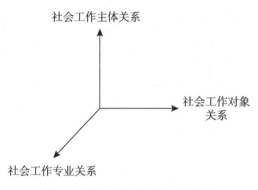

图 8.2　社会工作关系的三维空间

这一架构就是强调从更为整全的角度去理解和指导社会工作实践。在社会工作场域内，除社会工作服务对象、社会工作主体，二者之间的专业关系也极为重要。这一关系是联结二者的纽带。通过专业关系，我们看到社会工作整体呈现出完整的关系性。

在社会工作主体关系、社会工作对象关系、社会工作专业关系三个概念中，我们尤其要强调的是社会工作主体关系的意义，这涉及三维空间三方面关系的内在平衡议题。学界的研究关注到了社会工作对象关系、专业关系，但是对于社会工作主体的关系往往忽略。① 社会工作主体关系是社会工作干预服务对象关系的前提，尤其是社会工作主体资源链接整合状态、内在关系与制度化建构状况影响着社会工作实践的成效。在三维空间内，当前我国社会工作主体关系的结构不合理、资源不充足，无法有力地改变服务对象关系。因此，社会工作关系的三维空间要求我们从更为全面的视角去分析社会工作的实践。

社会工作者是社会工作干预的主体，但是社会工作者本身也处在一个复杂的关系网络中，具有强烈的关系性。实质上也只有在关系性下行动，社会工作者才能够满足实践的需要。这种关系性指的是社会工作者并非个体化存在的，而是在个体的资源网络、机构的资源网络、社会的资源网络以及其他资源网络中存在的。换言之，关系论下，只有先有后者的整体性网络才能有具备干预能力的社会工作者个体。社会工作之所以能够"以生命影响生命"，关键不在于社会工作者个体，真正的力量在于社会工作行

---

① 如文军教授主编的《西方社会工作理论》教材对于关系理论的概括关注到了专业关系、案主周围关系，而对于社会工作主体关系未论及。

动的个体所嵌入的网络。

当前，社会工作专业化制度建设存在诸多问题，原因也在于轻视关系性思维。尽管中央部门出台了不少有关社会工作人才队伍的政策文件，也构建了基本的骨架，但是相关的配套措施缺失。这主要表现在社会工作行动主体单枪匹马地参与社会治理，缺乏网络资源的搭建。在这现实背景下，我们质疑社会工作的专业能力不足，专业优势无法显现是不公平的。尤其是当我们把专业社会工作者与社区居委工作人员等为代表的实际社会工作人员进行比较，往往忽略了实际社会工作者在地域长期累积的关系网络优势。这种关系网络对于社会工作专业化建设的意义不言而喻。对此，我们需要从制度上构建围绕社会工作者专业行动的关系网络，畅通其中资源的流通与输入。

第三节 关系的层次及其概念群

一、社会工作关系的"点线面体"建构

(一)关系层次概念谱

前述章节的质性研究分析中，社会工作的关系实践是面向不同主体的。为寻求外部支持，社工与政府、高校、本机构/部门不同主体建立和维持关系，社工还在基层经营"圈子"。社工与服务对象之间则有着双向的专业关系。服务对象的系统关系实践中，服务对象的"心结"是自我关系，服务对象"搞不好"的关系是个体之间的关系，服务对象还有关系网、受到宏观关系的影响。对服务对象的干预也是从个体自我的能力、人际沟通、关系网层面的社会支持、社会资本展开。同时，社会工作的关系实践还与更加宏大的社会结构发生联系，尤其是政社关系的转型与限制。然而，这些纷繁多样的关系背后，可以注意到多层次的关系则是贯穿的线索。如果重新回到关系概念本身，基于对关系层次的重新理解或许可以发现整合这些关系实践的思路。在此基础上，可以发现社会工作关系实践的统一逻辑，从而可能构建一个具有内在一致性的关系理论。

社会学界对个体关系的流行性讨论以主体来划分，包括个体自我关

系、家庭关系、亲属关系、社区关系、社会关系等。①②③ 这种分类方法固然有其重要意义。本书尝试从另外一个角度来对"关系"进行划分。潘光旦提出社会学者的"点线面体"思想，可以作为构建中国社会工作理论体系的基本线索。④ 以此对应"关系"的理解，本书试图将"关系"进行操作化和体系化建构，形成一个关系概念的连续谱。⑤

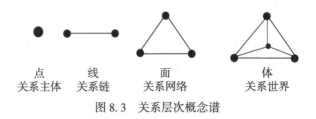

点　　　线　　　面　　　体
关系主体　关系链　关系网络　关系世界

图 8.3　关系层次概念谱

　　点、线、面、体四个层次是从点形成线，再由线组成面，再由面形成体。换言之，在层次上逐渐递增，后者涵盖所有的前者。关系也可以具有这样的层次性。在概念的拟创上，本书尝试构建四个概念，即关系主体、关系链、关系网络、关系世界。关系主体与点对应，关系链与线对应，关系网络与面对应，关系世界与体对应。这样，从关系主体到关系世界也形成了一个逐渐层次递增，后者涵盖所有前者的状态。我们把这样一个逐渐变化的过程以这四个概念来考察命名，它们实际上形成了一个谱系，将之统称为关系层次概念谱。这四个层次在本书前述的本土实践经验分析章节都有所体现。

　　本书在前述经验分析中，对于关系主体与服务对象问题的关联的讨论，以及对于服务对象关系能力建设的干预策略都是对服务对象的关系主体的分析。在对社工与利益相关者的分析中，对于社工自身价值的分析、社工"圈子"的经营实际上也是对关系主体的经营能力的分析。"关系主体"顾名思义就是关系中的主体。主体是关系中的，而非关系的创造者，这是关系主义的内在之义，是摒弃实体主义弊端的关键。主体性与关系性密切关联，是在关系性中创造了主体性，彰显了主体性。

① 张昱：《灾后社会关系恢复与重建的路径探索——基于 Q 安置社区社会工作干预的实践》，《华东理工大学学报（社会科学版）》2008 年第 4 期。
② 杨海龙、楚燕洁：《社会资本与"互构"的社会支持》，《理论导刊》2007 年第 7 期。
③ 倪赤丹：《社会支持理论：社会工作研究的新"范式"》，《社会工作与管理》2013 年第 3 期。
④ 何雪松：《社会工作学：何以可能？何以可为？》，《学海》2015 年第 3 期。
⑤ 杨超、何雪松：《社会工作的关系视角》，《学海》2017 年第 4 期。

　　本书对访谈对象的经验分析中，社工与政府的关系实践包括"汇报工作"来争取支持，通过"各取所需"实现社会交换，以及法定渠道的互动，这是社工与政府关系实践中"关系链"的体现。社工与高校专家关系的"熟"反映了关系链中的人情互动，"挖"志愿者也是社工建立关系链的方式。社工与服务对象的专业关系中所经历的"寻找服务对象"、社工身份、专业关系两难以及专业信任建立所展现的是专业关系这种关系链建立的完整过程。在社工对服务对象的关系干预中，服务对象的问题可以从人际交往角度进行分析，这就是在分析关系链。柯林斯曾提出仪式互动链理论，将互动链描述为线性关系结构，这启发了"关系链"概念的创建。关系链作为第二层概念，来源于关系主体之间的构建。本书经验分析章节对社工基层"圈子"，服务对象问题的"关系网"、关系网中资源的分析都是关系网络层次的展现。关系网络概念作为第三层次概论，来源于第二层次关系链的再次交织构建。它与社会网络理论、社会资本理论相呼应。社会工作关系理论脉络中对家庭关系的讨论、交互分析理论也是关系网络理论。本土费孝通的"差序格局"、边燕杰的"熟亲信"概念也是如此。扎根中国的社会工作实践离不开这样的本土概念。

　　关系世界是由关系网络组建而成。需要说明的是关系网络的粘连、拼接并非仅仅是现时性的，而是历时性的。换言之，在历史的维度下，关系网络不断地再生产，将过去、现在与未来组合在一起，形成了立体的关系世界。如果说关系主体、关系链是微观的，关系网络是中观的，那么这个关系世界已经从中观走向了宏观。宏观社会学理论则在这个层面进行了大量的研究。场域理论、生活世界理论、结构理论等均有涉及。关系世界在实践之中就表现为社会结构的动态变化。社会工作的作为不仅仅在于临床实践，而在宏观上社会工作也展现积极的贡献。这表现社会工作推动政社关系的变革或转型，影响社会政策，促进结构因素变化。这与朱健刚等的转型社会工作理论视角具有一致性，也呼应了社会工作的结构视角。尤其是在中国的语境下，社会工作服务群体的问题往往是社会转型所带来的家庭与生活环境改变、社会照料模式改变以及新的社会服务体系尚在重构中导致的。① 因此，本土社会工作理论建构需要超越西方的社会工作的视野。

---

① 郭伟和：《在实证主义与实用主义之间——对西方社会工作两种实践模式及其认识论基础的评析》，《社会学研究》2022 年第 3 期，第 222 页。

(二)关系层次的实践性概念谱

上述对关系层次概念连续谱的分析是理论指向上的说明，而在实务领域，如何针对关系主体、关系链、关系网络、关系世界进行干预则是实践问题。本书在对服务对象系统关系干预的经验分析中，通过受访对象的访谈发现，关系的干预策略主要是提升关系能力、改善人际沟通、动员社会支持和建设社会资本、影响社会政策。由此，我们可以发现，本书质性研究中关系实践的策略在于关系能力、人际互动、社会支持、社会结构变革。因此，对服务对象关系的干预可以分为面向关系能力、人际互动、社会支持、结构变革的行动，并且分别与点、线、面、体一一对应。这四个层面构成了关系实践的基本策略，称之为关系层次实践性概念谱，而与关系层次概念谱也是一一对应的。

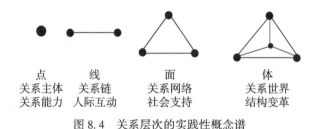

点　　　　线　　　　　面　　　　　　体
关系主体　关系链　　关系网络　　　关系世界
关系能力　人际互动　社会支持　　　结构变革

图 8.4　关系层次的实践性概念谱

二、关系层次概念群的意义

(一)关系的体系化与操作化

本书对关系实践进行四个层次的划分，形成了两组概念：关系的点、线、面、体分别对应概念上的关系主体、关系链、关系网络、关系世界；分别对应实践上的关系能力、人际互动、社会支持、结构变革。

这一概念群的意义之一就是推进关系的体系化建构。关系是一个弹性概念，自由地伸缩，形成了一个关系实践的连续谱。这个连续谱包括小至点层次的关系能力，中到线和面的层次概念，大可以到社会结构层次。这回应了当前关系研究体系化不足的问题，同时这一体系化也是一个操作化的过程。

这一概念群也试图推进关系的操作化。关系主体的操作化是关系能力。它指的是建立关系、维系关系、涉取和动员关系资源的综合性能力，是布迪厄所称之的惯习在关系侧面的展现。关系能力是个体所具有的，是关系的点之核心概念。关系能力可以进一步操作化，形成关系能力的操作技术。人际互动是关系链的操作化，它是人际关系的主要行动策略，包括谈话、倾听和观察。正是通过人际互动，人际关系得以直接建立，并且互动以关系能力为基础。人际互动是线之核心概念，以点之概念为基础。关系网络的操作化是社会支持，它是关系能力和人际互动基础上建立的多元社会支持网络，包括家庭支持网络、社区支持网络、朋友支持网络等等，是面之核心概念。获得社会支持不仅需要建构支持网络，也强调对网络包含资源的动员和运用，有着社会资本的意义。结构变革则是关系世界的干预，是关系的最宏观层次。本土的社会工作实践不同于西方的一点就是西方的"关系世界"是一个成熟的、定型的社会，而中国的"关系世界"是转型中的，由于处于"转型"，历史性格外突出，这尤其表现为政社关系的变动。这反映在社会工作的发展上，也限制着社会工作的发展。点、线、面、体分别代表了社会工作理论的不同层次，即个体、人际、网络、社会（历史）四个层次。相对西方社会工作，中国社会工作的发展更强调面与体的层面，被赋予社会建设、社会治理的使命。

（二）社会工作的聚焦：中观为本的关系

前述经验分析章节对案主系统的分析中，案主问题的产生分别从案主自我关系、人际关系、关系网和结构因素进行了讨论。正如上文对关系概念连续谱的分析指出的，这分别对应关系的是个层次"关系主体""关系链""关系网络"和"关系世界"。同时，后面的"关系网络"需要在"关系主体""关系链"基础上形成，涵盖前两个层次的关系，同时又受到"关系世界"的影响。因此，"关系网络"是实践中分析案主问题的中观层面，也是一个较好的切入口。社会工作可以聚焦于案主的关系网络分析问题，并进行干预。

关系的点线面体四个层次概念的优势在于将关系体系化，但是也带来一个可能的质疑就是关系泛化，导致实践中社会工作者无的放矢。这里，我们主张社会工作应该将聚焦点置于中观的关系，倡导中观为本的关系实践。首先，中观为本的关系实践能够将社会工作与心理学、社会学区别开来。心理学是微观为本的关系实践，社会学则是宏观为本的关系实践。其次，中观为本的关系实践也具有化解社会工作中个体与社会的纷争，实现二者的双聚焦。当然，我们也要指出的是，中观为本并不代表社会工作要抛弃微观关系、宏观关系的关怀。社会工作本身的特性就在于系统性、整体性，只是聚焦点在于中观。所谓中观为本的关系实践，真正目的在于以中观为基础上下可通，实现整体的关系干预。

第四节 关系的伦理及其概念群

一、社会工作关系的伦理概念群

关系的维度和层次概念是具有普适性的概念群。无论东方还是西方语境，关系的三维空间都可以认为包括社会工作主体关系、社会工作专业关系和社会工作对象关系，社会工作的层次也都可以从点线面体层次进行划分。然而，这两组概念群抽离了文化属性，缺乏处境化的描述。中国社会文化体现在"伦"，而引入关系伦理思想内容是完善社会工作理论的重要来源。① 在关系的伦理概念群即是要回应这个问题，基于中国本土的文化语境探讨关系的伦理内涵。本书提出五个关系伦理的概念：和合、修心、情理往来、齐家、治平。其中"和合"是关系伦理最终期望达到的目标，也是最基本的处理关系的准则。它贯穿于"修心""情理往来""齐家"和"治平"关系伦理概念群。修心、情理往来、齐家、治平四个概念分别是在点线面体四个层次上的本土文化内涵。

(一)关系的"和合"

"和合"概念来源于中华传统文化，并且是中华元文化的精髓和灵魂。中华元文化的关系主义思维方式的经典表达就是"和合"理念。先秦时代，《易经》中提到了"与天地合其德，与日月合其明，与四时合其序，与鬼神合其吉凶"。《国语·郑语》提到"商契能和合五教，以保于百姓者也"。《论语·学而》讲："礼之用，和为贵。先王之道，斯为美。"《孟子·公孙丑》讲："天时不如地利，地利不如人和。"《中庸》讲："和也者，天下之达道也。"《老子》讲："万物负阴而抱阳，冲气以为和。"此外，《管子》《墨子》等都对和合理念进行了阐述。之后，宋代周敦颐、张载等和明代王阳明等都进行了发挥。当代北京大学张立文等还倡导"和合学"。② 在官方提

---

① 何雪松、王天齐：《社会工作的关系思维：三个传统与新的综合》，《新视野》2021 年第 6 期，第 8 页。

② 张立文：《和合学概论》，首都师范大学出版社 1996 年版。

出"和谐社会"的概念后，"和合"理念得到广泛的传播，从学界进入到普通大众，并为大众所熟知。在社会主义核心价值观中，"和谐"也在其列。

"和合"中的"和"表达意思在于冲突的处理，"合"表达的是相合、符合。"和合"理念的主要内容可以归纳为以下几个方面。

其一，从心灵到世界的和合。和合理念产生之初是中华先祖观察自然，思考人类生存而得出的感悟。天地自然在纷繁多样中保持着和谐，形成了美妙繁荣的自然世界。人类社会也应当遵循这一天地之道。中华文明的祖先因此认为，人的心灵内在的冲突、人际冲突、社会之间的差异以致不同文明世界之间也应当和不同。在中华文化五千年的演变中不断扩展，和合理念最终形成了协和万邦、天下大同的观念。从心灵、人际、社会到自然的层次，和合理念一以贯之。

其二，和而不同，尊重差异。西方文明和哲学的根基在于强调"同"的逻辑，对于不同的文明认为是冲突的，不可避免的。① 西方"同"的理念下反对异质，拒绝跨越边界的融合与共存。"和合"的理念则尊重差异，化解矛盾和冲突。换言之，在一和多的关系中，承认多的空间。

其三，和谐统一。和而不同但重在"和"，这种和能够达到生一，实现统一性。同时意味着整体性的重要意义。尽管尊重个体的多样性，但在整体性的保持上个体是一致的。

(二)心与修心

"心"概念是中华关系伦理在"点"层面的体现。它的另外一个实践性概念就是"修心"。

1. "心"的中华内涵

心概念在语言学上属于语义原词，即基本意义的概念。这种语义原词在东西方文化中有一些共同特点。李德高、许锦民、张积家的研究认为，总体上，心表现出整体性，即思想、情感、欲望等整体的内容，而非单一的维度，是理性与感性的融合。② 心具有意向性，意味着它表达着一种隐喻，比如心宽、心境都表达一种空间的隐喻，处心积虑、揪心等概念表达一种实体的心。心还具有神秘的色彩，表达了过往对于神秘超自然力量的心态，当下的使用表达了世人对于权威的借用。再者，心还具有道德的意

---

① 张立文：《和合中华哲学思潮的探析》，《北京大学学报(哲学社会科学版)》2014年第2期，第11-22页。

② 李德高、许锦民、张积家：《语义原词和"心"》，《中国石油大学学报(社会科学版)》2019年第1期，第81-85页。

涵，例如公心、私心。

心作为直观感觉是心脏，但是通过多重隐喻具有了新的含义。隐喻是从一个具体的概念域向一个抽象的概念域的系统映射。[①] 心可以从固态、液态和气态角度进行隐喻，也可以从点、平面和空间角度进行隐喻。同时，在转喻方面，心还能够代表思维、性格、情感。[②] 相对于西方对于心的认识，中国语境下的心是一个强调伦理道德的概念，而西方注重认知思维。中国文化的"心"是一个具有情感取向的，综合了认知和情感的概念。[③] 中国人日常生活中常常使用"用心"一词，它是否等同于"用脑"概念呢？随着脑科学发展，不少人混淆二者，实际上中华文化下的"用心"并不单纯是理性的思维，而是"以大脑右半球和边缘系统为主导的思维形态，具有知情意相贯通、真善美相结合、知行合一的特征，在整体性、直觉性、体验性的认知活动中有明显优势"。[④] 再者，在"身"和"心"的关系上，身是次要的，心是首要的。同时，心是中国人的意义世界。人和动物的本质区别就在于心。换言之，人所具有的伦理道德是区别于禽兽的根本所在。李淑华从四个方面总结了心的规则，即生理层面的心、认识论上的心、道德上的心和本体论上的心。[⑤] 认识论上的心是主观认识客观的过程，心乃是一种认识世界和事物的工具。道德论上的心，在儒家看来主要是仁义礼智信的道德观念。孟子提出了四"心"，分别是恻隐之心、知耻之心、知礼之心、是非之心。本体论上的心把心看作事物的本体，万事万物的来源。这四种类型的心构成了心的维度，形成一个综合性的心的概念。

2. 心的实践：修心

无论是儒家还是道家、佛家，对于心的核心实践方式就是修心。"以心观心"中的观字表达了一种自我的审视和反思。这表达了传统文化对于自我精神世界的规训。就其本质来说，所谓要修的内容实际上是自我和他人的关系。修心的结果就是走出自我，走向他人，避免自私自利。中国传统文化主张物我合一、内外合一，本质上都是在将自我与他者的责任协调起来。

修心的具体路径上来说，儒释道有着不同的解释。儒家主张"格物致

---

① 李福印：《认知语言学概论》，北京大学出版社 2008 年版，第 131 页。

② 戴维、俞霞君：《汉字"心"的隐喻和转喻认知分析》，《海外英语》2019 年第 6 期，第 79 页。

③ 彭文超：《以心观心：中国传统道德教育思想的内在理路》，《当代教育科学》2021 年第 1 期。

④ 王前：《全球化背景下的涉"心"认知——形态演变和重要价值》，《哲学分析》2020 年第 4 期。

⑤ 李淑华：《"心"论四则》，《文学研究》2020 年第 39 期。

知诚意正心修身齐家治国平天下"。这八目是一个逐步递进的过程，而"格物致知诚意正心"就是修心的四个步骤。格物致知就是知识的学习，了解事物和社会的规律，洞察人际的复杂。这种格物致知并非简单的知晓即可，而是强调"强度"的持久与增进。曾子曰：吾日三省吾身。《礼记·大学》也言"苟日新，日日新，又日新"。这些都是强调修心绝非朝夕之功。"诚意正心"首先是真诚，然后才能正心。真诚是一种放下私心，纯净自我的状态，由此脱离世俗的"我"方能呈现出来。诚意正心是一种情感上的修行，而格物致知则是一种理性上的修行。从理性到感性的融合能够达到心的修行。道家"致虚极，守静笃"，佛家的禅修，都是在心上下功夫。其中佛家对于修心的研究更为深入和系统。佛家提出了"空"的思想，并发明了很多的修心技巧。"修心"与处理人的欲念是一致的。"一念之间天地之分"，这个"念"如同河流川流不息。只要人一息尚存，念头就不止。因此，修心是人一生的事情，不可能毕其功于一役。弗洛伊德提出了"三我"理论，三个我之间的平衡特别强调超我对于本我的内在监督。修心实际上也是以心观心，就是内在另外一个我的觉醒，能够保持对于我的时刻审视。

修心的方式除了通过理性学习达致外，佛家还特别强调"悟"。佛祖释迦牟尼在菩提树下"顿悟"而成佛。"悟"意味着人先天就具有道德之心、佛性，只是通过消除外在的障碍而重新发现这个"心"。

(三)人际与情理往来

中国人在处理人际关系时候表现出"关系"(Guanxi，不同于不加引号的关系一词)。这里我们使用"人际"来避免 Guanxi 与关系(relationship)的混淆。

1. 人际中的 Guanxi

中国社会学界对于"关系"(Guanxi)积累了丰硕的研究成果。"关系"(Guanxi)不同于关系(relationship)，是一个中国特色的概念。那么，中国社会的"关系"(Guanxi)本质是什么？有什么特点呢？

不同的学者对"关系"(Guanxi)有着不同的定义。"关系"(Guanxi)表面上看是人与人之间的交往，但却产生了不同的效果。不少人概括为"人情"的效果。但许烺光使用 affect 而非 emotion。[1] 东西方社会中的"人情"

---

[1]　许烺光：《美国人与中国人：两种生活方式比较》，彭凯平、刘文静等译，华夏出版社1989 年版。

有着不同的意义，西方的"人情"不过是人的道德感、价值感。东方社会的"人情"实质上具有动员资源、使用资源的效果。因此，"关系"（Guanxi）更为深层次上是一种关系影响力。李继宏系统总结了关系概念的分类，主张关系是关系主体之间形成的一种资源流通的渠道。① 本书亦主张这一观点。

边燕杰总结了三种关系主义理论模型，来考察关系本质特征。② 这三种分别认为关系主义是家族亲情伦理的社会延伸；特殊主义的工具性关系；非对称性的社会交换关系。本书认为第二种和第三种模型本质上都是一种资源交易，而第一种模型则是文化的视角。综合这三种模型，可以认为中国社会的"关系"本质上是基于家族亲情伦理逻辑的一种资源交易方式。这种家族亲情逻辑起源于农耕社会的环境，并具有一些独特性。第一，交易的互惠且不对称性。"关系"本身是资源流动的渠道，通过"人情""面子"追求回报。这种回报具有一定的延时性，且回报也不是市场中的等价交易。如果当时回报反而损伤了"关系"。"滴水之恩当涌泉相报"，折射出交易的不对称性。第二，亲疏远近差异性处理关系。儒家讲"推己及人"，从自我修身到平天下，是一个从自我往外推的过程。这种"推"具有差序性。边燕杰总结了"熟亲信"的三层关系，并指出三层关系对应不同的关系策略。中国人依据关系的深浅，分别采用无条件的责任付出、混合型工具关系和利害交易方式处理。第三，权威取向。国人崇拜权威，具有权威的敏感性，能够快速的通过性别、年龄、职业和身份等定位这个人的权威性，表达对权威的尊重。这种尊重权威本质上也是为了寻求其权威庇护，得到"关系"中权威资源。

这种交易中的"资源"是丰富多彩的。除了常规的经济资源外，还包括信息、精神慰藉、庇护、权威等。经济上的相互帮助，包括资金借贷往来、物质资源等。信息作为一种资源，在现代信息化社会得到凸显，其经济价值也得到体现。庇护和权威是容易被忽视的内容。翟学伟提出，除了社会地位外，个人地位也是一种重要的权威。这种个人地位通过 Guanxi 嵌入他人的社会地位中获得，换言之通过分享他人的社会地位或影响力而获取的地位。

---

① 李继宏：《强弱之外——关系概念的再思考》，《社会学研究》2003 年第 3 期，第 48 页。
② 边燕杰：《关系社会学及其学科地位》，《西安交通大学学报（社会科学版）》2010 年第 3 期。

2. Guanxi 的实践：情理往来

中国人的社会化结果让国人有着自觉的"关系意识"。这个"关系意识"本质上是人情往来，让人欠人情、然后适时还人情。其逻辑步骤可以归结为拉关系、走关系、还人情。第一步是拉关系，通过各种方式与他人拉近关系。从陌生人关系转变为熟人关系甚至可信赖关系，这是一种关系的逐渐拉近过程。其内在流动因素是人情或者影响力。拉近关系的方式非常多元，通过寻找共同点、互利互惠等方式推进。第二步是走关系，维持日常的关系。在一些特殊的时间节点，比如中秋节、春节，国人常常会通过各种方式互致问候、上门拜访。最后是还人情。回报是人情往来的目的。"报"的观念在国人头脑中根深蒂固。"知恩图报""忘恩负义""滴水之恩涌泉相报"等思想在中华文化中不断被教育巩固。回报是长期的、非等价的，这种回报有时候会变成"人情债"，对国人不堪重负。

对于人情往来，有三点忌讳。所忌讳的第一点是往来无人情。人情味是国人所看重的，走亲访友往往不会空手。所带礼物也并非一定要贵重，但是没有礼物则表明缺乏对对方的尊重。市场买卖也会有人情，对老顾客、熟客则可以突破等价交换给予恩惠。第二点忌讳的有来无回。因此，关系的日常维护十分必要，急时现找关系往往得不到回报。所忌讳的第三点是人情往来的分量失衡问题。人们会根据所欠人情的大小或者面子的大小来衡量并决定尽力大小。交浅不言深，也不全力以赴；交情深则可能想方设法甚至冒险来帮忙。

然而，传统文化以人情往来为主，但现代化进程中的中国已经发生了变化，如果完全以人情往来为人际规则可能会出现对于规则、制度的挑战与跨越。因此，本书主张将"人情往来"转变为"情理并重"。当然，这个情理并重中的"理"已经有丰富的研究成果，本书不再展开。在情理的关系上，情是服务于理，以理为前提，在可允许的制度空间内加入感情的因素。

(四) 家与齐家

1. "家"的中华内涵

从说文解字上看，家最初表示房屋、居所的意思。这是物理意义上的概念。还有一种说法就是家字中的"豕"应是"豭"的象形初文，突出雄性生殖器。这是一种生理意义上的概念。随后"家"逐渐引申，更多强调关系和心理层面。家的相关概念很多，如家庭、家族、家人、家属、家畜、家国等。从关系的角度看，家庭、家族的概念值得注意。家庭是基于血缘、姻缘或收养关系而成立的组织单位，其纽带是情感。家庭关系包括夫妻关系、父母子女关系、兄弟姐妹关系等。家族则是家庭的扩大，基于血缘关系形成的不断扩大的谱系。中国古代奉行"五世而迁"，意味着一个始祖的分支到达五代，则分支形成新的家族。

家在中国语境中的地位格外重要，具有基础地位。西方文明是海洋文化，中华文化则可以概括为大河文化。前者是一种流动的文化，家的地位并不突出。后者是一种耕种文明，安土重迁，世代生活的地方是固定的，家也就成为一个人们最熟悉的单位。这种背景下产生和形塑了诸多中华文化要素。即使当代社会流动性增强，但中华文化惯习一直影响着当代人。人们看待流动性社会，处理流动社会的方式也往往基于耕种文明下的图式。家因此泛化。由于人们长期交往的对象主要是家族及乡邻，或言之熟人，家人是主要的社会交往经验。当中国人的交往对象扩大化，人们试图以家的思维来将其纳入或包容其中。传统社会中，王朝的君主在统治的方式上一直在家庭化管理和职业化管理之间摇摆。尽管通过科举制度塑造职业化官僚集团，但是家庭的强大吸纳力还是让家成为编织社会的基础。

2. 家的实践：齐家

齐家中的"齐"的含义在于使之一致、管理、治理的意思。齐家就是治理家庭、家族，让家庭、家族达到和谐。具体来说，齐家有两个方面目标：第一，创造良好的家庭关系和氛围，为个人发展提供良好的条件；第二，通过良好的规训，维护家庭或家族的整体利益。[①] 前者是个体层面，后者是整体层面的。

家庭伦理的核心要义在于父慈子孝、兄友弟恭。慈、孝、友、恭是"和合"的要求。换言之，这是中庸之道在家庭的折射。为此，要特别强调相对性、有度、中正而不过。[②] 家庭伦理是相互的，比如孝悌并举，孝强调晚辈对于长辈的孝，悌则强调长辈对于晚辈的关怀和礼让。家庭的建设内容首先是夫妻关系，且是家庭得以建立的前提。苏力指出，男女之间关系是最具有创造力的关系，[③] 也意味着是最不稳定的关系。双方没有血缘关系，依赖于"情"而维持关系。因情别生，导致原有家庭破坏，出现了妻离子散。因情不和，导致原有家庭弱化。稳定的家庭关系首先在于夫

---

① 刘建伟、张继泽：《修齐治平思想中蕴含的底线思维及现代启示》，《天中学刊》2020年第4期，第3页。

② 高兵：《〈大学〉修齐治平与中庸思想》，《海南师范大学学报（社会科学版）》2015年第6期，第84-87页。

③ 苏力：《齐家：男女有别》，《政法论坛》2016年第4期，第3-16页。

妻关系的稳定。为此，古代家庭伦理的"相敬如宾"的故事告诉我们夫妻之道。对于夫妻来说，所谓的夫为妻纲并非中华文化的精髓，而是变质的封建帝王文化。

齐家如何实现呢？《大学》里指出的古代君子的八纲八目是一个逐步递进的过程。"自天子以致庶人皆以修身为本"。修身是齐家的前提，因此齐家应当先修身，或修心。此外，家规家训家风的传承是外的规矩。在中国历史的长河中留下了许多家规家训，如《颜氏家训》《朱子家训》等。这些提供了有形的惩罚机制，保证了齐家的实现。

对于当代中国来说，家族逐渐没落，齐家更多的是面向核心家庭。随着三孩生育政策放开，家庭关系丰富，不仅仅父慈子孝，还要兄友弟恭。随着现代性的发展，传统宗族逐渐解体，但是"大家庭"的观念还是存在的。一个家庭成员如果伤及大家族的"面子"，导致"家门不幸"，这种外人、内人的界限就会出现。家庭成员往往会参与到对大家庭的干预。

(五)社会与治平

1. 社会的内涵

古代儒家的修身和政治理想是"修身齐家治国平天下"，最终目标是治国平天下。换言之，修身齐家并非目的，而自我之外的国家、天下才是抱负所在。这展现了过去读书人的宏观视野。传统文化抑或民间观念，对于"社会"的认知是自我、家庭之外的内容。所谓的"社会人士""社会车辆"等称呼表达了我与我之外的分别。随着现代社会的分工，"社会"内部也逐渐分化，形成了市场、政府、社会(狭义)等子领域。然而，中国传统文化中并没有对应的关系思想。某种意义上，将"家"的逻辑泛化到家之外是普遍的策略。

尽管如此，中国传统文化依然提出了总体的面向社会的关系策略，即治平。治学、治业、治国、治天下均是在这一思想的内在之义。"平"概念本身折射了面向社会实践的伦理或诉求。"平"则是一种平均、均平，平天下表达了儒家追求一种至公至平的理想社会。但是这种公平并非绝对的平均主义，而是儒家所推崇的等级秩序上的一种公平。[①] 这意味着尊卑有序、各安其分、秩序井然。当前，我国再次强调共同富裕。共同富裕是社会主义的本质要求，是中国共产党的奋斗目标。对于"共同富裕"的解读就是一种"平"的思想。儒家大同思想广为人知。《礼记》中描述了大同

---

① 李振宏：《儒家的"平天下"思想》，《中国史研究》2006 年第 2 期。

社会的理想状态，"大道之行也，天下为公，选贤与能，讲信修睦。"孙中山手书"天下为公"作为人生信条，中国共产党则以继承孙中山的遗志建立了新中国。"公平"被写入了社会主义核心价值观，影响至今。

2. 社会的实践：治平

达到这种"平"的状态，靠的是"治"。儒家治理社会倡导"仁政"，以仁治国。老子为代表的道家则主张"无为而治"，治大国如烹小鲜。法家则主张以法为本，法、势、术相结合。尽管存在派别的分野，但现实中则是交互使用。春秋战国时期百家争鸣，汉代之后尽管独尊儒术，但治国者往往外儒内法，王朝建立之初则奉行黄老之学。实质上，中华关系主义思想也并不是排斥这些派别之争，而是在"阴阳"变化中交互使用。

"治"的根基在于个体的自我修养。因此，这种修身是外在教化内化的过程，"道之以德齐之以礼"，将儒家仁义礼智信等转化为自我意识一部分，达到"随心所欲而不逾矩"。道德、礼是制度化的设计，与自我两性互动中构建了良好的社会秩序。① "家"则是古代社会治理的基础单元，社会治理依赖于"齐家"。现代社会，社会治理的单元除了家庭之外，更多在于市场单位。传统的家庭伦理在市场经济的浪潮中逐渐式微，但依然作为惯习影响着市场经济的交往。研究表明，中国私营企业主也在不断建构关系网络，通过人情往来，泛化家族的意义，从而不断寻找关系、编织关系、巩固关系、发展关系。②

二、关系伦理概念群的意义

本书所构建的关系伦理概念群包括四个层次，分别为修心、情理往来、齐家和治平。"和合"是关系伦理的根本原则，统摄着四组概念。关系的三维空间概念和关系的层次概念群共同形成了关系的立体结构。关系伦理概念群是一种文化概念群，作为"血肉"真正充盈了关系的意涵。由此，我们才真正建构了本土语境下的关系概念。这一概念群进入实践有助于促进社会工作者"文化胜任力"③的提升，从而提升社会工作行动的成效。

---

① 郑杭生、胡翼鹏：《道之以德，齐之以礼：社会运行的理性规范——春秋战国时期儒家社会思想研究》，《文史哲》2009年第2期，第7页。

② 秦海霞：《关系网络的建构：私营企业主的行动逻辑——以辽宁省D市为个案》，《社会》2006年第5期，第110页。

③ 吴帆、付聪：《中国社会工作文化胜任力的四维结构及其影响因素分析》，《北京工业大学学报(社会科学版)》2022年第2期。

　　关系伦理概念群的建构更多是一种传统概念的筛选，而非新概念的创造。梁漱溟指出，中华文化的重要特征是伦理本位。伦理的本质是关系问题，"伦"就是有关人的关系的尺度问题。关系伦理概念群实质就是中华语境下的围绕关系规则的概念。

　　本书中，我们尤为突出的是关系的处境化。从文化历史源头到当代发展，中华文化经历了五千年的历史长河，文化思想库存可谓浩如烟海。在此之中全面而深入的洞察传统文化的关系伦理规则十分困难。其中如何证明传统概念依然适合于当下是关键性议题。换言之，本书所提出的关系伦理概念群如何能够在当代依然具有生命力？首先，本书的概念是立足于当代社会工作实践调查的基础上筛选的结果。遵循从实践到理论的逻辑，我们发现本土社会工作实践中社会工作者的话语体系一直伴随着传统的话语。"用心""心结"等与传统文化所聚焦的"心"一直关联在一起。这里的"心"与西方心理学并不能画等号，而有着中华文化上的关系主义意义。换言之，"心"是一个充满了生理、心理、社会多维度因素的综合性概念。同时，这个多维度"心"的内在要素也是"和合"的。人际层面的"人情往来"所表达的 Guanxi 不同于西方意义上的 Relationship。诸如此类，我们从实践中为这些关系伦理概念群提供现实基础。

第九章 社会工作关系视角理论的干预框架探索

社会工作理论不同于社会学理论，它是实践性理论，不仅包括解释性框架，也要包括改变人的干预框架。基于概念框架进一步进入到实务领域，本书探索建构一个通过关系来实现社会工作助人目标的实践性架构。这一框架主要涵盖服务对象问题界定与评估、支持性关系建构、专业关系建构、干预框架等。

第一节 界定和评估服务对象问题

一、服务对象问题的产生

虽然社会工作的服务群体在不断扩展，但主要的服务对象仍是弱势群体。弱势群体受到社会和学界的广泛关注，遗憾的是对什么是弱势群体却没有达成共识。本书从关系视角出发，预设一个普通正常生活的个体，其关系的网络结构分布平衡、关系网络资源调动充足。在此标准下，弱势才能谈起。"关系力量"是从关系的深度层面来分析关系，描述关系主体所在关系网络的力量强弱，包括情感的深浅。[1] 关系力量往往与动员关系网络的资源密切相关。

从关系的角度来看，弱势群体的关系网络也呈现弱势。具体来说，这种弱势指的是服务对象关系网络的不平与不足，即关系网络结构分布的不平衡与关系网络资源动用的不充足。实际上，二者是缠绕在一起而不可分的。

弱势群体由于贫困、社会排斥、政治、经济和文化上的劣势，倾向于

---

① 张方旭：《关系理论及其在社会工作中的应用》，《社会建设》2018 年第 1 期，第 18 页。

与自己为中心的亲属群体交往，而对离己较远的异质群体交往较少。这使得弱势群体交往的网络成员少，整体规模小；而且这些成员主要是亲属，集中在差序格局式关系网络的中心部分。社会工作的服务对象正是不占有这些"关系桥"或者与"关系桥"的距离过远而处于弱势地位。弱势群体先赋资本少，可转让的资本也少。通过与社会"强势群体"的对比，这种关系网络结构显得并不平衡。弱势群体往往资源意识缺乏，对关系网络的潜在资源挖掘不足，从而导致资源的沉睡，丧失了应对问题的屏障。这表现为关系网络的不足。弱势群体的关系网络存在诸多的风险与不利。规模较大、弱关系较多且异质性较强的网络更便于传递信息、实现资源的流动，因而这种网络结构特征的人倾向于追求正式援助。社会工作者在改变服务对象的关系网络时，往往首先是借助亲属关系网络，在诸多问题的解决中，亲属网络发挥了关键角色。弱势关系网络不必然导致服务对象的问题，而只是表明弱势群体应对风险的能力较弱，自身回应问题的能力不足，容易产生问题。

那么，从关系的角度看，服务对象问题是如何产生呢？本书认为，服务对象作为弱势群体，最大的特点是弱势。"势"本身所表达的就是关系网的力量大小及其影响力。弱势群体的关系网络之"势"可以在结构和功能两个角度进行分析。结构上关系网络规模小、结构残缺或受损，功能上关系网络各个部分的功能发挥不足。概言之，弱势群体的关系网络因为结构和功能上的不足而面临各种风险。关系网络是一个展现游戏者关系力量，不断斗争、动态的过程。[①] 在各种压力事件、危机事件或特定事件的冲击下诱发了各类问题。当代社会是一个风险社会，风险多元复杂，而服务对象的问题也更加复杂。基于"推拉原理"[②]，既有帮助关系主体的力量，也有威胁关系主体的力量。关系网络的主体之间进行着不同方向力量的角逐或竞争，当主体性不足或者关系网络结构与功能出现问题，服务对象的问题也就产生了。

由于关系网络是一个弹性的概念，为了进一步细致地研究社会工作服务对象问题的产生，本书在前述社会工作理论假设章节提出了"关系的圆运动"观点。依据关系网络的不同结构和功能，关系网络可以分成五个关系块，即血缘关系块、姻缘关系块、地缘关系块、业缘关系块和情缘关系

---

① 布迪厄、华康德：《实践与反思：反思社会学导引》，李猛、李康译，中央编译出版社2004年版，第135-136页。

② 范志海：《"过渡社会工作模式"的建构与上海禁毒经验》，《社会科学》2005年第6期，第72-78页。

块。正常的个体是五个关系块不断循环往复的周转。社会工作的服务对象在不断扩展，服务对象的问题严重程度也不一。但是核心的服务对象往往是在家庭、民间自助体系无法助人之后才进入社会工作助人体系。社会工作的服务对象往往是问题比较严重，即圆运动多个环节陷入不良循环，困难重重才求助于专业的社会工作者。此时，社会工作者化解服务对象问题就是要打破这种死循环，进行解扣。

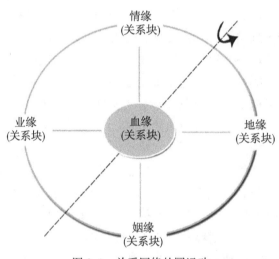

图 9.1　关系网络的圆运动

社会工作服务对象在五类关系块结构上的缺失往往会出现问题。国内对本土实证研究也表明，弱势群体由于在社会网络的规模、异质性上存在问题。再者，血缘关系块是行动者关系网络的核心、动力。对社会工作实践的观察我们也能够发现，家庭是社会工作服务的阵地，家庭社会工作占据基础的地位。关系主义视角下，服务对象问题的出现是不同关系块之间结构与功能失衡。家庭治疗对于心理学的一个突破就是将个体的问题置于家庭关系层面分析，超越个体自身的问题。社会工作专业要继续超越家庭治疗的分析层面，将视野聚焦到关系网络，从关系块之间的变化来分析服务对象的问题。社会工作行动目标在于打破服务对象关系的恶性循环，让服务对象的关系充盈、焕发活力。

二、服务对象问题评估的框架

有别于传统二元对立思维下的认知，关系主义视角下针对服务对象问题评估过程既是界定服务对象问题过程，也是干预的过程。这种评估以中观的关系网络为分析单位，对关系主体、关系链、关系网络自身以及关系世界展开分析。

(一)评估的分析单位：中观的关系网络

前述提到关系在点线面体四个层次上展开。在评估服务对象的过程中，评估的分析单位应当居于何处呢？本书认为需要从中观的关系网络入手，以之作为分析单位。

关系网络作为中观概念，可以联结微观和宏观，实现社会工作对于个体与社会的双聚焦。这与社区为本社会工作实践是一致的，并且提供了宏观改变的可能路径。针对服务对象的问题，无论问题来源于个体层面还是结构层面，关系视角都主张分析服务对象的关系网络，从而实现综融性的分析。比如，服务对象存在"心结"，从心理学等微观学科下评估服务对象问题往往局限于服务对象自身。关系视角下，社会工作的评估则要从服务对象的关系网络入手，评估服务对象的家庭关系、朋辈关系、社区关系以及社会结构的影响等。这是因为关系主义认为是先有关系才出现个体的问题。服务对象自我问题的解决是在"关系主体"这一层次，但是在关系之中实现的。正是因为关系之间的互通，社会工作者对于服务对象关系主体的干预具有力量的延伸作用，可以诱发连锁的良性反应。例如对于关系主体自我的调适，可以推进家庭关系的转变，良好的家庭关系反过来也进一步稳固关系主体的能力。在此基础上，家庭关系可以延伸促进邻里关系、朋友关系的转向，带动整体关系网络的正面转向。类似的，服务对象的人际关系问题、家庭关系问题等也需要置于整体的关系层面进行分析。

关系视角下需要对服务对象关系网络的结构与资源两个维度进行评估。网络结构层面评估包括关系块的类别及其对应的——网络规模即成员数量多少，网络的成分即网络成员类型，网络的密度即网络成员的紧密程度，对象关系网络成员的职业类型或单位类型、服务对象在关系网络中占据的位置。总体说来，弱势群体的网络结构规模较小，网络同构型强，网顶小，网差小，通过关系网络动用资源少、可转让的资本少等，由此导致关系块的旋转出现不良状态。关系网络的嵌入性资源方面，主要是评估服务对象非正式网络途径使用、网络资源的流动等特征。

通过采用综合性的"望闻问切"评估方法可以较好地评估关系。"问"是基于西方科学知识所发展出来的评估量表、问卷和网络评估方法。"望"强调观察、走访；闻其声，强调对语言从内容到语态、声调的全面把握，以及借助社区居委会或村委会等具有信息优势的主体来帮助获得真实的信息；"切"则是在特定事件中动态评估服务对象的关系。

(二)跨越评估与干预的界限

在西方社会工作教科书中，评估与干预是线性的关系，评估之后进入干预环节，二者界限明晰。在本土实践中会发现这种边界是模糊的。社会工作者往往并不是按照预定的计划实施干预，而是在不断变化的情境中捕捉到某一个时机从而促使服务对象发生显著的变化。

评估的主要目的在于运用多重方法发现服务对象的需求和问题，进而形成干预的目标和计划。评估的方法包括观察、访谈、问卷调查等，这些行为本身即具有干预的意义。评估本身表达了已经支持的含义，并促使服务对象反思问题产生的原因，进而能够促进服务对象自身的转变。社会工作的干预也并非一次可以结束，而是多次评估中调整干预的方案。由此我们看到评估与干预的界限并未如此的不可跨越，而有着模糊性。

第二节　建构专业关系和支持性关系

一、"中庸理性"与专业关系建构

对于本土社会工作专业关系实践访谈发现，中国社会工作的专业关系不同于西方。这体现在专业对象、专业身份、专业边界和专业信任的差异。

在专业对象上，即案主的来源上，主要的案主是经由社会工作者主动寻找而发现的，随着时间的推移以及社会工作者不懈的建构，出现并逐渐增多转介的案主、主动求助的案主。这一前提会带来两个重大的影响。其一是社会工作者发现案主需要依赖于原有的进入渠道。其二是社会工作者不容易获得案主的信任，往往先依赖于原有的信任路径。

西方社会工作一百多年的发展历程塑造了较为成熟的社会工作模式，整体处于定型状态。中国社会工作则处于初级发展阶段，是在社会转型的大背景下将西方舶来品纳入本土体系不断调适的阶段。这一阶段意味着社会工作尚未定型，充满了过渡性，社会工作制度体系也没有完全建立起来。西方社会工作所构建的专业惯习形成了"有问题找社工"，而中国社会早已形成了另外一套"有问题找政府""有问题找居委、村委""有问题找警察"的惯例或思维惯式。因此，社会工作者必须在政府、村居委、警察之中分流出案主。当然，随着我国经济社会的加速转型，原有的行政力量逐渐显现"失灵"空间，也分流着社会工作的服务对象。在转型阶段，社会工作者获得潜在的案主需要通过体制内主体的协助——"打招呼""跟着查病房"等，在嵌入到原有的救助路径和体系中逐渐找到案主。尝试跳出这一传统体系的努力往往受到潜在案主的质疑。他们对于社会工作者的身份、职责充满不信任，而社会工作者在实践理性下最终选择经由传统力量找到案主。因此，社会工作者尤为需要有关系意识和关系能力，与传统的助人关系网络中的主体创造良好关系、维持良好关系从而接触到案主。在社区，社会工作者需要与基层村居委打好关系；在医院，社会工作者需要与部门领导、病区医生护士、医院领导等处理好关系。当然，这本身与社会工作的支持性关系建构关联在一起。本土语境下，社会工作者特别强调主动性，主动寻找案主、主动与原有的关系网络接触并建立关系，主动介绍自我、主动厘清专业的边界等。本土化社会工作的样态有赖于社会工作者在此主动过程中的表现。

专业身份是社会工作者探寻到案主，进而与案主在专业关系的交互过程中对自我的定位。在制度设计上，社会工作者是专业技术人才，有着专门的称呼——社会工作者或社会工作师，相应的也有自我的专业权威和专业地位。然而，本土语境下专业关系的建构实际上伴随着社会工作者与传统助人者的混淆与区分的过程，这也是建构社会工作独立性的艰难环节。社会工作者在建构自我的身份中面临着现实中称呼模糊的难题。身份混淆是常见的现象，社会工作者可能被误解为官员、医生、学校老师等。来自服务对象的误解会产生影响的力量，而社会工作者对此的反应会产生不同的专业后果。其一是回避称呼，顺从服务对象的意思，如此则导致专业身份无从建立；其二是直击问题，纠正案主错误称号，普及社会工作知识，如此则积极建构专业身份和形象；其三是折中处理，在服务对象和专业知识之间选择一个情感与理性并存的称呼——而"老师"成为当下一个重要的选择。三种做法直接影响着民众对于社会工作专业的认知和判断，塑造着未来社会工作的形态。专业身份本质上是社会工作者所处关系网络所界定的。由于社会工作总体上是新生事物，周围关系主体也不了解社会工作，他们往往按照以往的逻辑来同化认知社会工作，社会工作者在建构中积极影响和改变他们过往的惯习。正是这一交锋过程塑造着社会工作者的身份。

专业边界则是社会工作者与服务对象关系的界限，这一界限被社会工作伦理和法律所设定。伦理与法律代表了规范，也形成了制度上的要求。

然而中国社会的运行中，人情与制度交织，人情有可能跨越制度甚至消解制度——当然人情也有可能促进制度的巩固与完善。在社会工作的专业关系实践中，服务对象将生活的逻辑带入到专业关系中。我们会发现服务对象将礼物、小恩小惠等带入其中，将私人关系带入正式关系中，如何看待这些现象？尽管社会工作不同领域的制度化程度不一，但是社会工作者往往以一种友伦之"善"，① 坚持原则性与保持灵活性并存。他们不会超越法律的底线，但是对于代表情感的部分私人因素也选择性的允许在专业关系中共存。

专业信任建构上，本土处境中社会工作者通过借助传统信任帮助自我快速获得专业信任，通过化解服务对象问题获得实质信任，通过人文关怀强化信任的优势，通过法律底线限制和保护专业信任。人际关系在专心信任获取的各种途径中均发挥重要作用。通过与传统关系网络渠道的信任关系发挥"担保"作用，推进潜在案主与社会工作者建立信任感。化解服务对象的问题中也运用社会工作者的支持性关系、专业关系达成目标。人文关怀则以尊重、接纳等专业技巧推进信任关系，法律底线是人际关系的空间边界。

总体上，我们以"中庸理性"来概括目前本土境遇下社会工作的专业关系处理策略。"中庸理性"是一种协调整体与局部，在整全观下自我节制寻求恰如其分的状态。② 换言之，中庸理性所诉求的是关系伦理维度概念中的"和合"。这种思维是一种寻求对立中的统一，促进情感与理性并重、过去现在与未来协调、整体与个体同进等。在社会工作的具体实践中，其一，社会工作者不走极端，在政治的限度和法律的底线中展开专业关系，不伤害案主，保障助人的成效；同时，社会工作者也避免过于严苛的西方社会工作专业关系模式，而是采取折中的策略。其二，社会工作者实践具有灵活性，在原则范围内因时间、地点、人物、情境等采取适宜的关系状态。这展现了社会工作的艺术性，要求社会工作者以实践智慧或者默会知识来灵活处理。

在理论上，"中庸理性"实际上是关系主义思维的体现。教科书上所示的西方社会工作专业关系知识是在二元对立的思维下产生的。社会工作者和服务对象各自被认为是独立的实体，而实体之间产生的关系应当具有

---

① 赵万林：《从双重关系到友伦之"善"——社会工作双重关系话语的重构》，《宁夏社会科学》2021 年第 6 期，第 8 页。

② 张德胜、金耀基、陈海文等：《论中庸理性：工具理性、价值理性和沟通理性之外》，《社会学研究》2001 年第 2 期，第 34 页。

清晰的边界。因此，这些知识所制造的概念、所得出的结论也试图给出清晰的界限。然而，这过度强调了专业关系的"分离"，而忽视了它们内在联结、包容、互嵌，将动态的专业关系静态化，最终脱离了实践。① "中庸理性"看到了这种内在的关联性，打破实体思维，而以关系主义思维重审专业关系。

二、支持性关系建构

社会工作者与利益相关者的关系构成了社会工作者专业环境，它们是社会工作者工作的生态，提供内外支持。在干预前对社会工作者专业环境进行建设，这是关系实践的第一步。

社会工作专业环境建设并不直接作用于服务对象关系网络，而是为服务对象关系网络干预提供物质支持、能力支持、专家支持等，因此是一种间接的干预。之所以强调社会工作者专业环境建设是基于中国社会工作的过渡性特点。西方社会工作的理论与模式乃是成熟性社会工作的经验，并不适合中国转型时期的本土特点。② 对中国社会工作者来说，他们还没有西方社会工作者那样有一个良好的制度生态，可以相对轻松的调动资源、链接资源，实现福利资源的传递。在当前阶段，社会工作者建构的专业环境是服务对象问题解决的重要支持。

关系主义在关系中看待个体，不仅服务对象是关系性的，社会工作者也是关系性的。社会工作者是社会工作干预的主体，但是社会工作者本身也处在一个复杂的关系网络中，具有强烈的关系性。实质上，也只有在关系性下，社会工作者才能够满足实践的需要。这种关系性指的是社会工作者并非个体化存在的，而是在个体的资源网络、机构的资源网络、社会的资源网络以及其他资源网络中存在的。换言之，关系论下，只有先有后者的整体性网络才能有具备干预能力的社会工作者个体。社会工作之所以能够"以生命影响生命"，关键不在于社会工作者个体，真正的力量在于社会工作行动的个体所嵌入的网络。

当前，社会工作专业化制度建设存在诸多问题，原因也在于轻视关系性思维。尽管中央部门出台了不少有关社会工作人才队伍的政策文件，也构建了基本的骨架，但是相关的配套措施缺失。这主要表现在社会工作行

---

① O'Leary. P. O., Tsui. M., Ruch. G. The Boundaries of the Social Work Relationship Revisited: Towards a Connected, Inclusive and Dynamic Conceptualisation. British Journal of Social Work, 2013, 43: 135-153.

② 何雪松：《社会工作学：何以可能？何以可为?》，《学海》2015 年第 3 期，第 44 页。

动主体单枪匹马地参与社会治理，缺乏网络资源的搭建。在这现实背景下，我们质疑社会工作的专业能力不足，专业优势无法显现是不公平的。尤其是当我们把专业社会工作者与社区居委工作人员等为代表的实际社会工作人员进行比较，往往忽略了实际社会工作者在地域长期累积的关系网络优势。这种关系网络对于社会工作专业化建设的意义不言而喻。对此，我们需要从制度上构建围绕社会工作者专业行动的关系网络，推进资源的输入，畅通网络资源的流通。

在微观上，以社工与政府的关系实践为例，嵌入式发展是社会工作界处理与原有社会服务体系关系的流行性说法。① 然而，究竟微观上如何嵌入并没有系统的研究。这些属于实践智慧的内容，需要持续性研究进而可以提炼为知识。本书建构的关系的伦理概念即是一种尝试。目前可以发现社会工作者以"和合"为关系处理的原则和目标，强调情理并重，注重社会工作科学性与艺术性的统一。

朱健刚、陈安娜的研究指出，社会工作者嵌入到基层政府的关系网络后，容易被吸纳到原有的街区权力体系中，专业社会工作者出现权力式微的现象。② 原因即在于违背了"和合"的原则，依附原有的权力主体。对此，社会工作者需要采取批判的、策略性、结盟性的方式进行应对。实际上，社会工作者既通过法定平台与政府建立正式的联系，也常常主动汇报工作。汇报工作并非法律的要求，社会工作者也不是政府领导的下级，因此汇报工作是社会工作基于"世理"的考虑而采取的关系策略。通过"政府中间人"则有人情因素的加入，为争取政府的支持增加了概率。社会工作者与高校的关系上，除了基于社会交换的合作外，人情往来也是重要策略。因此，社会工作者有"关系熟"的专家朋友，也有基于校友感情挖来的优质志愿者。社会工作者为领导挣得面子获得领导的赏识，增进了双方的情分，增进了关系。社会工作者没有正式的法律转介机制，因此通过自身的人脉积累经营自己的圈子，而这个圈子帮助社会工作者链接资源、回应需求。可见，社会工作者在实践中发展了富有技巧、实用性的关系策略，为社会工作者化解当前专业环境支持不足的困境提供了替代方案。

还需要特别说明的是，尽管我们讨论了社会工作寻求政府的支持意义，但是在本土实践中更为重要的是中国共产党基层党组织的支持。本书

---

① 王思斌：《中国社会工作的嵌入性发展》，《社会科学战线》2011 年第 2 期，第 206 页。
② 朱健刚、陈安娜：《嵌入中的专业社会工作与街区权力关系——对一个政府购买服务项目的个案分析》，《社会学研究》2013 年第 1 期，第 43 页。

在前述的本土实践调查部分表明，党的引领及其党的领导作用有着重大的影响。通过党建引领从而有可能将多元支持主体或者治理主体统一到共同的治理目标。① 进入新时代以来，党的领导更加强化，党对社会工作的领导是社会工作高质量发展的保障。一方面，社会工作要"强化党委领导下的党委、政府多部门合作、群团组织及社会力量密切配合的体制机制，统筹推动社会工作事业发展"；另一方面要"探索社会工作党建机制，以高水平党建引领高质量发展"。② 无论学界对此采取怎样的态度，这一点不容忽视。为此，社会工作者要有意识地尊重和利用这一方式，同时在彰显党的领导中促进社会资源的运用。

第三节　实施整合性的社会工作干预

一、整合性干预方法

总体上可以形成一个关系视角的社会工作干预模型（见图 9.2）。这一框架即为关系视角的社会工作干预模型。该模型阐释了关系视角下社会工作服务对象问题产生的原因、专业支持与专业关系建构、社会工作干预基本框架。在逻辑上涵盖问题解释、问题干预，符合一个社会工作实践理论的基本构造。

服务对象问题产生后，社会工作者的干预目标既包括短期问题的解决，也包括从根本上回应关系的不平与不足问题。关系的平衡与充足为服务对象应对问题提供了一道屏障，而这也是社会工作干预的长远目标。服务计划的目标在于关系中网络结构的平衡与关系中资源充足。关系视角下的社会工作干预框架可以得到诸多理论的支撑。例如，社会网络理论、社会资本理论等关系理论可以提供框架指导，可以基于优势视角理论来建设服务对象的资本，基于社会支持理论来指导对服务对象社会支持网络建设，基于家庭治疗理论来指导对家庭支持网络的建设等。正是因为如此，社会工作的基本干预框架需要整合性的，能够将推进社会工作服务对象关系不平与不足的解决。

① 徐选国、黄景莲：《从政社关系到党社关系：社会工作介入社区治理的情景变迁与理论转向》，《社会科学》2020 年第 3 期，第 68 页。

② 李迎生：《党的领导与新时代社会工作高质量发展》，《中国特色社会主义研究》2021 年第 5 期，第 76 页。

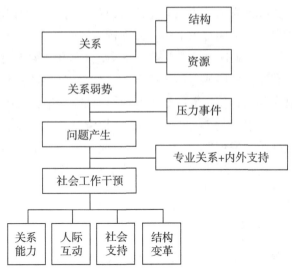

图 9.2　关系视角的社会工作干预模型

　　具体来说，面向服务对象的干预框架包括关系能力建设、人际互动干预、社会支持、结构变革。根据服务对象关系网络的情况，选择单一性的干预(如只是关系能力建设)还是复合性的干预。在此过程中，社会工作者的角色是多元的。社会工作者与系统利益相关者的关系处理，目标在于化阻力为助力，社工的角色在于协调者、倡导者。与政府的关系中，社工协调政府利益与服务对象的利益，为服务对象的利益进行倡导。对于不同的组织，它们在服务对象的服务中发挥不同的角色，社工的角色是要协调不同机构或组织的服务，避免重复、冲突，以满足服务对象在多方面的需求。社工对服务对象系统关系的干预集中在四个方面。关系能力建设中，社工扮演使能者角色，目的在于激发服务对象自我处理关系的潜力，有能力去处理关系。对人际互动的沟通干预，社工发挥教育、咨询作用，展开人际沟通的训练与指导。对于社会支持重建，社工一方面是支持者角色，对服务对象提供专业支持；另一方面，社工也是资源链接者、指导者，帮助服务对象建立多方面的社会支持。对于结构的变革，社工既要研究目前的政策，也要适时的发挥倡导者的作用。

　　这一整合性的干预框架的重心在于中观的社会支持。本书中，社会支持有着社会网络和社会资本的两重含义。对服务对象社会支持的动员分为以下几个步骤。第一，服务对象自身资本的建设。服务对象虽然作为弱势群体，各种资本不足，但从优势视角出发，服务对象依然有着潜能和可待开发的资源，社会工作者需要通过多种方式，如培训、教育、潜力开发等提升服务对象自身的综合资本。第二，服务对象社会支持网络构建与资本的投资。前述服务对象社会支持网络建立即是社会资本投资的基础。然而，社会支持网络中的社区支持网络、同伴支持网络等可能只是与服务对象发生短暂的或者交易性的交往，容易中断，因此很难转化成稳定的关系网络，成为社会资本。为此，社会资本投资还需要有以下努力。①通过多种方式，如礼物的流动、付出情感、给予面子、投入钱财等进行"感情投资"。① 社会资本随着时间推移而降低，这需要服务对象持续性的投入。②提升自身的知识能力。研究表明，在特定社会阶层中，网络投资的作用递减，而自身的知识能力、身份则更为重要。② 第三，服务对象社会资本的动员与使用。边燕杰提出中国人关系主义下的行为规则是"熟亲信"，③熟人可能只是社会支持，而不一定带来社会资本；在熟人中又亲和又亲且义利高度一致的网络成员则极有可能实现社会资本中资源的交换。因此，我们看到国人总是希望通过"拟亲缘化"，将可能为自己带来利益的关系主体带入自己的核心或者亲属关系网络中。④ 这是中国人关系文化的体现。第四，服务对象社会资本的回报。对国人的研究表明，较好地展现可能带来回报的网络成员构成的是"拜年网"，这是一种工具性的关系网络，能够带来个体资本的增值；"讨论网"则有强烈的感情色彩，相对于"拜年网"，更多是情感性支持，对个人资本的增值影响不大。⑤ 这提出社会资本带来的资源交换价值的必要性。

实施整合性的干预是处境化的。前述对关系概念连续谱、关系实践的层次和运动的分析都是舍弃文化维度来谈关系。生活在当下的人们并非与传统脱离联系。在布迪厄看来，人类的行动不是对直接刺激的实时反应，某个个人对他人哪怕是最细微的反应也是这些人及其关系的全部历史孕育出来的产物⑥。又如马克思所言"人们尽管可以自己创造自己的历史，但

---

① 蔡翥、朱士群：《关系资本：农民阶层分化的有力路径——安徽两村实地调查》，《甘肃社会科学》2005 年第 2 期，第 84 页。

② 朱旭峰：《中国政策精英群体的社会资本：基于结构主义视角的分析》，《社会学研究》2006 年第 4 期，第 13 页。

③ 边燕杰：《关系社会学及其学科地位》，《西安交通大学学报（社会科学版）》2010 年第 3 期，第 2 页。

④ 蔡翥、朱士群：《关系资本：农民阶层分化的有力路径——安徽两村实地调查》，《甘肃社会科学》2005 年第 2 期，第 84 页。

⑤ 王卫东：《中国城市居民的社会网络资本与个人资本》，《社会学研究》2006 年第 3 期，第 1 页。

⑥ 布迪厄、华康德：《实践与反思：反思社会学导引》，李猛、李康译，中央编译出版社2004 年版，第 168 页。

是他们并不是随心所欲地创造，而是在直接碰到的、既定的、从过去承传下来的条件下创造"①。惯习脱胎于一整套传统与历史，然而却寄存在当下的身体里，影响和塑造着未来。关系的实践要落地于特定时空，并于当地的文化相适应。如此，这种关系的实践才有生命力和动力。中国传统文化尤其是儒家文化深刻地影响着中国社会与中国人的行为方式。儒家所构架的社会体系乃是一个家国同构的体系，家是国的基础，国是家的扩大。儒家文化下，中国人的成长路程是"修身、齐家、治国、平天下"。修身的根本在于孝文化的内化，而对社会大众的关爱也是经由孝悌文化的延展。孔子所言"推己及人""己欲立而立人，己欲达而达人""己所不欲勿施于人"，展现了"推"的巧妙。这是差序格局式的社会关系特点，反映了从家庭推到国家，从个人推到社会的特点。这种"推"文化的载体不是西方的"理"，而是一种"情"的推演。也就是说，"天地同设此心"，② 情是相通的，情是人际关系维持的要素。社会工作者作为职业助人者，在助人目标实践过程中深受这种关系文化的影响。社会工作者和服务对象都置身于关系网络中，在各自的关系网络的建构中展现出中国文化的情理并重的特点。总体上要情理法兼备，实现合情合理合法的社会工作实践。这里面家庭的地位突出。中国人的行为方式因为其中的关系感情的差别而分化，家族内无疑是中国人关系网络的基础，而家族外以此为基础向外扩展。③ 家庭内的互助对于帮助者来说是责任和义务，而受助者也天然有着信任感。④ 由于家庭本位的求助关系特点，对外求助往往需要通过拟亲属化方式处理，带入人情关系。因此，服务对象的家庭关系网络干预格外重要。此外，对服务对象关系网络中的人情、面子、权威取向等重视，以及适应中国政治文化来寻求政策变革等还需要社会工作者有着充分的文化自觉。

二、干预技术的整合

(一)社会工作的技术性

技术是社会工作理论和实务界常常使用的一个概念，通常与技巧、技

---

① 卡尔·马克思：《路易·波拿巴的雾月十八日》，冯适译，江苏人民出版社 2011 年版。

② 翟学伟：《中国人际关系模式》，载翟学伟：《人情、面子与权力的再生产》，北京大学出版社 2013 年版，第 108 页。

③ 许烺光：《美国人与中国人：两种生活方式比较》，彭凯平、刘文静等译，华夏出版社1989 年版。

④ 王思斌：《中国社会的求助关系——制度与文化的视角》，《社会学研究》2001 年第 4 期，第 4 页。

能等互用。社会工作实务界常常倡导理论界能够发展出系统的社会工作技术，直接用于治理实践；理论界也意识到实务界的呼声，在一些方面有所推进。首先，社会工作作为一门社会科学，是否具有技术性？或者说，社会工作技术可能吗？对这一问题学界基于不同的出发点结论迥异。刘威认为社会工作完全量化不可能，因为社会工作具有反思性、动态性和辩证性；① 基于社会工作专业化发展趋势，社会工作应当被视为一种社会技术。② 从现代主义和后现代主义角度看，后现代主义主张去技术化，而现代主义则是技术化取向；超越二者应当走向一种整合。③ 整体上来看，本书主张大力推进社会工作的技术化。在中国社会工作的发展中最缺的是什么？社会工作所追求的公平、正义、平等等价值观是法学、政治学、管理学等多学科所共享的，而社会工作更为需要的是如何在技术中实现这些价值观。价值观本身也不可空谈，而是应该化为技术，通过技术实现社会工作的价值诉求。④

为此，我们可以从曼海姆的社会技术思想得到启发。学界对曼海姆的认识更多局限在知识社会学，而忽略了曼海姆关于社会技术、社会重建的思想。"技术"一概念最早运用于经济和科技领域，曼海姆主张将除了有形的机器和工具之外应将技术扩张到面向社会关系和人的领域。"整体上把这些以塑造人类行为和社会关系为其最终目的的实践和动作看成是社会技术。"⑤本质上，社会技术具有强实践性，也具有体系性。强实践性是社会工作技术最根本的属性，同时作为一门社会科学的技术应当是体系性。这套体系应具有内在的逻辑性，面向本专业实践的目标，从而完成专业的使命。也正是因为社会技术的体系性，它才能够成为专业知识的构成部分。

本书主张社会工作属于社会技术的一种，社会技术的本质是调整社会关系的强实践性知识体系。从社会工作理论建设看，不同于其他学科的理论，社会工作理论的主流是实践性理论；但目前的社会工作实践理论的实践性并不突出，理论悬浮于实践。理论的实践性表现在多个方面，包括实

---

① 张威：《社会工作能否标准化和指标化？——兼论社会工作的功能定位与科学属性》，《社会工作》2017 年第 2 期，第 3 页。

② 张昱：《社会工作：促进个体和谐发展的社会技术》，《西北师大学报（社会科学版）》2008 年第 1 期，第 26-28 页。

③ 高艺多、文军：《现代主义还是后现代主义？——社会工作理论取向的比较与反思》，《西北师大学报（社会科学版）》2020 年第 3 期，第 102-109 页。

④ 张昱：《社会工作：从本质上实现人的改变》，《社会科学辑刊》2019 年第 6 期，第 8 页。

⑤ 曼海姆：《重建时代的人与社会》，张旅平译，三联书店 2002 年版，第 225-229 页。

践模型、实践原则、实践流程以及干预技术等。目前社会工作的技术集中于心理学、家庭治疗领域的微观技术，而对于社会工作有关社会层面的技术较少。社会工作教科书提供了一些社会工作技术，主要包括会谈技术、访问技术、资源整合技术等；①② 但这些技术之间缺乏逻辑体系建构，主要是技术的堆砌。

总体来看，技术体系是社会工作实务理论的主要标志，也是参与社会治理的主要工具，能够避免社会工作治理实践的随意性、碎片化，提升其实践的有效性。由于理论与实务界的分离，以及对于技术的误识，目前有关社会工作技术的问题表现为两方面，其一是主要社会工作技术忽视了社会理论的技术性转化；其二是社会工作技术的体系性不足，目前尚未见到专门建构社会工作技术的研究。

(二)社会工作的技术体系

借鉴潘光旦先生提出的社会学者的点线面体思想，③ 以关系为核心，围绕关系中的点(关系能力技术)、线(人际互动技术)、面(社会支持技术)、体(结构变革技术)实现社会工作技术的体系化。

1. 关系能力技术

关系主体的主体性体现在于实践中的关系能力。关系能力是关系主体这一概念在实践层面的转换性概念。关系能力主要目标在于处理我与他者的关系，促进二者平衡，达到自我的平和。对本土社会工作实践的调查发现，服务对象描述自我问题的词汇常用"心结""心里有个疙瘩"，社会工作者要做的是"解开心结"。"心"这个词富有中国文化特色，是本土的话语而非"译语"。"心"与西方的心理问题有相似之处，但是往往超越心理问题的范围，是一个综合性的自我的体现。对于"心"的修养，中国有着广泛的技术资源。既有面对"心结"积极"求变"，改变关系的技术；也有顺应关系变化，适时而为的"适变"；还有面对变化空无一心，以不变对万变。无论是"不变""适变"还是"求变"，都以"知变"为前提。其中，对于"适变"的思想是西方主流社会工作方法不太强调的内容，而在本土实践中"舍弃力"实际上有着独特的价值，过度的抗争反而导致了人与环境

① 朱眉华、文军：《社会工作实务手册》，社会科学文献出版社2006年版。
② 帕梅拉·特里维西、克特里维西克：《社会工作技巧实践手册》，肖莉娜译，上海人民出版社2010年版，第110-111页。
③ 潘光旦：《潘光旦文集(第10卷)》，北京大学出版社2000年版，第258-261页。

无休止的对抗。① 这种适应变化是一种虚无观,有着深厚的文化根基。当然,其具体运用需要基于场景的变化而调适。

2. 人际互动技术

关系链概念在实践层面的转换性概念是"人际互动"。可以将人际互动技术概括为理性互动技术和情感互动技术。

理性互动技术的实现依赖于人们所具有的沟通理性。它不同于工具理性,是人们对话,不断反省、论证,目标在于追求达成共识的理性。② 人际互动的三个基本技能,即谈话、观察和倾听。谈话是语言的沟通,通过语言人们的关系才得以建立。而语言的沟通影响着我们的体验、思考和互动的方式。对于语言,倡导语言的敏感性,对不同的文化、习俗和个性能够有所敏感,而顺畅地实现语言的传递。倾听是信息的接收,而社会工作中强调积极倾听,这对服务对象而言也是十分有益的。积极倾听与一般倾听不同,它反映了倾听者特殊的、高度的警觉意识。③ 听,只是一种本能的技能,而积极倾听则不仅要对声音进行接收,还要开动大脑,进行充分的理解,能够感受他人的情感、思想。为此,要避免倾听中自我中心、有限、假装的三大误区。④ 观察则是对非语言形式沟通的要求。身体语言比语言沟通表达更多的意思。当语言沟通和身体语言冲突时,身体语言的真实性更被人们所相信。观察技能在沟通中帮助我们搜集身体语言的信息,注意距离、动作、手势、表情等一系列信息的意义。对此,社会工作者更多的是专家教育的角色,或者通过社会工作者关系网络资源来推动沟通技能的教育。

情感互动技术方面,王思斌认为,中国文化中,情、理、法形成了一个特殊的结构,支配着人们的行为。⑤ 对社会工作服务对象问题的化解来说,通过各种方式建立的亲近关系是一种在职业关系之上加入了适度情感的关系。理智型的沟通技术主要是面向工具性支持,并不需要行动者花时间去维护;而亲近关系则需要混合型亲近技术。虽然黄光国的研究认为提

---

① 童敏、许嘉祥、高爽:《抗逆力理论的文化审视与中国社会工作理论构建》,《厦门大学学报(哲学社会科学版)》2021 年第 1 期,第 22 页。

② 侯均生:《西方社会学理论教程》,南开大学出版社 2006 年版,第 368 页。

③ Lishman, J. *Communication in Social Work*. Basingtoke:Macmillan/BASW, 1994:63.

④ 帕梅拉·特里维西、克特里维西克:《社会工作技巧实践手册》,肖莉娜译,上海人民出版社 2010 年版,第 110-111 页。

⑤ 王思斌:《中国社会的求助关系——制度与文化的视角》,《社会学研究》2001 年第 4 期,第 8 页。

供情感支持的血缘关系块以及姻缘关系块，不需要行动者花过多时间去维护。① 但社会工作实践表明当代社会的弱势群体家庭问题需要情理法的注入，而需要适度情感技术。对于其他的业缘关系块、情缘关系块、地缘关系块中的关系链，如果走向支持行动者的亲近关系，则需要通过情理法的混合技术。中国人与陌生人建立混合性关系的第一步则是"拉关系"，之后则以各种方式增进关系。中国式人情关系建立是持久的、长期的。平时的感情投资才能带来日后求助的相助。中国人所忌讳的就是平时不联系，有事才找你的做法。正如翟学伟所指出的，中国人的交往对于权威敏感，喜欢抬高别人，给别人面子，以至于在礼尚往来中过于重视形式主义。②

3. 社会支持技术

关系网络的干预技术超越关系块，以关系块之间的关系为干预目标。总体上，这一技术包括家庭为基的网络调适技术、关系网络疏通技术、关系网络调补技术。

首先是家庭为基的网络调适技术。家庭社会工作是社会工作的基本方法之一，但并没有放在更大的关系网络中讨论家庭在社会工作中的地位和意义。社会工作者帮助服务对象从生理、心理和社会功能上恢复，尤其注意发挥家庭的基础角色，从家庭入手推进服务对象整个关系网络的重塑。针对现有结构完整的关系网络，通过消除阻碍因素，推进各类支持性资源的流动，从而建立和挖掘社会资源，实现社会资本的价值，这可称为"关系网络疏通技术"。针对关系网络结构不完整的情形，通过小组工作、同伴支持、志愿者链接等方式实现补充，这可称之为"关系网络调补技术"。

4. 结构变革技术

关系网络的累加，即为关系世界，这个关系世界随着时间而演化关系网络在历史中不断生产宏观的关系世界。关系世界是社会理论讨论的主要内容，有关国家与社会关系的理论、布迪厄的场域理论，哈贝马斯对生活世界的分析、吉登斯的结构理论等均有涉及。社会工作理论中的结构视角也是关于关系世界的理论。关系世界在实践之中就表现为社会结构的动态变化，在实践层面进行转换的概念就是"结构变革"。

社会倡导是西方社会工作理论中实现结构变革的主要方法。然而，在中国目前的体制与文化之下，关系世界的变革技术需要发生变化。首先，

---

① 黄光国、胡先缙：《人情与面子——中国人的权力游戏》，《领导文萃》2005 年第 7 期，第 162-166 页。
② 翟学伟：《人情、面子与权力的再生产》，北京大学出版社 2013 年版，第 159-162 页。

西方激进的技术并不适用，"积极而非激进"的行动框架是适合于当下政治环境的选择。① 其次，关系世界是历时性的，需要关注到不同历史阶段的影响，尤其是中华文化悠长的历史，五千年文化对于当代人的影响并非若有若无。为此，我们需要不同历史阶段宏观环境塑造有待于考察。同时，从个体角度来说，全生命周期的分析有助于了解过往世界对于当下生活状态的关联。再次，就具体实践来说，结构变革的实现可以通过枢纽人物链接技术。Milgram 的六度分离试验表明，世界上人与人之间的距离通过六个人就可以跨越。尤其是枢纽人物发挥关键链接作用。关系世界中，能够带来关系网络局部或者全部变革的是在特定范围内的决策者。在中国制度与文化下，这些决策者主要是权力占有者，而通过枢纽人物的链接，社会工作者可以尝试影响关系世界的权力者，带动关系世界的变革。其次是媒体动员技术。最后，媒体动员，尤其是网络媒体动员技术是带动广大民众参与、形成民意获得支持的重要渠道。当然，这往往与枢纽人物的参与交织在一起。

第四节　社会工作干预的案例分析

基于深度访谈，本书收集了部分典型案例。案例从背景与问题、社会工作干预过程、案例分析等方面描述对关系主体、关系链、关系网络、关系世界的实务干预，展现社会工作关系视角理论的应用。

一、关系主体的干预案例

（一）对雅姨的社会工作干预案例②

1. 背景与问题

雅姨，女，50 岁，河南某市高中学校的金牌教师。在学校安排的每年体检中查出患有大肠癌，到上海某知名三甲医院进行治疗。雅姨儿子在上海某知名大学硕士毕业，之后到美国进修毕业后留在了上海。儿子的期望就是落户安家上海后能够接父母到上海来享福，在儿子的主张和安排下

---

① 何雪松：《积极而非激进：宏观社会工作的中国图景》，《学海》2020 年第 1 期，第 119页。

② 本案例由受访者邬载提供。

雅姨很快就来到上海的医院被安排了手术。手术切除了病灶，并在雅姨左下腹的位置造瘘。手术后为防止癌细胞扩散，雅姨需要接受必要的化疗。因为个体的差异，有的人化疗耐受性强，有的则弱。雅姨恰恰是耐受性很差的一类，在第一期化疗中身体就疼痛难忍。医生护士常听到雅姨在化疗中哭泣。医生当时转介就说这个病人每次化疗的时候都是哭，而且哭的声音特别大，影响到周围的人，所以就让社会工作者去看一看这个到底要怎么办。医生表示，从来没见到过一个成年人，她的这个反应这么大，你要不治你就干脆回去是吧，你在这边你也好像天天在治，但是这过程很痛苦。后来社会工作者就去跟进了这个人，前后进行了六次社会工作介入。

2. 社会工作干预过程

社工首先跟随医生团队来查房，在医生的介绍下开始跟雅姨进行接触，建立专业关系。社工第一次见面就觉得雅姨这个人很客气、有涵养，讲东西也头头是道。中国的语境里医生普遍会选择对患者本人隐瞒病情，但是在雅姨这里不存在，她说她知道自己什么情况，她百度了很多东西，也知道说这个治疗最后是什么样子、不治最后是什么样子。社工因此也就没有心理负担了，可以开诚布公的去谈病情。

接着社工就跟雅姨谈到说哭这件事情。刚说到哭这个事，她立马就哭了。然后她很强调的一个点，就是说她无论从读书、工作再到家庭生活，从过去到现在，她从没有像现在这么糟糕过。她很强调说自己的一个状态是非常的糟糕，从来没有这样子的。个人的命运被外面人去安排，要她这样要她那样做治疗，整个这些体验让她非常绝望。进一步深度地会谈，雅姨告诉社工，实际上她有很多纠结的。她说她的丈夫、她的儿子儿媳都很爱她，希望她坚持治疗，这个就是支持她一直能够在这边忍受哭泣去治疗的一个原因。但是她受不了的是她的体质确实就是对于疼痛不耐受，而最近化疗实际上只是一期二期，后边还有好几期的，甚至是个未知数。虽然说这个治疗让她的生命长度可以延续，但是她的生活质量没有办法保证。这样的矛盾一个个纠结在一起让她很痛苦。

社会工作者的分析认为，她不光是患癌症的悲伤，还有化疗带给她身体上疼痛不已，再加上情绪上纠结不断。雅姨是当地很著名高中金牌数学老师，专门带毕业班，有很强的自我掌控力。她散发着理性，要自己去掌握自己的生活、掌握自己的命运，不愿意被医生、被周围人这样去要求去治疗。但是家里面人的压力，比如说她儿子不愿让她放弃治疗，希望让她可以继续活着。她儿子曾经在病床前给她下跪，希望母亲能够坚持治疗。但是她自身对于这个治疗包括身体造瘘，给她自己的体验非常的糟糕。因此，社工认为雅姨的问题产生不仅是癌症、化疗带给她身体上疼痛，更重要的是案主实际上处于几重关系的不断冲击和碰撞中，关系网络带给她左右为难。围绕着她关系主体层面，社工希望能够帮助雅姨看清楚这个纠结背后到底害怕的是什么东西。

首先是家庭关系网络，这个关系网络维系和传递的是一种爱，但是爱的本质又是什么？它应该是成全而非绑架，是尊重而非压力。社会工作者对雅姨的关系网络，包括她的丈夫、儿子、医生等进行了沟通。从医生的角度看，这个治疗确实是对于她的生命长度能保证，但是中间这个生活质量就得打折，这个就是需要病人自己去克服了，如果病人真的没有办法克服，可能就只能放弃治疗了。她丈夫、儿子很难接受。儿子实际上就是想等母亲退休后接到上海来尽尽孝，实际上这么多年因为求学、工作一直没在一起。雅姨则说，"我受不了，而且这个治疗之后也一直是这样子的话，我更加受不了"。社会工作者在干预中提到，"如果你从本心出发，就看你自己，那你面对这样的问题，最想的方法是什么？最想怎么去解决这个问题？"她就说那很简单啊，就是放弃治疗，就是治疗结束，然后回去好好把剩余时间过好就可以了。因为她觉得她还有好多事情没有去做的，比如说她在河南一辈子，没有看过海，所以很希望去看海。如果是身体这样治疗起来，一天天垮下去，她任何的愿望都没有办法去实现。

在会谈进行中就遇到一个很关键的点，"如果说你放弃的话，周围的人他们怎么去看待和接受这个事情？你是否真的知道这个后果？"雅姨是一个很理性的人，她对这些东西都有一个预判，唯一就是觉得家庭的牵绊。社会工作者重构了案主对于家庭牵绊的理解，"或许家庭这个不叫牵绊，很多时候我们理解它成为牵绊的原因是因为我们对这份爱是怀疑的；如果说他真的是爱你的话，他会尊重你最后那个决定。"社会工作者本预期开一个家庭会议，但是中国的传统文化让我们这个关系世界不太习惯谈论生死问题，至少说家里人彼此习惯了心照不宣，但是就是这种心照不宣，反而让我们压力很大。这也是为什么社工选择分别与家庭成员讨论的方式。社工并没有帮助案主做决定，决定权留给了案主。几天后案主就出院了。

后来雅姨的丈夫给病区的护士打电话反馈，说雅姨去世了。事情大概是出院后两三个月。当时打电话的时候一家人都在海南，他们应该是去看海了，至少她这个心愿实现了。

3. 案例分析

这个案例以关系主体为干预中心，但也涉及关系世界、关系网络和关系链的影响与干预。

社会工作者坦诚，其实对当时的介入心理也没有底，也在担心是否会出现医院纠纷，因为这种支持案主放弃治疗的做法在中国文化下并不太容易。这种"未知生焉知死"、对于死亡避而不谈的文化构成了历史维度的关系世界，深刻影响着当代人的头脑和行为方式。社工在介入中反思并意识到此传统深深的力量。社工想冲破这种文化惯习，但是可能出现的医患纠纷风险等让他选择了新的介入方式。社会工作者正是在这个立体维度的关系世界中逐渐介入案主的家庭关系网络、改变关系主体的关系能力。

"挺案主"并非孤立的"挺"，而是在平衡关系网络。社工坦言，刚开始做社工时候觉得社工很多时候要站在服务对象的立场去挺他们，但是越做经验积累越多就会发现，个体实际上不是孤立的存在。如果我们给予案主鼓励过多，支持她放弃治疗，可能家里面那些人就会反对社工。社工需要更加谨慎，而谨慎就在于从关系而非实体去看待个体。社工在跟服务对象会谈中，建议案主"从本心出发"。所谓的本心就是要在纷繁的关系网络中找到自己的初心。雅姨找的本心就是生活的质量高于一切，而非痛苦不堪。然而，这个"本心"又不是纯粹的离开关系的"本心"，而是受到其他关系网络成员影响的"心"。当雅姨要放弃治疗时候，丈夫和儿子坚持让她治疗，这两个走向了对立。这种对立让雅姨无比纠结，身心痛苦，最终放声大哭。社工的加入其实是在推动这种对立走向统一。社工分别与案主、案主的医生、案主的家庭成员沟通，目的在于让家庭成员的"内心"更加兼顾我和她。

专业关系的建设也在这个案例里得到体现。社工鼓励案主遵从内心，平衡家庭关系，实际上是在冒险。然而，社工之所以敢于如此，在于也受到案主的影响。社工从案主身上获得了力量，支撑社工鼓励案主。因为社工读懂了案主，知道案主是一个有着独立想法、有知识有见解的、注重生命质量的人。只是家人的想法对她有了过多的裹挟和绑架。案主在社工这里找到了力量，得到了赞同，也让案主对社工彻底敞开心扉。

(二)对阿青的社会工作干预案例①

1. 背景与问题

阿青，女，20岁，大学二年级学生，先天患有眼睑下垂疾病，从小到大，因为眼睛不能睁大，饱受同学歧视嘲讽。高中时做了手术，现在眼睛只能睁大到一半程度。阿青内心自卑却又自尊心很强。虽有缺陷但依然

———————

① 本案例由受访者锦程提供。

热爱生命、满怀希望。案主父母均为普通职工，有一妹妹。案主回忆在自己 6 岁左右时妹妹出生，父母强迫她自己住到一间很黑的小房子里，自己非常害怕，但父母全然不顾。从此她开始与父母疏离，不愿与父母沟通直至长大。现在有什么事也是被动接受，觉得沟通也没有用。平时在家很少与父母沟通，在外上学也不与父母联系。阿青存在的主要问题是对任何事情态度显得很超然，情绪很平静，活在自己的世界里，充满了孤独感、自卑感。辅导员推荐她找到学校社会工作者接受服务。

2. 社会工作干预过程

关系视角下，阿青的问题集中体现在关系主体身上，表现为实践中的关系能力不足。按照本书构建的社会工作关系视角理论的观点，阿青在点层面的问题不是个体的问题，而是要在关系网络中探寻产生问题的原因和改变的路径。换言之，阿青自我关系的问题是因为阿青所在的家庭关系网络、关系世界导致的，而改变阿青的孤独、自卑感也要置于关系网络中实现。社会工作者首先积极接纳与鼓励案主，表达了对案主虽有缺陷但依然热爱生命的赞赏，她受到鼓励和支持，愿意敞开心扉。后续的干预中，社会工作者针对阿青进行了"黑房子"伤害的消除。针对关系主体，通过隐喻、自我觉察的练习，阿青意识到"黑房子"实际上是阿青恐惧的代名词，代表着阿青对于妹妹出生后家庭结构变化所带来的不适应，对阿青意味着关系的断裂和爱的剥夺。社会工作者进而与案主的父母进行了会谈，法学案主父母实际上很疼爱案主，愿意满足她一切生活需求，但不善表达，对于案主的疏离感到无奈，导致案主从父母处获得的情感支持很少。社会工作者帮助阿青父母理解到他们的情感表达方式是他们那一代人所处的时代特征、关系世界所塑造的，尤其是上一代人受到传统文化模式的影响较深。另一方面当代的人文关怀理念等兴起，传统的家庭表达方式并不适宜，社会工作者挑战了原有的这种家庭结构，引发了父母的反思。同时，为了帮助阿青走出"黑房子"，采用角色扮演方式展开。当阿青探索进入黑房子，恐惧的情绪出现时，在社会工作者的鼓励下，鼓起勇气喊爸妈帮忙。当案主喊出了"爸爸妈妈"时，自己当时就有了很大的感悟，意识到父母是疼爱自己的，只是自己与父母失联了，不愿父母进入自己的世界。案主重新添加了故事内容，把自己的那段经历放到一个更丰满的情境中看待，理解了父母，走出"黑房子"。在接下来的时间里，案主以开放态度，每周与父母保持沟通，接受爸爸妈妈与自己情感和心灵的交流。

3. 案例分析

这一案例是对关系主体的干预展开的。关系视角下阿青的孤独、自卑感置于关系网络中分析，是由于家庭关系、家庭关系网络以及关系世界导致的。阿青与父母的人际关系表达方式淡漠，与父母关系疏离。在家庭关系网络中分析，阿青与妹妹之间对于父母的爱存在着心理的争夺，再加上父母的压抑的表达方式，阿青的家庭关系网络不畅通、资源存在流通不平衡的问题。家庭关系网络的形成与关系世界的影响密切关联，这是因为阿青父母接受了通过上一代人流传下来的传统文化的影响，但也在当代文化的影响下具有反思性。这折射了关系世界的历史发展。

二、关系链的干预案例①

(一)背景与问题

案主阿彤是一位农村精神健康患者，35 岁，丈夫老秦则 51 岁，夫妻年龄差距大。老秦当年娶妻比较难，而阿彤当时也患病，但为了传宗接代老秦就娶了阿彤。婚后两人育有一子，但是孩子怕陌生人，与母亲的关系也冷漠，嫌弃她，叫她傻婆，吵架时候甚至叫她去死。阿彤经常跟社工诉苦，说孩子从来没有叫过她妈妈，说到此处阿彤则潸然泪下。

(二)社会工作的干预过程

社工从关系视角分析了阿彤的情况。阿彤的丈夫文化水平低，在家打散工，对她漠不关心。公婆 80 多岁，身体衰老，行动不方便。阿彤与本村几个精神障碍患者常交往，喜欢在本地的集市赶集。娘家有母亲和哥哥常会过来照看她。邻里关系不佳，邻居担心她打人，而且阿彤因为不注意卫生，邻居还教育孩子远离她的孩子。宗族的人不愿意接纳她，认为她让宗族羞辱，甚至不愿意她进入祠堂。村委会和政府对阿彤比较关心，帮其盖起了新房，也获得了低保和孩子学费补助。整体上看，阿彤与孩子的亲子关系糟糕，与丈夫、宗族和邻居的关系也较差，村委会和政府则是关系中的积极力量。

社会工作者对阿彤持续不断地干预，前后对她开展服务达 30 余次。干预的目标在于改善亲子关系。干预过程从关系主体、关系链、关系网络和关系世界的角度全方位展开。阿彤的族人、邻居等对她避而远之，重要原因是关系主体阿彤缺乏自我的关系管理。她对自我的形象以破罐子破摔心态任之随之，社工在干预中通过接纳、代币法等技术，以及 20 余次的

---

① 本案例由受访者功程提供。

接触，从陌生到熟悉再到信任的建立关系，教会她洗脸刷牙、洗头发、穿适合季节的衣服，并养成习惯，阿彤在孩子和社区的形象逐渐改观。社工同时针对亲子关系，教授阿彤整理家务，改善家庭环境，经过多次反复逐渐有所改观。通过协助阿彤接送孩子、教授她教育孩子的知识和技能，重塑在孩子心中的形象。对于孩子则破解"妈妈被村里和学校嘲笑，没有面子所以不值得叫妈妈"的认知，教会孩子理解妈妈。疫情期间在辅导孩子过程中，社工教会孩子在母亲节给妈妈做了一个礼物，并低声叫了一声妈妈，阿彤当时感动得落泪。为了巩固亲子关系，社工同时开始突破夫妻关系、邻里关系、宗族关系。阿彤丈夫老秦对阿彤的改变看在眼里，潜移默化中改变着他对阿彤的态度，社工通过多次个案工作让老秦意识和承认他与妻子关系存在的问题，并决心改善。在社工的干预下，老秦对阿彤的关心开始增多，并带她去医院看病。在疫情期间，社工发动当地村民开展守望相助活动，组建志愿者队伍，从食物供给、卫生打扫等方面帮助阿彤家庭，增进邻里关系。社工动员家族长老，定期上门看望阿彤，并给予关心，促使家族孩子帮助阿彤的孩子。帮助阿彤申请残疾人补贴，获得政府的支持。经过社会工作系统的干预，阿彤的整个关系得到良好的调适，亲子关系改善，在村民的印象也大为改观。

（三）案例分析

尽管阿彤的问题表现为她与孩子的亲子关系，但社会工作者的干预是从关系视角，对其自我关系、夫妻关系、母子关系、邻里关系、家族关系以及宏观政策支持的系统干预。这种干预调适了案主的立体网络，实现阿彤改变的持久性、有效性。相对于只干预亲子关系的处理方式，这种干预能够治本、长久。

三、关系网络的干预案例①

（一）背景与问题

案主娉娉是一个女孩子，16岁，流浪异地街头被公安局发现送到救助站。在救助站娉娉不说话，不理他人。救助站人也不知道该怎么办，觉得人比较呆滞，可能有心理问题或精神问题。社工与救助站有合作关系，受邀来到救助站干预。

---

① 本案例由受访者禾旭提供。

（二）社会工作介入

社会工作者介入后娉娉打开了话匣子，告诉了社工自己的历史和情况。社工通过量表为她做了一个社会心理评估。同时通过其他会谈发现，她不清楚现在哪年哪月哪日，所说的和实际情况存在很大的差距的。社工初步诊断娉娉为精神分裂症、有妄想。

之所以如此，社工认为是娉娉周围的关系网络失衡导致的。在娉娉5岁时候，她的父母和别人发生了冲突，在冲突的过程当中，导致对方死亡，从而被判刑在外省服刑。娉娉那个时候稍微懂点事了，经历了抓捕现场。后来只能跟随爷爷奶奶生活在一起。出事的时候，当时家里面想通过花钱把人捞出来，公安部门内部不太正直的个别人拿了很多钱，但是还是不够。这些警察在他家里处理问题的时候，孩子也是在场，可能对娉娉的爷爷奶奶也采取了一些比较强硬的手段，就对娉娉造成很大的伤害，导致她非常的仇恨这些人。孩子都看在眼里，因为这个事情导致她失去父母，导致家庭非常的贫困，娉娉非常的仇恨他们，爷爷奶奶当时也因为这个事情一直抑郁，娉娉自己也有些抑郁。后续在孩子的同伴的接触过程当中，其他人知道她家的情况之后，说她是杀人犯的孩子。一直以来她就跟家人、周围的人相处不好，到读高中的时候就出现了精神分裂，离开了家庭流浪到这里。现在能看到案主的分裂症状，比如聊到她父母这一块的时候，她的表情和实际的内心完全套不上的。她在笑，其实她心里面非常悲哀。她幻想她很优秀、在班上成绩很好、老师也很喜欢她。

在干预方面，救助站的诉求是送案主回家。通过社工的交流得知了案主的家庭信息，但是家里人也不愿意接她回去。爷爷眼睛不好，奶奶年纪大身体也不好，父母还在服刑未出来，有一个姑姑在开超市。社工一方面帮助案主申请残疾人证，争取政策范围内的保护；另一方面也计划与爷爷奶奶，尤其是姑姑进行联系，争取亲属的支持。然而，由于救助站的任务在于将人送回家，社工在下次过去的时候案主已经被送回。

（三）案例分析

这个案例并不是一个完整的社会工作干预案例，但是它反映了当前中国社会工作制度的问题。由于社会工作配套制度或者与其他系统的内在关联还未建立起来，救助站只履行着送人回家法定责任，而人回家后问题并没有解决。

同时，社工在分析案主的问题时候强调从案主的关系网络入手分析，而非个体自我精神有问题导致的。正是在警民关系、家庭关系、朋辈群体关系等激烈的碰撞与交锋中，娉娉缺乏良好的内在协调，产生了巨大的内在分裂。

四、关系世界的干预案例①

(一)背景与问题

我们是医务社会工作者，主要做安宁疗护这一块。我们在当地最大的人民医院试点安宁疗护的社会工作介入模式。但是在开展患者的安宁疗护过程发现一个共同的痛点难点，就是案主缺乏生命教育。接受安宁疗护的服务要求患者跟家属能够理解生命，对生命后期有自己的理解判断，比如要不要接受某些医疗的服务，要怎么样安顿自己人生最后的时间等，这些要求患者能够去做选择。但实践中会发现，其实有很多家属无法接受自己的亲人要离世，不敢谈死亡，不愿意去谈死亡，不知道怎么去谈。因为不敢谈，所以根本就不知道临终患者内心深处最真实的声音，不想谈不会谈导致抗拒社会工作者的服务，安宁疗护的服务也无法开展。这是文化观念的问题，而且已经固化了观念。比如说，不管社工怎么样去做面谈，因为这种固有的观念，患者家属一听到谈"这些我们该怎么样去准备，能不能尊重他的一个心愿，他就是想再见一下朋友"，家属就不接受。家属会说见了朋友患者会更伤心，会让他更不舒服。所以，社会工作的服务没法进行下去。由此，我们发现观念其实最重要。

(二)社会工作干预过程

社会工作者分析认为，这种观念如果从老人家入手或是从中老年人入手挺难的。如果真要做好这个服务，应该是从年轻的一代先入手，因为他们的父母也有会老的时候，也许他们的祖父母、父母要走的时候，他们可以成为一个很好的切入点，他们去跟家里人去谈论这个问题会更容易。所以社会工作者想应先去对社会大众做好生命教育。具体的干预上，社会工作者做了以下几个方面的工作。

其一，几名医务社会工作者加入了市卫健委关于安宁疗护试点的专家团队，参与当前安宁疗护问题研究与制度设计。

其二，开发生命教育和安宁疗护的课程。组建团队，开发不同学科的

---

① 本案例由访谈对象苌央提供。

安宁疗护课程体系。这些课程未来要面向全市的一些医生护士，还有一些社区的安宁疗护的团体开放，普及安宁疗护知识、生命教育知识。

其三，制作安宁疗护的宣传片。由社工筹备，宣传片剧本已经完成，未来会大范围宣传。这里面包括安宁疗护的模式经验，还有人民大众的生死教育的内容。

其四，组建生命教育护卫队，形成讲师团，并开展宣讲。社工先跟当地大学的一个社工协会合作，由他们宣传邀请合适学生报名参加社会工作者发起的生命教育护卫队。学生社会工作协会会长和核心成员去做宣导、招募，然后招募了 60 多人，然后社会工作团队进行了一个面试笔试，然后筛选出 20 人。接下来对 20 人进行培训。社会工作团队设计了生死教育的精品课程，利用两天一夜开展集训，通过多元化的体验去让他们去感受生跟死。社会工作者认为，学生要先有感受、情感，然后培训之后由他们自学。设计了自学任务，学生在学校、在家里，通过打卡，了解安宁疗护的相关知识、生死教育，形式包括书、影片、歌曲。去年 11 月，学生们自己在学校筹划了一场大型的生死教育宣导活动。媒体报道之后，有两家学校主动找到社会工作团队，要给他们的学生开这样的教育。未来，这 20 位讲师将组成讲师团，不断扩大宣讲。根据疫情情况后面也会适时在扩大讲师团，增进社会的生命教育知识。

(三) 案例分析

这则案例中社会工作者面向安宁疗护的服务对象，对社会大众开展生命教育的系列干预，试图改变传统的生死观，重审生命的意义与临终关怀。案例所面对的是宏观层面的社会文化，具体表现为对于死亡的避讳、误解等观念。它具有历史的维度，是文化传统与当代的碰撞。同时，案例针对安宁疗护的顶层制度设计、媒体宣传等展开干预，影响社会政策。这是对关系世界的介入。

第十章 研究结论与讨论

第一节 研 究 结 论

本书的核心结论在于建构了一个关系视角的社会工作理论框架。

首先要着重说明的是社会工作的理论不同于社会学理论，它是实践性的理论。这一点在社会工作界的理论教科书中得到印证。何雪松教授在《社会工作理论》一书界定的社会工作理论是实践性理论，其理论框架至少包括理论基础、概念框架、实践框架三个部分。[①] 文军教授主编的《西方社会工作理论》也着重介绍了理论的实践操作。[②] 童敏教授在《社会工作理论》中开篇即鲜明指出社会工作是作为实践性的理论。[③] 高鉴国教授系统梳理了社会工作理论的构成，指出社会工作理论不可或缺的一部分就是干预框架、操作规程，它们是展现社会工作理论实践性的重要体现。[④] 卫小将指出，社会工作理论具有价值性、阐释性和实操性三重性质，失去实操性则不是社会工作理论。[⑤]

概言之，社会工作领域的理论建构有实践的特质，社会工作理论是实践性理论。国内主流的社会工作理论的教科书都指出了这一点的特殊性。社会学理论注重解释和分析社会事实及其原因，而不注重如何改变。社会工作理论不仅要理解社会问题，还强调如何干预社会问题，实现社会工作的专业使命。因此，社会工作的理论框架必然包括实践性框架。理论往往

---

① 何雪松：《社会工作理论》，上海人民出版社 2007 年版。
② 文军等：《西方社会工作理论》，高等教育出版社 2013 年版。
③ 童敏：《社会工作理论》，社会科学文献出版社 2019 年版。
④ 高鉴国：《社会工作理论的实务属性与分析框架》，载王思斌：《中国社会工作研究》（第十八辑），社会科学文献出版社 2020 年版，第 1 页。
⑤ 卫小将：《社会工作理论的"三重性"及爱的实践艺术》，《社会科学》2020 年第 6 期，第 93 页。

以概念为基石，进而形成命题，再构成理论体系。理论构建是逻辑、理性和经验的组合。在逻辑上，包括理论建构的过程包括演绎和归纳两种方式。美国社会学家布莱洛克在《理论构建》一书中论述了演绎方式；归纳方式则基于经验而产生。科学的理论建构更为推崇从经验研究中概括得出的理论。在具体的理论构成上并没有固定模式。国内常见的社会工作理论教材所述的社会工作理论框架往往包括理论基础、概念框架、实践框架。

基于此，本书针对我国社会工作实践性理论供给不足的核心问题，从三个方面努力进行推进理论的建构。第一，开展了质性研究，从关系角度总结了社会工作本土实践经验，为社会工作关系理论的建构奠定了实践基础。第二，梳理了社会学和社会工作的关系理论脉络，强调二者的整合，为社会工作关系理论建构奠定了理论基础。第三，从哲学基础、概念框架、干预框架方面构建了一个较为系统的社会工作关系视角理论。本书以"关系主义"一以贯之，研究了关系主义与中国本土语境的契合性；从关系主义出发提出了"人即关系性存在""人具有关系理性"和关系的圆运动的假设，进而从纵向和横向角度构建了一个综合性的概念分析框架，加入关系的文化维度，并连贯性地进入干预框架，从而形成了一个系统的社会工作关系视角理论。

第二节　理论对话与讨论

一、社会工作的实体主义与关系主义纷争

实体主义从深层次上塑造了西方主流社会工作理论体系。实体主义可以分为三个类别：自我行动实体取向、规范基础实体取向、互动实体取向。[①] 社会工作理论中的认知主义理论、灵性视角、存在主义、寻解治疗、叙事治疗等强调案主自身的理念、观点的意义建构，从自我意识角度理解问题产生和困境化解之道，属于自我行动实体取向。传统社会工作理论中的精神分析理论、行为主义理论、结构社会工作等侧重于环境的影响，案主问题是环境所导致，它们属于规范基础实体取向。社会工作理论的系统论、生态系统理论尽管注重人与环境的互动平衡，但是依然假设

---

① Mustafa Emirbayer. *Manifesto for a Relational Sociology*. The American Journal of Sociology, 1997, 103(2).

"人""环境"是实体，并且从这两个实体出发而产生关系。这种观点依然落入实体主义的窠臼，否认了先有"关系"然后才有"人""环境"的论点，它们属于互动实体取向。

实体主义带给社会工作理论的一个重大弊端是社会工作中个体与社会的对立，且因社会工作的实践性而格外突出。社会工作基础理论首先要回答"社会""工作"两个概念的要义。其中"工作"即实践，意味着社会工作的理论应当是面向实践的理论。实践是即时的、整体的、转瞬即逝的，二元对立的实体主义思维下所构建的概念、命题与体系并未与实践的特性所吻合，所生产的社会工作知识陷入碎片化、技术化的困境。我们也因此陷入了个体与社会、主观主义与客观主义以及学科之间的二元对立。再者，实体主义下发现的"社会"缺乏兼容性，而在个体社会工作与结构社会工作之间摇摆。西方社会工作的历史脉络总体上形成了个体治疗和社会变革两种理论取向。这肇始于慈善组织会社和睦邻友好运动的实践方向，理论取向的张力持续存在于西方社会工作百年发展史。聚焦于个体抑或社会的两种力量此起彼伏，导致了社会工作理论的分裂。整合个体主义与整体主义，构建社会工作界的"帕森斯式"理论是一个实现个体与社会双重聚焦的过程。"人在情境中"被视为社会工作的专属概念，表达了一种综融的取向。然而，建基于实体主义上的西方社会工作理论，陷入了对立难以统一的泥淖。主流的西方社会工作尤为强调临床实践，注重微观干预，忽视了社会结构的变革，成为堕落的天使。结构社会工作则被批评缺少对个体的关怀。无论是个体主义还是结构主义，本质上都是实体主义的范畴。深层次上摆脱这一问题应当回到对实体主义的批判上。

关系主义（relationalism）概念，作为与实体主义相对的一种新视角，试图超越西方主流的二元对立思维。关系主义有其历史脉络，包括马克思、齐美尔、布迪厄等或多或少从关系思维研究问题。近年来，国际社会科学界关系主义理论的研究成果逐渐增多，代表性学者如 Dépelteau、Donati、Emirbayer、Yanjie Bian。从 20 世纪早期的人类关系运动、纽约学派的关系性社会学到当代精神病学、领导学、自然科学，关系主义展现了蓬勃的生命力。

西方社会工作界研究的一个前沿即是在关系主义下反思社会工作要素，如以关系主义构建一个联结性、宽泛性、动态的专业关系模型;[1] 反

---

[1] Leary. P. O., Tsui. M., Ruch. G. The Boundaries of the Social Work Relationship Revisited: Towards a Connected, Inclusive and Dynamic Conceptualisation. *British Journal of Social Work*, 2013(43): 135-153.

思特定理论，如从关系主义建构一个系统的社会工作的增权理论；① 反思群体实践，将关系主义运用到不同群体社会工作实践分析，② 进而构建一个较为系统的关系主义的社会工作理论。③ 关系主义重构社会工作理论，回应了实践的整体性，从而更为准确的理解实践，回应实践的需求。社会工作作为一种实践性学科，与关系主义有着天然的契合性。由于西方根深蒂固的二元对立思维，关系主义转向仍在进程中，实体主义的社会工作知识框架依然是西方的主流。

二、与社会工作本土化理论建构的对话

范明林等对中国社会工作本土化理论研究的总结认为，目前的实务领域还缺乏学术性、理论概括或指导不足；虽然有一些研究开始探索和建构本土化的理论，但是仍然不成熟。④ 这反映了中国社会工作尚没有充分发育的现实。本书也仍然是一种探索性理论研究，在此现实下，本书与目前不多的社会工作本土化理论进行对话讨论。

文军等采用不同于传统的"个体—社会"二元划分的标准，将社会工作实务划分为三个类型：个体治疗、人际改善和社会倡导，并主张以"关系重构"来超越三个类型的分歧。⑤ 这一思路与本研究不谋而合，都是对传统"个体与社会"二元论的摒弃，只是文军等的"关系重构"集中在个体自我关系、个体与他人关系、个体与情境的关系的三个层次，⑥ 而本研究是从点、线、面、体四个层次进行关系的重新分析和建构。这样的意义在于将个体与他人的关系更加细致地区分为人际关系和关系网络，展现了从个体自我关系到人际关系再到关系网络更为完整演变；对于"体"层次"关系世界"的分析更加强调历史的维度以及社会转型时期的社会变革，从而

① Leonardsen M. Empowerment in Social Work: an Individual vs. a Relational Perspective. *International Journal of Social Welfare*, 2006(16): 3-11.

② 如 Fabio Folgheraiter. *Relational Social Work: Toward Networking and Societal Practices*. Jessica Kingsley Publishers Ltd, 2004; Rosenberger, J. *Relational Social Work Practice with Diverse Populations: A Relational Approach*. Springer-Verlag, 2014。

③ 如 Freedberg. *Relational Theory for Clinical Practice*. Routledge, 2015; Smith, M., Doel, M., Cooper, D. *Relationship-Based Social work: Getting to the Heart of Practice*. Jessica Kingsley, 2015。

④ 范明林、徐迎春：《中国社会政策和社会工作研究本土化和专业化》，《社会》2007年第2期，第131页。

⑤ 文军、高艺多：《关系重构：社会工作实务取向的分歧根源及其超越》，《社会科学研究》2016年第5期，第16页。

⑥ 文军、高艺多：《关系重构：社会工作实务取向的分歧根源及其超越》，《社会科学研究》2016年第5期，第22页。

有着更加宏观的历史和结构维度。

彭华民提出了需要为本的中国本土社会工作模式。这一模式基于马斯洛的需求理论，核心是服务对象的需求，实践框架包括界定需要、评估需要、满足需要。从中国传统的任务为本的社会工作模式转向需要为本的社会工作模式，① 实际上是从传统行政性社会工作转向专业性社会工作。这对于中国社会来说是一种模式转向，但是从国际上来看，需求为本是专业社会工作的应有特质。需要为本的本土社会工作模式假设人是需求性存在的，而根据马斯洛的需求理论，关系也是马斯洛对人五种需求中的一种，即归属和爱的需求。② 这样看来，本研究专注于需要为本社会工作模式中的"关系需要"，是一个更加聚焦的社会工作理论。然而，本研究中的关系不仅仅指的是人际关系，还包括自我关系、关系资源以及社会结构关系层次，实际上至少已经将马斯洛划分的自尊需要、自我实现需要纳入其中。由于本书的研究是基于"人是关系性存在"的假设，那么马斯洛所谓的其他需要也无法脱离"关系"。这样看来，虽然本书是一个关系的视角，但在某种意义上也是需求为本的视角。同时，彭华民也格外强调本土需要为本的社会工作模式嵌入到宏观的社会中，即和谐社会目标与社会制度体系、适度普惠福利制度、社会工作人才发展，并且指出了社会工作发展反过来也推动社会政策发展，展现出"相互嵌入"。③ 这种相互嵌入反映了社会工作与社会的关系，强调了本土需要为本社会工作模式的社会关怀。本书的研究也有着同样的思路，讨论了社会工作关系实践与社会结构的关系，并且进一步讨论了社会工作与政府的关系。基于质性研究，本书更加具体指出了这种宏观的关怀作用是专业空间建构、服务群体增能和社会力量增强，同时也专业社会工作也反映着转型政社关系的限度。

张和清等倡导社区为本的社会工作模式。这种本土模式的核心是社区，社区是个体/家庭与宏观环境的接触面，是一个致力于系统双向改变的良好路径。④ 很明显，社区为本社会工作所反对的是临床社会工作对于微观的过度投入，而忽视了社会正义。张和清等之所以强调社会正义，是因为中国社会发展处于转型阶段，社会问题不仅仅是个体的，也需要从生

---

① 彭华民：《需要为本的中国本土社会工作模式研究》，《社会科学研究》2010 年第 3 期，第 10 页。

② Maslow, A. H. *Motivation and Personality*. New York：Harper & Row Publisher Inc，1970.

③ 彭华民：《需要为本的中国本土社会工作模式研究》，《社会科学研究》2010 年第 3 期，第 13 页。

④ 张和清：《社会转型与社区为本的社会工作》，《思想战线》2011 年第 4 期，第 39 页。

态中人的角度重新审视个体问题的社会政治根源。① 这种对中国社会发展
阶段的重视，实际上与本书在"体"层面关系概念的思想是一致的。"体"
层面的关系，即"社会结构"，是关系网络加入了历史和宏观维度，反映
了社会工作干预社会变迁的可能性和诉求。社会工作存在着个体主义和整
体主义的断裂，② 需要弥合这一鸿沟，实现个体与社会双向聚焦。对此，
张和清的方案是选择了社区。社区是从个体、家庭到宏观环境的中间层
次。本书选择的方案是关系网络，实际上也是从关系主体（自我关系）、
关系链、关系网络和关系世界连续谱的中间层次。只是，张和清是在社会
存在的实体单位序列中进行选择，而本书则是从这些实体单位背后的关系
层次去选择。本书认为，选择实体的社区依然不足够，社区背后的关系网
络才是实质性的双向改变的媒介。社区为本的社会工作模式是一种基于方
法的模式，而社会工作的关系视角理论聚焦于关系网络，是一种理论出发
的模式，其适用范围也更为广泛。在具体的社区为本的社会工作模式实践
中，张和清注重社区关系，如邻里关系、人与环境关系等，③ 还强调社会
资本建设、文化资本建设。④ 这些本质上是关系的实践，都可以通过关系
进行进一步的整合。

朱健刚则提出了转型社会工作的理论视角。朱健刚认为，能够被称为
转型社会工作，必须将社会工作的视野投放到一个快速转型的社会空间层
面，而且把社会工作看作推动社会走向公平正义的改变力量。⑤ 社会工作
处于转型时代，中国处于全球大转型时代，市场嵌入社会成为时代逻辑；
中国社会自身也处于大转型中，传统的体制正在剧烈的变革。在这一大转
型背景下来思考社会工作的发展和作为，社会工作面对底层脆弱无法承受
转型冲击的弱势群体，如何进行改变呢？社会工作如果沉浸于微观行动，
则无法回应转型时代的问题。朱健刚所强调的是社会的历史维度，而历史
或者时间因素是社会工作实践缺乏的内容。转型社会工作就是一种带有历
史的社会工作。如果从本书的研究视角看，对应关系的"体"层面的讨论。
本书指出社会工作关系实践是社会历史变革的反映，也推动社会历史的变

---

① 张和清：《社会转型与社区为本的社会工作》，《思想战线》2011 年第 4 期，第 39 页。

② 文军：《个体主义还是整体主义：社会工作核心价值观及其反思》，《社会科学》2008 年
第 5 期。

③ 张和清：《中国社区社会工作的核心议题与实务模式探索——社区为本的整合社会工作
实践》，《东南学术》2016 年第 6 期，第 58 页。

④ 张和清、马玉娜：《灾后社区关系建设》，《中国减灾》2010 年第 19 期，第 35 页。

⑤ 朱健刚：《转型时代的社会工作转型：一种理论视角》，《思想战线》2011 年第 4 期，第
40 页。

革。换言之，社会工作在"体"之层面的关系实践也是一种转型社会工作。它促进了社会工作专业空间的拓展、服务群体的增能和社会力量的增强。朱健刚认为，这种转型社会工作需要走向社区为本的面向整体环境的改变目标；需要走向整合的社会工作，将社会工作与社会政策、发展结合起来；注意对权力的反思。① 如前所述，社区为本的实践也是关系的实践，更具体说是关系网络的实践。由于关系网络处于关系概念连续谱的中间位置，能够联结社会政策、社会结构。朱健刚所提出的转型社会工作只是一种理论视角，而如何进行实践有待于深入研究。本书的研究则是一种回应。朱健刚认为，转型社会工作要对政府的权力、社工对服务对象的权力进行反思，这实际上就是社工与政府的关系、社工与服务对象的关系问题。在基层，社工与政府的关系并非基于单纯的购买-委托的关系，而是复杂的适应过程，社工嵌入到原有权力网络，受到权力网络的吸纳，专业权力式微。② 为此，社工要批判性的、策略性的处理权力关系。但是作者的研究还是基于广东的经验，其他地方社工的做法并没有讨论。本书研究多地社工与政府的关系实践，反映了政府作为"培育者"既扶持又干预的行动取向，社工策略性的处理关系的行为包括情理法的综合运用。本书研究认为，法定渠道并不充足，社工还借助政府中间人，通过社会交换获得"各取所需"，通过"汇报工作"争取支持。这些都是朱健刚提出的策略性、批判性的关系实践的进一步具体展现。

　　童敏将社会工作服务分成三个维度，即能力建设、心理调适和社会支持，三个维度是分裂的，为了形成一致的整合性理论，可以以"天人合一"思想进行整合。③ 他进一步认为个人与他人交流需要三个方面的超越，与自身不同方面交流实现整体的超越，即自我能力建设；调整自己的内心状态与未来交流，即自己的心理状态；与他人的交流，实现链接，即社会支持的维度。④ 本研究中对于个体自我关系(关系主体)的讨论与童敏对于能力建设、心理调适的强调是一致的，对于关系网络的讨论与童敏对社会支持的讨论一致。但总体说来，童敏所构建的整合性理论的出发点在于对

① 朱健刚：《转型时代的社会工作转型：一种理论视角》，《思想战线》2011年第4期，第41页。

② 朱健刚、陈安娜：《嵌入中的专业社会工作与街区权力关系——对一个政府购买服务项目的个案分析》，《社会学研究》2013年第1期，第43页。

③ 童敏：《东西方融合：社会工作服务的专业化和本土化》，《厦门大学学报(哲学社会科学版)》2007年第4期，第121页。

④ 童敏：《东西方融合：社会工作服务的专业化和本土化》，《厦门大学学报(哲学社会科学版)》2007年第4期，第125页。

自我的重新认识，强调自我在不同方面、不同时间、不同人之间的整合性与和谐性，① 所以仍然偏重于微观。对于社会支持的强调不充足，对于社会结构和历史的关怀不足。本书则试图进一步推进这一进程。

基于空间或场景的社会工作理论建构得到部分学者的倡导。张江龙将社会空间理论于社会工作实践关联，提出了面向空间的社会工作理论。② 这一视角具有积极的意义，尤其是关注到空间内的关系，回应了社会工作实践碎片化的困境，推进了社会工作的理论包容性。但是空间社会工作理论对于时间维度的关注不足，缺乏文化维度的审视，仍然可以进一步完善。童敏进一步提出了基于场景服务为中心的社会工作理论建构框架。场景服务中心的社会工作理论基础在于"关怀理性"。它所反对的是个人主义的理性，这也与本书的目标是一致的。关怀理性是接纳环境、建立关系的理性。这实质上是本书所谓的"关系理性"在对比互助服务、机构服务和场景服务三种类型后，童敏认为民间以互助服务为主，西方以机构服务为主，而中国更适宜场景服务；这种场景服务在纵向上主张是行为认知取向服务，横向上主张"临床-制度"服务。③ 场景因此能够连通微观和宏观，将人与环境关联，这与本书的主旨是一致的。但在纵向上，童敏主张的行为认知取向依然具有微观性。

三、与社会工作传统关系观点的对话

国际上新近发展的"关系社会工作"研究建构了初步的关系理论，④ 但是仍然过于微观化，没有真正实现从个体到关系的转变。本书为解决这一问题，首先回到哲学的本体论上，基于关系本体论，指出关系优先于个

---

① 童敏：《东西方的碰撞和交流：社会工作的本土化与和谐社会建构》，《马克思主义与现实》2007年第4期，第137页。
② 张江龙：《面向空间的社会工作实践：理论意义和实现路径》，《江汉论坛》2020年第9期。
③ 童敏、刘芳：《基层治理与中国社会工作理论体系建构》，《河北学刊》2021年第4期，第30页。
④ 国际有关"关系社会工作"讨论的文献如：Fabio Folgheraiter. *Relational Social Work：Toward Networking and Societal Practices*. Jessica Kingsley Publishers Ltd, 2004；Freedberg. *Relational Theory for Social Work Practice：A Feminist Perspective*. Routledge, 2008；Freedberg. *Relational Theory for Clinical Practice*. Routledge, 2015；Smith, M., Doel, M. Cooper. D. *Relationship-Based Social work：Getting to the Heart of Practice*. Jessica Kingsley, 2015；Rosenberger, J. *Relational Social Work Practice with Diverse Populations：A Relational Approach*. Springer-Verlag, 2014.

体，关系才是分析的单位，是第一位的。① 接着提出了"人即关系性存在"的观点，作为整个理论的起点，从而有可能走出过度微观化的危险。最终形成了一个包括哲学基础、理论起点、核心概念和实践框架的理论框架。

自 20 世纪 70 年代以来，社会工作理论迈向多元整合的阶段，② 社会工作理论与社会理论的联结成为重要趋势。社会理论中对关系的讨论十分丰富，构成了社会工作中"社会"之理论来源。然而，社会理论的宏观取向阻碍了社会理论与社会工作联结，因为社会工作需要一个指导实践的理论。社会理论更多扮演理解、解释性的角色，无法回应社会工作者的操作化需求。社会理论中的社会网络理论、社会资本理论是本书理解服务对象关系网络的理论来源，然而传统的社会网络理论和社会资本理论干预性不强。本研究的意义在于从弱势群体的关系网络出发，将关系网络置于一个关系的连续谱中，操作化为适应社会工作实务需要的理论。

系统理论、生态系统理论都是帕森斯社会系统理论基础上内生的社会工作理论。这两大理论所展现的"人在环境中"理念在本研究的社会工作关系实践都有所体现。本书中讨论的服务对象的系统、社会工作者与利益相关者的关系构成的社工系统都是如此。生态系统理论中的"人际关联""胜任能力"③与本书的"关系性存在"和"关系能力"有着内在的一致性。然而，传统的系统性理论更多是说明性的，提供了一种思维的方式。本研究的独特性在于聚焦于系统性理论中最核心的"关系"，对关系概念进行操作化、体系化的分析，从而展开实践框架。基于关系的演绎，关系被明确操作化为社工与服务对象关系、社工系统关系、服务对象系统的关系，因此相比于系统理论和生态系统理论有着更加清晰的对象。对于不同主体间的关系实践策略、干预策略都有所讨论，吸取了系统理论和生态系统理论实务性不足的经验教训。

结构社会工作或者说社会工作的结构视角理论强调对社会层面的改变，认为传统的"个人与社会"的二分是错误的，因为个人问题的理解和应对并不能脱离政治和社会因素。④ 这点与本书的逻辑是契合的。本书对关系概念的重新操作化后，提出了"关系世界"，这是一种对社会工作中

---

① Mustafa Emirbayer *Manifesto for a Relational Sociology*. The American Journal of Sociology, 1997, 103(2).

② 文军:《论社会工作理论研究范式及其发展趋势》,《江海学刊》2012 年第 4 期, 第 129-131 页。

③ 何雪松:《社会工作理论》, 上海人民出版社 2007 年版, 第 89-90 页。

④ 何雪松:《社会工作理论》, 上海人民出版社 2007 年版, 第 135 页。

社会结构的强调。本书指出，社会工作的发展、服务对象问题的回应也是置于转型的政社关系的背景中，强调政社关系的变迁对于社会工作的影响；同时通过关系实践，社会工作也能够贡献于社会结构的变革。结构视角对社会持批评分析的态度，寻求且贡献于社会的改变，致力于个人与环境之间的联结；① 而本书就是通过社会工作者具体的关系实践进行展现。当然，结构视角在美国被边缘化，其受到批评的一点就是结构视角对于个人需要重视不足。本研究强调对于关系多层次的干预，在某种意义上也是在回应这种批评。

基于整合性关系取向，对社会工作实践进行分析，社会工作者的关系实践有一个基本的框架。这个框架是从关系角度分析社会工作者的系统、服务对象的系统、社会工作者与服务对象间的专业关系。这个框架与生态系统理论对社会工作系统的讨论有相似之处。Pincus 和 Minahan 将系统理论应用在社会工作形成了社会工作的四个系统，即改变媒介系统、服务对象系统、改变系统和行动系统。② 本书对这四个系统进行整合，根据社会工作系统的主要主体——社工与服务对象进行重新划分，分为社工系统、服务对象系统以及两者关系的纽带——专业关系。同时，传统的社会工作系统对结构性因素的关注不足，本书在分析这些关系后强调社会工作关系实践中社会结构的影响以及变革。

四、本土社会工作的过渡性与社会工作关系视角理论建构

社会工作者通过关系来展开专业实践，与当前社会工作的过渡性阶段有关，与社会转型的宏大背景相联系。

作为舶来品的西方社会工作知识所代表的是西方成熟的社会工作制度和经验，在中国社会的建构发生异化。对西方社会工作发展历程的考察会发现，社会工作产生的时代背景是工业化和市场经济发展使得社会结构发生了根本改变，产生了诸多社会问题。③ 面对这些问题，传统的民间家庭、邻里互助方式并不能有效地解决问题，从而发展了正式的社会工作助人方式。总体上，西方国家建立了相对完善的社会福利体系，而社会工作作为社会福利输送的重要环节被确定下来，社会工作的职业化和专业化得以推进。

---

① 何雪松：《社会工作理论》，上海人民出版社 2007 年版，第 136 页。
② Malcolm Payne. *Modern Social Work Theory*. Macmillan Education UK，1991.
③ 李迎生：《西方社会工作发展历程及其对我国的启示》，《学习与实践》2008 年第 7 期，第 121 页。

　　中国现阶段处于社会转型时期，工业化仍在进程中，市场经济发展仍在推进，而且中国的区域性差异巨大。当前的社会保障制度仍在建构中。社会工作在市场化、工业化最为发达的上海、深圳地区有着较大的空间，而在其他地区还不成熟，甚至在探索中。传统的行政性社会工作依然占据主要地位，相应的资源也流向了它们，社会服务的话语权也在它们手中。在当下，政社分离、政府职能转变的倡导下，这种传统的社会服务体制总体上还没有实质性变革。因此，中国专业社会工作有着完全不同于西方社会的环境。换言之，中国社会工作还处于一个正在转型、尚未定型成熟的社会之中。因此社会工作的发展是与社会转型相伴相随的，由此社会工作需要承担推动转型的历史使命，具体而言就是推动政社关系的演化和优化。

　　当前首要的目标并不是西方社会工作价值观里对于服务对象的助人自助，而是社会工作自身制度体系的建立，没有完善的支持体系，社会工作服务无从谈起。童敏对中国社会工作的本土处境研究指出，本土的专业实践处境与西方截然不同，面临服务对象不稳定、专业身份缺乏、专业服务要求不明确等特殊问题。[1] 就此而言，中国的社会工作发展需要建构专业施展的空间，需要先寻找到服务对象，先获得多方面在资金、人力、物力方面的支持。面对相对残缺的社会工作制度，社会工作者的实践策略是通过关系弥补制度的不足，推进制度的变革。社会工作者重视关系也因此不难理解。当前的嵌入式发展是政府主导下的专业弱自主性嵌入，而未来可能迈向政府合作下的专业强自主性嵌入的格局。[2] 社会工作者借助关系的实践方式在某种程度上是从专业弱自主性嵌入走向专业强自主性嵌入的一种手段，展现了社会工作本土化发展进程中的"本土自觉"。[3] 此外，由于服务对象的缺乏，社会工作者需要去寻找服务对象，专业关系走向了特殊的形态。

　　转型时代，本土社会工作的历史使命也不同于西方社会。国家的强力推动也是社会工作发展的前提条件，政府的逻辑也嵌入本土社会工作的发展中。学界对于社会工作意义的讨论总是与和谐社会、社会治理等联系在

---

[1]　童敏：《中国本土社会工作专业实践的基本处境及其督导者的基本角色》，《社会》2006年第3期，第194页。

[2]　王思斌：《中国社会工作的嵌入性发展》，《社会科学战线》2011年第2期，第217页。

[3]　徐选国、田雪珍、孙洁开：《从外部移植迈向本土自觉：中国社会工作发展的理论逻辑》，《学习与实践》2021年第10期，第11页。

一起。例如，王思斌认为社会工作作为一种基础-服务型治理方式；① 顾东辉指出社会工作与社会治理同构演绎；② 向德平认为社会工作是和谐社会建设的有效手段和内容，③ 社会工作对于当前反贫困干预发挥重要作用。④ 从理论上来说，正如陈涛指出的，社会工作的专业使命需要由"遣使者—受任者"的关系来决定。⑤ 中国社会工作专业是政府主动推动的，政府作为"遣使者"，其对社会工作的期望深刻影响了社会工作的专业作为。中国社会工作者的历史使命是与社会转型相一致的，社会工作者需要有宏观的作为，致力于解决社会转型的社会问题，推动社会顺利转型。这显然不同于西方社会工作致力于临床干预的取向。本书认为，本土的社会工作应该聚焦于关系网络，关系网络是一个联结社会结构与微观的媒介，是实现本土社会工作使命的切入点。社会工作的关系实践能够对社会治理有着积极的贡献，这就是本书所展现的服务群体增能和社会力量增强的成效。

五、社会工作的关系性实践过程

Pincus 和 Minahan 将系统理论应用在社会工作形成了社会工作的四个系统，即改变媒介系统、服务对象系统、改变系统和行动系统。⑥ 本书所提出的社会工作关系视角行动的过程与之逻辑是一致的，但对各个系统进行了更为细致地讨论。本书中，社会工作的关系实践基本过程是：协调利益相关者关系、建构专业关系、干预服务对象关系。协调利益相关者关系实践是社会工作者与利益相关者之间的关系实践，将潜在的阻力转化为助力，成为支持性关系。建构专业关系实践通过关系寻找到服务对象，在关系的建立、维系方面逐渐建立专业信任，搭建合作的桥梁，成为对服务对象专业干预的纽带。对服务对象系统关系的专业干预是社会工作关系实践的最终目标，也是社会工作专业价值的体现。中国社会工作者的微观关系

① 王思斌：《社会工作在创新社会治理体系中的地位和作用———一种基础-服务型社会治理》，《社会工作》2014 年第 1 期，第 3 页。
② 顾东辉：《社会治理及社会工作的同构演绎》，《社会工作与管理》2014 年第 3 期，第 11 页。
③ 向德平：《社会工作：和谐社会建设的重要内容与有效手段》，《西北师范大学学报(社会科学版)》2008 年第 1 期，第 21-22 页。
④ 向德平、姚霞：《社会工作干预我国反贫困实践的空间与途径》，《教学与研究》2009 年第 6 期，第 22 页。
⑤ 陈涛：《社会工作专业使命的探讨》，《社会学研究》2011 年第 6 期，第 211 页。
⑥ Malcolm Payne. *Modern Social Work Theory*. Macmillan Education UK, 1991.

实践还受到转型的政社关系的制约，反映了政社关系的转型，并促进了社会的变革。

同时，本书对社会工作系统的讨论并非静态的，而是布迪厄眼中的场域的范畴。实际上，社会工作的关系实践整体上构成了社会工作场域。场域是一个关系网络主体之间的争夺的动态空间。① 在社会工作场域，以社会工作者和服务对象为主要行动者，分别形成了围绕社会工作者的关系网络和围绕服务对象的关系网络，而每一个网络内部都是权力和资源争夺的场所，这就表现为社工与利益相关者的关系实践，服务对象系统内的关系实践。社会工作场域的独特逻辑在于实现服务对象增能、专业空间拓展和社会力量增强。这也就是本书研究所提出的关系实践的目标。当然，社会工作的关系实践也是受到结构因素的制约的。

六、社会工作关系视角实践与情、理、法

对经济领域的人情往来研究发现，企业人士通过拉关系、请客娱乐吃饭等方式实现制度的渗透、权力的翻转。② 民间的礼尚往来也常常如此。对社会工作者的关系视角实践研究发现，社会工作者并没有走向极端，而是在情理法之间灵活运用，针对不同的主体选择不同的关系策略。社会工作的关系策略是情、理、法并重，合情合理合法是实践的逻辑，而非刻意只重视人情或者只重视理法。王思斌认为，中国文化中情、理、法形成了一个特殊的结构，支配着人们的行为。③ 社会工作者的行为也不例外。

在专业关系中，当社会工作者发现服务对象重犯，即使社会工作者与服务对象建立了良好的信任关系，社会工作者也只能将线索上报给公安机关，对服务对象进行收监。这是法律的要求。法的因素往往表现为结构性制约，而情理因素集中在个体的微观行动中。翟学伟对中国人行为的分析指出，中国人的实践路径是结构与行为权宜。④ "权宜"充满了行动的自由空间，而不是照搬规则的行动，因此情感因素占据重要位置。社会工作专业关系实践中，社会工作者与服务对象间并非西方纯粹意义上的专业关系

① 布迪厄、华康德：《实践与反思：反思社会学导引》，李猛、李康译，中央编译出版社2004年版，第131-134页。
② 秦海霞：《关系网络的建构：私营企业主的行动逻辑——以辽宁省D市为个案》，《社会》2006年第5期，第110页。
③ 王思斌：《中国社会的求助关系——制度与文化的视角》，《社会学研究》2001年第4期，第8页。
④ 翟学伟：《中国人社会行为的基本框架与运行法则》，载《中国人的关系原理》，北京大学出版社2011年版，第161页。

形态,服务对象对于专业关系的想象是充满人情的认知,服务对象总是试图在专业关系中加入情感。因此,社会工作者与服务对象的关系可以在非伤害原则下进行"权宜"。① 这种人情因素如社会工作者入户访谈带上小礼物,特殊场所节日赠送小礼品,而服务对象也会在结案后与社会工作者保持长久的联系。在权衡专业关系和人情关系中,社会工作者的做法往往是以"非伤害原则"为经,具有具体情况权宜的权限。

在对服务对象的关系干预中,西方社会工作的建立是基于法和理,社会工作者通过调动法律资源和基于"世理",就比较容易获得服务对象的信任,也能够解决大部分问题。但在本土语境,由于资源集中在政府内,社会对于社会工作的知晓度和认可度低,中国社会工作者往往需要情感的渗入才能获得服务对象及其关系网络成员的信任,通过人情因素加速资源的流动和再分配。社会工作者在重建服务对象的社会支持网络时,也是基于情理法上判断某些成员是否应该给予服务对象的支持帮助而展开实践。实践中观察到,服务对象对于社会工作服务效果的评价往往从情感角度评判。② 目前上海的《社区公益服务项目招投标评估导则》有一项是服务对象满意度指标,而这一指标的落实,对于服务对象来说,得到人文关怀的温暖往往是满意与否的衡量标准。可见,情感因素弥散于社会大众中,社会工作的实践也需要根基于此。

情感因素在西方社会工作中处于边缘地位,而中国社会工作的特殊之处在于重视情感因素。这与中国目前仍然是一个情理社会,社会工作的过渡性等结构因素相关。情感因素对社会工作的影响在于,社会工作者与服务对象的专业界限并不清晰,专业关系在合法、非伤害原则前提下可以进行情感的权宜;社会工作者与利益相关者的关系处理既重视法定管道合作、理性交换,也强调人情往来;社会工作者对服务对象的关系网络干预以情理并重方式干预。因此,相对于西方社会,情感因素在社会工作实践中的地位较高。这种情理并重的实践逻辑为中国本土社会工作的专业化发展找到现实基础。③ 这与对中国社会总体上是一个情感社会的判断相适应。然而,这只是转型时期的一个特殊现象?抑或说中国社会不大可能走向西方意义上的理性社会,所以情感因素需要被置于一个自始至终的中国

---

① 曾群:《人情、信任与工作关系:灾后社区社会工作实务的伦理反思》,《社会》2009 年第 3 期,第 180 页。

② 何雪松:《情感治理:新媒体时代的重要治理维度》,《探索与争鸣》2016 年第 11 期。

③ 童敏、周燚:《理情还是情理:社会工作理论的"中国框架"及其哲学依据》,《华东理工大学学报(社会科学版)》2020 年第 2 期,第 1 页。

性因素来对待？这还需要在实践中观察。制度的发展是一个逐渐压抑情感的过程，但是这个过程并不意味着对情感的全面否定，事实上也不可能实现完全的情感隔离。社会工作者如何进行权宜，不仅仅需要科学知识，也需要实践智慧。这就涉及下面所要讨论的另外一个问题。

七、关系视角实践与科学知识和实践智慧

社会工作的关系视角实践也是科学知识与实践智慧交融、跨学科知识融合的过程。布迪厄反对现代学术市场对知识的学科分工，认为这种零散的知识曲解了实践的真实性。实践是总体性社会事实，因此我们需要一种总体性社会科学。① 对服务对象问题与需求的理解并非从科学知识中可以充分学习，有些时候需要一种综合性的领悟。比如对专业关系与人情关系的混合情况下，如何处理二者，何时判断该拒绝人情，何时又不可拒绝？在社会工作者的评估中，"望闻问切"的综合运用，而非调查问卷可以替代需求评估，又该如何实践呢？在服务对象的自组织建设方面，一个既有着内部高整合有着外部高链接的自组织建设并非社会学知识可以胜任，甚至不在知识的范畴，而进入了斯科特所称之的"米提斯"。② 米提斯是文本不可言的实践智慧，但是又在特定情境下有着良好的效果。

顾东辉在总结社会工作的发展时候使用了"实践智慧"概念，这是因为社会工作还是一个"准专业"，其发展经验是一个本土导向的，不断探索出的结果。③ 这并不是西方意义上的科学知识足够胜任的。这些都对年轻科班出身的社会工作者提出了挑战。科学知识是重要的，但是社会工作也需要在阅历中增进灵感、体会和技巧。在这个意义上，社会工作不仅仅是科学的，也是艺术的。社会工作的关系视角实践亦是如此。

八、社会工作关系视角实践中的隐忧

中国社会工作恢复重建三十余年的实践取得了巨大的进步，也隐现发展的危机。专业社会工作建制化的发展，表现出社会工作组织内部高度集权、督导过度强调专业权威、专业社工与本土社工形成了功能区分、专业

---

① 布迪厄、华康德：《实践与反思：反思社会学导引》，李猛、李康译，中央编译出版社2004年版，第29页。

② 詹姆斯·C. 斯科特：《国家的视角》，王晓毅译，社会科学文献出版社2012年版，第398页。

③ 顾东辉：《上海社会工作发展的实践智慧》，载王杰秀、邹文开：《中国社会工作发展报告2011—2012》，社会科学文献出版社2013年版。

社工在科层制下日趋原子化及与服务对象的远离问题。

本研究的访谈对象主要是优秀成功的社会工作者，他们通过关系视角的社会工作实践实际在回应上述诸多问题。他们对自身关系网的构建在回避社工个体原子化而缺乏合作的倾向。与社会工作组织的管理层、督导的关系网形成信任与规范。在与本土社会工作关系上，根据合作性与竞争性关系分别采取不同的关系策略，改造着本土社会工作权力结构。社会工作关系视角实践也在与服务对象建立信任的专业关系，重塑服务对象关系网；远离服务对象的社会工作者是无法实现这一点的。从总体上看，关系能够推进社会工作专业权威，帮助服务对象增权，然而，专业权威与服务对象增权之间的张力隐含了对服务对象的可能伤害。这也是关系视角实践中的最大隐忧。

就目前的实践可以观察到，有少部分人社会工作专业人士热衷于开机构、接项目、孵化组织；但并非为了服务对象的利益，而是求得一己私利，提高自己的专业地位，获得额外收入、声望和权力。① 翟学伟提出"日常权威"的概念，表达中国人在社会关系网因为其他权威干预而获得的权威，并把日常权威看作中国人关系运作希望获得的东西。② 借助关系网获得权力与权威广泛存在于各个领域。如秦海霞对私营企业主关系网络建构的研究发现，关系网络帮助私营企业主获得权力，进而转换成经济利益。③ 社会工作者的关系运作本意在于获得行业的专业权威，推进专业发展，这种关系得以建立的根本前提亦在于关系网成员对于志愿精神的认可。然而，关系建立后也可能为社会工作者个人所滥用，寻求个人的权威，成为谋取私利的工具。这需要引起我们的警惕。

近年来社会资本的负功能得到讨论。如研究发现，社会资本可能增加企业的交易费用，而并未带来更多绩效；④ 社会资本可能带来更差的工作岗位，影响再就业。⑤ 卜长莉的研究指出社会资本的存量不足、现代社会

① 葛忠明：《从专业化到专业主义：中国社会工作专业发展中的一个潜在问题》，《社会科学》2015 年第 4 期，第 101 页。
② 翟学伟：《中国社会中的网络与权威》，载《中国人的关系原理》，北京大学出版社 2011年版，第 134 页。
③ 秦海霞：《关系网络的建构：私营企业主的行动逻辑——以辽宁省 D 市为个案》，《社会》2006 年第 5 期，第 110-133 页。
④ 刘林平：《企业的社会资本：概念反思和测量途径——兼评边燕杰、丘海雄的企业的社会资本及其功效》，《社会学研究》2006 年第 2 期。
⑤ 赵延东：《再就业中社会资本的使用——以武汉市下岗职工为例》，《学习与探索》2006年第 2 期。

资本过强而传统资本整合度过高导致两者脱节、社会资本的结构不平衡会带来负面影响。① 这提示我们在推进社会工作关系建设中，要格外注意关系网络与社会资本的内部存量与结构优化问题。

第三节　研究贡献

本研究是对断裂的社会工作关系理论、社会学关系理论的一次整合性尝试。整合的基础在于通过对"关系"概念的重新操作化和体系化。关系可以操作化为关系主体、关系链、关系网络、关系世界，它们共同组成了一个体系化的关系概念。传统社会工作中心理动力学派主要是对关系主体的讨论；关系链则与微观社会学理论如符号互动论等相关；关系网络则有社会网络理论、社会资本理论的理论支撑；关系世界对应社会结构，是宏观社会学理论的主要目标。因此，通过关系概念，可以弥合现有的理论鸿沟。同时，本书提出的关系的三维空间和关系的伦理概念群更为系统和处境化的分析社会工作实践，促进本土化理论的建构。

本研究指出社会工作的研究和工作对象在于关系，聚焦于关系可以化解当前社会工作中个体与社会之争。其中，关系网处于关系概念连续谱的中间段，对关系网络的干预既需要微观实践，也需要宏观关怀。关系网络的实践能够使得社会工作找回"社会"，也是吸取国外社会工作走向临床实务而忽视宏观干预的教训。

中国社会处于不同于西方的社会转型阶段，社会工作有着参与转型、贡献社会转型的使命，实际上这与中国发展社会工作、寄希望社会工作对社会建设和社会治理有所贡献的诉求相契合。"关系网络"同时连接着"关系世界"，对"关系世界"的强调正是从理论上做出的回应。

对社会工作的关系类型和实践过程研究是较为系统的研究，包括专业关系、支持性关系和干预关系。过往社会工作界对于服务对象的关系、专业关系较为关注，而有关社会工作者与利益相关者的关系的微观研究不多。虽然学界提出了社会工作的嵌入式发展思路，② 嵌入本身是一种关系的实践方式，但是嵌入的微观过程并没有得到充分讨论。本研究对社会工作者与利益相关者的关系实践中试图充分体现这一过程。研究指出这一过

① 卜长莉：《社会资本的负面效应》，《学习与探索》2006年第2期。
② 王思斌：《中国社会工作的嵌入性发展》，《社会科学战线》2011年第2期，第206页。

程是社会工作者不断增强文化资本，整合社会资本以实现资本交换的过程。专业关系的建构中，本土社会工作者以"中庸"为原则，以整全的观念灵活而节制地处理专业关系。本研究将三类关系的微观实践进行整合性的研究，并考察结构性因素的影响。总体说来，这是对社会工作的关系视角行动较为系统的讨论。

从关系实践的策略上，本书指出合情合理合法是关系实践的逻辑。相对于西方，合情因素深刻影响社会工作本土关系视角实践。本书具体考察了情感因素在专业关系建构、社工与利益相关者关系实践和服务对象关系干预中的影响。

本研究探索了一个关系视角的理论架构，包括哲学层面的讨论、理论假设、核心概念和干预框架。其中关系主义已经被引入社会学、法学、文学等领域，关系主义对社会工作也有新的启发。关系视角的理论架构在哲学层面的讨论就是分析关系主义对社会工作的意义。虽然本研究借鉴了诸多关系理论，尤其是社会网络理论、社会资本理论，但是更进一步地开展了操作化的研究。二十世纪三四十年代以后，国际社会工作学界学者内生社会工作理论的一个途径就是理论的实践化，形成自我生成的知识，由此增强了社会工作的知识基础。① 本研究也是在这个意义上推进已有的研究。本研究基于关系概念的连续谱，提出了关系实践的四个层次，即关系能力、人际互动、社会支持和结构变革，分别与关系主体、关系链、关系网络、关系世界相对应。以此为基础构成了社会工作干预服务对象问题的基本方向。实践框架中，社会工作评估与干预的边界并非截然分开，而有内在关联性；评估具有干预的意义，干预也是一种评估方式；社会工作的技术体系由点（关系能力技术）、线（人际互动技术）、面（社会支持技术）、体（结构变革技术）构成。

本土化是社会工作学界的热点议题，关系是中国式社会工作理论创新的重要切入口。本研究基于多地社会工作者的本土实践经验，通过对社会工作者与不同主体的关系实践过程分析，并探索了一个初步的理论架构。本研究意在加入社会工作本土化的讨论，希望这一研究能够对社会工作本土化讨论有所丰富。同时，这一理论建构也具有国际化意义，它为国际社会提供了可能的另外一套中国社会工作理论，从而具有全球扩散的可能意义。

---

① 熊跃根：《从社会诊断迈向社会干预：社会工作理论发展的反思》，《江海学刊》2012年第4期，第135页。

第四节　实　践　启　示

相对于西方正统社会工作，中国当前处境下的社会工作实践呈现过渡性特征，强调实践中关系的重要性是过渡性特征的要求。

从关系视角出发，社会工作者的行动并不是社会工作个体的实践，而应从社会工作者所处的关系中来看待和推进社会工作行动。政府、机构或部门领导、同工、高校专家、志愿者、基层组织等，他们是社会工作者主要的利益相关者，由此形成的关系既可能是积极的，也可能是消极的。由于文化和群体的差异，社会工作者面向不同的个体选择不同的关系行动策略，发挥他们在社会工作服务中不同的支持性作用，促进资金、场地资源、人力资源、物质资源、信息资源等方面的供给，为服务对象的服务搭建支持性平台。

过渡时期的社会工作，社会工作的市场还不成熟，社会工作者展开实践的第一步是开拓专业空间，寻找潜在的服务对象。为此，社会工作者需要依赖原有的社会网络体系，尤其是嵌入政府的网络从而发现服务对象。

社会工作者从关系角度看待服务对象的问题，服务对象的问题不是个体的，而是关系网络的问题。服务对象问题不是个体的，而是关系中的，是关系结构不平衡、关系资源动用不足的结果。

"关系性存在"的理念下，我与他者的关系应是合情合理合法的。基于情感在社会中继续有效的判断，社会工作者的实践需要兼顾情理法的关系，进行结构与行动的权宜。因此，社会工作者与服务对象的专业关系界限是弹性的。对服务对象而言，社会工作作为新生事物，社会工作者面临专业身份的尴尬，在长时段内往往需要不断澄清，坚守自身的身份。由于制度信任的缺乏，社会工作者与服务对象的信任关系不容易建立，而容易滑向传统的私人关系，损害服务对象及专业的发展。在本土处境下，专业关系的界限既要坚守非伤害原则，同时又有权宜的弹性空间。因此，适度人情因素加入是当下过渡时期专业关系的体现。

聚焦于服务对象的关系，回应了社会工作个体与社会的纷争，既要有微观的临床干预，又要有宏观关怀。社会工作者对关系的评估不局限于科学知识的指南，也承认实践智慧的价值。关系的干预是多层次的，涵盖个体的关系能力建设，人际层次的互动改善，关系网络层次的社会支持干预和社会资本建设，以及宏观的社会结构因素变革。

当前中国社会工作处于社会转型的时代背景，社会工作者的实践需要强调对"关系世界"的关怀，通过关系实践，贡献于"关系世界"的变革。

关系视角提供了社会工作实践的新思路，将关系置于第一位，从关系而非个体角度看待和理解一切事物。这对于社会工作者处理关系的能力提出高要求，并且这一能力不止于专业教育，还需要实践经验的积累、文化的敏感性、智慧的库存。

第五节　研究局限与未来研究方向

社会工作的关系视角实践经验是基于多地社会工作者的实践而总结的，体现了本土实践经验。它的理论依据是多元的，基于社会工作界关系研究现状，整合了心理学和社会学诸多理论，尤其是社会网络理论、社会资本理论来构建的。在哲学基础方面，讨论了关系论的可能性与意义。关系视角展开的起点在于"关系性存在"，总体上是一个"社会工作场域"的讨论。"社会工作场域"包括"社会工作者相关支持性关系"、"服务对象关系网络"和专业关系。在本场域的"志愿服务"逻辑下，专业关系搭建了社会工作者关系和服务对象关系网络联结的媒介，社会工作者的相关支持性关系作为改变的工具，目标在于重塑服务对象的关系网络。同时，关系的实践在结构的影响下形塑着结构，展现了结构二重性。关系视角展现了社会工作对关系的重视。关系视角试图化解社会工作一直以来面临的个体主义与整体主义的纷争，将社会工作的目标双聚焦在个人与社会。同时，我们也清晰地意识到，这一整合仍然只是初步的。关系视角一方面具有治疗作用，但也在许多方面只是一个理论的中介，扮演着基础型模式角色，还要与其他理论互补来实现社会工作场域的改变。在操作化上还有待于在实践中进行细化与修正。

从适用的空间来看，本书基于以上海、广东、北京、山东、湖南五地为主的社会工作实践经验，既体现了中国制度与文化的一些特点，也具有这些地方的独特性。例如，以其中的社区居委会为例，上海的社会工作者无法回避与其合作。这在中国多数地方亦是如此。然而，深圳市借鉴香港的模式所建立的社区服务中心交由专业社会工作者运营。由此，外来社会工作者进入社区就可以通过社区服务中心专业社会工作者的协作来实现。这反映了深圳的地方特色，也表明社会工作关系视角实践的地域性。当然，我们依然无法回避关系，这是共同点；变化的只是关系主体以及关系建立方式。从中西方来看，西方社会工作实践也面临与利益相关者关系的建设，但制度化的差异，使得西方社会工作的正式网络成分较多，而中国社会工作需要更多依赖人际信任来实现关系的建构与维系。

从适用的时间来看，中国社会工作仍在发展的进程中。社会对社会工作的知晓度、认可度不断提高，社会工作制度化不断加深，因此整体的结构在变化中。关系视角与中国社会工作整体的过渡性相适应。随着社会工作的不断推进，这一框架的适用性也在变化。当然，我们也会看到，这种阶段性绝非短暂的几年时间就能改变。

在群体的适用性上，基于哲学基础上"人的关系性存在"理念，关系视角或多或少适合大多数群体。然而，关系视角依然是一个理论框架，并不是本框架内每一个内容都适合各个群体。例如，精神残疾人等关系能力中的语言沟通干预不甚有效，而社会支持网的干预更契合。医务社会工作者面对短期住院外地服务对象，建立社会资本并不适合，而关系能力建设、人际互动、同伴支持则较为适合。

本研究对社会工作的关系讨论还有诸多方面需要深化，也是未来研究的可能方向。其一，对不同的社会工作领域、服务群体，社会工作关系实践可能存在差别，而本研究并没有专门讨论这种差别。其二，本书基于对五个地方实践经验展开研究，总体上是城市为主的社会工作经验研究，而对广大的农村地区，其中的人情因素可能更加突出。其三，目前的社会工作更多局限在社会工作自身行业的发展上，社会工作服务群体的增权有所涉及但并不突出。社会工作者工作成效的衡量的标准主要在于服务的次数，注重工作结果，而对于如何改变服务对象，改变的成效关注不多。这也造成了本研究对干预服务对象关系章节的讨论并不是特别能够凸显社会工作者助人经验。随着社会工作的推进，这类经验材料还需要继续收集研究。其四，本研究提出的理论架构还是探索性的，仍然需要继续丰富和拓展。未来还要对本土实践中专业关系的要素、相关关系的要素的分析，对实践干预流程的细化。对于关系的动力、关系与权力关系、关系的向度及其在当代互联网的应用的转变等都是未来有待继续研究的议题。

参 考 文 献

一、著作类

[1]阿隆：《社会学主要思潮》，华夏出版社 2000 年版。

[2]柏拉图：《理想国》，郭斌和、张竹明译，商务印书馆 1997 年版。

[3]博特：《结构洞：竞争的社会结构》，任敏等译，上海格致出版社 2008 年版。

[4]布劳：《社会生活中的交换和权力》，孙非等译，华夏出版社 1998 年版。

[5]布伯：《我与你》，陈维钢译，三联书店 1986 年版。

[6]布迪厄、华康德：《实践与反思：反思社会学导引》，李猛、李康译，中央编译出版社 2004 年版。

[7]布迪厄：《遏制野火》，河清译，广西师范大学出版社 2007 年版。

[8]布迪厄：《文化资本与社会炼金术》，包亚明译，上海人民出版社 1997 年版。

[9]边燕杰：《关系社会学：理论与研究》，社会科学文献出版社 2011 年版。

[10]曹锦清：《黄河边的中国——一个学者对乡村社会的观察与思考》，上海文艺出版社 2001 年版。

[11]陈向明：《质的研究方法与社会科学研究》，教育科学出版社 2000 年版。

[12]陈晓萍、徐淑英、樊景立：《组织与管理研究的实证方法》，北京大学出版社 2008 年版。

[13]郗浩丽：《客体关系理论的转向：温尼科特研究》，福建教育出版社 2007 年版。

[14]多米内利：《社会工作社会学》，刘梦译，中国人民大学出版社 2008 年版。

[15]丁水木、张绪山：《社会角色论》，上海社会科学院出版社 1992 年版。

[16]2005 年《第十届全国心理学学术大会论文摘要集》。

[17]风笑天：《社会学研究方法》，中国人民大学出版社 2009 年版。

[18]风笑天：《现代社会调查方法》，华中科技大学出版社 2005 年版。

[19]弗洛伊德：《精神分析引论》，高觉敏译，商务印书馆 1984 年版。

[20]弗洛伊德：《精神分析纲要》，刘福堂译，安徽文艺出版社 1987 年版。

[21]福山：《信任：社会美德与创造经济繁荣》，李婉蓉译，远方出版社 1998 年版。

[22]费孝通：《乡土中国》，北京大学出版社 1998 年版。

[23]高鉴国：《社会工作理论的实务属性和分析构架》，《中国社会工作研究》2019 年第 1 期。

[24]格根：《关系性存在：超越自我与共同体》，杨莉萍译，上海教育出版社 2018 年版。

[25]管健：《我你它：马丁·布伯对话哲学对心理学的影响研究》，黑龙江人民出版社 2006 年版。

[26]顾东辉：《上海社会工作发展的实践智慧》，载王杰秀、邹文开：《中国社会工作发展报告 2011—2012》，社会科学文献出版社 2013 年版。

[27]顾东辉：《社会工作概论》，复旦大学出版社 2008 年版。

[28]戈登堡：《家庭治疗概论》，李正云译，陕西师范大学出版社 2005 年版。

[29]哈贝马斯：《交往行为理论》，曹卫东译，上海人民出版社 2004 年版。

[30]何雪松：《社会工作理论》，上海人民出版社 2007 年版。

[31]侯均生：《西方社会学理论教程》，南开大学出版社 2006 年版。

[32]黄晨熹：《社会政策》，华东理工大学出版社 2008 年版。

[33]黄光国：《儒家关系主义：文化反思与典范重建》，北京大学出版社 2006 年版。

[34]黄光国：《儒家关系主义：哲学反思、理论建构与实证研究》，台北心理出版社 2009 年版。

[35]黄光国等：《面子：中国人的权力游戏》，中国人民大学出版社 2004 年版。

[36]怀特海：《过程与实在——宇宙论研究》，杨富斌译，中国城市出版

社 2003 年版。

[37]霍乃特:《为承认而斗争》,胡继华译,上海世纪出版集团 2005 年版。

[38]吉登斯:《社会的构成:结构化理论大纲》,李康、李猛译,生活·读书·新知三联书店 1998 年版。

[39]景天魁:《中国社会学:起源与绵延》,北京社会科学文献出版社 2017 年版。

[40]贾春增:《外国社会学史》,中国人民大学出版社 2000 年版。

[41]柯兰君、李汉林:《都市里的村庄——中国大城市的流动人口》,中央编译出版社 2001 年版。

[42]科尔曼:《社会理论的基础》,邓方译,社会科学文献出版社 1999 年版。

[43]克莱尔:《现代精神分析"圣经"——客体关系与自体心理学》,贾晓明、苏晓波译,中国轻工业出版社 2002 年版。

[44]科塞:《社会学思想名家》,石人译,中国社会科学出版社 1990 年版。

[45]科塞:《社会冲突的功能》,孙立平等译,华夏出版社 1989 年版。

[46]库恩:《必要的张力:科学的传统与变革的论文选》,福建人民出版社 1987 年版。

[47]李迎生:《社会工作概论》,中国人民大学出版社 2004 年版。

[48]李福印:《认知语言学概论》,北京大学出版社 2008 年版。

[49]罗嘉昌:《从物质实体到关系实在》,中国社会科学出版社 1996 年版。

[50]罗蒂:《后形而上学希望》,张国清译,上海译文出版社 2009 年版。

[51]林耀华:《金翼:中国家族制度的社会学研究》,庄孔韶、林宗成译,生活·读书·新知三联书店 2008 年版。

[52]梁漱溟:《中国文化要义》,上海人民出版社 2005 年版。

[53]林南:《社会资本——关于社会结构与行动的理论》,张磊译,上海人民出版社 2004 年版。

[54]梅斯勒:《过程—关系哲学——浅释怀特海》,周邦宪译,贵州人民出版社 2009 年版。

[55]马克思:《路易·波拿巴的雾月十八日》,冯适译,江苏人民出版社 2011 年版。

[56]《马克思恩格斯选集(第 1 卷)》,人民出版社 2012 年版。

[57]《马克思恩格斯全集(第3卷)》,人民出版社2002年版。

[58]《马克思恩格斯文集(第5卷)》,人民出版社2009年版。

[59]《马克思恩格斯全集(第46卷上)》,人民出版社1979年版。

[60]马灿:《社会工作方法与共青团工作》,中国青年出版社2013年版。

[61]米德:《心灵、自我与社会》,赵月瑟译,上海译文出版社1992年版。

[62]米尔顿、法布里丘斯等:《精神分析导论》,施琪嘉、曾奇峰译,中国轻工业出版社2005年版。

[63]莫特纳、伯奇:《质性研究的伦理》,丁三东等译,重庆大学出版社2008年版。

[64]沃特斯:《现代社会学理论》,杨善华等译,华夏出版社2000年版。

[65]2003年《社会工作专业化及本土化实践——中国社会工作教育协会2003—2004论文集》。

[66]萨提亚、格伯、葛莫利:《萨提亚家庭治疗模式》,聂晶译,世界图书出版公司2007年版。

[67]萨夫·戴维、萨夫·吉儿:《客体关系家庭治疗》,童俊、丁瑞佳译,世界图书出版公司2012年版。

[68]萨季尔:《萨提亚家庭治疗模式》,世界图书出版公司北京公司2007年版。

[69]沙利文:《精神病学的人际关系理论》,利瓦伊译,北京大学出版社2010年版。

[70]斯科特:《国家的视角》,王晓毅译,社会科学文献出版社2012年版。

[71]童敏:《社会工作理论》,社会科学文献出版社2019年版。

[72]特纳:《社会学理论的结构(第7版)》,邱泽奇、张茂元等译,华夏出版社2006年版。

[73]特里维西、克特里维西克:《社会工作技巧实践手册》,肖莉娜译,上海人民出版社2010年版。

[74]滕尼斯:《共同体与社会:纯粹社会学的基本概念》,林荣远译,商务印书馆1999年版。

[75]涂尔干:《社会分工论》,渠东译,三联书店2000年版。

[76]涂尔干:《宗教生活的基本形式》,渠东、汲喆译,上海人民出版社1999年版。

[77]涂肇庆、林益民:《改革开放与中国社会——西方社会学文献述评》,

香港牛津大学出版社 1999 年版。

[78] 文军：《西方社会学理论：经典传统与当代转向》，上海人民出版社 2006 年版。

[79] 文军：《论社会工作模式：理论与应用》，高等教育出版社 2010 年版。

[80] 文军：《西方社会工作理论》，高等教育出版社 2013 年版。

[81] 王思斌：《社会工作导论》，高等教育出版社 2004 年版。

[82] 王思斌：《社会工作概论》，高等教育出版社 2006 年版。

[83] 王思斌：《社会工作文选》，中国社会出版社 2008 年版。

[84] 王思斌：《中国社会工作研究》（第十八辑），社会科学文献出版社 2020 年版。

[85] 韦伯：《社会学的基本概念》，顾中华译，广西师范大学出版社 2005 年版。

[86] 韦伯：《支配社会学》，简惠美译，广西师范大学出版社 2004 年版。

[87] 许烺光：《美国人与中国人：两种生活方式比较》，彭凯平、刘文静 等译，华夏出版社 1989 年版。

[88] 徐永祥：《社区工作》，高等教育出版社 2004 年版。

[89] 杨国枢、余安邦：《中国人的心理与行为》，台北桂冠图书公司 1993 年版。

[90] 杨美惠：《礼物、关系学与国家：中国人际关系与主体性建构》，赵 旭东等译，江苏人民出版社 2009 年版。

[91] 亚里士多德：《形而上学（第七卷）》，张维编译，北京出版社 2008 年版。

[92] 朱眉华、文军：《社会工作实务手册》，社会科学文献出版社 2006 年版。

[93] 徐汉明、盛晓春：《家庭治疗：理论与实践》，人民卫生出版社 2010 年版。

[94] 许烺光：《美国人与中国人：两种生活方式比较》，彭凯平、刘文静 等译，华夏出版社 1989 年版。

[95] 张昱、费梅苹：《社区矫正实务过程分析》，华东理工大学出版社 2005 年版。

[96] 翟学伟：《人情、面子与权力的再生产》，北京大学出版社 2013 年版。

[97] 翟学伟：《中国人的关系原理》，北京大学出版社 2011 年版。

[98]翟学伟：《关系与中国社会》，中国社会科学文献出版社 2012 年版。

[99]翟学伟：《中国人的脸面观》，北京大学出版社 2011 年版。

[100]朱晓：《社会工作者人际沟通技巧手册》，中国社会科学出版社 2015
年版。

[101]张立文：《和合学概论》，首都师范大学出版社 1996 年版。

[102]Cournoyer，B.：《社会工作技巧手册》，朱孔芳等译，华东理工大学
出版社 2008 年版。

[103]Garrett，P.M.：《社会工作与社会理论》，黄锐译，华东理工大学出
版社 2015 年版。

[104]Livngston，J.C.：《现代基督教思想》，何光沪译，四川人民出版社
1992 年版。

[105]Minuchin，S.、Fishman，H.C.：《结构派家庭治疗技术》，刘宝英
译，台北心理出版社 1999 年版。

[106]Payne，M.：《现代社会工作理论》，何雪松等译，华东理工大学出
版社 2005 年版。

[107]Yin，R.K.：《案例研究：设计与方法》，周海涛等译，重庆大学出
版社 2004 年版。

[108]邓习议：《四肢结构论：从实体主义到关系主义的新推进》，南京大
学 2009 年博士学位论文。

[109]贺寨平：《农村老年人社会支持网》，中国社会科学院研究生院 2001
年博士学位论文。

[110]金碧华：《支持的"过程"：社区矫正假释犯的社会支持网络研究》，
上海大学 2007 年博士学位论文。

[111]王国芳：《克莱因的对象关系理论研究》，南京师范大学教育科学学
院 2000 年博士学位论文。

[112]王伟：《罗蒂与关系主义文论》，福建师范大学 2011 年博士学位论
文。

[113]Barker，R.L. *The Social Work Dictionary*，5th ed. Washington，DC：
NASW Press，1987.

[114]Becker，H.S. *Tricks of the Trade：How to Think about Your Rresearch
While You are doing Tt*. Chicago：University of Chicago Press，1998.

[115]Birdwhistell，R. *Kinesics and Context*. Philadelphia，PA：University of
Pennsylvania，1970.

[116]Bourdieu，P. *The Forms of Capital*. in *Handbook of Theory and Research*

for the Sociology of Education. Edited by John G. Richardson. New York：Greenwood Press，1986.

[117]Bourdieu, P., et al. *The Weight of the World：Social Suffering in Contemporary Society.* translated by Priscilla Parkhurst Ferguson et al. Polity Press，1999.

[118]Clair, M. S. *Object Relations and Self Psychology：an Introduction.* Brooks/Cole Publishing Company，1986.

[119]Donati, P. *Building a Relational Theory of Society：A Sociological Journey.* In Sociologists in A Global Age：Biographical Perspectives, edited by M. Deflem. England：Ashgate Publishing，2007.

[120]Dewey, John, Artur F. Bentley. *Knowing and the Known.* Boston：Beacon Press，1949.

[121]Dépelteau, F., Powell, C. *Applying Relational Sociology.* New York：Palgrave Macmillan，2013.

[122]Dépelteau, F. *The Palgrave Handbook of Relational Sociology.* New York：Springer，2018.

[123]Eric Berne. *Transactional Analysis in Psychotherapy.* Sovenir Press Ltd，1975.

[124]Fabio Folgheraiter. *Relational Social Work：Toward Networking and Societal Practices.* Jessica Kingsley Publishers Ltd，2004.

[125]Fook,J. *Radical Casework：A Theory of Practice.* Allen & Unwin，1993.

[126]Freedberg. *Relational Theory for Social Work Practice：A Feminist Perspective.* Routledge，2008.

[127]Freedberg. *Relational Theory for Clinical Practice.* Routledge，2015.

[128]Fried Morton, H. *Fabric of Chinese Society：A Study of the Social Life in a Chinese County Seat.* New York：Octagon Books，1969.

[129]George, C. Homans. *Social Behavior：Its Elementary Forms.* New York：Harcout Brace Jovanovich，2ed edition，1974.

[130]Goldman, H. H. *Review of General Psychiatry.* Norwalk：Appleton & Lange，1988.

[131]Howe,D. *An Introdution to Social Work Theory.* Wildwood House，1987.

[132]Keer, M. F., Bowen, M. *Family Evaluation：an Approach Based on Bowen Theory.* New York：W. W. Norton & Company，1988.

[133]Kirst-Ashman, K. K., Hull, G. H. *Understanding Generalist Practice.* 2

ed. Chicago: Nelson-Hall Publishers, 1999.

[134] Kudushin, A. *Supervision in Social Work* (3rd ed). New York: Columbia University Press, 1992.

[135] Lin Nan. *Guanxi: A Conceptual Analysis Chinese Triangle of Mainland, Taiwan, and Hong Kong: Comparative Institutional Analysis*. Westport, CT: Green-wood, 2001.

[136] Lishman, J. Communication in Social Work. Basingtoke: Macmillan/ BASW, 1994.

[137] Luhmann, N. *Trust and Power*. Chichester: John Wiley & Sons Ltd, 1979.

[138] Maslow, A. H. *Motivation and Personality*. New York: Harper & Row Publisher Inc, 1970.

[139] Martin Buber. *I and Thou*. Fress Press, 1971.

[140] Marx, Karl. *The Marx-Engels Reader*, 2d ed. Edited by Robert C. Tucker. New York: Norton, 1978.

[141] Miles, M. B., Huberman, A. M. *Qualitative Data Analysis: An Expanded Sourcebook*. Thousand Oaks. CA: Sage. 1994.

[142] Patton, M. Q. *Qualitative Evalutation and Research Methods*. 2nd ed. Newbury Park: Sage, 1990.

[143] Randall Collins. *The Sociology of Philosophies: A Global Theory of Intellectual Change*. Cambridge, Mass.: Harvard University Press, 1998.

[144] Rees, S. *Achieving Power*. Allen & Unwin, 1991.

[145] Ronald, S. Burt. *Structural Holes: The Social Structure of Competition*. Harvard University Press, 1992.

[146] Rogers, C. R. *On Becoming a Person: A Therapist View of Psychotherapy*. Boston: Houghton Mifflin-Sentry Editon, 1970.

[147] Rosenberger, J. *Relational Social Work Practice with Diverse Populations: A Relational Approach*. Springer-Verlag, 2014.

[148] Saleebey, D. *The Strengths Perspectives in Social Work Practice*, Ally & Bacon, 1997.

[149] Smith, M., Doel, M. Cooper. D. *Relationship-Based Social work: Getting to the Heart of Practice*. Jessica Kingsley, 2015.

[150] Tesch, R. *Qualitative Research: Analysis Types & Software Tools*. New

York：The Falmer Press，1990.

［151］W. R. D. Fairbaim. *Psychoanalytic Studies of the Personality*. London：Routledge & Kegan Paul，1952.

［152］Walder. Andrew G. *Communist Neo Traditionalism：Work and Authority in Chinese Industry*. Berkeley：University of California Press，1986.

［153］Watkins，J. W. N. *Methodological Individualism and Social Tendencies*. Readings in the Philosophy of the Social Sciences，edited by May Brodbeck. New York：Macmillan，1968.

［154］Yanjie Bian. *Guanxi Capital and Social Eating：Theoretical Models and Empirical Analyses*. Social Capital：Theory and Research. New York：Aldine de Gruyter，2001.

［155］Yang Ching—Kun. *The Chinese Family in the Communist Revolution*. Cambridge，MA：MIT Press，1959.

［156］Yang Lien-sheng. *The Concept of Pao as a Basis for Social Relations in China*. In *Chinese thought and institutions*，edted by J. K. Fairbank. Chicago：University of Chicago Press，1958.

二、论文类

［1］安秋玲：《社会工作者实践性知识的社会向度探析》，《社会科学》2021年第7期。

［2］安秋玲：《我国实践场域中社会工作知识样态研究》，《华东师范大学学报(哲学社会科学版)》2021年第6期。

［3］边燕杰：《找回强关系：中国的间接关系、网络桥梁和求职》，《国外社会科学》1998年第2期。

［4］边燕杰、洪洵：《中国和新加坡的关系网和职业流动》，《国外社会学》1999年第4期。

［5］边燕杰、李煜：《中国城市家庭的社会网络资本》，《清华社会学评论》特辑2000年第2期。

［6］边燕杰：《中国城市中的关系资本与社交餐饮——理论模型与经验分析》，《开放时代》2004年第2期。

［7］边燕杰：《城市居民社会资本的来源及作用：网络观点与调查发现》，《中国社会科学》2004年第3期。

［8］边燕杰：《社会资本研究》，《学习与探索》2006年第2期。

［9］边燕杰：《关系社会学及其学科地位》，《西安交通大学学报(社会科

学版)》2010 年第 3 期。

[10] 边燕杰、王文彬等：《跨体制社会资本及其收入回报》，《中国社会科学》2012 年第 2 期。

[11] 布朗：《社会资本理论综述》，木子西编译，《马克思主义与现实》2000 年第 2 期。

[12] 蔡舒：《中国社会工作专业的重建以及需待解决的几个重要问题》，《中山大学学报论丛》1993 年第 Z1 期。

[13] 蔡屹、何雪松：《社会工作人才的三维能力模型——基于社会工作机构的质性研究》，《华东理工大学学报社会科学版》2012 年第 4 期。

[14] 陈春花、刘祯：《案例研究的基本方法——对经典文献的综述》，《管理案例研究与评论》2010 年第 2 期。

[15] 陈树强：《增权：社会工作理论与实践的新视角》，《社会学研究》2003 年第 5 期。

[16] 陈涛：《社会工作专业使命的探讨》，《社会学研究》2011 年第 6 期。

[17] 陈为雷：《以授权为特征的职业化——上海社会工作模式的经验与启示》，《鲁东大学学报(哲学社会科学版)》2006 年第 2 期。

[18] 戴维、俞霞君：《汉字"心"的隐喻和转喻认知分析》，《海外英语》2019 年第 6 期。

[19] 董悦、李凌云、唐洁秋：《青年自组织研究——以杭州市为例》，《中国青年研究》2008 年第 3 期。

[20] 董云芳：《后现代对社会工作的质疑、启示与消极影响》，《甘肃社会科学》2007 年第 1 期。

[21] 杜立婕：《使用优势视角培养服务对象的抗逆力——一种社会工作实务的新模式》，《华东理工大学学报(社会科学版)》2007 年第 3 期。

[22] 方巍：《发展型社会政策：理论、渊源、实践及启示》，《广东工业大学学报(社会科学版)》2013 年第 1 期。

[23] 樊金娥、金楠：《弱势群体：社会关系网络中的孤独者》，《长春工业大学学报(社会科学版)》2005 年第 2 期。

[24] 范明林、徐迎春：《中国社会政策和社会工作研究本土化和专业化》，《社会》2007 年第 2 期。

[25] 范志海：《"过渡社会工作模式"的建构与上海禁毒经验》，《社会科学》2005 年第 6 期。

[26] 范斌：《关于弱势群体社会资本缺失问题的若干思考》，《华东理工大学学报(社会科学版)》2004 年第 4 期。

［27］范斌：《弱势群体的增权及其模式选择》，《学术研究》2004 年第 12
　　期。

［28］费梅苹：《意义建构：戒毒社会工作服务的实践研究——以上海社区
　　戒毒康复服务中的同伴教育为例》，《华东理工大学学报（社会科学
　　版）》2011 年第 2 期。

［29］费梅苹：《政府购买社会工作服务中的基层政社关系研究》，《社会科
　　学》2014 年第 6 期。

［30］顾东辉：《社会治理及社会工作的同构演绎》，《社会工作与管理》
　　2014 年第 3 期。

［31］顾东辉：《三社联动的内涵解构与逻辑演绎》，《学海》2016 年第 3
　　期。

［32］高艺多、文军：《现代主义还是后现代主义？——社会工作理论取向
　　的比较与反思》，《西北师大学报社会科学版》2020 年第 3 期。

［33］高鉴国：《社会工作理论的实务属性与分析框架》，载王思斌：《中国
　　社会工作研究》（第十八辑），社会科学文献出版社 2020 年版。

［34］高建秀：《文化、心理与临床技术：灾后临床社会工作探索》，《社
　　会》2009 年第 3 期。

［35］高兵：《〈大学〉修齐治平与中庸思想》，《海南师范大学学报（社会科
　　学版）》2015 年第 6 期。

［36］格兰诺维特：《弱关系的力量》，《国外社会学》1999 年第 4 期。

［37］葛道顺：《镶嵌、自主与弱势群体的社会资本重建》，《社会政策评
　　论》2007 年第 1 期。

［38］葛忠明：《从专业化到专业主义：中国社会工作专业发展中的一个潜
　　在问题》，《社会科学》2015 年第 4 期。

［39］高尚涛：《关系主义与中国学派》，《世界经济与政治》2010 年第 8
　　期。

［40］高芙蓉：《社会工作在地化的脱嵌与重嵌》，《中州学刊》2021 年第 3
　　期。

［41］郭伟和、徐明心、陈涛：《社会工作实践模式从"证据为本"到反思性
　　对话实践——基于"青红社会工作"案例的行动研究》，《思想战线》
　　2012 年第 3 期。

［42］郭伟和、徐明心：《从抗逆力到抵抗：重建西方社会工作实务中的优
　　势视角》，《思想战线》2013 年第 5 期。

［43］郭伟和：《后专业化时代的社会工作及其借鉴意义》，《社会学研究》

2014 年第 5 期。

[44] 郭伟和：《在实证主义与实用主义之间——对西方社会工作两种实践模式及其认识论基础的评析》，《社会学研究》2022 年第 3 期。

[45] 郭本禹：《精神分析运动的发展逻辑》，《南京师大学报（社会科学版）》2006 年第 5 期。

[46] 古学斌：《为何做社会工作实践研究?》，《浙江工商大学学报》2015 年第 4 期。

[47] 黄慧：《结构式家庭治疗理论评述》，《理论月刊》2000 年第 3 期。

[48] 国云丹：《浦东社工协会：专业发展的领头羊和孵化器》，《中国社会工作》2012 年第 11 期下。

[49] 田国秀、李冬卉：《两种学校团体辅导方式的整合探索——基于布迪厄的场域、惯习理论的思考》，《首都师范大学学报（社会科学版）》2011 年第 2 期。

[50] 何雪松：《社会工作的社会理论：路径与议题》，《学海》2018 年第 1 期。

[51] 何雪松：《重构社会工作的知识框架：本土思想资源的可能贡献》，《社会科学》2009 年第 7 期。

[52] 何雪松：《迈向中国的社会工作理论建设》，《江海学刊》2012 年第 4 期。

[53] 何雪松：《社会工作学：何以可能? 何以可为?》，《学海》2015 年第 3 期。

[54] 何雪松：《情感治理：新媒体时代的重要治理维度》，《探索与争鸣》2016 年第 11 期。

[55] 何雪松：《积极而非激进：宏观社会工作的中国图景》，《学海》2020 年第 1 期。

[56] 何雪松、王天齐：《社会工作的关系思维：三个传统与新的综合》，《新视野》2021 年第 6 期。

[57] 何友晖、彭泗清：《方法论的关系论及其在中西文化中的应用》，《社会学研究》1998 年第 5 期。

[58] 贺来、张欢欢：《"人的本质是一切社会关系的总和"意味着什么》，《学习与探索》2014 年第 9 期。

[59] 贺来：《关系理性与真实的共同体》，《中国社会科学》2015 年第 6 期。

[60] 黄晓星、丁行琴：《党建引领专业：社会工作参与党群服务的实践类

型及机制分析》,《江海学刊》2022 年第 2 期。

[61] 黄光国:《儒家关系主义:心理学科学革命的范例》,《第六届中国心理学家大会论文集》2012 年。

[62] 黄光国、胡先缙:《人情与面子——中国人的权力游戏》,《党政干部参考》2005 年第 7 期。

[63] 黄梅:《论市场营销理论在中国社会工作发展中的应用》,《长沙民政职业技术学院学报》2006 年第 2 期。

[64] 韩晓燕、罗臻:《社会工作对妇女工作的嵌入与突破——来自"媛动力"家庭增能计划的经验》,《中国社会工作》2013 年第 1 期。

[65] 胡盛仪:《关于加强社会立法的思考》,《社会主义研究》2006 年第 2 期。

[66] 景天魁:《论群学复兴——从严复"心结"说起》,《社会学研究》2018 年第 5 期。

[67] 季庆英:《上海医务社会工作的发展回顾》,《中国卫生资源》2015 年第 6 期。

[68] 金昱彤:《乡村振兴背景下的农村社会工作:流动性冲击与家为核心的发展路径》,《探索》2022 年第 3 期。

[69] 姜振华:《社区参与:对社区居民与居委会互动关系的透视》,《中国青年政治学院学报》2007 年第 3 期。

[70] 梁祖彬:《演变中的社会福利政策思维:由再分配到社会投资》,《社会福利》2012 年第 1 期。

[71] 柳拯:《我国社会工作发展现状、问题与对策》,《长沙民政职业技术学院学报》2009 年第 1 期。

[72] 柳拯、黄胜伟、刘东升:《中国社会工作本土化发展现状与前景》,《广东工业大学学报(社会科学版)》2012 年第 4 期。

[73] 骆群:《"弱势群体"再界定》,《南京社会科学》2007 年第 3 期。

[74] 刘梦、张叶芳:《中国社会工作本土化过程分析》,《中华女子学院学报》2001 年第 6 期。

[75] 刘志红:《传统社会的人际交往特性对建立社会工作专业关系的影响》,《求索》2003 年第 2 期。

[76] 刘立国:《关系基础型社会工作模式浅析》,《人民论坛》2013 年第 3 期。

[77] 刘威:《"和而不同":中国社会工作的实践分殊与经验会通》,《中州学刊》2010 年第 6 期。

[78]刘俊彦、马懿：《共青团经费来源及其现状研究》，《中国青年研究》
　　2014年第4期。

[79]刘林平：《外来人群体中的关系运用——以深圳"平江村为个案"》，
　　《中国社会科学》2001年第5期。

[80]刘继同：《构建和谐医患关系与医务社会工作的专业使命》，《中国医
　　院管理》2006年第3期。

[81]刘建伟、张继泽：《修齐治平思想中蕴含的底线思维及现代启示》，
　　《天中学刊》2020年第4期。

[82]李德高、许锦民、张积家：《语义原词和"心"》，《中国石油大学学
　　报(社会科学版)》2019年第1期。

[83]李芊蕾、秦琴：《试论中国人的关系理性》，《浙江省委党校学报》，
　　2008年第3期。

[84]李继宏：《强弱之外——关系概念的再思考》，《社会学研究》2003年
　　第1期。

[85]李培林：《透视"城中村"——我研究"村落终结"的方法》，《思想战
　　线》2004年第1期。

[86]李图强：《志愿者与志愿精神：和谐社会的重要内在动力》，《中国行
　　政管理》2008年第11期。

[87]李学会：《为何社会工作者流失率高？——职业场域视角下的解读》，
　　《社会工作》2014年第4期。

[88]李晓慧：《社会工作专业的国际新定义》，《中国社会工作研究》2015
　　年第1期。

[89]李迎生：《西方社会工作发展历程及其对我国的启示》，《学习与实
　　践》2008年第7期。

[90]李迎生：《党的领导与新时代社会工作高质量发展》，《中国特色社会
　　主义研究》2021年第5期。

[91]李玲：《论质性研究伦理审查的文化适应性》，《比较教育研究》2009
　　年第6期。

[92]李淑华：《"心"论四则》，《文学研究》2020年第39期。

[93]卢汉龙、李骏：《中国城市居民委员会工作的比较研究：上海与沈
　　阳》，《社会科学战线》2007年第6期。

[94]吕素香：《新时期共青团组织的职能定位与核心竞争力》，《中国青年
　　研究》2006年第8期。

[95]林南：《社会网络与地位获得》，《马克思主义与现实》2003年第2

期。

[96]林万贵：《试论克恩伯格对客体关系、情感和驱力理论的新的整合观》，《南京师大学报(社会科学版)》2006年第5期。

[97]鲁绍臣：《〈资本论〉的当代哲学解读——一个关系的视角》，《当代国外马克思主义评论》2015年第12期。

[98]马灿：《共青团工作的价值取向与社会工作价值观比较研究》，《中国青年社会科学》2013年第2期。

[99]马伊里：《上海社会工作的实践探索》，《行政管理改革》2010年第3期。

[100]马志强：《从熟人关系到专业关系：社会工作求助模式的转向》，《西北师大学报社会科学版》2014年第1期。

[101]马光选、刘强、李林保：《亲密陷阱与风险治理——基于关系理性范式的讨论》，《思想战线》2016年第2期。

[102]倪勇：《社会工作本土化之路向分析》，《山东社会科学》2007年第11期。

[103]倪赤丹：《社会支持理论：社会工作研究的新"范式"》，《社会工作与管理》2013年第3期。

[104]倪赤丹、苏敏：《自闭症儿童家庭支持网的"理想模型"及其构建——对深圳120个自闭症儿童家庭的实证分析》，《社会工作》2012年第9期。

[105]南帆：《文学研究：本质主义，抑或关系主义》，《文艺研究》2007年第8期。

[106]聂春雷：《社区建设视野下的社会工作与社会支持》，《天府新论》2004年第6期。

[107]彭文超：《以心观心：中国传统道德教育思想的内在理路》，《当代教育科学》2021年第1期。

[108]彭华民：《需要为本的中国本土社会工作模式研究》，《社会科学研究》2010年第3期。

[109]彭少峰、张昱：《政府购买公共服务：研究传统及新取向》，《学习与实践》2013年第6期。

[110]彭善民、张宇莲等：《都市社会工作资源整合模式探索》，《华东理工大学学报(社会科学版)》2007年第1期。

[111]彭善民：《上海社会工作机构的生成轨迹与发展困境》，《社会科学》2010年第2期。

[112]彭善民:《枢纽型社会组织建设与社会自主管理创新》,《江苏行政学院学报》2012 年第 1 期。

[113]丘海雄等:《社会支持结构的改变:从一元到多元》,《社会学研究》1998 年第 4 期。

[114]钱宁、田金娜:《农村社区建设中的自组织与社会工作的干预》,《山东社会科学》2011 年第 10 期。

[115]秦亚青:《关系本位与过程建构:将中国理念植入国际关系理论》,《中国社会科学》2009 年第 3 期。

[116]秦楠:《"场域—惯习"视角下中国专业社会工作发展的阻力分析》,《社会工作》2008 年第 6 期下。

[117]秦海霞:《关系网络的建构:私营企业主的行动逻辑——以辽宁省 D 市为个案》,《社会》2006 年第 5 期。

[118]权福军:《现象学社会学对社会工作理论与实践的启示》,《山东社会科学》2015 年第 3 期。

[119]苏力:《齐家:男女有别》,《政法论坛》2016 年第 4 期。

[120]上海市民政局:《这 20 年上海社会工作发展之路》,《中国社会工作》2012 年第 11 期下。

[121]沈毅:《迈向场域脉络下的本土关系理论探析》,《社会学研究》2013 年第 4 期。

[122]沈杰:《志愿精神在中国社会的兴起》,《中国青年政治学院学报》2009 年第 6 期。

[123]尚会鹏:《许烺光的"心理—社会均衡"理论及其中国文化背景》,《国际政治研究》2006 年第 4 期。

[124]孙璐:《论城市弱势群体社会资本的提升:从社区支持的角度》,《湖北社会科学》2007 年第 4 期。

[125]孙向晨:《马丁·布伯的关系本体论》,《复旦学报(人文社科版)》1998 年第 4 期。

[126]唐立、费梅苹:《结构内化和反思建构:社会工作专业化逻辑的本土审视》,《理论月刊》2021 年第 1 期。

[127]唐斌:《社会工作专业干预下的同伴教育——以上海市 P 镇"女性戒毒沙龙"为例》,《青少年犯罪问题》2008 年第 6 期。

[128]唐咏:《中国增权理论研究述评》,《社会科学家》2009 年第 1 期。

[129]唐咏:《关系和嵌入性之外:中国社会工作理论本土化研究的路径选择》,《深圳大学学报(人文社会科学版)》2009 年第 2 期。

[130] 童敏：《个案辅导模式的后现代转向及其面临的挑战》，《华东理工大学学报(社会科学版)》2003 年第 4 期。

[131] 童敏：《后现代语境下的社会工作辅导模式探索》，《厦门大学学报(哲学社会科学版)》2003 年第 6 期。

[132] 童敏：《中国本土社会工作专业实践的基本处境及其督导者的基本角色》，《社会》2006 年第 3 期。

[133] 童敏：《东西方融合：社会工作服务的专业化和本土化》，《厦门大学学报哲学社会科学版》2007 年第 4 期。

[134] 童敏：《东西方的碰撞和交流：社会工作的本土化与和谐社会建构》，《马克思主义与现实》2007 年第 4 期。

[135] 童敏：《社会工作的自助和同伴支持理念的产生和演变——西方精神健康服务模式的发展轨迹》，《华东理工大学学报(社会科学版)》2009 年第 4 期。

[136] 童敏：《社会工作本质的百年探寻与实践》，《厦门大学学报(哲学社会科学版)》2009 年第 5 期。

[137] 童敏：《制度语境下农民工社会工作服务的新视角——从静态直接服务到动态关系服务》，《社会工作与管理》2013 年第 3 期。

[138] 童敏、周燚：《理情还是情理：社会工作理论的"中国框架"及其哲学依据》，《华东理工大学学报社会科学版》2020 年第 2 期。

[139] 童敏、刘芳：《基层治理与中国社会工作理论体系建构》，《河北学刊》2021 年第 4 期。

[140] 童敏、许嘉祥、高爽：《抗逆力理论的文化审视与中国社会工作理论构建》，《厦门大学学报(哲学社会科学版)》2021 年第 1 期。

[141] 童敏：《重拾生活：社会工作的本质回归与理论重构》，《社会科学辑刊》2021 年第 6 期。

[142] 童潇：《司法社会工作组织推进中的四重张力及其消解——政府与民间组织协同司法社会工作的"互适性"问题》，《社会科学研究》2014 年第 4 期。

[143] 田丰韶：《改造与救赎：日常生活理论视野下的微观社会工作理念与方法》，《社会工作》2013 年第 2 期。

[144] 田国秀、曾静：《关注抗逆力：社会工作理论与实务领域的新走向》，《中国青年社会科学》2007 年第 1 期。

[145] 邬惊雷：《健康中国与社工支持系统的建设及完善——医务社工实践的上海经验》，《人口与计划生育》2015 年第 11 期。

[146]汪倩倩:《扎根生活世界:新时代社会工作的范式转变与实践逻辑》,《学海》2020 年第 3 期。

[147]王前:《全球化背景下的涉"心"认知——形态演变和重要价值》,《哲学分析》2020 年第 4 期。

[148]王娜娜、汪新建:《Bowen 家庭治疗模式评析》,《医学与哲学》2005 年第 8 期。

[149]王建云:《案例研究方法的研究述评》,《社会科学管理与评论》2013 年第 3 期。

[150]王汉生、陈智霞:《再就业政策与下岗职工再就业行为》,《社会学研究》1998 年第 4 期。

[151]王瑞鸿:《综合支持的社会工作新模式——闸北区司法社会工作专业化实践的本土探索》,《青年学报》2005 年第 2 期。

[152]王云斌:《社会工作立法框架建构研究》,《社会福利(理论版)》2012 年第 8 期。

[153]王伟:《罗蒂:迈向关系主义》,《福建论坛(人文社科版)》2011 年第 1 期。

[154]王小液:《广州医务社工转介系统的构建》,《中国社会工作》2015 年第 3 期。

[155]王劲颖:《上海公益招投标和公益创投工作成效及发展趋势》,《中国社会组织》2012 年第 12 期。

[156]王卫东:《中国城市居民的社会网络资本与个人资本》,《社会学研究》2006 年第 3 期。

[157]王玉香:《社会工作实务本土化及能力建设研究》,《河北学刊》2022 年第 4 期。

[158]王思斌:《社会工作:利他主义的社会互动》,《中国社会工作》1998 年第 4 期。

[159]王思斌:《试论我国社会工作的本土化》,《浙江学刊》2001 年第 2 期。

[160]王思斌:《中国社会的求助关系——制度与文化的视角》,《社会学研究》2001 年第 4 期。

[161]王思斌:《混合福利制度与弱势群体社会资本的发展》,《中国社会工作研究》2002 年第 1 期。

[162]王思斌、阮曾媛琪:《和谐社会建设背景下中国社会工作的发展》,《中国社会科学》2009 年第 5 期。

[163] 王思斌：《中国本土社会工作实践片论》，《江苏社会科学》2011年第1期。

[164] 王思斌：《中国社会工作的嵌入性发展》，《社会科学战线》2011年第2期。

[165] 王思斌：《我国社会工作制度建设分析》，《广东工业大学学报（社会科学版）》2013年第5期。

[166] 王思斌：《社会工作在创新社会治理体系中的地位和作用——一种基础—服务型社会治理》，《社会工作》2014年第1期。

[167] 王思斌：《社会政策托底与社会工作发展》，《中国社会工作》2014年第31期。

[168] 王思斌：《"三社联动"的逻辑与类型》，《中国社会工作》2016年第2期。

[169] 汪世锦：《论权威——兼论权威与权力的关系》，《湖北大学学报（哲学社会科学版）》2001年第6期。

[170] 卫小将：《专业是如何打造的？——英美社会工作发展路径与挑战》，《学习与实践》2015年第4期。

[171] 卫小将：《社会工作理论的"三重性"及爱的实践艺术》，《社会科学》2020年第6期。

[172] 文军：《个体主义还是整体主义：社会工作核心价值观及其反思》，《社会科学》2008年第5期。

[173] 文军：《当代中国社会工作发展面临的十大挑战》，《社会科学》2009年第7期。

[174] 文军：《论社会工作模式的形成及其基本类型》，《社会科学研究》2010年第3期。

[175] 文军：《论社会工作理论研究范式及其发展趋势》，《江海学刊》2012年第4期。

[176] 文军、易臻真：《交互分析理论模式及其在社会工作中的应用》，《社会工作》2013年第6期。

[177] 文军、何威：《从"反理论"到"理论自觉"：重构社会工作理论与实践的关系》，《社会科学》2014年第7期。

[178] 文军、吴越菲：《灾害社会工作的实践及反思——以云南鲁甸地震灾区社工整合服务为例》，《中国社会科学》2015年第9期。

[179] 文军、高艺多：《关系重构：社会工作实务取向的分歧根源及其超越》，《社会科学研究》2016年第5期。

[180] 吴帆、付聪：《中国社会工作文化胜任力的四维结构及其影响因素分析》，《北京工业大学学报(社会科学版)》2022 年第 2 期。

[181] 韦尔曼、张文宏：《网络分析的研究传统和基本概念》，《世界经济与政治论坛》1991 年第 9 期。

[182] 向德平、姚霞：《社会工作干预我国反贫困实践的空间与途径》，《教学与研究》2009 年第 6 期。

[183] 向德平：《社会工作：和谐社会建设的重要内容与有效手段》，《西北师范大学学报(社会科学版)》2008 年第 1 期。

[184] 向羽、张和清：《多元合作的社会工作实践——基于 SD 中心的个案研究》，《社会工作与管理》2014 年第 4 期。

[185] 徐永祥：《建构式社会工作与灾后社会重建：核心理念与服务模式——基于上海社工服务团赴川援助的实践经验分析》，《华东理工大学学报(社会科学版)》2009 年第 1 期。

[186] 徐永祥：《嵌入、建构、增能：灾后社会工作的核心理念、实现路径及启示——基于上海社工服务团赴川援助的实践经验》，《中国社会工作》2009 年第 6 期。

[187] 徐宏卓：《浅谈妇女社会工作队伍建设——以上海市为例》，《山东女子学院学报》2008 年第 5 期。

[188] 徐祖荣：《社会资本视阈下的社会工作》，《理论探索》2010 年第 2 期。

[189] 徐道稳：《社会工作者继续教育制度研究》，《广东工业大学学报(社会科学版)》2012 年第 6 期。

[190] 徐选国、田雪珍、孙洁开：《从外部移植迈向本土自觉：中国社会工作发展的理论逻辑》，《学习与实践》2021 年第 10 期。

[191] 徐选国、黄景莲：《从政社关系到党社关系：社会工作介入社区治理的情景变迁与理论转向》，《社会科学》2020 年第 3 期。

[192] 熊跃根：《从社会诊断迈向社会干预：社会工作理论发展的反思》，《江海学刊》2012 年第 4 期。

[193] 许菁菁：《列维纳斯与海德格尔存在论之比较》，《兰州学刊》2008 年第 8 期。

[194] 夏学銮：《社会工作的三维性质》，《北京大学学报(哲学社会科学版)》2000 年第 1 期。

[195] 肖小霞：《中国专业社会工作发展的制度选择研究——以社会需求和从业现状为基础》，《社会工作》2007 年第 9 期。

[196]许小玲、彭华民：《资源与权力：多元互动中社会工作机构发展模式研究》，《内蒙古社会科学（汉文版）》2015年第5期。

[197]许菁菁：《列维纳斯与海德格尔存在论之比较》，《兰州学刊》2008年第8期。

[198]熊贵彬：《内地社会工作发展状况简评》，《前沿》2013年第2期。

[199]熊跃根：《后现代主义与社会工作干预：理论和实务的再思考》，《社会科学研究》2016年第5期。

[200]杨善华、孙飞宇：《作为意义的探究的深度访谈》，《社会学研究》2005年第5期。

[201]杨海龙、楚燕洁：《社会资本与"互构"的社会支持》，《理论导刊》2007年第7期。

[202]尹阿雳、赵环、徐选国：《双向嵌入：理解中国社会工作发展路径的新视角》，《社会工作》2016年第3期。

[203]尹保华：《高度人文关怀：社会工作的本质新释》，《学海》2009年第4期。

[204]殷妙仲：《专业、科学、本土化：中国社会工作十年的三个迷思》，《社会科学》2011年第1期。

[205]易春丽、钱铭怡、章晓云：《Bowen系统家庭的理论及治疗要点简介》，《中国心理卫生杂志》2004年第1期。

[206]易松国：《大学教师创办社会工作机构的背景、问题与建议》，《社会工作》2011年第3期。

[207]杨海龙、楚燕洁：《社会资本与"互构"的社会支持》，《理论导刊》2007年第7期。

[208]杨生勇、王才章：《传统文化与本土社会工作建构——现代化视域下的社会工作本土化探析》，《中南民族大学学报（人文社会科学版）》2011年第6期。

[209]于洋：《面子及面子功夫的中西文化对比》，《北方论丛》2000年第2期。

[210]余冰、夏少琼、王静：《灾后重建中社会工作与多学科协作的探索》，《中国社会工作》2009年第16期。

[211]曾国权：《"关系"动态过程理论框架的建构》，《社会》2011年第4期。

[212]曾群：《人情、信任与工作关系：灾后社区社会工作实务的伦理反思》，《社会》2009年第3期。

[213]竺效、杨飞：《境外社会工作立法模式研究及其对我国的启示》，《政治与法律》2008 年第 10 期。

[214]郑杭生、杨敏：《社会互构论的提出》，《中国人民大学学报》2003 年第 4 期。

[215]郑杭生、胡翼鹏：《道之以德，齐之以礼：社会运行的理性规范——春秋战国时期儒家社会思想研究》，《文史哲》2009 年第 2 期。

[216]朱希峰：《"上海社工灾后重建服务团"在四川灾区以"社区重建"为理念的灾后社会工作服务》，《社会工作》2008 年第 11 期下。

[217]朱旭峰：《中国政策精英群体的社会资本：基于结构主义视角的分析》，《社会学研究》2006 年第 4 期。

[218]朱静君：《高校教师创办民非社会工作机构的优势与困惑》，《社会工作》2011 年第 3 期。

[219]朱健刚：《转型时代的社会工作转型：一种理论视角》，《思想战线》2011 年第 4 期。

[220]朱健刚、陈安娜：《嵌入中的专业社会工作与街区权力关系——对一个政府购买服务项目的个案分析》，《社会学研究》2013 年第 1 期。

[221]张宇莲：《"专业性"社会工作的本土实践反思：以灾后重建为例》，《社会》2009 年第 3 期。

[222]张和清：《社会工作研究中方法论、范式和研究方法的选择问题》，《思想战线》2001 年第 3 期。

[223]张和清：《社会工作：通向能力建设的助人自助——以广州社工参与灾后恢复重建的行动为例》，《中山大学学报（社会科学版）》2010 年第 3 期。

[224]张和清、马玉娜：《灾后社区关系建设》，《中国减灾》2010 年第 19 期。

[225]张和清：《社会转型与社区为本的社会工作》，《思想战线》2011 年第 4 期。

[226]张和清：《中国社区社会工作的核心议题与实务模式探索——社区为本的整合社会工作实践》，《东南学术》2016 年第 6 期。

[227]张立文：《和合中华哲学思潮的探析》，《北京大学学报（哲学社会科学版）》2014 年第 2 期。

[228]张丽芬：《从社会认同度看社会工作职业化的制度建设》，《学海》

2021 年第 3 期。

[229] 张顺、郝雨霏：《从社会网络、社会资本到关系社会学——"关系社会学"国际学术研讨会综述》，《西安交通大学学报（社会科学版）》2010 年第 3 期。

[230] 张文宏：《社会资本：理论争辩与经验研究》，《社会学研究》2003 年第 4 期。

[231] 张文宏：《阶层地位对城市居民社会网络性质的影响》，《社会》2005 年第 4 期。

[232] 张文宏、栾博：《社会结构取向下的社会资本研究：概念、测量与功能》，《社会》2007 年第 2 期。

[233] 张文宏：《中国社会网络与社会资本研究 30 年（上）》，《江海学刊》2011 年第 2 期。

[234] 张文宏：《中国社会网络与社会资本研究 30 年（下）》，《江海学刊》2011 年第 3 期。

[235] 张进宝：《关系社会学何以可能》，《国外社会科学》2011 年第 2 期。

[236] 张洪英：《社会支持网络及其在社会工作（个案）中的应用》，《山东女子学院学报》2002 年第 3 期。

[237] 张昱：《灾后社会关系恢复与重建的路径探索——基于 Q 安置社区社会工作干预的实践》，《华东理工大学学报（社会科学版）》2008 年第 4 期。

[238] 张昱：《中国本土社会工作实务的实践逻辑及其反思》，《社会科学》2008 年第 5 期。

[239] 张昱：《灾民文化与社会工作的干预》，《社会》2009 年第 3 期。

[240] 张昱：《社会工作：从本质上实现人的改变》，《社会科学辑刊》2019 年第 6 期。

[241] 张江龙：《面向空间的社会工作实践：理论意义和实现路径》，《江汉论坛》2020 年第 9 期。

[242] 周沛：《关于社会工作发展中的几个问题》，《江苏社会科学》2003 年第 3 期。

[243] 周湘斌、常英等：《社会支持网络理论在社会工作实践中的应用性探讨》，《中国农业大学学报社会科学版》2005 年第 2 期。

[244] 周志山：《马克思社会关系理论的多维解读》，《学习与探索》2007 年第 4 期。

[245] 甄炳亮：《中国的社会工作制度建设》，《社会福利》2007 年第 5 期。

［246］赵康：《专业、专业属性及判断成熟专业的六条标准——一个社会学角度的分析》，《社会学研究》2000 年第 5 期。

［247］赵孟营、王思斌：《走向善治与重建社会资本——中国城市社区建设目标模式的理论分析》，《江苏社会科学》2001 年第 4 期。

［248］赵汀阳：《共在存在论：人际与心际》，《哲学研究》2009 年第 8 期。

［249］赵芳：《家庭治疗的发展：回顾与展望》，《南京师大学报（社会科学版）》2010 年第 3 期。

［250］赵延东：《再就业中社会资本的使用——以武汉市下岗职工为例》，《学习与探索》2006 年第 2 期。

［251］赵延东：《社会资本与灾后恢复——一项自然灾害的社会学研究》，《社会学研究》2007 年第 5 期。

［252］赵延东：《再就业中的社会资本：效用与局限》，《社会学研究》2002 年第 4 期。

［253］赵延东、罗家德：《如何测量社会资本：一个经验研究综述》，《国外社会科学》2005 年第 2 期。

［254］赵万林：《从双重关系到友伦之"善"——社会工作双重关系话语的重构》，《宁夏社会科学》2021 年第 6 期。

［255］祝�菡：《结构式家庭治疗的理论及其应用评析》，《社会心理科学》2007 年第 Z2 期。

［256］郑作彧：《齐美尔的自由理论——以关系主义为主轴的诠释》，《社会学研究》2015 年第 3 期。

［257］郑广怀：《社会工作与社会理论：迈向行动——话语的理论框架》2018 年第 1 期。

［258］Abraham Flexner. *Is Social Work a Profession*? Research on Social Work Practice, 2001, 11(2).

［259］Bian, Yanjie. *Bringing Strong Ties Back In*; *Indirect Ties*, *Network Bridge*, *and Job Searches in China*. American Sociological Review, 1997 (62).

［260］Brekke J. *Shaping a Science of Social Work*. Research on Social Work Practice, 2012(22).

［261］Cohens, Willst A. *Stress*, *Social Support*, *and the Buffering Hypothesis*. Psychological Bulletin, 1985 (2).

［262］Eli Buchbinder, Zvi Eisikovits, Orit Karnieli-Miller. *Social Workers' Perceptions of the Balance between the Psychological and the Social*. Social

Service Review, 2004, 78(4).

[263] Fram, Maryah Stella. *Research for Progressive Change: Bourdieu and Social Work*. Social Service Review, 2004, 78 (4).

[264] Emirbayer, Mustafa, Eva M. Williams. *Bourdieu and Social Work*. Social Service Review, 2005, 79(4).

[265] Mustafa Emirbayer. *Manifesto for a Relational Sociology*. The American Journal of Sociology, 1997, 103(2).

[266] George Ritzer, Pamela Gindoff. *Methodological Relationism: Lessons for and from Social Psychology*. Social Psychology Quarterly, 1992, 55(2).

[267] Ho, David Yau-Fai. *Interpersonal Relationships and Relationship Dominance: An Analysis Based on Methodological Relationalism*. Asian Journal of Social Psycology, 1998(1).

[268] Landau, Baerwald. *Ethical Judgement, Code of Ethics, and Supervision in Ethical Decision Making in Social Work: Findings Form an Israeli Sample*. Journal of Applied Social Sciences, 1999, 23(2).

[269] Lai, Gina. *Social Support Networks in Urban Shanghai*. Social Networks, 2001.

[270] Leonardsen. *Social Work: Individual vs. Relational Perspective*. International Journal Social Welfare, 2007, 16(1).

[271] Mark S. Granovetter. *The Strength of Weak Ties*. American Journal of Sociology, 1973, 78(6).

[272] Portes, A. *Social Capital: Its Origins and Applications in Modern Sociology*. Annual Review of Sociology, 1998(24).

[273] Schutz. A. *Collected Papers*. The Hague: Martinus Nijhff, 1962(1).

[274] W. R. D. Fairbaim. *On the Nature and Aims of Psycho-analytical Treatment*. Int. J. Psycho-Anal, 1958(34).

[275] Sibeon, R. *Comments on the Structure and Forms of Social Work Knewlodge*. Social Work and Social Science Review, 1990, 1(1).

[276] Walton. R. & Abo El Nasr. M. *Indigenization and Authentizaztion in Terms of Social Work in Egypt*. International Social Work, 1988(31).

[277] Yin R K. *The Case Study Crisis: Some Answers*. Academy of Management Review, 1981(26).

三、网络数据类

[1]《北京市社会工作十年发展报告》，http://mzzt.mca.gov.cn/article/sggzzsn/jlcl/201611/20161100887255.shtml　https://baijiahao.baidu.com/s? id=1695161211841325168.

[2]《不忘初心 一步一印 奋力前行——2019年宁波市社会工作人才队伍建设纪实》，http://mzt.zj.gov.cn/art/2020/1/21/art_1632804_41777973.html.

[3]《湖南"禾计划"：如何从1.0版本进阶到3.0版本》，http://mzzt.mca.gov.cn/article/zt_2020sgjs/dfjy/202102/20210200032163.shtml.

[4]《实施"双百工程"筑牢民生服务底线——〈中国社会报〉访广东省民政厅党组书记、厅长卓志强》，http://smzt.gd.gov.cn/zwzt/sgdwjs/gdsgsbjh/content/post_3182576.html.

[5]《社工工资收入（待遇，月薪），就业前景怎么样》，职友集，https://m.jobui.com/salary/quanguo-shegong.

[6]《社会组织直接登记政策的前世今生：八年历史与政策日趋明朗》，《澎湃新闻》，The Paper https://www.thepaper.cn/newsDetail_forward_3168525.

[7]王莹、田发：《中国社会科学院调查报告：上海社会工作人才发展——历史与现实的考察》，http//rsg.cass.cn.

[8]中国新网，http://www.chinanews.com/df/2014/03-17/5960422.shtml.

[9]民政部：《首届全国优秀专业社会工作服务项目获奖名单》. http://sgxh.mca.gov.cn/article/zcfg/201301/20130100408672.shtml.

[10]上海浦东政务网，http://gov.pudong.gov.cn/newgovOpen_mzj_czys_fl/info/detail_775655.htm.

[11]上海公益社工师事务所官网，http://blog.sina.com.cn/swagency.

[12]上海民政网：《上海浦东：专业化的社工"维稳妈妈"》，http://www.shmzj.gov.cn/gb/shmzj/node4/node13/node1562/u1ai30998.html.

[13]《上海浦东打造工会社工创新工会工作机制和服务方式》，http://sh.wenming.cn/WMBB/201603/t20160329_3245342.html.

[14]民政部网站，http://sw.mca.gov.cn/article/gzdt/201506/20150600831903.shtml.

附　　录

访谈对象：代表性城市中多个领域的社会工作者

访谈问题：

一、基本信息

您从事社会工作服务有多久？您的专业背景怎样？

您从事的社工领域是什么？您曾获得奖项有哪些？

请您概括地介绍您从事的社会工作服务内容？

二、主要问题(以相关案例或项目佐证)

(一)社会工作者的工作生态

1. 您认为开展社会工作服务，什么是最重要的？

2. 在与政府、本机构或部门、高校、社会组织、企业、媒体和社区居民交往过程中，您有哪些努力？过程是怎样的？有哪些策略？遇到怎样的困境？

3. 有哪些宏观因素影响您与他人的互动？

(二)与服务对象的关系

1. 您的服务对象是怎样找到的？

2. 您希望的专业关系是什么样的？服务对象最初与您的关系是什么样的？这种关系经历了什么变化？现在的专业关系是什么样的？

3. 西方专业关系的本土化问题如何看待？

4. 有哪些宏观因素影响专业关系？

(三)服务对象的评估与干预

1. 服务对象需求/问题是什么？如何产生的？

2. 您是怎样评估服务对象？

3. 您的干预怎样有助于帮助服务对象的？干预的过程如何？影响干

预的因素以及干预困境是怎样的？

　　4. 对服务对象的干预带来哪些成效？

　　5. 有哪些宏观因素影响对服务对象的改变？

附录 2　访谈对象基本情况

编号	化名	性别	专业背景	工作年限	工作领域	曾工作区域
1	邬载	男	上海重点高校社会工作硕士	九年	医务社会工作	上海
2	易青	男	上海重点高校社会工作硕士	九年	医务社会工作	上海
3	晓倩	女	上海重点高校社会工作硕士	十年半	青少年、家庭、工会社会工作	上海
4	箐箐	女	上海专业社工机构副理事长	十四年	外来媳妇、家庭社工等	上海
5	璜辉	男	上海某重点高校社会工作硕士	十年	司法社会工作、妇女社会工作	上海、山东
6	莉玢	女	法学专业本科，中级社工师，国家心理咨询师三级，基层法律工作者转做社工	十二年	矫正社会工作	上海
7	厚德	男	美国高校社会工作硕士毕业	八年半	医务社会工作	上海
8	伍霞	女	香港高校社会工作硕士，香港注册社工，香港社会工作执业三年	十一年	长者服务、医务社会工作	上海
9	歆励	男	社会工作师，某社工机构理事长	十六年	青少年社会工作	上海、北京
10	雯婕	女	社会工作师，上海某社工机构前理事长	十二年	残疾人社会工作	上海

编号	化名	性别	专业背景	工作年限	工作领域	曾工作区域
11	平赫	男	法学本科毕业，三级社会工作资格证，上海某社工机构项目主管	十五年	禁毒社会工作、矫正社会工作	上海
12	共晴	女	社会工作本科毕业，上海某机构项目主管	十一年	健康服务、老年服务	上海
13	眉莉	女	社会工作硕士，上海某机构总干事	十一年	老年服务	上海
14	民安	男	法学本科，社会工作师，心理咨询师，上海某社工机构总干事	十六年	矫正社会工作、安置帮教	上海
15	文兰	女	退休居委会书记转做社工	九年	家庭社会工作	上海
16	行健	男	法学专业，三级社会工作者资格证	十年	矫正社会工作	上海
17	佳唯	女	中级社会工作师，某社工机构负责人，社会工作领军人物	十四年	青少年社会工作、社会服务中心	上海
18	昕莲	女	美国社会服务管理硕士，上海某公益评估机构前总干事	十六年	社会工作评估、培训	上海
19	岚梅	女	社会工作督导，上海某高校社会工作教授	二十四年	社会工作督导、研究	上海
20	昶林	男	上海某高校社工系教师	二十一年	社会工作督导、教学	上海
21	静薇	女	上海某社工机构副总干事	十五年	民族社会工作、家庭社会工作	上海

编号	化名	性别	专业背景	工作年限	工作领域	曾工作区域
22	锦程	女	社工机构理事长、中级社工师、社工教师	十四年	儿童青少年社会工作、家庭社会工作	山东
23	萧武	男	社工机构项目主任，中级社工师	七年	社区社会工作	山东
24	江渔	男	社会工作机构负责人	十年	社区社会工作、志愿服务	山东
25	林淙	女	街道社会工作站社工	六年	老年社会工作	山东
26	权平	男	助理社会工作师	四年	青少年社会工作、司法社会工作	山东
27	明仔	男	社会工作站负责人	七年	残疾人社会工作、社区社会工作	山东
28	菲菲	女	社会工作机构总干事	四年	农村社会工作	山东
29	莉莉	女	社会工作机构负责人	五年	儿童社会工作	山东
30	渐玫	女	社会工作机构负责人	七年	医务社会工作、社区社会工作	山东
31	援喆	男	社会工作机构负责人	四年	司法社会工作、乡村社会工作	山东
32	启颜	女	社工机构理事长	五年	农村社会工作	北京、重庆
33	琪桐	女	中级社会工作师	七年	精神健康社会工作、医务社会工作	北京
34	涛声	男	社工机构负责人	八年	社区社会工作	北京
35	华笠	女	社工机构理事长、高校社工教师	十年	司法社会工作	北京

编号	化名	性别	专业背景	工作年限	工作领域	曾工作区域
36	立遂	男	社工机构负责人	十年	老年社会工作、精神健康	北京
37	景黎	男	领域总监	十年	医务社会工作	广东
38	祈方	男	项目负责人	十二年	社会救助	广东
39	苌央	女	一线社工	八年	社区工作、医务社会工作	广东
40	睿之	女	机构负责人	十一年	社区工作、农村社会工作、精神健康	广东、江苏、山东、甘肃
41	绵喜	男	社会工作督导	八年	司法社工、精神健康、社工站	广东
42	功程	男	社会工作教师、社会工作督导	十年	家庭社会工作、老年社会工作	广东
43	禾旭	女	社工站负责人	五年	医务社会工作、儿童社会工作、乡镇社工站	湖南
44	岭翎	女	高校社会工作专业教师	五年	社会工作督导	湖南
45	沅白	男	社工站负责人	七年	老年社会工作、青少年社会工作	湖南